성경공부 교재 (2,000 문제)

알/기/쉬/운 신구약 성경

우종태 엮음

쿰란출판사

추천의 글

이 책은 신구약 성경의 내용을 체계적으로 요약한 책으로 성경의 각 권에 실린 내용들을 한눈에 볼 수 있게 함으로 성경을 차례대로 읽고자 하는 성도들에게 일종의 안내서 역할을 할 것입니다.

성경 본문의 내용을 힘써 알려고 하지 않는 오늘의 세태에서 이 책은 성도들이 차근차근 성경을 읽어 나가는 가운데 성경을 전체적으로 이해하고 맥을 찾는 데 유익한 책이 되리라 생각합니다.

이 책은 뉴욕 효신장로교회 장로님으로 계시는 우종태 장로님께서 기도하면서 성실한 마음으로 만든 성경공부용 책자입니다. 우 장로님은 본 교회에서 실시하는 성경교실에서 때때로 성경을 가르치신 바 있는 신실한 분이십니다. 장로님께서는 이 책을 통하여 성경 각 권의 내용을 간략히 요약하는 동시에 신구약 성경 각 권의 내용에 관한 문답을 싣고 있습니다. 따라서 성경을 공부하고자 하는 분들에게 성경요약과 더불어 스스로 테스트를 할 수 있도록 했습니다.

아무쪼록 이 책에 실린 내용은 성경 전체를 간략하게 알고자 하는 분들에게 대단히 유익하리라 생각합니다. 우종태 장로님의 수고를 치하드리며, 이 책을 기쁘게 추천하는 바입니다.

뉴욕 효신장로교회 원로 목사 방 지 각
(미주기독교총연합회 대표회장 역임)

머리말

새벽 기도에서 영감을 받은 뒤 집에 오자마자 컴퓨터 앞에 앉아 원고 정리하는 기쁨은 그 무엇과도 비길 수 없는 것이었습니다. 좀 더 새로운 내용을 그리고 한 문제라도 더 쓰고 싶은 마음은 늘 나를 긴장하게 하였습니다.

성경교실에서 성경을 가르치면서 책으로 내면 좋겠다 하는 작은 소망이 있었는데 이를 너무 빠르게 이뤄주신 놀라우신 하나님의 은혜에 감사드립니다. 미흡하고 만족하지 못한 부분은 기도와 감사 속에서 더욱 열심히 공부하여 보완하겠습니다.

이 책으로 공부하는 모든 분이 성경을 배우는 데 유익하며, 교회에서 성경공부 교재로 널리 활용되었으면 하는 바람 간절합니다. 재미있고 쉬우며 꼭 알아야 할 내용들로 구성하려고 노력하였으며 자신의 성경 지식이 어느 정도인지 스스로 평가해 볼 수 있는 문제들도 첨부하였습니다. 주님께 기도드립니다.

"주님! 잘 쓰여졌다라는 평가를 받고 싶은 어리석은 생각을 버리게 하여주시고 돌들로도 찬양케 하시는 주님의 역사가 나타나 사람들을 구원으로 인도하는 데 기여할 수 있는 귀한 책이 되게 하여 주옵소서."

마지막으로 늘 영적으로 신앙을 지도해 주신 방지각 원로목사님과 문석호 담임 목사님께 깊은 감사를 드리며 또한 이 책이 나오도록 기획해 주신 이형규 사장님과 직원 여러분께 진심으로 감사를 드립니다.

영광과 찬양을 하나님께 드리며

2008년 12월 12일

우 종 태

목차

"지혜는 그 얻은 자에게 생명나무라 지혜를 가진 자는 복되도다"(잠 3:18).

1. 구약성경의 개관

성경은 하나님의 계시의 말씀을 성령의 감동으로 기록한 책으로 구약은 오실 메시아, 신약은 오신 메시아와 재림의 주님에 대해 기록하고 있다. 신구약 성경은 약 35명의 저자가 1,600여 년에 걸쳐 기록하였고, 1,189장(구약 929장, 신약 260장)으로 되어 있다. 또한 구약 39권, 신약 27권 도합 66권의 책으로 편성되어 있다. 성경은 성령의 감동으로 쓰여졌기 때문에 전혀 오류가 없다(성경무오설).

1. 구약성경의 구분

(1) 율법서(모세 오경) 5권 – 창세기, 출애굽기, 레위기, 민수기, 신명기

(2) 역사서 12권 – 여호수아, 사사기, 룻기, 사무엘상 · 하, 열왕기상 · 하, 역대상 · 하, 에스라, 느헤미야, 에스더

(3) 시가서(성문서) 5권 – 욥나, 시편, 잠언, 전도서, 아가서

(4) 예언서(선지서)

대선지서 5권 – 이사야, 예레미야, 예레미야애가, 에스겔, 다니엘

소선지서 12권 – 호세아, 요엘, 아모스, 오바댜, 요나, 미가, 나훔, 하박국, 스바냐, 학개, 스가랴, 말라기

2. 각 권별 주제

(1) 창세기 : 천지창조와 이스라엘 민족의 발생

(2) 출애굽기 : 출애굽, 성막 건축 그리고 이스라엘과의 약속

(3) 레위기 : 제사법과 생활법

(4) 민수기 : 가나안 정탐과 광야 생활

(5) 신명기 : 모세의 3번 설교

(6) 여호수아 : 가나안 정복과 땅의 배분

(7) 사사기 : 이스라엘의 사사시대

(8) 룻기 : 이방 여인에서 다윗 왕조의 시작

(9) 사무엘상 : 통일 왕국의 역사

(10) 사무엘하 : 다윗 왕의 왕정정치

(11) 열왕기상 : 이스라엘과 유다 왕국의 분열

(12) 열왕기하 : 분열왕국시대의 역사

(13) 역대상 : 통일 왕정정치

(14) 역대하 : 남쪽 유다 왕국의 역사

(15) 에스라 : 포로 생활에서의 귀환

(16) 느헤미야 : 예루살렘 성의 재건

(17) 에스더 : 이스라엘 민족의 구원

(18) 욥기 : 시험에서 승리하는 욥

(19) 시편 : 하나님 찬미의 시
(20) 잠언 : 솔로몬의 지혜의 말씀
(21) 전도서 : 헛된 생활 속에서 창조주를 기억함
(22) 아가 : 그리스도와 성도 간의 사랑
(23) 이사야 : 오실 메시아에 대한 예언
(24) 예레미야 : 예루살렘 구원을 위한 노력
(25) 예레미야애가 : 예루살렘 황폐에 대한 슬픈 노래
(26) 에스겔 : 내가 하나님인 줄 알리라
(27) 다니엘 : 바벨론에서의 젊은 예언자
(28) 호세아 : 이스라엘의 배교와 하나님의 사랑
(29) 요엘 : 성령을 부어 주심
(30) 아모스 : 공평의 하나님
(31) 오바댜 : 에돔에 대한 경고
(32) 요나 : 니느웨에 대한 경고와 회개
(33) 미가 : 베들레헴에서의 메시아 탄생
(34) 나훔 : 니느웨에 대한 경고
(35) 하박국 : 의인은 그 믿음으로 살리라
(36) 스바냐 : 깨끗한 입술의 회복
(37) 학개 : 성전 재건 독려
(38) 스가랴 : 메시아를 위한 준비
(39) 말라기 : 불순종하는 백성에게 주는 최후의 메시지

3. 역사적 개관

구약성경은 천지창조에서 시작하여 아브라함에서 요셉까지의 족

장시대, 모세와 여호수아에 의한 출애굽과 가나안 정복시대, 사사시대와 왕정시대를 거쳐 이스라엘의 멸망과 바벨론 포로시대, 그리고 다시 이스라엘로 귀환한 내용으로 구성되어 있으며, 그 내용을 세분하면 다음과 같다.

(1) 이스라엘 이전시대(창 1 ~ 11장), 원년사(창조부터 주전 2500년까지)
(2) 족장시대(창 12장 ~ 50장, 주전 2500년부터 1876년까지)
(3) 애굽시대(출 1장 ~ 11장, 주전 1876년부터 1446년까지)
(4) 광야시대(출 12장 ~ 신명기, 주전 1446년부터 1406년까지)
(5) 가나안 정복시대(여호수아, 주전 1406년부터 1338년까지)
(6) 사사시대(사사기 ~ 룻기, 주전 1338년부터 1052년까지)
(7) 통일왕국시대(삼상 ~ 왕상 11장, 주전 1052년부터 932년까지)
(8) 분열왕국시대(왕상 11장 ~ 역대하, 주전 931년부터 586년까지)
(9) 포로시대와 귀환시대(에스라 ~ 말라기)
 1차 포로(주전 605년), 2차 포로(주전 597년), 3차 포로(주전 586년)
 1차 귀환(주전 536년), 2차 귀환(주전 458년), 3차 귀환(주전 445년)
(10) 침묵시대(신구약 중간시대, 암흑시대, 주전 400년부터 4년까지)
(11) 신약시대(주전 4년부터)

4. 고대 세계사

애굽 – 앗수르 – 바벨론 – 메대와 바사 – 그리스 문명(헬레니즘 주전 4세기경, 알렉산더) – 로마제국(주전 1세기경부터 주후 4세기) – 동로마와 서로마로 나누어지게 된다(주후 5세기).

(1) 애굽(이집트)

요셉과 그 가족이 애굽으로 들어간 때부터 이스라엘은 애굽과 관계를 맺게 된다. 애굽 왕 바로는 개인의 이름이 아니고 왕의 통칭이다. 역사적으로 볼 때 애굽은 이 시기가 가장 황금기였다. 이스라엘 백성이 애굽에서 나온 후부터 애굽은 쇠퇴하기 시작했으며 그 후로는 세계 무대에 최대 강국으로 등극하지 못했다.

(2) 앗수르(앗시리아)

하나님은 이스라엘이 하나님 중심의 신정정치를 거부하고 왕정정치를 요구하게 되자 서서히 주변 국가들을 강대국으로 만들기 시작하셨다. 그리고 이스라엘이 하나님의 뜻을 따르지 않을 경우에는 이웃 국가들을 통해서 이스라엘을 연단시키고 징계하셨다. 앗수르는 다윗 왕 시대까지는 이스라엘에 아무런 영향을 미치지 못했다. 그러나 그 후로는 서서히 강대국으로 부상하여 주전 841년에는 북이스라엘을 점령하기도 하였다. 하나님은 여로보암 2세 때 앗수르가 잠시 약해진 틈을 타서 이스라엘에게 독립할 기회를 주셨다. 이스라엘이 계속하여 하나님께서 보낸 선지자들의 말을 거역하고 그들을 박해하고 죽이자 하나님께서는 이스라엘을 앗수르의 손에 넘겨 주셨으며 이로 인하여 북이스라엘은 주전 722년에 앗수르의 속국이 되고 만다. 요나 선지자가 회개하라고 외친 니느웨는 이 앗수르의 수도이다.

(3) 아람(수리아)

구약시대에는 아람이라고 불렸으며 수도는 다메섹이었다(삼하

8:5; 대상 18:5). 아시아의 서남쪽에 위치하고 있으며, 시대에 따라 경계가 달라지기는 하였으나 남쪽은 이스라엘, 북쪽은 소아시아(터키), 동쪽은 메소포타미아, 서쪽은 지중해를 경계로 한다. 신약시대에 수리아로 불렸으며 안디옥을 수도로 하는 셀류쿠스 왕조가 다스렸다. 안디옥 교회는 최초의 이방인 교회였으며 선교사를 처음 파송한 교회이기도 하다.

(4) 바벨론

앗수르는 매우 잔인한 민족으로서 이스라엘과 다른 정복당한 민족들을 매우 혹독하게 대했다. 그러므로 하나님은 바벨론을 들어서 앗수르를 치게 하셨다. 바벨론은 주전 621년에 압제자였던 앗수르를 물리치고 세계의 강자로 부상하게 된다. 남 유다 왕국이 계속해서 하나님을 거역하고 선지자들의 말을 거역하게 되자 하나님은 바벨론을 들어서 유다를 치게 하셨다. 바벨론이 유다를 처음 침공했을 때(주전 605년) 다니엘을 비롯한 수많은 유다 민족이 포로로 잡혀갔다. 그리고 두 번째 침공하였을 때(주전 597년)에는 에스겔을 비롯한 유다 민족들이 포로로 끌려갔다. 그리고 마지막 침공인 세 번째 침공 때(주전 586년)에는 유다가 바벨론에 의해 완전히 멸망당하고 만다.

(5) 메대와 바사(페르시아 – 이란)

예레미야는 이스라엘이 포로가 된 지 70년 후에 다시 본국으로 돌아오게 될 것이라고 예언했다(렘 25:11, 29:10). 유다 민족이 포로가 된 지 70년이 지났을 때 바벨론은 바사의 고레스 왕에게 점령당한다(주전 536년). 그리고 예레미야의 예언대로 바사 왕 고레스는 유다 민족에게 본국 귀환 명령을 내린다. 이로 인해 유다 민족은 다시 예루살렘으로 돌아갈 수 있게 되었으며 본국에 돌아온 후에 성전과 성벽을 다시 쌓았다. 1차 귀환은 총독 스룹바벨과 대제사장 여호수아에 의해 주도되었으며, 그들은 성전을 다시 건축하였다. 2차로 귀환한 에스라는 율법 교육을 통해 유다 민족의 영적인 부흥운동을 일으켰다. 그리고 3차로 귀환한 느헤미야는 무너졌던 예루살렘 성벽을 다시 쌓았다.

(6) 헬라(그리스)

헬라의 알렉산더 대왕은 주전 336년에 왕이 되었다. 그는 왕이 된 지 약 10여 년 만에 세계를 정복하였다. 그러나 그는 젊은 나이에 바벨론과의 전투 중에 갑자기 죽고 그의 부하였던 4명의 장군들이 알렉산더의 영토를 나누어 차지했다(카산더 : 헬라 본토, 톨레미 : 애굽과 이스라엘, 셀류쿠스 : 수리아, 리시마쿠스 : 그 외 지역). 이 중에 팔레스타인을 차지했던 톨레미 왕가와 수리아를 차지했던 셀류쿠스 왕가 사이에 주도권 다툼이 계속되었다. 결국 유다는 수리아의 지배를 받게 된다.

(7) 로마

그 후에 일어난 로마는 모든 나라들을 정복하고 세계 최강대국으로 역사에 등장한다. 유대인들은 이런 환경 속에서 주전 165년경에 어느 정도 자치권을 인정받아 비교적 자유로운 생활을 할 수 있게 되었다. 그러나 주전 64년에 로마의 폼페이가 수리아를 점령하게 되면서부터 팔레스타인은 또다시 로마의 지배를 받게 되었다.

5. 메시아 칭호

'메시아' 는 히브리어로 '기름 부음 받은 자' 라는 뜻을 가지고 있다. 이스라엘은 왕이나 선지자 또는 제사장과 같은 특별한 직분을 세울 때 기름을 부어 위임하였다. 메시아라는 말은 신약에서도 2회 사용되었는데(요 1:41, 4:25) 둘 다 '그리스도' 라고 번역되었다. 그리스도란 말은 헬라어로 역시 메시아와 같은 뜻의 '기름 부음 받은 자' 를 의미하며 신약에 21회 나온다.

2. 구약성경의 각 권별 요약

창세기 (Genesis)

1. 주제와 배경

히브리어 성경에는 창세기의 첫 글자를 따서 창세기가 '브레쉬트' (태초에)라고 되어 있다. 옛날 유대인들은 '세계 창조의 책' 이라고 부르기도 했다. 창세기라는 명칭은 창세기 2장 4절의 "여호와 하나님이 천지를 창조하신 때에 천지의 창조된 대략이 이러하니라" 는 말씀을 따라 지은 것이다. 모세가 느보산에서 죽기(주전 1406년) 이전에 기록한 것으로 추정된다. 창세기는 우주의 창조로부터 요셉의 죽음에 이르기까지의 하나님의 계시의 역사를 간략하게 기록하고 있다. 이 책 속에서 우리는 몇 가지의 기원을 볼 수 있다.

첫째로 우주의 시작이고, 둘째로 인간의 시작이며, 셋째로 죄의 시작, 그리고 넷째로 히브리 민족의 시작이다. 이 책 속에서 우리는 유일신론적 우주 창조의 계시를 볼 수 있다. 또 죄가 들어오기 전에는 아름답고 평화로운 세계였음을 보게 된다. 다시 말해 창세기는 우주의 창조자이신 여호와 하나님께서 만드신 우주는 원래 아름다운 세계였음을 제시한다. 그런데 인간이 불순종함으로 인해 그 아름다운 우주가 죄로 더럽혀진 사실을 보여 주고 있다.

2. 내용 분석

창세기 1~11장은 창조, 타락, 홍수 그리고 민족 분열을 그 내용으로 하고 있으며, 원년사라고 부르기도 한다.

창세기 12~50장은 아브라함부터 요셉까지를 기록하며 이스라엘 나라의 시작을 기록하고 있다.

(1) 천지창조 — 1:1 ~ 2:25

우주, 자연, 인간 그리고 가정의 시작으로 "태초에 하나님이 천지를 창조하시니라"(창 1:1)고 시작한다. 하나님께서는 첫째 날부터 여섯째 날까지 말씀으로 천지 만물을 만드시고, 일곱째 날에 안식하셨다. 여기서 날의 개념은 과학자들이 말하는 수백만 년 또는 수십만 년이 아니라 지금의 하루와 같다고 여겨진다.

하나님께서는 "우리의 형상을 따라 우리의 모양대로 사람을 만들고"(창 1:26)라고 하셨다. 즉, '우리'라는 복수형태의 단어를 취하시어 삼위일체 하나님이심을 보여주셨다. 우리는 하나님의 내적 형상뿐만 아니라 외적 형상도 입고 있으며, 손수 지음을 받아 그 코에 생기를 받은 만물의 최고자임을 하나님께서 입증해 주셨다. 하나님께서는 한 치의 실수도 없이 우리를 창조하시어 고치거나 없애버리신 것이 하나도 없으시다. 천지 만물과 사람을 만드신 내역은 다음과 같다.

첫째 날 : 빛(낮, 밤)	둘째 날 : 해, 달, 별
셋째 날 : 궁창(하늘, 대기)	넷째 날 : 어류, 새
다섯째 날 : 땅, 바다, 채소, 과목	여섯째 날 : 땅의 생물, 사람
일곱째 날 : 안식하심	

(2) **인간의 타락** — 3:1 ~ 5:32

세상에 죄가 시작되었으며, 인간과 영물이 타락하고, 죄악이 극에 달함으로 하나님께서는 새로운 시작을 작정하시고, 모든 것을 멸망시키기로 결심하신다. 창세기 3장 15절에서는 '여자의 후손' 을 통해 예수 그리스도를 이 땅에 보내주실 것을 말씀하고 계신다.

(3) **노아와 홍수** — 6:1 ~ 10:32

하나님께서는 노아의 여덟 식구를 제외한 모든 사람들을 홍수로 멸망시키신다. 노아는 세 아들 셈과 함과 야벳을 오백 세 된 후에 낳았다(창 5:32). 노아의 아들 중 함은 저주를 받게 되고, 함의 아들 가나안은 '가나안 땅' 이라는 이름의 창시자가 되었으며, '가나안 일곱 족속' 의 조상이 되었다(창 10:15).

노아라는 이름의 뜻은 '위로' 이며, 그는 아담의 8세손으로 부친의 이름은 라멕이다. 방주를 예비하여 그와 식구들만 그 속에 들어간 후 40일 동안 비가 내려 창수가 나서 지상의 모든 산을 넘쳐 방주 밖에 있는 생물은 다 죽어 버린다. 5개월 후부터 물이 줄기 시작하여 7개월 만에 완전히 물이 빠지니 1년 10일 동안 방주에서 살았다. 방주가 머문 산은 5,185미터의 아라랏산이다. 노아가 방주에서 나오자 하나님께서 다시는 물로 멸하지 않기로 약속하시고 그 표로 무지개를 보여 주셨다. 노아는 홍수 뒤에 350년을 더 살고 950세에 세상을 떠났다.

(4) 민족의 분산 – 11:1 ~ 11:32

한 곳에 모여 살던 사람들이 홍수 후 하나님의 심판을 피하기 위해서 시날 평지에 바벨탑을 쌓자 하나님께서는 언어를 혼잡하게 하여 탑을 쌓지 못하게 하고 온 세상에 흩어지게 하신다.

(5) 족장시대, 이스라엘 나라의 시작 – 12:1 ~ 50:26

(가) 아브라함 : 아브라함은 수메르 문화의 중심지이며 우상의 도시인 갈대아 우르(지금의 페르시아만, 이라크)에 살다가 가족(데라, 사라, 롯)과 함께 갈 바를 알지 못하고 하나님이 지시하는 땅을 향하여 출발한다. 창세기 11장 끝부분에 보면 갈대아 우르를 출발한 후에 창세기 12장 1절에서 명령을 받은 것처럼 보이나 사도행전 2장 3절에 보면 아브라함이 갈대아 우르에서 하나님의 명령을 받고 출발한 것이 분명하다. 또는 하나님의 명령을 두 번 받은 것으로 해석하는 사람들도 있다. 이때부터 '히브리인' 이라는 말이 생겼는데 이는 유브라데(지금의 유프라테스) 강을 건너왔기 때문에 '강을 건너다' 라는 뜻을 가진 이름이 붙여졌다.

티그리스, 유브라데 강을 따라 이동 중에 아버지 데라는 하란에서 205세로 죽게 된다. 아브라함은 75세에 하나님의 부름을 받았으며 마침내 가나안 땅에 도착하게 된다. 아브람(존귀한 아버지)은 아브라함(열국의 아버지)으로, 사래(왕비)는 사라(열국의 어미)로 이름이 바뀌게 된다. 아브라함은 말씀을 좇아갔지만 롯은 아브라함을 좇아갔다. 흉년으로 인하여 잠시 애굽에 가 있는 동안 아브라함은 아내를 누이라고 속인 일이 있다(창 12:13). 가나안에 다시 돌아왔을 때 노복과 우양이 많으므로 롯이 거주하는 지방에 전쟁이 일어나 롯이 포로 되었다는 말을 듣고 아브라함이 군사 318명을 데리고 쫓아가 롯과 재물을 찾아왔다. 그리고 오는 중에 살렘 왕이며 하나님의 제사장인 멜기세덱의 축복을 받고 그에게 소득의 10분의 1을 바치니 이것이 십일조의 시초가 되었다(창 14:20).

그 후 하나님이 나타나시어 그 자손이 하늘의 별과 같고 땅의 티끌같이 번창할 것과 애굽에서 4백년간 고난당할 것을 예언해 주신다(창 13:16). 사라가 생산치 못하여 그의 종 하갈을 취하여 이스마엘을 낳으니 이 사람이 아라비아인의 시조이다. 하나님께서는 사라가 아기를 낳을 것과 그 아들의 이름을 이삭이라 할 것을 말씀해 주시고 또 할례법을 창설하신다(창 17:10). 아브라함은 부지 중에 천사를 대접하여 소돔의 멸망에서 롯을 구하였으며(창 18장), 100세에는 아들 이삭을 낳게 된다(창 21장). 그는 이삭을 제물로 바치라는 여호와의 시험을 잘 통과하여 '믿음의 조상' 이라는 칭호를 얻게 된다. 아브라함은 부인 사라가 죽은 후 며느리 리브가를 얻고(창 24:67), 175세에 죽었다. 그리고 이삭과 이스마엘에 의해 사라를 장사한 막벨라 굴에 합장된다(창 25:10).

(나) 이삭 : 아브라함이 100세에 사라의 몸에서 얻은 아들로 성품이 온유하고, 겸손하고, 정직하였다. 그 이름은 '웃다' 라는 뜻을 갖고 있다. 25세 정도 되었을 때 부친이 여호와의 명령을 따라 모리아산에 데리고 가서 결박하여 제단에 올려 놓고 잡아 제사하려고 할 때

그는 반항 없이 순종했다. 이는 예수님이 십자가에 달리실 때와 같은 모형을 보여 준다(창 22장). 40세에 외삼촌 브두엘의 딸 리브가를 아내로 취하여 60세에 쌍둥이 에서와 야곱을 낳게 된다. 흉년을 피하여 그랄에 거하는 중 그 아내를 누이라 하였다가 탄로가 났다. 농사로 거부가 되니 그곳 사람들이 시기하여 우물을 메우자 다른 곳에 옮겨 팠더니 또 메우고 이같이 네 차례나 따라 다니며 메웠다. 그 다음에 파매 메우지 않는 고로 그 우물 이름을 르호봇이라 하였다(창 26:22). 나이 많아서 장자 에서에게 축복하려고 하다가 속아서 야곱에게 장자의 축복을 하였다. 에서가 축복을 빼앗기고 야곱을 죽이려 하니 야곱을 불러 다시 축복하고 이르기를 밧단 아람에 가서 외삼촌 라반의 딸에게 장가들라고 하여 보낸다. 180세에 헤브론에서 죽어 막벨라 굴에 장사되었다(창 35:29).

(다) 야곱 : '발꿈치를 잡음' 이라는 이름의 뜻을 가진 야곱은 믿음의 조상 아브라함의 손자요, 이삭과이 리브가 사이에서 쌍둥이로 태어났다. 쌍둥이 중에 동생으로 나오면서 그 형 에서의 발뒤꿈치를 잡고 나와 야곱이라는 이름을 갖게 되었다(창 25:26). 형 에서는 성질이 용맹스럽고 들에서 사냥을 잘하나, 야곱은 대조적으로 유순하고 지혜가 예민하여 집에서 양을 쳤다. 이삭은 사냥한 고기를 좋아하여 에서를 사랑하였고, 리브가는 여성적인 야곱을 편애하였다. 야곱은 에서가 사냥에서 돌아올 때 주린 기색을 알고 팥죽 한 그릇으로 장자의 명분을 샀다(창 25:33). 부친을 속여 형이 받을 축복을 대신 받고 형의 원한과 분노를 사 해를 받을까 두려워한 야곱은 부모와 이별하고 1,800리나 되는 밧단아람(하란)에 있는 외가로 도피해 가게 된다(창 27장). 하나님께서는 야곱에게 "네 자손이 땅의 티끌같이 되어서

동서남북에 편만할지며 땅의 모든 족속이 너와 네 자손을 인하여 복을 얻으리라"(창 28:14)고 약속하신다. 야곱은 외삼촌 라반의 집에 머무를 때 시기와 분쟁 속에서 많은 어려움을 겪었지만 잘 이긴 뒤 20년 동안의 머슴살이를 마치고 많은 재물을 가지고 고향으로 돌아오게 된다. 또한 얍복 강가에서 천사와 씨름하여 '이스라엘'이라는 이름을 얻어 이스라엘이란 나라 이름의 창시자가 된다. 그는 4명의 여인에게서 12명의 아들과 1명의 딸을 얻게 된다. 노년에는 아들 요셉의 초청으로 130세에 애굽 고센 땅으로 이주해 17년 동안 살다가 147세에 죽어 마므레 앞 막벨라 밭 굴에 장사된다(창 50:13).

(라) 요셉 : 요셉의 이름의 뜻은 '그는 이김, 여호와가 더하시기를 바란다'이다. 어머니는 라헬이고, 친 아우는 베냐민이다. 그는 야곱의 특별한 사랑을 받았고, 재능이 뛰어나며, 하나님 섬기기를 한결같이 하여 형제 중에 가장 뛰어난 인품을 보였다. 그 때문에 형들로부터 미움을 받아 형들이 도단에서 양을 칠 때 그들의 안부를 알기 위해 형들의 목장을 찾아가자 형들이 의논하여 요셉을 죽이기로 결의하였다. 그들은 르우벤의 제의에 따라 요셉을 구덩이에 넣었으며 다시 유다의 제의로 이스마엘 상인들에게 은 20에 팔게 된다. 또다시 요셉은 애굽의 장관 보디발 집의 종으로 들어가게 되었고 보디발의 아내가 끈질기게 유혹하였으나 단호하게 거절하다가 누명을 쓰고 옥에 갇히게 된다. 결국 이렇게 반복되는 고통은 애굽의 총리가 되는 첩경이 되었다. 그는 17세쯤에 팔려 30세에 총리가 되었으니 10년 이상이나 되는 긴 세월 동안 홀로 이방인의 땅에서 어려운 생활을 하였다. 그러나 믿음으로 승리한 믿음의 본보기가 되었다. 그는 애굽의 총리 대신으로서 전국적인 기근에 장사를 잘하였으며, 양식을 구하러 온 형들을

만나 아버지와 같이 그곳 고센 땅에서 살게 되었다(창 37:45). 그는 부인 아스낫과의 사이에 므낫세와 에브라임 두 아들을 낳았다. 이스라엘의 12지파를 말할 때 요셉과 제사장 직분의 레위는 빼고 므낫세와 에브라임을 포함시킨다. 요셉은 자기 가족을 애굽 고센 땅에 이주시키는 데 성공하였고, 아버지의 장례식을 애굽의 국장처럼 치렀다. 요셉도 110세에 애굽에서 세상을 떠났으며 모세가 애굽에 묻혔던 요셉의 유골을 들고 나와 세겜에 안장한다(수 24:32).

(마) 아브라함과 이삭과 야곱의 하나님 : 하나님께서는 단지 '아브라함의 하나님' 이라고만 하셔도 되는데 왜 매번 '이삭의 하나님, 야곱의 하나님' 이라고 말씀하시는가? 두 가지 의미로 생각해 볼 수 있는데 첫째로는 아브라함 때뿐만 아니라 이삭과 야곱의 때에도 언제나 늘 함께해 주신다는 의미가 있다. 둘째로는 아브라함과 같은 성품을 가진 사람뿐만 아니라 이삭과 야곱과 같은 각각 다른 성품을 가진 사람과도 함께해 주신다는 의미가 있다.

출애굽기 (Exodus)

1. 주제와 배경

히브리어 성경에는 첫 말씀이 '브엘레 쉬모트' 로 표기되어 있는데 그 뜻은 '이름은 이러하니' 이다. '출애굽기' 라는 명칭은 희랍어역인 70인역 성경에서 출애굽기 19장 1절에 나오는 말씀과 본서의 중심 제목을 따라 붙인 이름이다. 출애굽기는 모세가 출애굽 이후 그의 사망 전에 기록한 것으로 추정한다. 출애굽기는 요셉이 그의 모든 가족을 애굽으로 이주시킨 지 400년 후로부터 시작된다. 이스라엘 민족은 애굽에서 크게 번성하고 인구가 많아졌는데 요셉을 알지 못하는 새로운 왕조가 세워지면서 이스라엘 민족을 박해하기 시작한다. 본서는 모세의 출생으로부터 시작하여 하나님의 도우심으로 노예의 땅에서 이스라엘이 해방되어 나오는 과정과 시내 광야에서 하나님과 계약을 맺고 율법을 받은 일들을 중심으로 기록한 책이다. 하나님은 선민을 해방하고 더 나아가 선민의 국가 곧 신정국가를 건설하기 위하여 한 사람을 준비시키셨다. 그 사람을 통하여 하나님께서는 놀라운 능력을 나타내셨다. 출애굽기는 한 민족의 자유 추구의 역정과 신실하게 언약을 지키시는 구원의 주 하나님을 계시하는 책이다.

2. 내용 분석

애굽에서 약 400년 동안의 노예 생활을 한 이스라엘의 부르짖음에 응답하신 하나님께서는 모세를 보내 주신다. 그는 철저한 신앙의 소유자였으며, 지혜가 있었고, 뛰어난 용기를 가진 자였다. 민수기 12장 3절에서는 "이 사람 모세는 온유함이 지면의 모든 사람보다 승하더라" 고 기록하고 있다. 본서의 가장 중요한 내용은 시내산 언약(출 19~24장)이다. 하나님은 시내산에서 모세에게 자신을 나타내시고 십계명과 기타의 율법을 주셨다. 그리고 이스라엘 민족과 언약을 맺으셨다. 선민 이스라엘의 위대한 신앙과 그 역사는 바로 이 시내산 언약 위에 기초한 것이며, 이 언약을 떼어 놓고는 그 후의 이스라엘 역사와 신앙을 이해할 수 없다. 언약의 중심 내용은 이스라엘 민족은 영원히 유일하신 여호와 하나님만을 섬기며, 그의 율법을 충성되이 준수한다는 것이다. 그리고 하나님께서는 그들을 반드시 축복하시며 메시아 민족을 삼으시리라는 것이었다.

(1) 10가지 재앙과 출애굽 사건 – 1:1 ~ 13:22

70인의 야곱의 가족이 애굽으로 올라와 바로가 준 애굽에서 가장 비옥한 땅인 고센 땅에 정착하게 된다. 바로의 공주가 강에 목욕을 하러 왔다가 나일 강가에 버린 아기를 발견하고 궁으로 데려가 이름을 모세(뜻 : 물에서 건져냄)라고 하였고, 모세는 40세가 될 때까지 바로의 궁에서 성장하게 된다. 그는 이스라엘 백성을 죽인 애굽인을 죽이고, 이것이 발각되자 미디안으로 도망치게 된다. 그 후 목동으로 일하며 이드로의 딸 십보라와 결혼하여 40년 동안 목동생활을 하던 중 호렙산 가시떨기나무 불 가운데 나타나신 하나님의 명을 따라 이스라엘 백성을 구하기 위해 애굽 왕 바로에게 간다. 하나님께서는 모세를 통하여 아홉 가지 재앙을 내리셨지만 바로의 마음이 강퍅하여 이스라엘 백성을 내보내지 않는다. 마침내 하나님께서는 모든 초태생을 죽이시는 마지막 열 번째 재앙을 내리신다. 문설주와 인방에 양의 피를 바른 집은 죽음의 사자가 넘어갔고, 그렇지 않은 집의 모든 초태생들은 다 죽게 되었다. 피를 보고 넘어간 이것을 기념하여 유월절이라고 불렀다. 결국 바로는 이 열 번째 재앙으로 인해 이스라엘 사람들을 애굽에서 내보내게 된다.

열 가지 재앙은 피, 개구리, 이, 파리, 악질, 독종, 우박, 메뚜기, 흑암, 장자 의 죽음이다.

(2) 홍해를 건넘 – 14:1 ~ 15:27

이스라엘이 애굽을 떠난 뒤에 바닷가에 진을 쳤다. 바로는 그들을 보내고 난 후에 약 200만 명의 노동력이 애굽을 떠난 일에 대해 애석해했다. 바로는 건축과 농사와 노동의 인력에 대해 걱정하지 않을 수 없었다. 이스라엘 백성들은 뒤쫓아오는 애굽 군사들을 보고 낙심하고 원망했다. 그들은 모세에게 "우리를 죽이려고 이곳에 데려왔느냐?"라고 항의했다. 그러나 모세는 이러한 위기를 잘 넘겼다. 하나님의 사람들은 절망의 때라도 승리의 기회로 만들 수 있다. 신앙인에게 위기는 하나님의 권능을 체험할 수 있는 좋은 기회가 될 수도 있다. 반면에 불신앙인에게 위기는 절망의 순간이 된다. 모세는 원망하며 불평하는 백성들에게 이렇게 대답했다. "너희는 두려워 말고 가만히 서서 여호와께서 오늘날 너희를 위하여 행하시는 구원을 보라"(출 14:13). 모세가 지팡이를 들어 홍해를 가리키자 그때에 홍해가 갈라졌다.

(3) **여호와께서 도우심** — 16:1 ~ 18:27

이스라엘 백성이 홍해를 건넌 후 시내산에 이르는 3개월의 일정은 다음과 같다.

수르 광야 ~ 마라(쓴물을 여호와께서 지시한 나무를 던져 달게 만듦, 출 15:26) ~ 엘림(물샘과 종려나무) ~ 신 광야(만나와 메추라기를 주심, 애굽에서 나온 지 1개월, 출 16:1) ~ 르비딤(반석을 치라, 므리바, 아말렉을 물리침, 출 17장) ~ 시내 광야(애굽에서 나온 지 3개월, 출 19:1)

(4) **십계명과 율례** — 19:1 ~ 34:35

이스라엘 백성은 시내산에 도착해서 약 1년간 머무른다. 하나님께서는 시내산에서 모세를 통해 십계명과 성막의 모형, 그리고 율례를 이스라엘 백성에게 주신다. 십계명의 내용은 출애굽기 20장과 신명기 6장에 두 번 나오는데 그 내용은 '하나님을 사랑하라' (1~4계명)와 '네 이웃을 사랑하라' (5~10계명)로 나누어진다.

(5) 성막의 완성 – 35:1 ~ 40:38

하나님께서 시내산에서 모세에게 성막을 지으라고 명하시고 그 양식과 재료와 규격을 알려 주신다. 성막은 흰 휘장으로 경계선을 구분하였으며, 그 크기는 길이 100규빗, 넓이 50규빗, 높이 5규빗이다. 성막 안에는 휘장으로 나뉜 성소와 지성소가 있으며 성막 뜰에는 번제단과 물두멍이 있다.

〈번제단〉

이곳은 제물을 태워 하나님께 드리는 곳이다. 사각형 모양으로 제단의 네 귀퉁이에 뿔이 있었다. 실수로 죄를 지은 죄인이 이 뿔을 잡으면 제사장들이 그를 보호해 주었다. 제사장들은 성막으로 가는 길을 잘 닦아두어야 했다. 그러나 고의로 살인한 자는 반드시 처벌을 받게 했다. 하나님께서는 우리의 실수나 부족으로 인해 지은 죄를 관용해 주신다.

〈물두멍〉

제물을 만지다가 성막에 들어갈 때에는 이곳에서 손에 묻은 피를 씻었다. 이 물두멍은 성막에서 일하는 여인들의 손거울을 재료로 하여 만들었다.

〈성소〉

성소 안에는 떡상, 촛대 그리고 분향단이 있다. 떡상은 성소 왼편에 있으며 12개의 진설병이 놓여져 있고, 촛대는 성소 오른편에 위치해 있으며 7개의 촛대로 구성되어 있다. 분향단은 지성소 앞에 위치해 있으며 향을 피우는 곳이다. 제사장은 분향단의 향이 끊어지지 않도록 해야 하는데 이는 성도가 기도를 끊으면 안 된다는 것을 의미한다.

〈지성소〉

지성소 앞에는 성소와 지성소를 구분하는 휘장이 있고 지성소 안에는 법궤가 있다. 지성소에서 죄 씻음을 받고 하나님의 은혜를 받게 된다고 하여 '시은소' 라고도 부른다. 예수님께서 돌아가실 때 휘장이 위로부터 찢어졌는데 이것은 성도들이 하나님께로 직접 나갈 수 있는 길이 열렸음을 상징한다(히 9:12). 지성소는 대제사장이 1년에 한 번만 이스라엘 백성의 죄를 속하기 위해 들어갔다. 제사장 의복은 두건, 에봇, 우림과 둠밈, 흉패, 속옷, 수 놓은 석류 그리고 금방울로 장식하였다. 구약시대에는 백성이 직접 지성소에 들어갈 수 없기 때문에 중보자인 제사장이 필요하였다. 하나님께서는 이스라엘 백성에게 3대 절기를 지키라고 명하신다.

(가) 유월절(무교절) (나) 초실절(오순절, 칠칠절, 맥추절)
(다) 초막절(수장절, 장막절)

레위기 (Leviticus)

1. 주제와 배경

옛날 유대인들은 레위기를 '제사장의 율법' 이라고 불렀는데 실제로 본서는 레위 지파 제사장들을 위한 예배지침서였다. 히브리어 표제는 본문 첫 단어를 따서 '바이크라' (그리고 그가 부르셨다)라고 되어 있다. 레위기라는 명칭은 희랍어로 된 70인역의 '레위티콘' 에서 유래했다. 모세가 시내산에서 율법을 받은 직후에 기록한 것으로 보인다. 레위기는 선민 이스라엘의 종교적, 사회적 생활 전반에 걸쳐 그들이 준수해야 할 율법을 그 내용으로 하고 있다. 이미 하나님께서는 시내산에서 이스라엘 민족에게 기본적인 율법을 주셨고, 성막도 세워졌으며, 이미 그들 속에 임재하시어 통치하셨다. 이제 백성들이 긴 여행을 떠날 수 있게 하기 위하여 하나님은 성막에서 하나님을 예배하는 법을 가르칠 필요가 있었다. 이러한 배경에서 주신 율법이 바로 레위기이다. 본서에는 선민 이스라엘 민족이 하나님께 나아가는 방법이 제시되어 있다. 종교 의식과 예배의 법이 주가 되지만 동시에 윤리적 생활 규칙도 중요한 내용이다.

2. 내용 분석

(1) 제사의 규례 – 1:1 ~ 7:38

제사의 종류는 다음과 같이 6가지가 있으나(레 7:37) 보통 위임제는 빼고 흔히 5대 제사라고 말한다.

번제(Burnt offering) : 모두 다 불로 태워 드리는 헌신의 제사

화목제(Fellowship offering) : 하나님의 은혜에 대한 감사와 소원을 아뢸 때 드리는 제사

소제(Grain offering) : 곡식으로 드리는 제사, 피 없는 제사

속죄제(Sin offering) : 죄를 속하기 위한 제사
속건제(Guilt offering) : 윤리적인 범죄를 사유하는 제사
위임제(Ordination offering) : 제사장 위임식 때 드리는 제사

제사를 드리는 방법에 따라 다시 4 가지로 나눈다.
화제 : 불로 태워 드린다.
거제 : 높이 들어 올리는 제사 방법이다.
요제 : 흔들어 드린다.
전제(관제) : 술을 부어 드린다(빌 2:17; 딤후 4:6).

(2) **제사장들의 성별** – 8:1 ~ 10:20

하나님께서 레위 지파에게만 따로 법을 주셨다. 교회의 전임 사역자들은 모두 레위인에 속한다. 288명의 성가대로 구성된 음악 전문가를 데려다가 훈련시켜 신령한 노래를 부르도록 하였다. 음악으로 찬양을 드리는 것은 단지 말씀 선포를 도와주는 작업이 아니라 말씀 자체를 선포하는 것이다. 따라서 감사, 말씀 선포, 찬양 그리고 성막을 돌보는 일은 모두 똑같이 중요하다. 레위인들은 성막이 이동할 때 성물을 들고 운반하는 일을 담당했다. 불기둥이 떠오르면 그들은 각자 맡은 위치에서 자기가 맡은 기구들을 옮겼다. 이때 성물은 지정된 보자기에 싸서 옮겼다. 제사 기물은 아론 자손만 다룰 수 있었다. 레위인들은 생계를 위한 직업을 가질 수 없었다. 그러므로 모든 백성들이 십분의 일을 걷어서 그들의 생계비를 공급했다. 레위인들은 자기의 십분의 일을 다시 제사장에게 주었다.

구약시대에는 왕(왕하 9:3), 제사장(레 8:12) 그리고 선지자(왕상

19:16; 대상 16:22)라는 세 직분을 받을 때 기름 부음을 받았다. 그러나 신약시대에는 이러한 제도가 없어졌고 다만 성령과 능력의 기름 부음(행 10:38)을 받아야 한다.

(3) 정결한 것과 부정한 것 – 11:1 ~ 15: 33

(4) 대속죄일 – 16:1 ~ 16:34

이스라엘의 모든 죄를 위하여 일 년에 한 번씩 속죄해야 하는 대속죄일의 규례에 관하여 기록하고 있다.

(5) 하나님과의 깊은 교제 – 7:1 ~ 27:34

하나님과의 깊은 관계 속에 지킬 규례를 기록하고 있다. 또한 안식일과 유대인의 절기인 유월절, 무교절, 초실절, 오순절, 나팔절, 대속죄일, 초막절, 그리고 수전절(더러워진 성전을 청결케 하고 수리한 것을 기념하는 절기로 12월 25일경이다 : 요 10:22)과 안식년과 희년에 대해 설명하고 있다.

민수기 (Numbers)

1. 주제와 배경

히브리어 성경에는 첫 글자를 따서 '브미드바르' (광야에서) 라고 되어 있으며, 70인역의 '아리트모이' (숫자들)를 라틴어 역본인 벌게이트가 숫자들의 책이라고 옮긴 데서 민수기라는 명칭이 비롯된 것이다.

제사법은 이미 주셨고, 약속의 땅을 향하여 행진할 준비가 이미 다 되어 있었다. 그리하여 시내산을 출발하기에 앞서 백성을 계수하고 행진의 대오를 정리하게 된다.

본서의 내용은 이스라엘 민족이 시내산을 출발한 때부터 요단강 편에 이르기까지의 약 38년간의 역사에 대한 기록이다. 이 38년 동안 광야를 진군해 가는 동안 일어난 중요한 일들은 1) 백성의 인구 조사, 2) 성막을 중심으로 대오를 정리함, 3) 시내산을 출발하여 가데스바네아에 이르는 행군, 4) 남쪽으로부터 가나안에 진군하려다 실패함, 5) 요단강 동편을 점령한 일이다. 이렇게 행군해 가는 동안 이스라엘 민족이 선택된 민족답게 하나님과의 약속을 준수하며 신실하게 산 것만은 아니었다. 광야 40년의 삶은 그들에게 많은 고통을 주었고 큰 민족으로서 자치적인 생활 경험도 없는 그들이었기 때문에 광야를 헤매면서 많은 실수와 범죄를 거듭하였다. 여호와 하나님께서는 완악하고, 어리석으며, 변덕스러운 이스라엘 민족을 때로는 벌을 주기도 하셨지만 끝까지 참으시며 자비를 베풀어 한 발 한 발 약속의 땅 가나안으로 발걸음을 인도하셨다.

2. 내용 분석

(1) 첫 번째 인구 조사 – 1:1 ~ 4:49

민수기를 읽어 보면 맨 앞과 맨 뒤에 두 번의 인구 조사가 나온다.

1차 : 603,550명(민 1장), 2차 : 601,730명(민 26장)

모든 제도를 정비한 후에 마지막으로 인구 조사를 실시하는데 이는 인구 파악, 세금 부과 및 군인 징집을 위해서 필요한 것이었다.

(2) 부정행위를 막기 위한 법규 – 5:1 ~ 10:10

(3) 시내산에서 모압 평지까지 – 10: 11 ~ 21:35

부족별로 출발을 시켰으며 유다 족속이 맨 앞에 섰다. 바란 광야(가데스 바네아)에서 모세는 각 지파에서 1명씩 12명을 뽑아 가나안을 정탐케 하기 위해 보낸다(민 13장). 눈의 아들 여호수아와 여분네의 아들 갈렙은 믿음의 눈으로 보아 긍정적인 보고를 하지만, 나머지 10명은 불신앙의 눈으로 보아 부정적인 보고를 하게 된다. 이로 인해 여호와께서는 1일을 1년으로 계산하여 40년 동안 광야에서 방황하도록 벌을 내리실 뿐만 아니라 애굽에서 나올 때 20세 이상 된 자 중에 여호수아와 갈렙을 제외하고는 아무도 가나안 땅에 들어가지 못하고 광야에서 죽게 된다(민 14:29~30).

〈모세의 실수〉

민수기 20장 8절을 보면 하나님께서 모세에게 반석에게 명하여 물을 내라(출 17:6에는 반석을 치라)고 하셨는데 모세가 분을 내며 지팡이로 반석을 두 번 치며 "우리가 너희를 위하여 이 반석에서 물을 내랴" 하고 혈기를 부린다(민 20:11~12). 이로 인하여 모세는 가나안에 들어가지 못하고(민 27:13). 모압 북서부 산악지역에 있는 아바림산(또는 느보산)의 한 봉우리인 비스가산에서 가나안을 바라보고 죽게 된다(민 27:12). 모세의 형 아론 역시 지도자를 잘못 보좌한 죄로 가나안에 들어가지 못하고 모세보다 먼저 죽게 된다(민 20:12, 33:39).

(4) 모압 평지에서 일어난 일들 – 22:1 ~ 36:13

〈발람 선지자와 모압 왕 발락〉

발람 선지자(이방 선지자 – 미디안) – 하나님의 뜻을 거스르며 3번씩이나 이스라엘을 축복한 잘못을 범하고 결국은 이스라엘 사람에 의해 죽게 된다(민 31:8).

〈도피성〉

하나님께서는 고의가 아닌 실수로 사람을 죽인 자들에게 피할 길을 주시려고 도피성을 만들도록 명령하신다. 레위인의 48개 성읍 중 요단강 동쪽에 3개, 서쪽에 3개로 도합 6개의 도피성을 두도록 하셨다(민 35장).

신명기 (Deuteronomy)

1. 주제와 배경

히브리어 성경에는 '엘레 하드바림' (이것들은 말씀들이다)으로 되어 있다. 유대인들은 이 책을 '훈계의 책' 이라고 불렀다. 70인역이나 벌게이트 성경은 신명기 17장 18절의 율법서를 등사하여 번역하기를 '듀테로노미온' 이라고 하였다. 영어 성경의 명칭은 바로 그 낱말을 딴 것이고, 우리말 성경은 영어 성경에서 유래된 것이다.

신명기는 모압 평지에서 모세가 백성들에게 준 최후의 연설문이다. 본서는 이스라엘의 지나간 역사에 대한 반복적 재확인이고, 지나간 날에 주었던 중요한 율법들에 대한 복습이며, 이제 이스라엘 앞에 놓여 있는 길, 즉 죽느냐 사느냐 하는 중대한 갈림길에서 생명의 길을 가르쳐 준 기록이다. 이스라엘 민족의 장래의 운명은 그들 개개인의 결단에 전적으로 달려 있다는 것을 분명하게 가르치고 있다.

그러므로 본서의 내용은 출애굽기, 레위기 그리고 민수기에서 주신 율법에 대한 단순한 복습이나 반복이 아니라 언약의 율법의 중심 내용에 대하여 각자의 인격적 결단을 촉구하며 강조하고 있다. 모세는 본서에서 지난날에 하나님께서 이스라엘 민족에게 베푸신 자비와 은총을 백성들이 분명하게 기억하고 감사로 하나님을 섬기며 그의 율법을 준수해야 한다는 것을 강조하고 있다.

우리는 본서가 유일하신 참 하나님(신 6:4)과 질투하시는 하나님을 강조하고 있음을 알 수 있다. 하나님은 우상 숭배를 용서하지 않으시며 변심과 불순종을 용서하지 않으시는 엄한 하나님 곧 공의로우신 하나님이라는 것이다. 동시에 본서는 많은 민족 중에서 오직 이스라엘 민족을 선민으로 택하시고, 그의 특별한 자녀가 되게 하시고, 그들의 특별한 아버지 하나님이 되신 여호와 즉 이스라엘 민족을 특별히 사랑하신 사랑의 하나님을 계시하고 있다. 만민 중에서 이스라엘을 택하신 이유는 오직 하나님의 주권적인 역사이지 민족의 위대함이나 신실함 때문이 아니다. 오직 하나님의 선택적 사랑이었을 뿐이다. 그러므로 이스라엘 민족은 이 사랑을 깊이 깨닫고 "너는 마음을 다하고 성품을 다하고 힘을 다하여 네 하나님 여호와를 사랑하라"(신 6:5)는 최고의 명령을 받은 것이다.

2. 내용 분석

모세가 모압 평지에서 했던 마지막 세 번의 설교로 구성되어 있다.

(1) 1차 설교 – 1:1 ~ 4:43

(2) 2차 설교 — 4:44 ~ 28:68

(3) 3차 설교 — 29:1 ~ 33:29

광야에서 태어난 이스라엘의 2세들은 율법을 잘 몰랐기에 그들에게 율법을 다시 한 번 교육시킬 필요가 있었다. '너희 아버지와 어머니는 불순종으로 인해 가나안에 들어가지 못하고 광야에서 죽었다. 그러므로 율법을 듣고 순종하라. 순종하면 복을 받고 불순종하면 저주를 받는다' 는 것이 신명기의 요지이다.

(4) 모세의 죽음 — 34:1 ~ 34:12

모세는 여호수아에게 안수하여 그를 후계자로 삼고 120세의 나이로 죽게 된다.

여호수아 (Joshua)

1. 주제와 배경

역사서의 첫 번째 책인 이 책의 이름은 책 속에 나오는 많은 인물들 중에서 제일 두드러진 인물이요, 모세의 뒤를 이어 이스라엘 민족의 영도자가 된 여호수아의 이름을 따라 붙인 것이다. 여호수아의 본래 이름은 호세아인데 모세가 그 이름을 여호수아로 바꿔 주었고 그 이름의 뜻은 '여호와는 구원이시다' 라는 뜻이다(민 13:8).

여호수아는 모세의 수종자가 되어 항상 회막 곁에 있었으며(출 33:11) 종교심이 강하여 하나님을 신뢰하고 맡은 일에 충성된 사람이었다. 또한 12명의 정탐꾼을 각 지파에서 선발하여 가나안 땅에 파송하였을 때 여호수아도 그 중 한 사람이었다. 이때 10명은 불신앙의 보고를 했지만, 여호수아와 갈렙은 긍정적인 보고를 한다. 여호수아는 하나님의 허락 속에 모세의 안수를 받고 그의 후계자가 되었다(민 27:18). 그 후 가나안 7족속을 진멸하고 그 땅을 12지파에게 분배하는 이스라엘 민족의 지도자가 되었다. 모세가 세상을 떠난 뒤에도 지도자의 부재를 느끼지 못할 만큼 여호수아는 모세의 자리를 잘 지켰다. 모세와 여호수아는 선민을 애굽에서 가나안으로 인도하는 데 자기들의 사명을 만족스럽게 올바로 감당했고, 선민의 지도자의 자질을 잘 갖춘 하나님의 종이었다.

여호수아서 5장, 6장, 7장 그리고 24장 26절을 보면 여호수아 자신이 본서의 어느 부분을 직접 기록한 것이 분명하나 여호수아가 죽은 후에 일어난 일들, 예를 들면 갈렙이 헤브론을 점령한 일, 옷니엘이 드빌을 점령한 일(수 15:17), 그리고 여호수아의 죽음과 장사지낸 일 등이 기록되어 있는 것(수 24:30)을 볼 때 여호수아서 전체를 다 여호수아가 기록하였다고 보기는 어렵다. 따라서 여호수아 사후의 기록은 본서에 기록되어 있는 사건들을 직접 본 사람이 영감을 받아 추가하여 기록한 것이 틀림없다.

2. 내용 분석

(1) 가나안 땅의 침략 – 1:1 ~ 5:15

여호수아는 아말렉과의 전쟁에서 선봉에 섰으며 정탐꾼으로 가나안을 정탐했다. 그는 모세가 산에 올라가 율법을 받을 때에도 함께 동행했으며 장막에 돌아갈 때에도 계속 성막에 머물러 있었다. 하나님께서는 그를 미리 지도자로 훈련시켜 주셨다. 가나안 땅의 첫 장벽은 여리고 성이었다. 여호수아는 여리고 성 점령 문제를 놓고 깊은 생각에 잠겨 있었다. 여호수아가 성 근처에 갔을 때 하나님의 사자인 여호와의 군대 장관이 나타나 여호수아에게 여리고 성 점령 방법을 가르쳐 주었다. 즉 침묵을 유지한 채로 6일 동안은 매일 성을 한 바퀴씩 돌고, 제7일에는 일곱 바퀴를 돌고 그 성을 향해 무너지라고 외치는 것이었다. 여호수아가 이 명령을 그대로 순종한 결과 견고한 여리고 성이 무너지게 된다.

(2) **가나안 땅의 정복** – 6:1 ~ 12:24

여리고 성 함락 후 아이 성을 거쳐 여호수아는 가나안 땅을 하나씩 점령해 갔다. 여호수아서는 하나님께서 아브라함에게 약속하신 가나안 땅 곧 선민의 국토를 선민들이 점령한 일에 관한 기록이다. 가나안에 살고 있던 여러 족속과 작은 왕국들을 몰아내고 점령하는 데 약 7년이 걸렸다. 당시 가나안에 살던 7족속들은 헷, 가나안, 블레셋, 히위, 여부스, 브리스 그리고 기르가스 족속이었다. 그러나 이스라엘 민족이 이 민족들을 다 점령하지는 못했다. 그 까닭은 용기와 투지가 약한 자들이 있었기 때문이었다. 가나안에 들어간 후 이스라엘 민족은 원주민의 문화에 많이 감염되어 우상 숭배와 죄의 유혹을 받게 된다.

(3) **가나안 땅의 분배** – 13:1 ~ 22:24

가나안 정복 후 지파별로 땅을 제비 뽑아 요단 동편에는 르우벤, 갓, 므낫세 반 지파에게 나누어 준다. 그리고 요단 서편은 나머지 9지파 반에 나누어 준다.

(4) 여호수아의 마지막 설교 – 23:1 ~ 24:33

여호수아는 "오직 나와 내 집은 여호와를 섬기겠노라"(수 24:15) 하는 고별 설교를 남기고 110세에 죽어 헤레스에 장사된다(수 24:29; 삿 2:8).

사사기 (Judges)

1. 주제와 배경

히브리어 표제는 '쇼페팀' 인데 재판관들, 통치자들, 사사들이라는 말이다. 사사기 2장 16절을 보면 사사들의 임무는 재판할 때 재판관의 일을 하는 것보다는 이스라엘 사람들을 노략하는 자의 손에서 건져내어 보호하고 그들을 영도하는 책임자였다. 왕은 아니었지만 죽을 때까지 정치적 최고 책임자로 이스라엘을 이끄는 지도자였다.

본서는 가나안 입성 초기의 불안정한 약 300년간에 이스라엘 민족을 영도한 12명의 사사와 관련된 역사서이다. 이 기간은 매우 고통스럽고 시련이 많았던 시대였다. 또 사사들 중에는 모세나 여호수아와는 달리 경건하지 못한 사람도 있었다. 이 300년 동안에는 민족 전체를 영도하는 전 민족적 지도자가 없었으며 통일된 정부도 없어 비조직적인 혼돈기 상태였다. 사사가 훌륭하든, 훌륭하지 못하든 하나님께서는 그들을 도구로 사용하시어 혼란기에 선민으로 하여금 생존하도록 인도하셨다. 천신만고 끝에 약속의 땅인 가나안 땅에 들어왔고 수많은 싸움으로 그 땅을 차지하여 영토는 열두 지파에게 잘 분할하였고 이제는 합심하여 하나님을 섬기며 율법을 준수하여 국력을 배양하고 일치단결하여 아름답고 복된 선민의 나라를 건설해야 할 중

대한 시기였다. 그러나 그들의 현실은 혼란에 빠져 신앙적으로는 쉽게 우상 숭배에 빠지고, 각 지파는 이기심만 크고 연합 정신이 희박하였다. 사사기 17장 6절의 "그때에는 이스라엘에 왕이 없으므로 사람마다 자기 소견에 옳은 대로 행하였더라"는 말씀은 당시의 사정을 잘 드러낸 말씀이다.

이때에 이스라엘을 압제한 나라들과 그 연수는 다음과 같다.

(가) 메소보다미아 : 8년　(나) 모압 : 18년　(다) 가나안 : 20년

(라) 미디안 : 7년　(마) 암몬 : 18년　(바) 블레셋 : 40년

2. 내용 분석

사사는 이스라엘이 위기를 만날 때 하나님께서 세우신 군사 지도자이다. 그들은 영구적인 왕은 아니었다. 사사기에는 엘리, 사무엘, 아비멜렉을 제외하고 옷니엘, 에훗, 삼갈, 드보라, 기드온, 돌라, 야일, 입다, 입산, 엘론, 압돈, 삼손이라는 12명의 사사가 기록되어 있다. 그중에 유명한 사사는 드보라, 입다, 기드온 그리고 삼손이다. 이들의 행적은 두세 장에 걸쳐서 비교적 자세하게 기록되어 있다. 사사기에는 계속해서 평화, 범죄, 징계 그리고 회개가 반복되는 영적인 주기가 7번이나 나타난다.

(1) 가나안 정복과 정착 – 1:1 ~ 2:23

(2) 사사들의 활동 – 3:1 ~ 16:31

〈여자 사사 드보라〉

이스라엘 사사 중에 유일한 여자 사사인 드보라는 바락에게 가서 이스라엘을 야빈의 손에서 구하라는 하나님의 명을 전했다. 그러나 바락은 드보라가 동행해야 전쟁에 나갈 것이라고 하여 그녀와 함께 전쟁에 나간다. 이로 인해 바락은 하나님께서 그에게 주신 영광을 잃고 말았다.

〈기드온과 300용사〉

하나님의 사자가 기드온에게 나타나 이스라엘을 미디안의 손에서 구하라고 하신다.

그러나 기드온은 "나는 이스라엘 중에 가장 작은 자입니다"라고 하며 이를 사양했다. 인간의 지도자가 되는 일은 결코 쉬운 일이 아니다. 가족을 돌보는 일도 쉽지 않다. 기드온은 양털에만 이슬이 있게, 양털에만 이슬이 없게 두 번의 표적을 하나님께 요구했다. 기드온은 이 두 가지 표적을 통해 그것이 하나님의 명령인 줄 알게 된다. 기드온은 "그러면 어떻게 해야 하느냐"라고 물었다. 여호와의 사자는 항아리와 횃불과 칼을 준비하라고 지시하였다. 그리고 모인 32,000명의 군사를 줄이고 줄여서 300명으로 만들었다(32,000→ 10,000→ 300명). 기드온은 하나님의 지시대로 항아리 속에 횃불을 감추어 들고 전쟁터로 향했다. 결국 하나님께서 기드온이 승리할 수 있게 해 주셨다. 이스라엘 백성들은 기드온에게 왕이 되어 달라고 요청했다. 그러나 기드온은 이를 거절했다. 그는 이스라엘의 왕은 여호와밖에 없다고 말했다.

〈삼손과 들릴라〉

삼손은 최선의 가능성을 가지고 최악의 결과를 낸 사람이다. 그는 단 지파 사람으로 힘이 천하 장사였다. 그러나 그가 하나님을 떠날 때에는 무력해지고 만다. 하나님은 오히려 부족한 사람을 들어서 자기 일을 이루실 때가 많다. 능력이 있는 사람들은 하나님의 왕국이 아닌 자기 왕국을 세우려고 하기 때문이다. 사사기 맨 마지막 구절을 보면 사람들이 제 멋대로 살았다고 기록함으로 인간의 죄악성을 지적하셨다.

(4) 미가와 기브아 이야기 – 17:1 ~ 21:35

룻기 (Ruth)

1. 주제와 배경

본서의 제목은 여주인공 룻의 이름을 따라 붙여졌다. 그녀는 모압 여인이었지만 다윗의 할머니로서 예수님의 직계 조상이 되었다. 본서는 다윗 왕의 증조모인 룻이라는 한 모압 여자의 생애를 내용으로 하고 있다. 본서의 저자는 탁월한 문학적 자질을 가지고 전원시 같이 아름답게 히브리 사람들이 멸시하는 이방인, 그것도 여자의 이야기를 써 놓았다.

본서는 국수주의적이며 배타적인 이스라엘 민족의 민족주의에 반대하는 사상을 기록한 것이다. 즉 그들이 멸시하는 모압의 한 여인이 그들이 가장 존경하는 다윗 왕의 증조모라는 것과 그 여인이 얼마나 훌륭한 인간성을 가진 모범적인 인간이었는지를 교훈하고 있다. 선민사상으로 굳어져 있는 유대교에 비추어 볼 때 본서의 사상은 독특하며 대담한 것이라고 할 수 있다. 또 한 가지는 남존여비 사상이 강한 유대 사회에 있어서 본서는 여성의 위치와 가치를 높인 것이라고 할 수 있다. 물론 다윗의 족보를 밝히기 위한 목적도 있고 효를 중심한 선한 가정생활에 대한 중요한 내용을 전하는 데도 목적이 있다. 유대인의 전설에 의하면 본서를 사무엘이 기록했다는 설도 있지만, 룻기 4장 22절에 다윗의 이야기가 기록되어 있는 것을 보면 다윗이 이미 왕이 되고 존경받는 유명한 인물이 된 후의 기록임을 시사하고 있다.

2. 내용 분석

(1) 엘리멜렉의 모압으로의 이사와 죽음 – 1:1 ~1:18

엘리멜렉이라는 한 히브리 사람이 흉년으로 가족과 함께 모압으로 이사 가서 살았다. 그런데 불행하게도 가장인 엘리멜렉이 객사하고 미망인 나오미는 역경 중에서도 두 아들을 길러 모압 여자에게 장가들게 하고 위로를 받으며 살았다. 그러나 불행은 계속되어 두 아들 역시 일찍 죽게 된다.

(2) 룻과 나오미의 베들레헴 귀향 – 1:19 ~ 1:22

불행한 나오미는 고국으로 돌아가 살기로 작정하고 두 며느리에게 개가하여 각자의 길을 찾아가라고 한다. 큰 며느리 오르바는 떠나갔으나, 둘째 며느리 룻은 시어머니와 운명을 같이 하겠다고 하면서 한사코 떠나가지 않았다.

(3) 룻과 보아스의 사랑 – 2:1 ~ 3:18

(4) **룻과 보아스의 결혼** — 4:1 ~ 4:12

고국에 돌아온 후에도 시어머니를 정성으로 봉양하던 룻은 후일에 시가의 친척이며, 재산도 있고, 인격도 훌륭한 보아스의 아내가 된다.

(5) **다윗의 족보** — 4:13 ~ 4:22

"보아스는 룻에게서 오벳을 낳았고, 오벳은 이새를 낳고, 이새는 다윗 왕을 낳으니라"(마 1:56).

〈왕정시대 개관〉

사무엘상 : 마지막 사사인 사무엘부터 사울의 죽음까지의 역사를 기록함

사무엘하 : 다윗의 이야기를 기록함

열왕기상 1~11장 : 솔로몬의 통치

열왕기상 12장~열왕기하 25장 : 분열 왕국의 역사 기록

열왕기서는 예언자적인 관점에서 역사를 기록했다. 그러므로 예식이나 의식보다는 윤리적인 것 곧 어느 것이 옳으냐 그르냐를 강조하고 있다. 그리고 자세한 이야기보다는 전체적인 그림을 그려나가고 있다.

역대상 : 아담부터 다윗까지 계보와 다윗 왕까지

역대하 : 솔로몬에서 유다의 함락까지

역대기서는 제사장적인 관점으로 이스라엘의 역사를 기록했다. 그러므로 의식이나 예배 의식이 보다 강조되고 있다. 사울과 다윗과 솔로몬이 각각 40년씩 120년을 통치한다(주전 1052~932년). 그 후 나라가 분열되어 북쪽은 여로보암, 남쪽은 르호보암이 다스린

다(주전 931년). 그러다가 결국 북 이스라엘은 주전 722년 호세아 왕 때에 앗수르에게 멸망하고, 남 유다도 주전 586년 시드기야 왕 때에 바벨론에게 멸망한다. 그 다음은 약 70년간의 포로생활이 계속된 후 고레스 왕 때부터 3차에 걸쳐 예루살렘으로 귀환한다.

(1) 1 차 귀환(주전 536년) : 바사 왕 고레스 원년에 스룹바벨과 이스라엘 백성들 42,360명이 귀환하여 예루살렘 성전을 재건하였다(스 1:1~2:70).

(2) 2 차 귀환(주전 458년) : 바사 왕 아닥사스다 왕 7년에 에스라와 그에 속한 백성들로 남자만 1,416명이 귀환하여 이스라엘 민족을 영적으로 부흥시켰다(스 7장).

(3) 3 차 귀환(주전 445년) : 바사왕 아닥사스다 왕 20년에 느헤미야가 귀환하여 예루살렘 성곽을 재건한다(느 2장).

이것이 구약성경에 나타난 역사의 끝이다. 북 이스라엘은 20명의 왕 중에 선한 왕은 한 사람도 없었던 반면, 남 유다는 20명의 왕 중에 선한 왕이 8명이나 있었고, 혈통적인 왕위 계승이 이어졌다.

〈사울 왕〉

사울 왕의 시작은 참 좋았다. 그는 처음에는 겸손하고 부끄러워하는 사람이었다. 그러나 그가 점차 교만해져서 하나님의 명령을 두 번씩이나 어기게 된다. 자신이 하지 말아야 할 제사까지 드렸으며(삼상 13:9), 아무것도 살려두지 말라는 하나님의 명령을 어겨 아말렉 전쟁에서 얻은 왕 아각과 노획물을 숨겼다(삼상 15:9). 이로 인해 그는 하나님께 버림을 받았으며, 결국은 블레셋과의 전쟁에서 패해 자기 칼에 의지하여 자살하고 만다.

사울의 아들로는 요나단, 말기수아, 아비나답 그리고 이스보셋(에스바알)이 있으며 딸로는 메랍과 미갈이 있다.

〈다윗 왕〉

이름의 뜻은 '사랑받는 자'이며, 아브라함의 14대손으로 유다 지파 이새의 여덟째 아들로 유대 베들레헴에서 출생하였다. 양을 칠 때 힘이 좋아서 사자나 곰이 침입하면 쳐 죽였다(삼상 17:34).

사사시대가 사무엘로 끝이 나고 사울을 왕으로 세웠으나 여호와의 뜻을 거역함으로 여호와께서 그를 버리시고 사무엘에게 베들레헴 이새의 아들 중에서 왕의 후보자를 택하라고 명하셨고 후에 다윗이 기름 부음을 받았다(삼상 15:23).

그는 물맷돌을 들고 하나님을 의지하고 전장에 나아가 블레셋 대장 골리앗을 쳐 죽이고 승전하였다(삼상 17장). 사울이 다윗을 천부장으로 삼고 자기 사위를 삼으니 그 명성이 국내에 높아졌다(삼상 18:12~27). 사울이 다윗의 지략을 더 높이 평가하여 군대장관을 삼았다(삼상 18:5). 다윗의 명성이 높아짐에 따라 사울의 명성이 떨어지자 사울이 다윗을 죽이려 하였다. 그러나 하나님의 보호와 왕자 요나단과 그 처의 애호로 화를 면하였다.

다윗은 사울을 죽일 기회가 두 번이나 있었으나 하나님의 기름 부음을 받은 자를 사람이 죽일 수 없다 하여 죽이지 않고 굴 속에서 옷자락만 베었다(삼상 24장). 진 중에서 사울의 자는 것을 보고 그 머리 곁의 창과 물병만 가지고 가서 건너편 산에 이른 다윗은 호위가 허술하다고 호위장 아브넬을 나무랐다(삼상 26:15~16). 그 자손 중에서 예수 그리스도가 나셨다(마 1:1).

아들로는 암논, 길르압, 압살롬, 아도니야, 스바댜, 이드르암, 솔로몬 그리고 그 외 10명의 아들들의 이름이 나온다(삼하 5:14~16). 그중 아들 솔로몬에게 왕위를 계승하였고(왕상 1:32), 성전 건축을 부탁하게 된다(대상 22:6).

사도 바울은 다윗을 가리켜 '하나님 마음에 합한 자' 라고 말했다(행 13:22). 또한 그는 이스라엘 왕들 가운데 선한 왕과 악한 왕의 구별 기준이 되었다. 그는 70세에 별세하였으며, 재위 40년 중 7년 반은 헤브론에서, 33년간은 예루살렘에서 유대와 이스라엘을 다스렸다(삼하 5:4~5).

사무엘상 (1 Samuel)

1. 주제와 배경

히브리어 성경에는 사무엘상과 사무엘하가 합하여 한 책으로 되어 있다. 이 책의 명칭은 본서의 주인공인 사무엘의 이름을 딴 것이다. 그 까닭은 본서에서 가장 중심적인 인물이 사무엘이며, 다른 두 주요 인물인 사울과 다윗을 기름 부어 왕을 삼은 사람이기 때문이다. 70인역의 번역자들은 본서를 두 부분으로 나누고 제1왕국기, 제2왕국기라고 불렀으며, 열왕기서도 둘로 나누고 제3왕국기, 제4왕국기라고 불렀다.

본서의 저자는 분명하지 않다. 사무엘이 본서 전체의 저자가 될 수 없는 이유는 그의 죽음에 대한 기사가 사무엘상 25장 1절과 28장 3절에 기록되어 있고, 또한 그가 죽은 후에 일어난 사건들이 기록되어 있기 때문이다. 본서의 저자는 아마도 왕국 분열 직후에 살았던 유대의 한 선지자로 그가 하나님의 영감을 받아 이미 기록되었던 문헌을 기초로 하여 기록하였음이 분명하다. 본서는 왕정 국가의 형성과 그 일에 있어서의 사무엘의 역할에 대한 기록이다. 사사시대라는 과도기를 지나 왕정국가를 건설하고, 그 왕국이 점차 제자리를 잡아가면서 가나안의 모든 지역을 점령하고 모든 민족의 통합을 완성한 모든 역사를 수록하고 있다. 그러기에 사무엘은 마지막 사사(삼상 7:6)이면서 동시에 마지막 선지자(삼상 3:20)였다.

2. 내용 분석

(1) 사무엘의 출생 및 사역 – 1:1 ~ 8:22

사무엘의 출생, 엘리 집안의 멸망, 미스바 성회

(2) 사울 왕의 등장 및 전쟁에서의 승리 – 9:1 ~ 15:35

(3) 다윗의 등장, 사울 왕의 자결 – 16:1 ~ 31:13

사무엘하 (2 Samuel)

1. 주제와 배경

히브리어 성경에는 사무엘상과 사무엘하가 합하여 한 권의 책으로 되어 있다. 이 책은 주전 930년 이후 솔로몬 왕 사후에 기록된 것으로 보인다. 왕정제도에 대해 긍정적이면서도 한편으로는 부정적인 견해를 보여 주고 있다. 사무엘서에는 왕이 곧 신이라는 사상이 아니라, 왕은 하나님의 권위와 지배 밑에서 백성을 대표하는 자라는 사상이 나타나 있다. 사사시대라는 과도기를 지나 왕정국가를 건설하고, 그 왕국이 점차 제자리를 잡아가면서 다윗 왕이 가나안의 모든 지역을 점령하고 모든 민족의 통합을 완성한 역사를 수록하고 있다.

2. 내용 분석

(1) **다윗의 초년기** — 1:1 ~ 7:29

(2) **다윗 왕의 중년기** — 8:1 ~ 19:43

밧세바를 취함, 나단 선지자의 책망, 그리고 압살롬의 반역이 주된 내용이다.

(3) **다윗 왕의 말년기** — 20:1 ~ 24:25

3년 기근과 다윗 왕의 죽음 및 유언이 기록되어 있다.

열왕기상 (1 Kings)

1. 주제와 배경

열왕기상, 열왕기하도 사무엘상, 사무엘하처럼 히브리어 성경에는 한 권의 책으로 되어 있었다. 히브리어 명칭은 '말킴' (왕들)이다. 70인역에는 제3왕국기, 제4왕국기라고 되어 있다. 본서는 솔로몬이 왕이 된 때부터 시작하여 나라의 분열 그리고 선지자 엘리야 시대까지의 역사에 관한 기록이다. 탈무드 성경에 의하면, 예언자 예레미야가 예레미야서, 열왕기서, 그리고 예레미야애가를 썼다고 주장하지만 여러 가지 면에서 그 주장이 확실치는 않다. 본서는 예레미야와 동시대의 어떤 예언자가 이미 있던 문서들을 자료로 삼아 옛 역사의 사건들에 관하여 기록한 것이라고 생각된다.

2. 내용 분석

(1) 솔로몬 왕 시대 — 1:1 ~ 11:43

다윗 왕이 노쇠하자 왕위 계승을 둘러싸고 암투가 벌어졌다. 장군 요압과 제사장 아비아달의 후원을 얻은 넷째 아들 아도니야와 장군 브나야와 제사장 사독과 선지자 나단의 후원을 얻은 솔로몬 사이에서 벌어진 왕위 계승의 싸움이었는데 결국 솔로몬이 이스라엘의 3대 왕으로 등극하였다. 솔로몬 왕은 놀라운 지혜로 나라를 잘 다스리고, 많은 부귀와 영광을 누렸으며, 7년에 걸쳐 성전을 건축하고, 13년에 걸쳐 왕궁을 건설하였다. 스바(오늘날의 예멘) 여왕은 솔로몬의 지혜를 듣고 솔로몬을 시험하고자 왔으나 오히려 감복하고 돌아갔다. 고대 전승에 의하면, 스바 여왕이 솔로몬의 아기를 임신하고 돌아가서 아기를 낳아 에디오피아 왕족 혈통이 이어졌다고 한다(왕상 10:13). 솔로몬의 노후에는 지나친 노동력 동원과 무거운 세금 징수, 그리고 많은 이방인 처첩들과 그들을 통해서 들어온 잡다한 우상 숭배 등으로 국민의 반감을 샀고 여호와의 노하심을 받아 이스라엘 나라가 두 나라로 나뉘게 된다.

(2) 분열 왕국 시대 — 12:1 ~ 22:53

솔로몬이 죽은 후 나라가 분열되어 그의 아들 르호보암은 남쪽 두 지파(유다, 베냐민 지파)의 왕이 되어 예루살렘에 수도를 세워 유다를 다스렸다. 그리고 여로보암은 북쪽의 열 지파를 규합하여 사마리아에 수도를 세워 이스라엘을 다스리게 된다.

열왕기하 (2 Kings)

1. 주제와 배경

열왕기상, 열왕기하도 사무엘상, 사무엘하처럼 히브리어 성경에는 한 권의 책으로 되어 있었다. 히브리어 명칭은 '말킴' (왕들)이다. 본서는 선지자 엘리사 시대부터 이스라엘 나라와 유다의 멸망 그리고 바벨론 포로에서 귀환 때까지의 역사에 관한 기록이다.

2. 내용 분석

(1) 엘리야, 엘리사 그리고 분열 왕국 시대 — 1:1 ~ 17:41

북쪽 이스라엘에는 아합 왕이나 여로보암 2세와 같은 영도력이 강한 왕들이 나오기는 했지만 정변이 많아 여러 왕이 암살되었고, 남쪽 유다에서는 르호보암의 후손이 통치하였다. 당시 북쪽 이스라엘에는 엘리야, 엘리사 선지자가 그리고 남쪽 유다에는 이사야, 아모스, 호세아 선지자가 있었다. 이들은 이 시기를 민족의 역사상 위대한 각성의 시기로 만든 훌륭한 선지자들이었다.

〈엘리야〉

그 이름의 뜻은 '내 하나님은 여호와이시다'이다. 길르앗 디셉 사람이며, 북쪽 이스라엘의 선지자로 아합 왕과 아하시야 왕 시대에 걸쳐 사역하였으며, 아합에게 수년 동안 가뭄이 있을 것을 경고하였다.

아합을 피해 요단강 앞 그릿 시냇가로 가서 숨어 까마귀들이 가져다 주는 떡과 고기를 먹고 시냇물을 마시며 지내다 계속된 가뭄으로 시냇물이 말라 더 이상 마시지 못하게 되자 하나님의 명대로 시돈 지역에 속한 사르밧으로 간다. 거기서 아들과 같이 떡 하나를 만들어 먹고 죽으려고 하는 과부를 만나 그 떡을 자신이 먼저 먹은 다음 그 과부의 집에 가뭄이 마칠 때까지 기름과 밀가루가 부족하지 않을 만큼 먹을 수 있는 기적을 베풀어 주었다. 그 과부의 아들이 병으로 죽자 엘리야는 하나님에게 기도하여 낫게 하였다.

사르밧에서 3년을 지낸 후 갈멜산에서 바알 선지자들과의 대결에서 이겨 바알 선지자를 잡아 기손 시내로 데려다가 모두 죽였다. 이세벨은 엘리야가 바알 선지자를 갈멜산에서 죽인 것을 알고 사자를 보내 엘리야를 죽이려고 하였다. 이 소식을 들은 엘리야는 이세벨을 피해 브엘세바로 가 한 로뎀나무 아래에서 하나님 앞에 죽기를 간구하다가 잠이 들었다. 그때 천사가 와서 깨운 후 숯불에 구운 떡과 물을 먹고 다시 잠이 든 후 천사에 의해 일어나 다시 음식을 먹고 힘을 얻어 40일을 행하여 하나님의 산 호렙산에 가서 한 굴에 거하였다.

또 나봇의 포도원을 빼앗은 아합 앞에 나가 그가 죽어 그 피를 나봇이 죽은 곳에서 개들이 핥을 것을 예고하였다. 바알 신 숭배와 그 아비의 온갖 악행을 저지른 아하시야 왕은 바알세불에게 물으려 하다 엘리야의 예언대로 죽고 그 아들 여호람이 왕이 된다. 이때에 엘리야 선지자는 하나님의 명령대로 길갈로 갔으며, 그곳에서 엘리사를 만나 제자를 삼고 홀연히 하늘로부터 내려온 불수레와 불말을 타고 승천한다.

〈엘리사〉

그 이름의 뜻은 '하나님은 구원이시다' 이다. 그는 사밧의 아들로 엘리야를 이어 북쪽 이스라엘의 선지자가 되었다.

갑절의 영감을 받아 엘리야의 몸에서 떨어진 겉옷을 주워 가지고 요단강 물을 쳐 양쪽으로 갈라서 건넌 후 여리고로 돌아왔다. 그곳에서 엘리사는 물이 좋지 못하여 산물이 익지 못하고 떨어진다는 말을 듣고 소금을 물 근원에 던져 토산이 자라는 좋은 물로 고쳐 주었다. 그는 사마리아에서 다시 에돔 광야에 내려갔는데 이곳에서 여호람과 남 유다의 여호사밧의 연합군이 모압 원정을 가는 도중 물이 없어 큰 위기를 겪게 되었을 때 큰 물이 흘러내릴 것을 예고해 주었다. 그리하여 물이 에돔편에서 흘러내려 연합군을 구했다.

엘리사가 수넴에 이르렀을 때 한 여인으로부터 귀한 대접을 받고 아들이 있을 것을 축복해 주어 그 축복대로 여인이 아들을 낳았고 후에 이 아이가 죽었을 때 살려 주는 기적을 베풀기도 했다. 길갈에 내려와 흉년이 들어 고생하는 선지 생도들을 위해 사환을 시켜 국을 끓이게 하였는데 선지자 중 한 사람이 들외를 국 속에 넣어 독이 생기게 되었다. 무리들은 독이 있음을 엘리사에게 알렸고, 엘리사는 가루를 넣어 독을 제거하였으며, 바알살리사에서 한 사람이 가져온 보리떡 20개와 채소 1자루로 100명을 먹이는 기적을 베풀기도 하였다.

또 아람 왕의 군대장관인 나아만의 문둥병을 고쳤고, 도끼가 빠졌을 때 나뭇가지를 던져 떠오르게 하여 건져 주기도 하였다. 엘리사가 도단에 있을 때 아람 왕 벤하닷 1세가 이스라엘 왕 여호람을 치기 위해 이스라엘 진영에 여러 번 내려왔으나 그때마다 엘리사는 정보를 미리 왕에게 기별하여 방비하게 하였다. 이것을 아람 왕의 신복이 알고 왕에게 고하자 아람 왕 벤하닷은 엘리사를 잡기 위해 많은 군대를 보내 밤에 도단을 포위하였다. 아침에 포위당한 것을 안 엘리사는 그들의 눈을 어둡게 하여 그들을 이끌고 사마리아로 오게 한 후 눈을 뜨게 하였다. 그러고 나서 그들을 죽이지 않고 음식을 주어 먹게 한 후 고국으로 돌려보냈다. 그는 이 외에도 여러 가지 기적을 베풀며 약 50년간에 걸쳐 선지자 역할을 잘 감당하였다.

(2) **유다 왕국의 역사** – 18:1 ~ 25:30

북 왕국이 멸망할 때 남 왕국 유다의 왕은 히스기야였다. 그는 이사야의 경고에 감동되어 종교개혁을 단행하고 나라를 중흥시키려고 많은 노력을 한 훌륭한 왕이었다(왕하 19장). 그 후 요시야 왕 때에 율법서를 발견하고 전국적인 종교 개혁을 단행했다(왕하 22장). 그러나 요시야 왕은 아깝게도 애굽과의 전쟁에서 전사하고 만다. 그 후 이스라엘 나라는 친 애굽파와 친 바벨론파로 국론이 둘로 나뉘어 갈팡지팡하다가 주전 586년에 바벨론 왕 느부갓네살에게 점령되어 멸망한다(왕하 24장).

역대상 (1 Chronicles)

1. 주제와 배경

히브리어 원전의 명칭은 '그날에 생긴 일들' 이다. 또 원전에서는 상 · 하 두 권이 아닌 한 권의 책이었다. 본서는 성문서집의 맨 마지막에 수록되어 있다. 유대인들의 전통에 의하면, 본서의 저자가 에스라라고 한다. 역대하의 마지막 말들(대상 36:22)과 에스라의 첫말(스

1:1~3)이 같은 말임을 알 수 있다.

역대기는 나라를 잃고 이방인의 포로가 된 후의 이스라엘 백성들을 위해 기록한 책이다. 그들은 이방인의 포로가 되어 살면서 '아직도 하나님께서 우리에게 관심을 가지고 계신가'에 대해서 알고 싶어했다. 이러한 질문에 대답하기 위해서 역대기를 기록했다. 역대기는 인간 창조에서 시작하여 이스라엘이 이방 나라의 포로가 되었다가 다시 회복될 때까지를 족보로 기록하고 있다. 그러면 왜 그의 책은 족보로부터 시작하고 있을까 하는 의문점이 생긴다. 그 이유는 족보를 통해서 하나님께서 아담 때부터 이스라엘에 대해 관심을 가지고 계셨으며, 그들이 포로가 되었다가 회복된 지금도 여전히 그들에 대해 관심을 갖고 계신다는 것을 보여 주기 위해서였다. 아담부터 기록된 족보는 이스라엘에 대한 하나님의 사랑이 다윗이나 가나안 정복 또는 출애굽부터 시작된 것이 아니라 창조 때부터 시작된 것임을 보여 주고 있다(대상 1:1). 족보에 나오는 인물들의 사회적 지위나 군사적 의무, 땅의 분배나 상속권의 문제를 위한 실제적인 목적을 위해 기록되었다. 동시에 이 족보는 이스라엘에 대한 하나님의 계획이 창조 때부터 하나님의 계획 안에 있었음을 보여 주고 있다.

2. 내용 분석

저자는 족보의 서론 부분에서 아담부터 야곱까지 하나님께서 창조와 구속을 통해서 인간을 어떻게 다루어 오셨는지를 자세히 보여 주고 있다. 역대기 기자는 역대기를 읽는 독자들이 이미 창세기에 나오는 기본적인 사건과 인물들을 알고 있다고 전제하고 중요한 인물들에 대한 자세한 이야기를 배제하고 있다. 역대기의 저자는 하나님의 선택적 사랑을 통해 두 가지를 강조하고 있다.

첫째로, 모든 열방을 언급함으로 열방이 하나님의 원대한 목적 안에 포함되어 있음을 보여 주고 있다. 열방은 아담 안에서 하나님의 지음을 받은 피조물로서 하나님의 통치를 받도록 되어 있었다. 열방도 문화 명령이나 언약과 관계되어 번창하고 있는 것이다.

둘째로, 이스라엘이 이러한 하나님의 원대한 목적의 중심에 놓여 있다는 점을 강조하고 있다. 역대기 기자 당시의 이스라엘은 페르시아의 속국 신세를 면하지 못한 초라한 공동체였다. 그러나 역대기 저자는 이스라엘의 역사를 창조부터 포로 후기까지 지속되는 연장선상에 놓고 있다. 유다와 베냐민은 처음과 끝에 나오면서 중요한 위치에 배치되어 있다. 이는 아마도 남방 유다 왕국의 두 지파인 유다(시므온 포함)와 베냐민이 주전 586년의 포로 됨을 넘어서까지 오랫동안 가나안 땅에서 살아남은 지파이기 때문으로 보인다. 여기에서 중요한 점은 레위 지파가 내용상 그 중앙을 차지하고 있는 점이다. 이는 레위 지파의 역할은 이스라엘 사람들의 삶의 중심에 있었다는 것을 보여 준다.

역대하 (2 Chronicls)

1. 주제와 배경

히브리어 성경은 역대상, 역대하가 한 권의 책으로 되어 있으나 70인역은 이것을 두 권으로 '생략된 사건들 제1서', '생략된 사건들 제2서' 라고 이름을 붙였다. 생략된 사건들은 열왕기에서 생략된 사건들을 말한다. 역대기라는 명칭은 라틴어역인 벌게이트의 표제에서 유래된 것이다.

2. 내용 분석

본서의 내용은 열왕기상, 열왕기하 두 권에 기록되어 있는 역사를 대체로 포함하고 있다. 그러나 북 왕국 이스라엘의 역사는 거의 빠져 있고, 남 왕국 유다 특히 다윗 왕국과 솔로몬 왕국에 초점을 두고 있는 것을 알 수 있다. 여기에는 특별한 이유, 즉 저자의 의도가 있음을 알 수 있다. 저자는 선민 이스라엘의 역사를 종교적으로 해석하며, 후세를 위하여 역사에 대한 종교적 교훈을 주려고 본서를 쓴 것이다. 저자가 가르치려고 하는 사상은 다음과 같다.

하나님은 이스라엘 민족을 제사장으로 삼기 위하여 선택하셨다. 이스라엘 민족이 이 사명을 자각하며, 율법을 지키며, 종교적으로나 사회적으로 성실하게 살 때에는 약속하신 대로 큰 축복을 받았으나 반대로 우상을 섬기며, 종교적으로 타락하고, 도덕적으로 부패할 때에는 불행과 비참한 고통이 왔다. 저자는 이러한 사실을 이스라엘의 과거의 역사를 가지고 증명하고 있다. 그렇기 때문에 본서를 보면 제사장 나라로서 왕을 비롯한 모든 국민이 자각하고 노력한 때인 다윗과 솔로몬 시대의 역사는 상세히 힘을 주어 기록하고 있는 반면에, 책임을 소홀히 하고 타락한 북 왕국에 대해서는 그 죄로 받은 멸망의 사실 외에는 별로 중요하게 다루고 있지 않다. 이것은 이스라엘 민족으로 하여금 다시 제사장 나라의 책임을 재인식하고 분별할 것을 촉구하고자 한 저자의 의도를 짐작케 한다.

에스라 (Ezra)

1. 주제와 배경

원래 에스라와 느헤미야서는 한 권의 책으로 되어 있었으며, 저자는 에스라이다. 라틴어 번역성경인 벌게이트에서는 에스라서를 '제1에스드라스' 라고 하고, 느헤미야서를 '제2에스드라스' 라고 부르고 있다. 에스라는 제사장이요, 율법학자였으며(스 7:11), 제사장 아론의 16대 손으로 바벨론에서 태어난 사람이다. 그는 말씀 부흥에 사명을 가진 자였으며(스 7:10), 아닥사스닥 왕 때 바벨론으로부터 많은 유대인을 이끌고 예루살렘에 돌아왔다(제2차 포로귀환). 그는 먼저 성전에서 제사를 드리고, 이방 여자와 결혼한 제사장과 백성들에게 이혼할 것을 명령하고 율법 준수를 강조하였다. 그는 자신보다 약 13년 후인 3차 귀환 때에 귀환한 느헤미야와 동역하여 일을 완수했다. 전통적인 견해에 따르면, 그는 시편 119편의 저자이며 구약 정경의 편집위원장이었다고 한다. 에스라서의 기록 시기는 에스라가 예루살렘에 도착한 후인 주전 458년 이후로 보인다.

2. 내용 분석

(1) **1차 귀환과 성전 재건** – 1:1 ~ 6:22

포로 귀환 후 성전 재건과 개혁 운동에 대한 기록이다. 이스라엘의 회복에 대한 하나님의 약속의 실현을 나타내기 위하여 기록하였다. 바벨론 왕 벨사살은 메대의 다리우스에 의해 죽게 된다(주전 539년, 단 5:39). 바사의 고레스 왕이 유다 포로들을 관할하면서 포로 귀환령을 내린다.

(2) 2차 귀환과 개혁운동 – 7:1 ~ 10:44

에스라는 1차 포로 귀환이 있은 지 80년이 지난 주전 458년에 하나님의 율법을 강화하기 위해 행정장관으로 위임을 받아 유다로 보내진다. 그는 조직적으로 종교 교육을 실행할 것을 계획하는 등 성전 건축과 종교심의 고취, 혈통의 순화와 후세 교육의 강화 등 민족 재건에 주력하였다.

느헤미야 (Nehemiah)

1. 주제와 배경

에스라와 느헤미야서는 원래 한 책으로 되어 있었다. 그 이유로는 저자를 에스라로 보나 내용상 느헤미야 자신을 1인칭으로 불렀고 느헤미야의 이야기가 대부분이므로 저자를 느헤미야로 보는 사람들도 있다. 느헤미야라는 이름의 뜻은 '여호와의 위로' 이며, 그는 페르시아의 술관원(왕이 생명을 맡길 만큼 신임을 받은 자)이었다. 그의 아버지는 하가랴이다. 그는 주전 444년 이후에 유대를 다스린 총독으로 에스라와 동역을 같이 한 이스라엘의 영적 지도자였다. 본서는 구약 역사서 중에 마지막 역사서이다.

2. 내용 분석

본서는 느헤미야의 회고록을 포함하고 있으며 성벽 재건과 부흥 운동에 대해 기록하고 있다. 3차에 걸친 귀환 후 모든 박해를 물리치고, 무너진 성벽을 수축하고, 영적 부흥을 일으킨 내용에 대한 기록이다. 에스라서는 1, 2차 귀환 후에 있었던 일들을 기록하고 있고, 느헤미야서는 3차 귀환 후에 있었던 일들을 기록하고 있다. 본서는 예루살렘 성전과 무너진 성벽을 다시 쌓아 다윗 왕조의 전통을 계승해야 한다고 역설하고 있다. 또한 그는 율법을 낭독하고, 성전을 청결케 하였으며, 안식일의 준수와 이방인과의 결혼 금지 등과 같은 종교개혁을 하였다(느 13장).

에스더 (Esther)

1. 주제와 배경

본서의 명칭은 본서의 주인공의 이름을 딴 것이다. 에스더 이름의 뜻은 바사(페르시아) 말로 '별' 이라는 뜻이다. 옛 유대인의 전설에는 본서의 저자를 모르드개라고 한 곳도 있지만 그 견해는 확실치 않아 누가 기록을 했는지는 정확히 알 수 없다. 그러나 내용으로 보아 저자는 바사의 사정을 잘 알고 그들의 관습을 익숙하게 아는 사람이었음이 확실하다. 본서의 아하수에로 왕은 일반적으로 크세르크세스 왕으로 간주되는데 이 왕은 주전 485년부터 465년까지 바사의 왕이었으며 세계사에서 유명한 바사 전쟁의 왕이다.

바사 왕 고레스가 유대인을 해방하여 고국에 돌아가게 했으나 고국에 돌아가지 않고 광대한 바사 제국의 여러 곳에 흩어져 사는 유대인들이 많았다. 본서의 내용은 이러한 유대인 사회에서 일어난 일이다. 즉 바사 왕국의 수도인 수산에 살던 에스더라는 유대인 처녀가 바사의 왕비가 되고, 열렬한 민족애를 가진 모르드개라고 하는 사촌과 함께 바사 제국의 총리대신인 하만의 유대인을 몰살시키려는 흉계를 막고 자기 민족을 전멸의 위기에서 구원하였다고 하는 드라마틱한 기록이다. 본서에서 우리는 에스더와 모르드개의 강인하고 결사적인 민족애와 희생정신을 볼 수 있다. 또한 본서에서는 하나님의 이름이 한 번도 나오지 않는다.

2. 내용 분석

(1) 와스디의 폐위와 에스더의 등장 – 1:1 ~ 2:23

(2) 하만과 모르드개 – 3:1 ~ 3:15

(3) 에스더의 결심 – 4:1 ~ 4:17 (죽으면 죽으리이다, 4:16).

(4) 굴욕당하는 하만 – 5:1 ~ 8:17

(5) 부림절의 기원 – 9:1 ~ 10:3

유대인들의 통쾌한 절기인 부림절의 유래를 설명하고 있다. 유대인들은 아달월 14, 15일을 부림절로 지키고 본서를 낭독하며 민족이 수난에서 구원받은 것을 기념한다. '부림' 이라는 말은 '제비' 라는 뜻이다(에 9:24).

욥기(Job)

1. 주제와 배경

본서의 저자에 대해서는 모세가 저자라고 하는 주장, 솔로몬 시대의 어떤 사람에 의하여 저작되었다는 주장, 예레미야 시대의 저작이라는 주장이 있으나 우리는 모세가 저자라고 믿는다. 욥기는 종교적 경전으로서 교회 안에서 귀히 여김을 받는 책일 뿐만 아니라 세계문학사에 있어서도 불멸의 가치와 중요한 위치를 차지하고 있는 귀중한 책이다. 특히 현대의 실존주의적 작가들에게 준 영향은 지대하다. 인생의 가장 크고 무거운 문제인 고난의 문제를 다루고 있으며, 특히 고난에 처한 인간이 가져야 할 지혜를 가르치고 있다.

우스라는 땅에 욥이라고 하는 의로운 사람이 있었다. 그는 7남 3녀의 자녀와 많은 가축을 가진 부자요, 행복한 사람이었다. 그런데 하나님의 허락을 받은 사단에 의해 욥의 자녀들이 일시에 죽고, 많은 재산을 잃어버리고, 자신은 심한 종기가 나고 아내에게 멸시를 받는 큰 고난을 받게 된다. 그러나 그러한 고난 속에서도 욥은 믿음으로 잘 견디고 이겼다. 그리하여 끝내는 전보다 갑절이나 많은 재산과 훌륭한 자녀들의 축복을 받았으며 장수의 복까지 하나님께서 주셨다는 줄거리이다.

본서의 주제는 인생의 고난의 문제이며, 의인의 수난 문제이다. 하나님을 신실히 믿고 사랑하는 욥이 말로 다 형용할 수 없는 끔찍한 고난을 당하였다. 욥의 세 친구 엘리바스, 빌닷, 소발이 찾아와 함께 슬퍼하고 왜 의인 욥이 고난을 당하는가에 대해 욥과 서로 말을 주고 받는다. 본서에는 이 세 친구와 욥 사이에 교환된 세 번의 긴 논쟁이 기록되어 있다. 세 친구들의 논쟁은 '하나님께서 통치하시고 지배하시는 세계에서는 의인이 고난을 받는 일은 있을 수 없다. 그러므로 욥이 고난을 받는 것은 죗값으로 인한 형벌' 이라는 것이다. 이에 대하여 욥은 자기는 결백하고 죄가 없다고 강경하게 주장하면서 세 친구의 주장이 옳지 않다고 반박한다. 그리고 자기는 하나님께 직접 대답을 듣겠다고 절규한다.

2. 내용 분석

1장과 2장은 서론 부분이며, 3장부터 42장 6절까지는 본론 부분이며, 42장 7절부터 17절까지는 결론 부분이다.

"네 시작은 미약하였으나 네 나중은 심히 창대하리라"(욥 8:7). 이 구절은 우리가 일을 시작할 때 하나님께서 도우실 것을 소원하며 많이 인용하는 구절이다. 이 구절은 욥의 친구 빌닷이 욥에게 한 말인데 나중이 심히 창대키 위해서는 다음의 네 가지 선행조건이 있어야 한다. 하나님을 부지런히 구하고, 전능하신 하나님께 빌고, 청결하고, 그리고 정직히 행해야 한다.

이때 엘리후가 나타나 욥뿐만 아니라 세 친구 모두 다 잘못이라고 말한다(욥 32~37장). 그 후에 하나님께서 욥에게 직접 나타나시어 하나님은 전능하시며 우주의 통치자시라는 것을 욥에게 깨우쳐 주시고 동시에 인간의 무력함과 무지함을 알려 주셨다(욥 38:1). 이때 욥은 "내가 스스로 깨달을 수 없는 일을 말하였고……그러므로 내가 스스로 한하고 티끌과 재 가운데서 회개하나이다"(욥 42:3~6)라고 대답한다. 인간은 오직 회개를 통해 고난 앞에서 자신을 돌아보고 전능하신 하나님의 구원을 기다리며 간구할 뿐임을 깨달은 것이다.

시편 (Psalms)

1. 주제와 배경

시편이라고 부르는 이 책의 원래 이름은 '찬양의 책(세페르 트힐림)' 이다. 본서에는 하나님을 찬양하는 시가 많기 때문이다. 그러나 본서에는 찬양뿐만 아니라 기도 내용의 시가 더 많다. 70인역이나 벌게이트에서는 시의 책이라고 하였다.

시편을 작자별로 나누어 보면 다음과 같다.

(1) **다윗** (73편) – 3~9, 11~32, 34~41, 51~65, 68~70, 86, 101, 103, 108~110, 122, 124, 131, 133, 138~145편

(2) **고라의 후손** (11편) – 42, 44~49, 84~85, 87~88편

(3) **아삽** (12편) – 50, 73~83편

(4) **솔로몬** (2편) – 72, 127편

(5) **에단** (1편) – 89편

(6) **모세** (1편) – 90편

(7) **저자 미상** (50편)

2. 내용 분석

시편 150편 중에서 서른네 편을 제외하고는 모든 시편의 첫머리에 그 성격에 따른 제목이 붙여져 있으며 크게 다섯 권으로 구분된다.

제1권 : 1~41편, 제2권 : 42~72편, 제3권 : 73~89편, 제4권 : 90~106편, 제5권 : 107~150편

이것은 모세의 율법이 다섯 권의 책으로 되어 있는 것과 또 유대인의 큰 다섯 명절 수에 맞추어 나눈 것이다. 각 권의 마지막에는 송영(Doxology)이 있고, 제150편은 시편 전체의 마지막 송영이라고 할 수 있다. 119편은 가장 긴 장이고, 117편은 가장 짧은 장이며, 118편은 신

구약 성경의 한가운데 있는 장이다. 시편 119편은 히브리어 알파벳 22글자로 8절씩 만들어 176절이 되었고, 매절마다 여호와의 말씀이라는 뜻을 가진 표현이 들어 있다.

시편에는 오랜 세월 이스라엘 민족의 깊은 종교적 교훈이 많이 숨어 있는데 특히 다음과 같은 교훈들이 두드러져 있다고 할 수 있다.

(1) 여호와 하나님의 전지전능하심과 세계의 역사를 주관하시고 지배하시는 일과 그 사랑과 자비의 크심, 놀라운 구원의 은혜 등을 가르치고 있다. "하나님과 같이 큰 신이 누구오니이까"(시 77:13)라고 찬미하고 있다.

(2) 시인들은 인간의 연약함을 솔직하게 고백하면서 동시에 그 피조물을 하나님께서 높이시고 사랑하시는 것을 감사하고 있다(시 8:4~5).

(3) 시인들은 광대하고 무한한 우주와 신비하고 기묘한 자연을 노래하면서 바로 그 자연이 여호와를 나타내 보이는 계시임을 인식하였다.

잠언 (Proverbs)

1. 주제와 배경

본서의 대부분은 솔로몬 왕이 지은 것이 분명하나 본서 전부가 그의 기록이라는 것은 무리인 것 같다. 본서 자체도 본서가 여러 사람의 잠언을 모은 것임을 강조하고 있다. 잠언 1장 1절에는 "솔로몬의 잠언"이라고 하여 본서가 대체적으로 솔로몬의 저작임을 말하고 있다. 그러나 잠언 25장 1절에 보면 히스기야 왕의 신하들이 편집한 것이라는 말이 있고, 잠언 30장 1절과 31장 1절에서는 야게의 아들 아굴의 잠언 그리고 르므엘 왕의 어머니의 잠언이라고 말하고 있다. 어느 민족이나 인생을 지혜롭게 또 가치 있게 살기 원하며 그러한 삶을 위하여 오랜 세월을 살아오는 동안 자연스럽게 많은 속담이나 수수께끼 같은 것이 생기고 격조 높은 귀한 격언이나 금언을 많이 갖게 되는데 이러한 것들은 특히 청소년들을 훈계하는 데 사용되었다. 그리하여 그것들은 자연히 근면, 정직, 순결, 효, 신의, 경건, 희망, 사랑, 믿음 등을 가르치고 있다. 히브리 민족에게 있어서도 역시 그러하여 솔로몬 왕은 그들을 위해 주옥 같은 잠언 3,000수를 지었다(왕상 4: 32).

2. 내용 분석

격언과 같은 문장인 잠언들은 삶에 대한 다양한 교훈을 주는데 그것을 나누면 다음과 같이 구분할 수 있다.

(가) 신앙심에 대한 교훈 : 여호와를 경외하는 것이 지식의 근본(잠 1:7)이라는 것, 여호와의 미워하시는 것이 무엇이라는 것, 그리고 죄를 자복하고 버리는 자가 될 것을 가르치고 있다.

(나) 도덕적인 교훈 : 효도, 선과 악, 사랑과 미움, 진실과 허위, 그리고 정의와 불의에 관한 실생활에 도덕적 교훈을 가르쳐 주고 있다.

(다) 사회생활상의 좋은 교훈 : 근면과 나태, 유익한 것과 해로운 것, 화목, 바른 언어생활 등에 관하여 기록하고 있다.

전도서 (Ecclesiastes)

1. 주제와 배경

히브리어 성경에는 '전도자의 말씀' 이라는 표제가 붙어 있다. 70인역에는 '에클레시아스테스' 라고 번역하고, 영어나 한글 성경은 이것을 따라 전도서라고 번역하였다. 본서의 내용을 보면 근엄한 설교자나 전도자의 태도라기보다 생을 달관한 사람이 자기의 세계관이나 인생관 또는 행복론 등을 가벼운 마음으로 아무 거리낌 없이 이야기하는 스타일로 되어 있다. 어떠한 역경에서도 절망하지 않고 소망을 가지고 굳세게 살아가는 것이 신앙이라고 가르치는 성경에 허무주의적 냄새가 물씬 나는 이 책이 정경으로 수록되어 있는 일은 놀라운 일이다. 이 책의 저자는 인생의 달관자의 입장에서 일체의 노력이나 기쁜 일이 무가치하고 허무한 일이라고 단정하고 있다. 그런데 이러한 책이 유대인의 즐거운 절기인 장막절에 낭독하는 두루마리 책이었다니 매우 역설적인 교훈이 담긴 책이라고 아니 할 수 없다. 저자가 헛되다고 단정해 버리는 것은 하나님께 대한 신뢰나 하나님의 계획이 아니고 인간 자신에 대한 신뢰를 두고 하는 말이다. 전도서 5장 2절이나 12장 13절과 같은 곳을 보면 저자는 인간의 허무를 절감한 자이지만, 하나님의 섭리나 힘 또는 그에 대한 신앙을 허무로 보는 사람은 아니었다.

2. 내용 분석

본서에서 찾아볼 중요한 교훈과 사상이 몇 가지 있다.

(1) 인간의 일과 계획, 그리고 인간의 힘은 유한한 것이며 상대적이다.

(2) 인간이 하나님께서 주시는 삶을 단순하게 받아들이고 순종하면 거기에 가치 있는 삶이 있다.

(3) 현실의 삶에는 모순과 고통이 많은 것 같으나 그 배후를 깊이 살펴보면 그 안에도 하나님의 섭리가 있다.

(4) 인간의 최고의 삶은 하나님의 명령을 따라 사는 것이다.

"일의 결국을 다 들었으니 하나님을 경외하고 그 명령을 지킬지어다 이것이 사람의 본분이니라"(전 12:13).

아가 (Song of Songs)

1. 주제와 배경

아가, 룻기, 예레미야애가, 전도서, 에스더를 '다섯 두루마리 책'이라고 부른다. 이 두루마리는 유대인들의 명절, 곧 절기마다 한 권씩 낭독하였다고 한다. 즉 아가서는 유월절에, 룻기는 오순절에, 예레미야애가는 아빕월 제9일(예루살렘이 파괴되었다는 날)에, 전도서는 장막절에, 그리고 에스더서는 부림절에 각각 낭독하였다.

본서의 히브리어 제목은 "솔로몬의 노래 중의 노래"이다. 아가서는 사랑이 주제인 책이다. 그러기 때문에 세속적인 것이라고 하여 정경으로 채택되는 데 있어서 논란이 있었다고 한다. 옛날에 이스라엘 청년은 30세가 되기까지는 이 책을 읽지 못하게 하였다고 한다. 본서는 솔로몬이 지은 것으로 성도에 대한 여호와 하나님의 사랑을 남녀의 사랑에 비유하여 우화적으로 표현한 것이다.

2. 내용 분석

아가서는 전체가 5막 13장으로 구성되어 있으며, 내용은 술람미라는 주인공이 궁중에서 왕의 사랑을 강요받지만 보잘것없는 한 목동에게 바친 그의 참 사랑을 중히 여기고 왕궁의 호사스러운 영광을 물리치고 끝까지 그의 첫 사랑의 대상을 사모하는 진실한 사랑에 관한 고상한 교훈이다. 신랑은 여호와 하나님이시고, 신부는 이스라엘 민족이라는 탈무드의 해석이 바로 이 해석이다. 기독교에서도 성 어거스틴이나 존 웨슬리 같은 이는, 신랑은 예수 그리스도요, 신부는 교회와 신자라고 해석하였다.

〈선지서 개관〉

선지서는 그 책의 분량에 따라 5개의 대선지서와 12개의 소선지서로 나뉘며 시대에 따라 다음과 같이 구분한다.

(1) 포로 전 선지자

(가) 이스라엘을 향해 예언한 선지자들 – 호세아, 아모스

호세아 : 타락한 이스라엘과 사랑의 하나님을 음탕한 여인과의 관계로 비유하였다.

아모스 : 도덕성을 상실한 종교와 정의가 사라진 사회에 대한 심판을 다림줄로 비유하였다.

(나) 유다를 향해 예언한 선지자들 – 이사야, 미가, 하박국, 스바냐, 예레미야, 요엘

이사야 : 유다가 하나님을 떠나고 율법을 어긴 일을 지적하고 그들이 회개하고 돌아오면 구원을 받을 것이나, 돌이키지 않으면 멸망할 것이라고 경고하고 있다.

미가 : 도시 지도자들의 죄악에 대한 하나님의 심판을 말씀하고 있다.

하박국 : 유다가 바벨론에 멸망당할 것을 예언하였다.

스바냐 : 주의 날 곧 유다의 죄에 대한 심판과 회복의 날이 있을 것을 예언하였다.

예레미야 : 이스라엘의 회개를 촉구한 눈물의 선지자이다.

요엘 : 메뚜기 재앙을 통해 본 주의 날, 곧 심판의 날을 예언하였으며, 만민이 구원을 받고 성령을 받는 메시아 시대의 도래에 대해 예고하고 있다.

(다) 앗수르(니느웨)를 향해 예언한 선지자들 – 요나, 나훔

요나 : 앗수르의 죄악으로 인해 하나님이 앗수르를 멸망시킬 것을 선포하였으며 니느웨 사람들은 이 메시지를 듣고 회개하여 멸망을 피할 수 있었다.

나훔 : 가해자의 최후에 대한 예언, 곧 니느웨에 대한 심판을 예고하였다.

(라) 에돔을 향해 예언한 선지자 – 오바댜

오바댜 : 에돔이 이스라엘의 형제국으로서 이스라엘의 멸망을 기뻐한 일들을 책망하고, 그들이 당할 심판의 날을 예고하였다.

(2) 포로 시기의 선지자들 – 에스겔, 다니엘

에스겔 : 바벨론 침공 때 바벨론의 포로로 잡혀 가서 바벨론의 그발 강가에서 유다가 완전히 멸망할 것과 멸망한 후에는 포로 된 사람들이 회복될 것을 예고하였다.

다니엘 : 바벨론에 포로로 잡혀 가서 정치인으로 발탁되었고 꿈의 해석을 통해 진정한 통치자는 여호와 하나님이심을 드러냈다.

(3) 포로기 이후의 선지자들 — 학개, 스가랴, 말라기

학개 : 바벨론 포로에서 70년 만에 귀환한 사람들이 성전 건축을 중단하고 있을 때 일어나서 예언을 통해 성전 건축을 완성할 수 있도록 용기를 준 선지자이다.

스가랴 : 메시아의 오심을 예언하고 또 8개의 환상을 통해 성전 건축과 메시아 왕국의 비전을 제시한다.

말라기 : 형식적인 종교를 책망하고 여호와의 날이 도래할 것을 예고하였다.

이사야 (Isaiah)

1. 주제와 배경

이사야라는 이름의 뜻은 '여호와는 구원이시다' 라는 뜻이다. 이사야는 남 왕국인 유다의 예언자였다. 그 당시 북 왕국은 앗수르에게 파괴되었다. 그는 웃시야, 요담, 아하스, 히스기야 왕들 시대의 예언자였다. 웃시야 왕이 죽던 해에 예언자로 부르심을 받아 주전 745~695년까지 50년간 활동한 위대한 예언자이다. 전설에 의하면, 이사야의 아버지 아모스(예언자 아모스와 동명이인)는 아마샤 왕의 형제라고 한다. 이 전설이 사실이라면 이사야는 웃시야 왕과는 4촌 형제 간이며 요아스 왕의 손자가 된다. 역대하 26장 22절과 32장 32절을 보면 이사야는 본서 외에도 다른 책들을 쓴 것이 분명하나 보존되고 있지 않다. 이사야는 특히 메시아에 대한 예언자이다. 그는 이스라엘 민족은 전세계 모든 민족들에 대한 메시아 민족임을 강조하고 있다.

그는 이스라엘 민족을 통해서 하나님의 구원과 축복이 모든 민족에게 임할 것을 강조하고 있으며, 그러한 축복된 미래에 대한 꿈을 놀랍도록 아름답게 예언하고 있다.

2. 내용 분석

이사야가 활동한 시대는 앗수르의 침략으로 인해 북쪽 이스라엘과 남쪽 유다가 몹시 곤욕을 당하는 때였다. 이미 주전 840년경인 예후 왕때부터 북 왕국 이스라엘은 앗수르에게 조공을 바쳤다. 이사야가 아직 젊은 시절인 주전 734년에 앗수르는 북 왕국으로부터 많은 포로를 붙잡아 가고 북 왕국은 완전히 멸망해 버렸다. 수년 후에 앗수르는 남 왕국 유다에 침입하여 46개 성을 파괴하였고, 20만 명의 포로를 붙잡아 갔다. 앗수르의 압박에서 시달리는 이스라엘 민족의 구원, 더 나아가 인간의 구원은 인간에게서 오는 것이 아니고 오직 하나님의 은혜로 인한 것임을 강조하고 있는 것이 본서의 내용이다. 본서 1장 27절의 "시온은 공평으로 구속이 되고 그 귀정한 자는 의로 구속이 되리라"는 말씀은 이사야가 그 백성에게 정의의 힘과 영의 힘이 최후의 승리임을 굳게 믿고 오직 하나님만을 믿을 것을 가르쳤던 사실을 잘 설명해 준다. 이사야는 여호와 하나님께서 이 세계를 지배하시며 역사를 주관하신다는 것과 오직 정의와 신앙만이 최후의 승리를 가져온다는 것을 확신하였다. 본서는 '남은 자'의 사상을 강조하고 있다. 국가가 위기에 직면할 때 모든 국민이 강대한 이방 나라의 힘에 의존하여 비굴하고 불신앙적으로 살지만, 그래도 끝까지 의롭게 믿음을 가지고 살려는 소수의 무리가 있다는 것이다. 그리고 국가와 민족의 희망은 바로 그 소수에게 달려 있다는 것이다. 이 소수를 남은 자(the remnant)라고 부르고 있다(사 10:20). 본서의 또 하나 두드러진 교훈은 메시아 사상이다. 민족의 일대 위기에, 풍전등화와 같이 민족의 전멸이 눈 앞에 임박한 절망의 순간에 이사야는 놀랍게도 긍정적이며 낙관적인 선지자였다.

예레미야 (Jeremiah)

1. 주제와 배경

예레미야는 주전 640년경 예루살렘 동북방 3.2킬로미터 지점에 있는 아나돗에서 제사장 힐기야의 아들로 출생하였다. 그는 주전 626년에 예언자로 부르심을 받았다(렘 1:2). 그때 그는 20세도 안 되는 젊은 나이에 내성적이고 소극적인 사람이었다.

본서는 주전 627~586년 사이에 예레미야에 의해 기록되었다고 여겨진다.

2. 내용 분석

예레미야는 살구나무 가지와 끓는 가마의 환상을 보았는데 이 환상은 상징적 의미를 가지고 있다. 요시야 왕이 새로 발견된(주전 621년) 율법책에 의하여 종교 개혁을 시작하자, 예레미야는 하나님의 명령을 받고 예루살렘의 거민들과 모든 유다 사람들에게 하나님의 말씀을 외쳤다(렘 11:1). 그러므로 타락한 아나돗 사람들은 예레미야를 죽이려고 하였다(렘 11:18). 요시야 왕이 죽은 후 율법은 실행되지 않았고, 백성의 생활은 621년 이전의 상태로 돌아가 버렸다. 희생제물이나 드리는 형식적인 종교생활이 고작이었다. 예레미야는 이러한 종교생활을 꾸중하였으며(렘 7:21), 성전이 그대로 남아 있다는 것으로 그들의 안전과 존속을 망상하는 백성을 책망하였다(렘 7:4). 백성들은 이러한 예레미야를 죽이려고 하였다. 주전 605년 말 감금되어 있던 그는 처음 20년간의 예언을 그의 서기 바룩에게 받아 쓰게 하였다. 그리고 그것을 성전에서 백성에게 낭독해 주도록 하였다(렘 36:1~10). 후에 여호야김 왕이 이 두루마리를 읽는 것을 듣고 두루마리를 칼로 베어 화로불에 태워 버렸다(렘 36:21). 여호와께서는 예레미야에게 타버린 그 두루마리에 기록된 것을 다시 기록하도록 하셨다. 그 기록이 본서의 1장부터 25장을 형성하고 있다. 느부갓네살 왕이 주전 587년에 예루살렘을 포위하였을 때 유다 왕 히스기야는 예레미야에게 하나님의 구원을 간구해 줄 것을 요청하였으나 예레미야는 항복할 것을 종용하였다. 예언한 대로 예루살렘이 함락되고 그는 느부갓네살의 명령에 따라 선대를 받았다. 그러나 후에 포로가 되어 바벨론으로 끌려갔다가 석방되었다. 그는 많은 고통과 절망이 연속되는 험한 시대에 살면서도 끝까지 하나님의 능력과 사랑을 확신하였다. 그는 여러 가지 모양으로 하나님을 설명하고 있는데 '생수의 근원' (렘 2:13), '토기장이' (렘 18:1~12)로, 그리고 '남편' (렘 3:14)과 '아버지' (렘 3:19)로 하나님을 묘사하기도 하였다.

예레미야애가 (Lamentations)

1. 주제와 배경

옛날 히브리 사람들은 자기가 저술한 책에 제목을 붙이는 일이 없었다. 후일에 다른 사람들이 그 내용을 보고 합당한 제목을 붙였다. 본서의 히브리어 제목은 본서의 첫 글자인 '에카(어찌하여)' 이다. 그런데 70인역에서 본서의 내용에 따라 '예레미야의 눈물' 이라고 이름을 붙였고, 라틴역에서는 '눈물' 이라고 제목을 붙이고 '예언자 예레미야의 애가' 라는 주석을 붙였다. 영어성경이나 한글성경은 이 라틴어 성경을 따른 것이다.

한글성경에는 본서가 예레미야서 다음에 있다. 이것은 70인역 역자들이 바꾸어 놓은 순서를 따른 것이지 히브리어 원전의 순서는 아니다. 이 애가서는 그 내용이 예루살렘의 파괴와 그 후의 참상을 기록한 것이기 때문에 히브리인들의 국치일인 아빕월 9일 즉 예루살렘이 바벨론에게 파괴당한 날에 낭독한 두루마리 책이다. 본서는 주전 586년에 멸망한 유다와 예루살렘의 참상을 슬퍼하는 시이다.

2. 내용 분석

본서는 5개의 노래로 편성되어 있으며 각 장의 절 수가 히브리어 알파벳 글자 수인 22절로 되어 있다. 선민 이스라엘 국가가, 한때는 모든 나라의 수도 중에서 으뜸가던 예루살렘이 현재 비참해진 것은 무슨 까닭인가? 그것은 하나님과의 언약을 어기고 죄를 지은 결과임을 솔직하게 고백한다. 동시에 저자는 하나님께 소망을 두고 하나님께서 구원해 주실 것을 애절하게 기도하고 있다.

에스겔 (Ezkiel)

1. 주제와 배경

선지자 에스겔의 사역을 이해하기 위해서 유다의 마지막 역사를 이해할 필요가 있다. '제30년' (겔 1:1)이란 말은 에스겔이 선지자의 사역을 시작한 나이로 해석한다. 에스겔은 주전 623년경 즉 유다의 요시야 왕(주전 639~609년)이 종교개혁을 추진하고 있던 때에 태어났다. 여호야김이 애굽과 손을 잡고 바벨론을 배반했다는 소식을 들은 느부갓네살은 즉시 군사를 이끌고 예루살렘과 유다를 공격했으며 주전 597년 3월 16일에 예루살렘 성과 성전을 점령하고 짓밟았다(왕하 24:13). 이로 인해 유다 백성들은 또다시 유배를 당해야만 했다. 그때 여호야김의 아들 여호야긴과 약 1만 명에 이르는 지도급 인사들이 바벨론에 포로로 잡혀 가게 된다(겔 1:14). 그리고 이 포로들 중에는 부시의 아들로 제사장 가문에 속했던 스물다섯 살의 청년 에스겔도 포함되어 있었다.

그는 예레미야와 같이 제사장 가문 출신이었다(겔 1:3). 그러나 그는 예레미야와 달리 결혼을 해서 가정이 있었다(겔 24:15). 에스겔은 제사장 가문의 일원으로 성전과 제사에 관한 율례를 배웠다. 이 점에서 그가 미래의 성전에 관해 크게 관심을 가진 것은 자연스러운 일이었다. 그에게 있어서 미래의 성전은 하나님의 임재와 언약과 통치의 상징이었다(왕상 8:10; 시 132편). 에스겔은 포로로 살던 중에 하나님의 영광의 환상을 보았다. 하나님은 그를 바벨론의 포로로 살고 있는 유대 공동체들을 위한 제사장으로 임명하셨다(겔 5:3). 하나님은 바벨론의 유대 공동체를 유대에 있는 공동체처럼 대접하셨다(겔 5:4). 에스겔은 말과 여러 가지 상징적인 행동들을 통해서 포로 공동체의 죄악을 지적하고, 그것을 삶에 적용하는 일을 했다. 그는 포로 공동체들에게 하나님께서 떠나시고 무너져버린 성전이 장차 하나님의 영광으로 가득 찬 곳이 될 것이라는 소망의 메시지를 전했다. 에스겔은 선지자로서 포로 공동체들에게 하나님의 말씀을 대언했다. 예루살렘에서 메시지를 전했던 예레미야처럼 에스겔도 부패한 유대 백성들을 심판하는 여호와의 도구로 쓰임받았다.

2. 내용 분석

에스겔서는 고유한 문학적 양식을 지니고 있다. 에스겔서는 여러 부분과 여러 장에서 대칭적인 구조를 보여 주고 있다. 성전에서 하나님의 영광이 떠나는 환상(1~11장)은 40~48장에 나오는 여호와의 영광의 귀환, 새 성전, 여호와의 임재와 대조를 이루고 있다. 에스겔이 하나님의 파수꾼으로 부름받은 일(3:16~21)은 34~39장에 나오는 백성들의 본토 귀환과 평행을 이루고 있다. 또한 열방에 대한 신탁(겔 25~32장)은 심판과 구원의 신탁을 분리하는 중요한 역할을 하고 있다.

다니엘 (Daniel)

1. 주제와 배경

바벨론 느부갓네살 왕은 예루살렘을 포위하고 왕족과 귀족들을 포로로 잡아다가 바벨론 왕국에서 일하게 하였다. 그들 중에 영리하고 잘생긴 네 소년이 있었는데 한 관리가 그들의 이름을 벨드사살(다니엘), 사드락(하나냐), 메삭(미사엘), 아벳느고(아사랴) 라고 고쳐 주었다. 그들은 채식을 하며 공부하고 몸과 마음을 닦아 바벨론의 모든 자보다 지혜와 총명이 10배나 뛰어났다. 느부갓네살 왕이 꾼 꿈인

'머리는 정금, 가슴과 팔은 은, 배와 넙적다리는 놋, 종아리는 철, 발은 철과 진흙으로 된 신상' 을 해석한 일로 인하여 다니엘은 바벨론 제국의 총리가 되었고 친구들은 그의 보좌관이 되었다. 그러나 그들은 여러 사람의 시기를 받아 모함에 빠져 뜨거운 불속에 던져졌고 다니엘은 사자굴에 던져졌다. 그러나 그때마다 하나님은 그들을 살려주셨다. 이는 그들의 신실한 신앙 때문이었다. 본서는 그러한 신앙생활의 용사와 그들을 축복하시고 보호하시는 하나님에 대한 기록이다. 한글성경에서는 다니엘서를 이사야, 예레미야, 에스겔과 같이 예언서에 넣었지만 히브리어 원전에서는 시가서집에 넣었다. 다니엘은 예언자의 성품은 가지고 있었으나 예언자의 업무를 수행한 사람은 아니었다. 그는 바벨론 제국의 120방백을 다스리는 정치가 (단 2:48)였고, 세 총리 중 한 사람이었다(단 6:1).

2. 내용 분석

다니엘 1~6장의 내용은 다니엘과 그의 세 친구들이 어떻게 귀한 몸들이 되었으며, 또 질투 속에서 박해를 받고도 어떻게 신앙의 절개를 지켜 하나님께 충성을 다했는지 기록하고 있다. 다니엘 7~12장은 묵시문학의 대표적인 것으로 네 개의 환상을 기록하고 있다. 이 환상을 통하여 땅 위의 인간들의 왕국들은 한때는 흥하나 끝내는 멸망하고 하나님의 나라는 영원히 존속할 것임을 가르치고 있다.

본서의 주요 교훈은 두 가지라고 할 수 있는데 그 첫째는 하나님의 나라이다. 구약성경의 어느 책보다 하나님 나라에 대하여 분명하고 강하게 가르치고 있다. 이 사상은 신약과 깊이 관련된다. 지상 왕국의 불완전함과 취약함을 말하고 하나님 나라의 영존성과 지상왕국을 심판할 것을 천명하고 있기 때문이다(단 2:44, 4:34, 7:14). 특히 다니엘의 하나님 나라 사상은 더욱 종말론적이라는 데서 다른 예언자보다 특이하다. 둘째는 부활사상이다. "땅의 티끌 가운데서 자는 자 중에 많이 깨어 영생을 얻는 자도 있겠고 수욕을 받아서 무궁히 부끄러움을 입을 자도 있을 것"(단 12:2)을 밝히 말하고 있다.

호세아 (Hosea)

1. 주제와 배경

북 왕국 이스라엘의 죄를 꾸짖고 그들의 회개를 외친 이스라엘 최대의 예언자인 호세아는 브에리의 아들이요(호 1:1), 북 왕국 사람이다. '구원' 이라는 뜻을 가진 호세아라는 이름은 여호수아의 본명이기도 하며(민 13:8), 이스라엘 왕국 마지막 왕의 이름이기도 하다(왕하 15:30). 예언자 호세아에 대해서는 본서 외에 다른 자료가 없어 그의 사회적 지위나 가정 배경을 잘 알 수 없다. 높은 지위에 있던 제사장의 아들이라고 주장하는 학자도 있고, 호세아 7장 4절에 근거하여 빵을 만드는 사람이었다고 주장하는 사람도 있다. 호세아는 고멜이라는 매우 음탕한 아내와 살면서 세 아들과 딸을 두었는데 그들의 이름은 매우 상징적인 뜻을 가지고 있다. 세 자녀까지 둔 고멜이 타락하여 정부와 함께 살았지만 호세아는 그래도 그를 사랑하여 정부에게 돈을 주고 고멜을 데려온다. 성경학자들 사이에는 이것이 사실인가 비유인가를 두고 논란이 많다. 호세아가 부르심을 받은 것은 여로보암 2세의 말년이었다. 이사야보다는 조금 전이요, 아모스보다는 조금 후의 선지자이다. 그가 활동한 시기의 유다 왕들은 웃시야, 요담, 아하스, 히스기야 등이다.

2. 내용 분석

본서의 내용은 호세아와 음탕한 아내 고멜과의 결혼생활에 대한 것이다. 즉 호세아는 절망적인 비참한 부부생활을 통해서 하나님과 이스라엘 민족과의 관계를 깊이 이해하게 되었다. 그의 개인적인 고뇌는 가정생활의 경험을 통해서 하나님의 구속적 사랑의 강함과 불변성을 깨달았다. 호세아 3장 1절 말씀은 이것을 잘 나타내 준다. 호세아의 최대 공헌은 이스라엘 종교에 사랑과 자비의 하나님에 대한 관념을 가장 분명하게 밝힌 일이다. 호세아는 특별히 우상숭배, 하나님과의 계약 파괴 그리고 종교 지도자들의 부패라는 세 가지 죄악을 강조하여 지적하고 있는데 이는 하나님을 아는 지식이 없기 때문이라고 하면서 여호와를 힘써 알자고 외친다.

요엘 (Joel)

1. 주제와 배경

이 예언자에 대한 참고 자료는 본서 외에는 없다. 그는 브두엘의 아들이고, 요엘이라는 이름의 뜻은 '야훼는 하나님이시다' 이다. 이로 보아 그의 부모는 경건한 신앙의 소유자였을 것이다. 요엘의 연대에 관해서 학자들 사이에 9세기로부터 2세기까지 큰 연대 차이가 있다. 그러나 우리는 요엘의 연대를 포로기 전인 요아스 왕(주전 835~796) 시대라고 보는 것이 옳을 것이다. 본서가 호세아서와 아모스서 사이에 끼어 있다는 것은 옛 유대인들이 전통적으로 아모스, 호세아와 같이 요엘을 초기 예언자로 간주했다는 증거다. 또 본서의 문체가 포로기 전의 형식이며, 또 왕에 대한 말이 없고, 장로들과 제사장만 언급되어 있는 것은 요아스 왕이 일곱 살에 왕위에 오른 것(왕하 11:21) 과 관련이 있는 것으로 간주된다. 그러므로 본서에서 중요한 문제가 되는 것은 1장과 2장 말씀이 미래의 일에 대한 예언인가, 그렇지 않으면 과거의 사실에 대한 역사적 기록인가 하는 문제다.

2. 내용 분석

(1) 메뚜기 재앙 — 1:1 ~ 1:20

가공할 만큼 많은 메뚜기 떼가 모든 곡식과 초목을 먹어버리고 땅을 초토화하는 큰 재앙이 유다에 일어났다. 요엘은 이 사건에서 자연적인 재난과 이스라엘 민족의 종교적, 도덕적, 생활 사이에 어떠한 깊은 관련성이 있는 것으로 믿었다. 즉 자연적 재난 속에 종교적 의미가 있다고 해석하였다.

(2) 심판날에 대한 경고 — 2:1 ~ 2:17

요엘은 하나님께서 범죄한 민족을 심판하시기 위하여 메뚜기를 보내시는 것이라고 해석하였다. 그리하여 요엘은 이 재앙을 보고서 회개하라고 호소하였다. “여호와의 말씀이 너희는 이제라도 금식하며 울며 애통하고 마음을 다하여 내게로 돌아오라 하셨나니”(욜 2:12)라고 외쳤다.

(3) 하나님의 응답과 축복의 약속 — 2:18 ~ 3:21

요엘의 말씀은 희망의 예언이기도 하다. 만일 이스라엘 민족이 회개하고 하나님께로 돌아오기만 하면 하나님께서는 가뭄과 메뚜기 떼로 잃어버린 것보다 더 많이 주실 것이라고 예언하신다.

아모스 (Amos)

1. 주제와 배경

베들레헴 남쪽에 있는 드고아에서 출생한 아모스는 그의 아버지 이름을 언급하지 않은 것으로 보아 좋은 문벌의 집안 출신은 아니었던 것 같다. 아모스는 목자였고, 뽕나무를 키우는 농부였다(암 7:14). 그는 평범한 사람이었으며, 성실하고 의롭게 살아가는 진실한 사람 가운데 한 사람이었던것 같다. 예언자로 부르심을 받은 것은 여로보암 2세의 말년이었다. 이때는 북 왕국의 전성 시대로 평화와 번영의 시기였다. 그러나 정치, 경제, 종교 각 방면의 지도층은 불의하고 종교는 형식화되고 미신화하였다. 이기심, 탐욕, 부도덕, 가난한 자들에 대한 억압 등 부정과 불의가 판을 쳤으며, 외국의 침략이 없는 평화시대의 번영의 단꿀은 특권층이 독점하고, 가난한 자들은 아들과 딸을 팔아야 하는 판국이었다. 순박하고 정직한 아모스는 가난한 농민이요, 목자로 고난을 체험해 잘 알고 있었다. 그는 예민한 도덕적 통찰력과 하나님께 대한 진실한 신앙을 가지고 죄로 인하여 장차 큰 벌을 받을 민족을 경고하게 된 것이다. 이스라엘에 임박한 멸망의 환상들을 보고 가서 외치라는 명령을 받은 그는 유다를 떠나 북 왕국의 종교적 중심지인 벧엘로 가서 하나님의 말씀을 전달하였다.

하나님은 의의 하나님이시라는 것을 어느 예언자보다도 명확하게 가르친 예언자가 아모스이다. 그는 하나님이 부도덕과 불의를 절대로 용서하지 않으신다는 것을 강하게 가르치고 있다. 또한 하나님은 정치, 경제, 도덕, 종교 등 모든 삶에 있어서 정의의 질서가 지켜질 것을 무엇보다도 먼저 원하신다는 것과 만일 정의의 법을 어기면 반드시 벌을 주신다고 가르치고 있다.

2. 내용 분석

중요 요절은 "여호와의 시키심이 아니고야 재앙이 어찌 성읍에 임하겠느냐"(암 3:6)와 "오직 공법을 물같이, 정의를 하수같이 흘릴지로다"(암 5:24)이다. 아모스의 가장 혁명적이고도 독특한 사상은 그의 예배관이다. 그는 하나님은 희생제물, 절기, 노래, 형식적 기도 등 일체의 종교의식을 기뻐하지 않으신다고 폭탄적 선언을 한다. 율법주의적인 유대 민족의 생활에 있어서 이 관념은 극히 충격적인 것이었기에 그들은 아모스를 마땅치 않게 생각하였다(암 7:12). 이스라엘 민족은 범죄하면서도 하나님이 모든 원수의 나라들을 쳐부수고 이스라엘이 온 세계를 지배하게 되는 날이 온다는 것을 믿었다. 이 헛된 꿈을 아모스는 여지없이 깨뜨려버렸다(암 5:18). 범죄하는 민족에게는 희망과 미래가 없다는 것이다.

오바댜 (Obadiah)

1. 주제와 배경

이름의 뜻은 '여호와의 종'이며, 구약성경 중 유일하게 1장으로 되어 있다. 오바댜에 대해서 다른 참고 자료를 얻을 수 없다. 그러나 오바다라는 이름은 히브리인들 사이에 흔한 이름이었던 것 같다. 연대에 관하여 학자들 사이에 의견이 많으나 예레미야 전후의 사람이라고 보는 것이 좋을 것이다. 예레미야 49장 14~16절과 본서 1장 1~3절은 낱말들과 그 내용이 아주 흡사하다.

2. 내용 분석

하나님의 백성인 이스라엘을 돕지 않고 괴롭힌 에돔에 대한 하나님의 심판이 본서의 내용이다. 그렇기 때문에 본서는 다른 민족을 멸시하고 저주하며 오직 자기 민족만 높이 들리울 것을 희망하고 있는 인상을 주기 때문에 편협한 배타주의, 민족주의라는 비난을 받기도 한다. 그러나 본서가 가르치는 중심 내용은 이웃 나라 이스라엘이 당하는 고난을 보고도 도와주지 않고 오히려 그것을 기회로 자기의 이익을 얻을 좋은 기회로 삼는 잔인한 무관심과 부도덕을 하나님께서 미워하신다는 것이다. 또한 그러한 나라는 이웃 나라와 똑같은 고난을 받게 된다는 것을 예언한 것이다. 본서를 잘 이해하기 위해서는 이스라엘과 에돔의 과거를 잘 알아야 한다. 이스라엘 민족은 야곱의 후손이요, 에돔 민족은 에서의 후손이다. 야곱의 간교함이 형제 사이에 불화를 가져왔는데 그 후손들도 화목하지 못했다. 이스라엘 민족이 가나안에 정착하려고 에돔 땅을 지나갈 것을 요청했을 때 에돔은 그것을 거절했던 일이 있었으며(민 20:18), 가나안 정착 후에도 두 나라는 서로 무역 경쟁자의 입장에서 이해가 상반된 대립 관계에 있었다. 그러므로 에돔은 유다 왕국의 멸망을 바라고 기뻐하는 처지였다.

요나 (Jonah)

1. 주제와 배경

본서는 저자, 기록 연대, 사실 기록이냐 우화냐 하는 문제 등 논란이 많은 책이다. 열왕기하 14장 25절에 "이스라엘 하나님 여호와께서 그 종 가드헤벨 아밋대의 아들 선지자 요나로 하신 말씀과 같이 여로보암이 이스라엘 지경을 회복하되 하맛 어귀에서부터 아라바 바다까지 하였으니"라는 말씀이 있다. 본서의 예언자 요나는 바로 여기에 나와 있는 여로보암 2세 때에 예언 활동을 한 그 요나를 말한다. 그러나 어떤 학자들은 본서의 내용을 우화로 보고 주전 4세기 중반에 살았던 익명의 한 사상가의 기록으로 보기도 한다. 예수님은 바리새인들과의 대화에서 요나의 표적을 들어 말씀하셨다(마 12:39).

2. 내용 분석

대부분의 이스라엘 사람들은 그 당시 자기들은 하나님의 선민으로 특별한 하나님의 은총을 독점하고 있으며 다른 민족들은 그 은총 밖에 있다고 생각하였다. 그러나 소수의 선지자들은 그러한 편협한 민족주의을 초월하고 이방인들도 하나님의 사랑과 자비의 대상이며 하나님의 주관하에 있다고 깨달았으며, 더 나아가 이스라엘 민족은 하나님의 도구와 사신이 되어서 모든 민족에게 구원을 전파할 책임이 있다고 생각하였다. 본서에는 이러한 두 사상의 갈등이 잘 나타나 있다. 본서의 제일 중요한 사상은 '세계의 모든 민족을 사랑하시는 하나님' 이다. "여호와께서 가라사대 네가 수고도 아니하였고 배양도 아니하였고 하룻밤에 났다가 하룻밤에 망한 이 박넝쿨을 네가 아꼈거든 하물며 이 큰 성읍, 니느웨에는 좌우를 분변치 못하는 자가 십이만여 명이요 육축도 많이 있나니 내가 아끼는 것이 어찌 합당치 아니하냐"(욘 4:10~11)라는 말씀에서 이러한 사상이 잘 나타나 있다. 이러한 사상은 그들의 선민의식이나 민족주의와 상당히 큰 갈등을 일으켰을 것이다. 이 말씀을 전하는 요나 자신도 그러한 하나님의 사랑에 질투와 반항의식을 가졌다. 그리하여 요나는 다시스로 도망가려고 하다가 큰 물고기 뱃속에 들어가 죽을 뻔하였고, 니느웨에 가서 전도를 하면서도 역효과가 나기를 오히려 희망하였다.

미가 (Micah)

1. 주제와 배경

미가는 농촌인 모라셋 출신의 예언자이며 이사야보다 약간 늦게 활동한 예언자이다. 이사야가 수도인 예루살렘 출신인 데 반하여 미가는 아모스와 같이 시골 출신이다. 그리하여 미가도 아모스처럼 빈부의 심한 차이와 부자나 권력자들의 불의를 실감하였다. 당시 앗수르는 사방의 여러 나라를 위협하고 있었는데 유다는 앗수르와 애굽 양대국 사이에서 완충 지대가 되어 있었다. 미가는 요담, 아하스 그리고 히스기야에 걸쳐 여러 왕의 시대에 활동한 예언자이다. 미가의 사상은 대 예언자들에 못지않은 중요한 위치를 차지한다. 그는 가난한 농민과 노동자들을 동정하였고, 부자들의 횡포와 불의에 대하여 예민하였다. 당시의 사회적, 경제적 불의를 공격한 것은 아모스와 흡사하다.

2. 내용 분석

그는 불의한 개인과 민족은 반드시 하나님의 진노를 받는다고 가르쳤다. 미가는 북 왕국 이스라엘이 그 범죄 때문에 머지않아 앗수르의 침략으로 멸망한다고 내다보았다. 또한 그와 똑같은 운명이 남 왕국 유다에게도 임할 것을 확실히 예견하였다. 미가는 억압과 불공평한 재판으로 신음하는 빈민 대중의 대변자가 되었다. 먹을 것이 없고 전답을 저당잡히고 심하면 자녀들까지 저당잡히는 빈민들을 위해서 그는 분노를 참을 수가 없었다. 이러한 이유로 미가는 분노와 위협만 선포하고 구원과 회복은 선포하지 않은 예언자라고 비난받기도 한다. 그러나 미가는 죄에 대한 하나님의 심판과 메시아의 재림에 중심을 둔 구원을 선포한 예언자라고 보아야 할 것이다.

나훔 (Nahum)

1. 주제와 배경

나훔에 관한 자료는 본서에 기록되어 있는 사실 외에 다른 것을 찾아볼 수 없다. 그의 고향이 엘고스라고 나훔 1장 1절에 언급되어 있으나 엘고스가 어디인지 불분명하다. 나훔의 연대를 결정하기는 어려우나 추측컨대 주전 661년과 612년 사이에 활동한 것으로 추정된다. 전설에 의하면 나훔은 메소보다미아에서 살다가 거기서 죽었다고 되어 있으나, 본서에 의하면 그는 유대인이며 유다에서 활동한 예언자이다.

2. 내용 분석

본서의 주제는 니느웨의 함락이다. 본서는 하나님의 위엄을 찬양하는 찬미로 시작되며 하나님을 대적하는 자들에 대한 형벌과 하나님을 믿는 자들에 대한 자비에 관하여 말하고 있다. 본서는 니느웨가 포위되고 함락한일, 그리고 함락의 이유를 말하고 있는데 유다의 숙적 앗수르에 대한 불타는 분노와 증오가 예언의 중심이 되어 있다.

다른 예언자들은 이스라엘 백성이 회개하고 하나님께로 돌아갈 것을 강조하는 데 그들의 관심과 임무가 있었다. 그러나 나훔은 이러한 일에 대하여 언급하지 않았다.

본서는 오랫동안 선민 이스라엘 민족을 괴롭힌 숙적 앗수르가 패배당하고 그 수도인 니느웨가 함락되는 데 대한 환희에 넘치는 복수의 노래이다. 약간 편협한 국수주의 사상이 나타나 있으나 앗수르가 오랫동안 이스라엘과 유다를 괴롭힌 것에 대한 그들의 분노를 생각하면 이해되는 일이다.

하박국 (Habakkuk)

1. 주제와 배경

본서의 예언자 하박국에 관한 자료는 본서 외에는 없다. 따라서 그의 활동 연대도 정확하게 단정하기 어렵다. 갈대아인들은 주전 625~539년 사이에 큰 세력을 가지고 있었는데 하박국 1장 6절을 보아 하박국을 므낫세 왕(주전 696~641년)때 활동한 예언자로 보는 학자들도 있다. 그러나 한편으로 이 구절을 유다 왕국에 대한 갈대아의 위협으로 해석할 때 이것은 갈그마스 전쟁을 의미하는 것이 된다. 그러므로 하박국의 연대를 여호와김 왕(주전 609~597년) 시대로 보는 학자들이 많다. 아무튼 하박국이 활동한 시기는 유다 왕국의 암흑 시대였음이 분명하다. 특히 유다 왕 여호와김은 폭군으로 백성들을 탄압

하고, 무죄한 사람들을 죽이고, 자기 만족에 도취해 있던 왕이다. 그리하여 나라 안은 부정과 착취와 죄가 횡행하였으며 악인이 홍청거리고 의인이 멸시를 받는 어두운 시기였다.

2. 내용 분석

하박국이 대담하게 하나님께 질문하는 것으로 그의 예언은 시작된다. 하나님께서는 그의 질문에 대답해 주셨다. 이 점에서 하박국은 이스라엘의 철학의 아버지라고도 불리기도 한다. 그의 질문의 핵심은 왜 하나님의 정의는 이렇게 악하고 부패한 시대와 사회와 인간들에게 시행되지 않는가 하는 것이었다. 의로운 하나님께서는 의인과 의로운 백성에게는 번영의 상을 주시고, 악인과 악한 민족에게는 형벌을 주신다고 유대인들은 믿고 있었다. 이러한 상선벌악의 사상이 깊이 자리 잡고 있었기 때문에 하박국의 의문은 당연한 것이다. 하나님께서는 갈대아 사람들이 하나님의 채찍이 되어 범죄한 유대 민족과 왕들을 벌할 것을 가르쳐 주셨다. 그러나 하박국은 그의 의혹을 완전히 해결하지 못한다. 그는 "하나님은 자기 백성 이스라엘을 벌하시는 데 있어서 바벨론을 사용하시는가? 이스라엘의 불의를 벌하기 위하여 바벨론의 더 큰 불의를 용서하시는 것은 과연 하나님의 도리인가?"라고 질문하며 모든 철학적 세계관과 종교적 세계관의 중심 문제를 제시하고 있다. 이에 대한 궁극적 대답은 "의인은 그 믿음으로 말미암아 살리라"(합 2:4)는 것이다.

스바냐 (Zephaniah)

1. 주제와 배경

본서의 1장 1절을 보면 스바냐는 어느 예언자보다도 긴 계보를 소개하고 있다. 대개 아버지밖에 소개하지 않고 있는데 스바냐는 4대조까지 소개하고 있는 것을 보면 그는 명문가의 출신이다. 그는 히스기야 왕의 현손인 것이 거의 틀림없다. 스바냐는 유다 왕 요시야 때에 활동한 예언자인데(습 1:1) 요시야 왕의 부흥기 조금 전에 본서의 말씀들을 외친 것 같다. 그 이유는 스바냐 1장 4~9절과 3장 1~3절을 보면 백성들의 도덕과 종교 상태가 심히 타락한 것을 보여 주고 있기 때문이다.

2. 내용 분석

본서는 멸망으로 접근해 가는 조국에 대한 경고이다. 본서의 주제는 '여호와의 날' 이며 중심 사상은 심판이다. 스바냐는 백성들의 죄 때문에 그들의 조국에 임박한 심판을 면할 길이 없다고 내다보았다. 그리하여 그는 진노의 날을 예고한 것이다. 그러나 그는 장차 있을 구원도 잊지 않고 예언하고 있다.

학개 (Haggai)

1. 주제와 배경

바사(페르시아 : 이란)의 고레스 왕은 주전 539년에 바벨론을 정복하여 바사 제국을 통합하고, 정복한 모든 민족에게는 회유정책을 썼다. 그리하여 그들이 고유의 종교를 믿는 것과 고국에 돌아가는 것을 허락하였다. 이 정책은 곧 이스라엘 민족에게도 큰 변화를 가져왔다.

그리하여 바벨론에 포로로 잡혀 갔던 자들이 큰 희망을 안고 돌아왔으나 어려움이 많았다. 15년간이나 성전 재건을 힘썼으나 결과는 실망적이었다. 바로 이때 다리오 왕 제2년(주전 520년)에 두 위대한 예언자가 나타났다. 바로 학개와 스가랴이다. 에스라서에 의하면(스 5:1), 이 두 예언자의 활동의 결과로 유대인들이 성전을 재건하고 번영하였다. 학개에 대해서 더 자세히 알 길이 없다. 짐작컨대 포로 시기에 바벨론에서 출생하여 살다가 예루살렘으로 귀환한 사람인 것 같다.

2. 내용 분석

본서의 중심 메시지는 성전 재건이다. 학개는 백성들에게 성전을 수리할 것을 권고하면서 그 재건이 완성되는 날 메시아 시대가 온다고 주장하였다. 학개는 오직 성전 건축을 위해서만 책망하며 또한 격려도 한다(학 2:1). 본서에 영적 메시지가 약한 것을 혹평하는 학자도 있지만 경제적으로 궁핍하고 정치적으로 미약한 백성들을 격려하여 성전을 재건하고, 그런 연후에 백성을 영적으로 부흥시키고 민족적 단결과 결속을 꾀하며 선민의 긍지를 가지고 살게 하려고 한 본서의 내용은 매우 귀중한 것이라고 할 수 있다. 본서는 하나님만이 유일한 희망이요, 힘의 원천임을 밝히며 그 하나님께 대한 신앙의 초점을 성전 건축에 둔 것이다.

스가랴 (Zechariah)

1. 주제와 배경

스가랴 1장 1절을 보면 스가랴는 잇도의 손자요, 베레갸의 아들이다. 이 잇도는 바벨론으로부터 팔레스타인으로 돌아온 레위인 잇도(느 12:4)일 것으로 추측된다. 그렇다면 본서의 스가랴는 에스라 12장 16절에 기록되어 있는 잇도 족속의 제사장 스가랴와 동일 인물로 보인다. 스가랴는 학개보다 두 달 후부터 말씀을 전하기 시작하였고, 다리오 제4년(주전 516년)까지 일한 예언자이다. 스가랴는 이스라엘 민족을 격려하는 책임을 다한 예언자이다.

2. 내용 분석

그는 만일 이스라엘이 하나님 앞에서 회개하고 하나님의 뜻을 순종하면 자기 민족은 영광된 미래를 갖게 되리라고 격려하였다. 그런데 이 일은 메시아를 통해서 오는 미래의 축복이라고 하였다. 이때에 북쪽의 사마리아, 서쪽의 아스돗, 그리고 남쪽의 이두매 등 여러 족속이 새로이 재건되려고 하는 유다를 두려워하여 그 부흥을 방해하였다. 이렇게 안팎으로 가난과 역경 속에서 신음하는 백성들을 격려하며 종교를 부흥시키고 국민을 결속시켜 국가를 재건하려고 노력한 학개와 스가랴는 위대한 예언자들이다.

말라기 (Malachi)

1. 주제와 배경

말라기라는 이름은 '나의 사자'라는 뜻이며, 그의 생애에 대해서는 알 수 있는 자료가 별로 많치 않다. 본서에 약간의 시사가 있으며 그의 활동 시기에 관해서는 말라기 1장 17~10절과 3장 8절을 보아 성전이 완성되고 제물을 드리던 때가 분명하며 바사의 총독이 예루살렘에서 통치할 때임을 추정할 수 있다. 따라서 말라기는 주전 450~400년 사이에 활동한 예언자이며, 느헤미야와 동 시대의 선지자로 추정한다.

2. 내용 분석

말라기서를 쓸 때에는 이미 성전이 완성되었으므로 성전 재건을 힘쓰던 때 보인 열심은 사라져버리고, 종교적인 나태와 형식주의와 부패가 생겼다. 또한 제사장들도 긴장이 풀리고 게을러졌으며, 백성들은 제물에 대하여 불성실하여 십일조를 게을리하고 이혼과 잡혼이 성행하였다. 그리하여 말라기 선지자는 1~2장에서 이스라엘의 죄와 배교를 꾸짖었으며, 3~4장에서는 죄인에게 내릴 심판과 회개하는 자들을 위하여 보존되어 있는 축복을 가르치고 있다. 즉 마땅히 돌려야 할 영광을 하나님께 돌리지 않고 있는 것, 제사장들이 책임을 이행하지 않는 것, 백성을 잘못 지도하여 백성으로 하여금 타락하게 하는 것과 백성들이 못된 지도자들을 닮아 이혼과 불신앙의 죄를 범하는 것을 지적하였다. 동시에 말라기는 그럼에도 불구하고 하나님이 그의 사자를 보내어 오실 메시아의 길을 예비할 것이라고 말하고 있다. 그러나 메시아가 오시는 날에 누가 그의 앞에 설 것인가(말 3:1) 하고 한탄하기도 하며, 그 앞에 서기를 원한다면 율법을 지켜야 한다(말 3:7)고 가르치고 있다. 주께서 오시면 의로운 자와 불의한 자를 심판하실 것을 강조하였다(말 3:13).

참고자료

〈이스라엘 왕의 연대기〉

사울 왕 : 주전 1,052 ~ 1,013년

다윗 왕 : 주전 1,013 ~ 973년

솔로몬 왕 : 주전 973 ~ 932년

〈남 유다 주전 932 ~ 586년〉		〈북 이스라엘 주전 932 ~ 722년〉	
르호보암	932 ~ 917년	여로보암	932 ~ 912년
아비얌 (아비야)	917 ~ 914년	나답	912 ~ 911년
아사	913 ~ 873년	바아사	911 ~ 888년
여호사밧	873 ~ 848년	엘라	888 ~ 887년
		시므리	887년(7일간)
		티브니	887 ~ 883년
		오므리	883 ~ 877년
		아합	877 ~ 853년
		아하시야	853 ~ 852년
		여호람	852 ~ 841년
여호람	848 ~ 842년	예후	841 ~ 813년
아하시야	842년		
아달리아 (아달랴)	841 ~ 835년		
요아스 (예호아스)	835 ~ 796년	여호아하스	813 ~ 798년
아마샤	796 ~ 767년	요아스	798 ~ 781년
		여로보암	781 ~ 753년
웃시아 (아사랴)	767 ~ 739년	스가랴	753 ~ 752년

		살룸	752년(1개월간)
요담	739 ~ 731년	므나헴	752 ~ 741년
		브가히야	741 ~ 739년
		베가	739 ~ 731년
아하스	731 ~ 727년	호세아	731 ~ 722년
히스기야	726 ~ 697년		
므낫세	696 ~ 641년		
아몬	641 ~ 639년		
요시야	639 ~ 609년		
여호아하스	609년		
여호야김(엘리아김)	609 ~ 598년		
여호야긴(여고니야)	598 ~ 597년		
시드기야	597 ~ 586년		

3. 신약성경의 개관

신약이라는 말은 '헤 카이네 디아테케' 라는 헬라어를 번역한 것으로 '새 계약' 또는 '새 언약' 이라는 뜻을 가지고 있다. 예레미야 31장 31절에서는 새 언약을 주실 것을 예언하고 있다. 구 언약은 하나님께서 옛날 시내산에서 이스라엘 백성과 더불어 맺으신 언약이며(출 24:1), 새 언약은 예수 그리스도께서 최후 만찬 자리에서 사랑하는 제자들과 맺으신 언약이다(눅 22:14). 예수님께서는 이 자리에서 "이 잔은 내 피로 세우는 새 언약이니 곧 너희를 위하여 붓는 것이라" (눅 22:20)고 말씀하셨는데 이것이 새 언약의 기원이다. '이 잔' 이라고 하신 것은 예수님께서 십자가에 달려 피 흘리실 것을 상징하신 말씀인데 우리는 이 십자가의 보혈을 통해서만 속죄함을 받을 수 있고, 영생을 얻을 수 있으며, 하나님과 인간 사이에 깨어졌던 관계를 다시 회복할 수 있다. 이것이 바로 새 언약이다. 그러므로 이 새 언약을 기록한 말씀을 가리켜서 신약성경이라고 부르게 되었다.

1. 신약성경의 저자들

신약성경을 저자에 의하여 분류해 보면 누가를 제외하고는 모두 유대인들이다. 마태, 베드로, 요한은 예수님의 12사도 중 하나였다. 또한 마가, 유다, 야고보는 초대교회에서 활동한 사람들이거나 예수님이 돌아가시기 전부터 사도들과 접촉한 사람들이다. 누가와 바울은 그리스도의 생활을 직접 자기 눈으로 본 사람들은 아니지만 예수님을 만났던 많은 사람들을 만났고, 예수님에 관한 이야기를 많이 들은 사람들이다. 히브리서의 저자는 누구인지 밝혀 줄 만한 확실한 근거가 없다.

〈저자에 따른 분류〉

저 자	책 명	저 자	책 명
마 태	마태복음	마 가	마가복음
누 가	누가복음, 사도행전	요 한	요한복음, 요한 일 · 이 · 삼 · 서, 요한계시록
야고보	야고보서	유 다	유다서
바 울	로마서, 고린도전후서, 갈라디아서, 에베소서, 빌립보서, 골로새서, 데살로니가전후서, 디모데전후서, 디도서, 빌레몬서		
작자 미상	히브리서	베드로	베드로전후서

2. 신약성경의 문학적 성격

신약성경은 27권의 책으로 구성되어 있으며 문학적 성격에 따라 일반적으로 다음과 같이 분류한다.

(1) 복음서 4권 – 마태복음, 마가복음, 누가복음, 요한복음

처음 세 권을 공관복음이라고 하는데 이것들은 서로 다른 견지에서 예수님의 생활과 사역을 같은 관점에서 보아 똑같이 기술하였다고 해서 붙여진 이름이다. 복음서 중에서는 마가복음이 제일 먼저 쓰여졌다. 복음서에는 예수님께서 행하신 41개의 비유와 34건의 기적이 기록되어 있다.

(2) 역사서 1권 – 사도행전

사도행전은 역사적 성격을 띠고 있으며 누가복음과 한 쌍을 이루는 책으로서 예수님께서 세상을 마치시고 부활 승천하신 후에 그의 제자들이 활동한 이야기를 기록하고 있으며 특히 위대한 선교사 사도 바울의 생애가 강조되고 있다.

(3) 서신서 21권

21권의 서신서 가운데서도 로마서, 고린도전후서, 갈라디아서, 에베소서, 빌립보서, 골로새서, 데살로니가전후서, 히브리서, 야고보서, 베드로전후서, 유다서, 요한일서 등은 주로 교리적인 책이다. 이 책들은 대부분 교회들에게 보내는 서신 형식으로 기록되었는데 각 교회들에게 기독교 신앙의 요소들과 기독교 윤리의 실천을 가르치려는 목적에서 기록된 것이다. 이것들은 로마서를 제외하고는 공식적으로 논증하려고 기록한 것이 아니라, 주로 교회들이 당면하고 있는 여러 가지 어려운 문제들을 비공식적으로 다루면서 그 해결책을 제시하고 있다.

디모데전후서, 디도서, 빌레몬서, 요한 이 · 삼서는 개인적인 책들이다. 이 책들은 어떤 무리들에게 쓴 것이 아니라, 개인들에게 서신으로 보낸 것으로 개인적으로 가르치고 충고하려는 목적에서 쓴 것이다.

한편 위의 서신들을 저자에 따라서 분류하여 바울서신, 히브리서 및 보통서신(일반서신, 공동서신)으로 나누기도 한다.

(4) 예언서 1권 – 요한계시록

신약성경의 마지막 책인 요한계시록은 예언적인 책이다. 이 책은 현재와 마찬가지로 미래를 다루고 있다. 여기에는 환상들과 초자연적 현상들이 포함되어 있고, 크게 상징적인 스타일을 취하고 있어서 계시문학에 속한다.

3. 신약성경의 기원

그리스도께서 승천하신 이후 거의 20년 동안은 신약의 어느 책도 기록되지 않았다. 주후 51년경에 데살로니가전서가 신약성경으로 최초로 기록되었고, 마지막 성경인 요한계시록이 주후 96년경에 최후로 기록되었으므로 신약성경은 약 45년에 걸쳐 기록되었다. 신약성경이 기록되기까지 초대교회는 유일한 성서로 구약성경을 소유하고 있었다. 예수님께서 세상에 계실 때 자서전을 기록하시거나 가르치신 교훈과 행하신 기사와 이적을 후세에 남기기 위해서 기록하신 일은 없다. 또한 그의 제자들에게 그런 것을 기록하라고 명하신 바도 없었다. 예수님께서는 다만 제자들에게 천국 복음을 전파하라고 명하셨다. 따라서 제자들은 주님의 분부대로 복음을 구두로 선포하였다. 더욱이 예수님께서 승천하신 후 얼마 동안은 주님에 대한 기억이 생생하여 예수님의 생애나 교훈을 기록할 필요성을 느끼지 않았다. 당시 그리스도인들은 주의 재림이 임박하였다고 생각했기 때문에 책을 기록할 필요성조차 느끼지 않았다. 그러나 예수님의 재림이 지연되는 데다 예수님의 행적과 교훈을 직접 받은 사람들이 하나 둘씩 세상을 떠나게 되자 교회 안에는 일정한 교리와 규칙이 없어서 신앙과 사상에 혼란이 생기게 되고 이단 사상이 일어나게 되었다. 이러한 실정 아래서 예수님의 생애와 그의 교훈을 정확하게 기록할 필요성을 느끼게 되어 성경을 기록하기 시작하였다. 원래 신약성경은 현재 성경에 편성되어 있는 순서대로 기록된 것은 아니다. 다시 말해서 복음서가 제일 먼저 기록된 것이 아니고 서신들 가운데 먼저 기록된 것도 있다.

4. 각 권별 주제

(1) 마태복음 : 메시아의 복음 (왕으로 오신 예수님)
(2) 마가복음 : 하나님의 아들의 복음 (종으로 오신 예수님)
(3) 누가복음 : 구주의 복음 (사람의 아들로 오신 예수님)
(4) 요한복음 : 하나님의 의 (하나님의 아들로 오신 예수님)
(5) 사도행전 : 땅 끝까지 복음 전파
(6) 로마서 : 믿음으로 의롭다 하심을 얻음
(7) 고린도전서 : 고린도 교회의 문제점들
(8) 고린도후서 : 바울의 둘째 편지
(9) 갈라디아서 : 그리스도인의 자유
(10) 에베소서 : 그리스도의 몸 된 교회
(11) 빌립보서 : 그리스도 안에서의 기쁨

(12) 골로새서 : 그리스도의 우월

(13) 데살로니가전서 : 새 교회의 성장

(14) 데살로니가후서 : 주의 재림과 교회

(15) 디모데전서 : 젊은 교역자에게 권면

(16) 디모데후서 : 예수의 군병

(17) 디도서 : 건전한 교회

(18) 빌레몬서 : 그리스도인의 형제 사랑

(19) 히브리서 : 영원하신 대제사장 예수 그리스도

(20) 야고보서 : 행함이 있는 산 믿음

(21) 베드로전서 : 고난을 통한 산 소망

(22) 베드로후서 : 보배로운 믿음

(23) 요한일서 : 하나님의 참 사랑

(24) 요한이서 : 참 진리와 거짓 교사

(25) 요한삼서 : 진리 안에서의 생활

(26) 유다서 : 배교에 대한 경고

(27) 요한계시록 : 새 하늘과 새 땅

5. 유대교의 분파들

(1) 바리새파(초자연주의자)

바리새파는 '하시딤(경건한 사람들)' 에서 유래한 것으로 보이며, '분리자' 라는 그 말의 뜻답게 대다수의 정치 종교적인 태도에서 분리되었다. 이들은 의식상 부정을 가져올 만한 것은 무엇이든지 엄격하게 피했다. 제사의 정결 문제, 음식 먹는 법, 안식일 그리고 계명 등에 대해 특별한 주의를 하였다. 그들은 항상 소집단이었으며, 헤롯 왕

시대에는 6,000명 정도에 불과하였다. 바리새파는 용감한 율법의 수호자로서 헬레니즘을 막는 방파제 역할을 담당했다. 그들의 율법은 613개 조항으로 되어 있는데 248개는 긍정적이며, 365개는 부정적인 것이다. 바리새파 안에는 율법을 엄격하게 해석하는 샴마이 학파와 좀더 부드럽게 해석하는 힐렐 학파가 있었다. 따라서 복음서 가운데 '지기 어려운 짐을 사람에게 지우고 한 손가락도 짐에 대지 않는 율법사' (눅 11:46)들은 샴마이 추종자로 보인다. 그런데 예루살렘 성전이 무너진 뒤에 국민 생활의 재건을 위해 주도적 역할을 한 것은 힐렐 학파였다.

(2) 사두개파(자연주의자)

'사두개' 란 말은 '의로운' 이란 뜻의 '싸디킴' 이란 말에서 유래한 것으로 보인다. 그 기원은 솔로몬의 제사장인 '사독' (삼하 8:17)이라고 한다. 바리새인들이 중류 계층인 반면 사두개인들은 부유한 귀족층과 예루살렘에서 막강한 세력을 가진 제사장 계급을 대표하는 단체였다. 이들은 동료들에게도 이방인을 대하듯 무례히 행하며 자신들의 교사들과 논쟁하는 것을 미덕으로 여겼지만 일반 백성들의 지지를 받지 못했다. 이들은 기록된 토라의 권위를 인정했으나 구전 율법의 권위는 인정하지 않았다. 바리새파에게 율법이 신앙의 중심이라면 사두개파에게는 율법이 신앙의 왜곡이었다. 그들 가운데는 헬라의 영향을 받은 사람들이 많아서 유대인들의 미움의 대상이기도 했다. 그들은 부활, 천사, 마귀에 대한 교리를 부인했다.

(3) 엣센파(금욕주의자)

이 말은 '호시오스(거룩한)' 라는 말에서 유래했으며, 그들은 흰 옷을 즐겨 입었고, 독신을 강조했다. 어떤 그룹에서는 자녀를 갖기 위해 결혼을 허락했으나 대부분 양자를 데려다가 키웠다. 생활은 손씻는 결례, 세례, 기도 등 수도원적 생활을 했다. 율법의 해석에 있어서는 바리새파보다 더 엄격했다. 세례 요한의 생활과 그의 세례 의식 등이 엣센파와 밀접한 관계를 가지고 있었다. 1947년 쿰란의 사해 사본이 발견된 이후 기독교의 고향이 베들레헴이 아니라 쿰란이라는 극단적인 주장이 나올 정도였다. 엣센파의 회원이 되려면 3년 동안의 견습기를 거쳐야 하며, 서약을 한 다음 세례를 받아야 했다. 역사의 과정에서 엣센파는 네 개의 파로 분파되었으며, 그중 잘 알려진 것이 '셀롯당' (열심당)이다.

(4) 열심당

'열심당' 을 '시카리이(자객들)' 이라고도 부르는데, 그 이유는 옷속에 단검을 숨겨 가지고 다니다가 불만의 대상들을 불시에 찌르고 군중 속으로 숨어버리기 때문이다. 그래서 요세푸스는 마태복음 27장 38절에 나오는 예수님 옆에 달린 강도가 열심당원이었다고 말한다. 또 마가복음 15장 7절에 나오는 바라바도 열심당원이었다. 그들은 가이사에게 세금 바치는 것을 철저히 거부했으며, 순교를 당하면서도 가이사를 '주' 라고 부르기를 거부했다. 그리고 그들은 이스라엘에서 악인을 제거하기 위해서 끊임없이 살해하였다. 예수님의 12제자 중에 하나인 가나안인 시몬(셀롯 시몬)도 열심당원이었다.

(5) 헤롯당

헤롯당에 대해서는 신약성경에 기록된 것 이상 거의 알려지지 않았다. 그들은 종교 분파라기보다는 헤롯 가문 특히 헤롯 안디바의 친구들이요, 지지자들이었다. 4세기의 교부인 에피파니우스는 그들이 헤롯을 메시아로 간주하였다고 말하고 있다.

(6) 서기관들

서기관들은 율법 연구의 전문가들로서 세 가지 기능을 담당하였다. 그들은 율법을 보호하고 정당화하기 위하여 율법을 연구하였으며, 다른 사람들에게 율법을 교육하였고, 율법을 배운 사람들이 그것을 받아들이고 다른 사람에게도 전수하도록 하였다. 성경에서는 율법사(마 22:35) 또는 교법사(눅 5:17)라고 부르기도 하였다. 그리고 그들은 최고 의결기관인 산헤드린에서 율법의 치리를 맡은 재판관으로 활약하였다.

(7) 산헤드린

산헤드린은 '대학' 이라는 뜻을 가지고 있는데, 처음에는 헤롯의 통치하에서, 그리고 후에는 로마의 감독을 받으면서 그들이 허용하는 범위 내에서 통치 기능을 담당했다. 구성원은 71인의 명망 있는 인사들로 이루어졌으며, 이들 대부분은 사두개파나 바리새인에 속해 있었다. 산헤드린의 의장은 항상 대제사장이었으며(마 26:57; 행 5:17, 24:1) 대제사장 다음으로 높은 지위는 성전의 군관이었다(눅 22:4; 행 4:1).

(8) 에비구레오와 스도이고

이스라엘의 학파가 아니고 바울 당시 그리스 아덴을 중심으로 발전된 철학적 학파로 사도행전 17장 18~19절에 나온다. 사도 바울이 아덴에 가서 이들에게 철학적인 설득으로 그리스도를 전하려다가 실패한 것으로 보인다(고전 2:1~2). 보통 에피쿠로스(주전 341~270년)와 제논(주전 336~264년)이 이 학파의 창시자라고 불린다. 에피쿠로스 학파는 고통과 정욕과 공포에서 벗어나 쾌락적인 삶을 추구하는 학파이고, 스토아 학파는 자연과 이성과 도덕을 따라 절제하며 금욕적으로 살려는 학파였다.

6. 바울서신

바울은 바리새인(빌 3:5~6), 길리기아 다소 태생, 헬라말을 하는 유대인 중의 한 사람, 스데반의 순교를 지켜본 목격자(행 7:58), 초대 기독교인에 대한 박해자(행 9:1) 그리고 다메섹에서 극적으로 개종하여 그리스도의 전파자가 된 사람이다. 바울의 생에 있어서 다메섹 도상의 체험은 사도행전에 3번(행 9:3~18, 22:6~12, 26:12~18)이나 반복되고 있다. 여기서 바울이 경험하고 만난 분은 하늘의 우편 보좌에 계신 그리스도이다. 그는 자신의 생애 전체를 통해 역사적 예수보다는 하늘에 계신 영적인 그리스도를 더욱 중요시하고 있다(고후 5:16). 바울의 편지에 '예수 그리스도'란 명칭보다 '그리스도 예수'란 명칭이 더 자주 사용되고 있음을 알 수 있다. 바울의 편지들은 주로 자신의 전도여행 때 세운 교회들에게 보낸 편지들이다. 그런데 이 교회들은 처음 세워진 교회들이었기 때문에 문제점들이 많이 발생하였다. 그리하여 바울이 그 교회들에게 편지를 보냈는데 이것을 바울서신 또는 교회서신이라고 한다. 그리고 목회서신은 자신이 키워놓은 목회자들에게 보낸 편지로 디모데전후서, 디도서 그리고 빌레몬서를 말한다. 교회서신은 9개인데 로마서, 고린도전후서, 갈라디아서, 에베소서, 빌립보서, 골로새서 그리고 데살로니가전후서를 말한다. 또 에베소서, 빌립보서, 골로새서 그리고 빌레몬서는 바울이 감옥에서 썼다고 하여 옥중서신이라고 한다.

데살로니가전후서는 고린도에서 주후 51년경 여름에 신약성경 중 제일 먼저 쓰여졌고, 갈라디아서는 주후 56년 가을 안디옥에서 쓰여졌다. 고린도전서는 에베소에서 주후 55년 봄에 쓰여졌고, 고린도후서는 마게도니아에서 주후 56년 10월경에 쓰여졌다. 그리고 로마서는 고린도에서 주후 57년경 겨울에 쓰여졌다. 그리고 에베소서는 로마에서 주후 60년 가을에, 골로새서와 빌레몬서는 로마에서 주후 61년 가을에, 빌립보서는 로마에서 주후 62년 봄에 쓰여졌다. 사도 바울은 감옥에서 가장 많은 책을 썼다. 그리고 잠깐 석방되었다가 디모데전서를 주후 62년 가을에 마게도니아에서 썼고, 소아시아에서 주후 66년 여름에 디도서를 썼다. 다시 로마 감옥에 투옥되어 디모데후서를 주후 67년 가을에 쓰고 최후를 마쳤다.

7. 일반(공동)서신

바울(교회)서신은 보낸 교회의 이름이 분명하게 나타나 있다. 그러나 일반서신은 수신 교회를 모른다. 그냥 모든 성도들에게 일반적으로 썼다고 해서 일반서신이라고 한다. 일반서신은 히브리서부터 요한계시록까지 9개이다. 그중 히브리서만은 저자를 알 수 없는데 학자들은 사도 바울 혹은 바나바가 아닌가 생각한다.

4. 신약성경의 각 권별 요약

마태복음 (Matthew)

1. 주제와 배경

마태복음은 이방인보다는 유대인들에게 주신 말씀이며 왕으로 오신 예수님을 강조하고 있다. 마태복음의 기록은 대략 주후 85년에서 90년경으로 추산한다. 이 시기는 유대교의 신앙의 중심지요, 초대 기독교인들에게 있어서도 어느 정도 신앙의 본거지였던 예루살렘이 로마에 의해 돌 위에 돌 하나도 남지 않고 다 허물어진 뒤 유대교 안에서 중대한 변화가 일어나던 때였다. 마태복음의 저자는 예수님의 12제자 가운데 하나인 마태라는 것이 전통적 의견이다. 당시 사람들은 흔히 이름을 두 개 가지는 일이 있었는데 그의 이름은 히브리어로 레위였고 알패오의 아들이었다. 그는 본래 세관에 앉아 사무를 보는 세리로서 가버나움에서 일했다(눅 5:27). 마태가 예수님께서 부르셨을 때 모든 것을 버리고 따랐다고 하는 것은 마태가 얼마나 회개하였고 진실했는지를 보여 주는 것이다. 뿐만 아니라 예수를 따르기로 결정한 후 곧 잔치를 베풀고 당시 종교인들이 경멸하던 자기의 옛 세리 친구들과 죄인들을 청해서 대접한 것은, 마태가 자기 친구들에게 예수를 소개하고, 그들로 하여금 예수를 따르도록 하기 위함이었다. 전설에 의하면 마태는 오순절에 성령을 받고 제일 먼저 유대인들에게 전도한 사람이었으며, 후에 아시아와 마게도냐에서 전도하였다고 한다.

마태복음의 주제는 "아브라함과 다윗의 자손 예수 그리스도의 세계라"(마 1:1)는 말씀으로 요약할 수 있다.

2. 내용 분석

마태복음에는 '이루려 하심이라'라는 말이 많이 나타나 있다. 바로 예언된 그대로 이루어졌음을 보여 줌으로써 예수님께서 구약의 메시아 되심을 보여 주고 있다. 또한 이 복음은 하나님의 구원의 경륜이 임기응변의 방책이 아니라 장구한 계획으로써 예수님의 탄생과 죽으심과 부활하심을 통해 성취된 것임을 알려 주고 있다. 마태는 예수님의 행적을 연대기적으로 기록하기보다는 주제별로 기록하였다. 마태복음은 5개의 주제를 다루고 있는데 이는 산상수훈, 선교와 사도직에 대한 가르침, 천국 비유, 교회에 관한 말씀 그리고 최후심판이다. 각 주제마다 "예수님께서 이 말씀을 마치시고"라는 말로 끝내고 있다(마 7:28, 11:1, 13:53, 19:1, 26:1).

(1) **그리스도의 탄생** – 1:1 ~ 4:25

(2) **그리스도의 사역** – 5:1 ~ 10:42

"너희 보물을 하늘에 쌓아두라" 는 말씀은 하나님께 드리는 헌물과 가난한 자에게 나누어 주는 구제를 말한다고 볼 수 있다.

(3) **천국 비유와 가르침** – 11:1 ~ 20:34

특히 마태복음 13장에는 1개의 씨 뿌리는 비유와 6개의 천국에 대한 비유가 나온다. 이 비유 중에 나오는 가라지는 우리나라의 돌피나 독보리보다도 곡식과 구분하기가 더욱 어렵고 그 열매에 독이 있다고 한다.

(4) **예루살렘 입성과 최후심판** – 21:1 ~ 27:66

(5) **예수님의 지상명령** – 28:1 ~ 28:20

그러므로 가서 모든 족속으로 제자를 만들라는 것이 예수님의 마지막 명령이다. 제자를 만드는 과정은 세례를 주고 예수님께서 분부하신 것을 가르치는 것이다.

마가복음 (Mark)

1. 주제와 배경

헬라어 표제는 '마가에 의한' 이다. 저자는 요한이라고도 부르는 마가이다(행 12:12). 그의 어머니는 일찍이 예루살렘에서 주를 영접한 마리아였다(행 12:12). 마가는 바나바의 생질이요(골 4:10), 베드로의 제자였다(벧전 5:13). 그는 바나바와 바울이 제1차 선교여행을 떠날 때 동행하였다가 도중에 버가에서 되돌아왔고, 이 일 때문에 제2차 선교여행에서는 바나바와 바울이 갈라지게 되었다. 그 후에는 다시 바울을 따랐으며, 바울이 옥에 갇혔을 때 돌아보았고(딤후 4:11), 베드로와 함께 전도했다. 베드로가 순교한 후 마가는 알렉산드리아에서 전도하다가 순교하였다고 한다. 전하는 말에 의하면, 예수님께서 잡히시던 밤에 홑이불을 벗어버리고 도망한 사람이 마가라고 한다(막 14:51).

2. 내용 분석

마가복음은 종으로 오신 예수님을 묘사하고 있으며 행동의 복음서이다. 이 복음서에는 예수님의 족보가 나와 있지 않으며 그리스도의 활동에 강조점을 두고 있다. 낮은 종으로서의 특징적인 단어는 '즉시'(곧)이다. 예수님 당시의 로마의 직제는 로마 황제(가이사 – 시저), 총독(로마 사람 – 빌라도) 그리고 각 지역의 분봉 왕(유대 사람 – 헤롯)의 형태로 조직되어 있었다.

〈누가〉

누가라는 이름의 뜻은 '빛나다'이다. 수리아 안디옥에서 출생한 이방인으로 의학을 공부하고 예수를 믿은 후 바울과 동행하며 선교했다(행 21:17, 28:16). 자신의 저서 누가복음과 사도행전에서는 의학 용어를 종종 사용하고 있다(행 1:10, 17). 바울서신 중에서도 종종 누가의 이야기가 나온다(골 4:14; 딤후 4:11; 몬 1:24). 누가는 이방인으로서 유일하게 성령의 감동하심을 받아 4복음서 가운데 가장 문학적인 책으로 인정받는 누가복음과 초대교회의 역사를 기록한 사도행전을 기록하였다. 이 두 권의 책은 모두가 데오빌로라는 특정인에게 보낸 개인적인 글이다. 영혼을 사랑하는 누가의 손끝을 통해 기록된 이 생명의 말씀들은 완전한 하나님이자 완전한 인간이신 예수 그리스도를 증거하고 있다. 또한 예수 그리스도의 제자들이 계속하여 확장시켜 가는 천국의 복음을 밝힘으로써 온 인류에게 구원의 길인 예수 그리스도를 밝히 보여 준다. 육신은 물론 영혼의 질병까지 치료하던 '사랑받는 의원' 누가는 의료선교의 길을 최초로 열어 놓은 선교사이기도 하다.

누가복음 (Luke)

1. 주제와 배경

누가복음은 '세상에서 가장 아름다운 책'이라고 할 만큼 4 복음서 중 제일 세련되고 유식한 문장으로 기록되었다. 저자는 누가인데 그는 사도행전도 기록하였으며(눅 1:1; 행 1:2), 헬라인으로서 사랑을 받은 의사이며 역사가이다(골 4:14). 누가는 바울의 제2차 여행 중 드로아에서 처음으로 바울과 동행하였으며(행 16:10), 지혜 있고 학식이 많은 사람으로 마지막에는 바울을 따라 로마까지 함께 갔다(행 28:16; 몬 1:24). 누가복음 1장 1절에 누가는 자신이 처음부터 말씀의 목격자가 되고 일꾼 된 자들이 전해 준 그대로 그 모든 일을 근원부터 자세히 미루어 살피었고 이를 데오빌로 각하에게 드릴 목적과 특히 헬라인으로 하여금 분명히 깨닫고 확실히 알게 하려고 이 복음서를 기록하였다고 밝힌다. 기록한 연대는 대개는 사도행전보다 앞선 주후 62년경으로 보고 있다. 누가는 사건이 일어난 시기를 밝힐 수 있을 때는 되도록 정확히 밝히려고 하였는데 이것은 그가 얼마나 주의하여 복음을 기록하였는가를 보여 준다.

2. 내용 분석

누가복음에는 다른 복음에 없는 예수님의 비유들과 독특한 교훈과 사건들이 많이 수록되어 있는데 세례 요한의 탄생, 예수님의 탄생과 소년시절, 예수님의 족보, 나사렛에서의 설교, 베드로를 부르심, 6개의 이적, 19개의 비유, 삭개오를 만나심, 헤롯의 희롱, 그리고 부활하신 후 엠마오로 가는 두 제자에게 나타나신 기사 등이다. 이 복음은 성령의 권능을 통하여 인자로서 완전하고 대표적인 삶을 산 예수를 중심 개념으로 하고 있다. 이러한 근거는 "구주가 나셨으니 곧 그리스도 주시니라"(눅 2:11)는 말씀에 나타나 있다. 누가는 예수의 사명이 세계적이며 보편적인 것을 강조하고 있다. 그는 마태와는 달리 예수의 족보를 아담에게까지 소급함으로 예수가 전 인류의 구주가 되심을 말하며, 세례 요한의 활동에 관해서도 "모든 육체가 하나님의 구원하심을 보리라"(눅 3:6)는 이사야의 말까지 인용함으로써 복음이 이방인에게도 적용된다는 사실을 보여 주고 있다. 구원은 누가복음의 중요한 가르침이며 "인자의 온 것은 잃어버린 자를 찾아 구원하려 함이니라"(눅 19:10)고 한 말씀은 이 책의 핵심 구절이다. 또한 누가복음에는 성령이 특별히 강조되어 있으며 예수님의 전 생애는 성령의 인도하심으로 이루어졌다.

〈사도 요한〉

그 이름의 뜻은 '여호와의 사랑하는 자'이다. 그는 갈릴리 벳새다 사람으로 아버지는 세베대, 어머니는 살로매, 그 형은 야고보이며 직업은 어부였다(눅 5:10). 예수님의 12사도 중 젊은 자로 예수의 사랑을 많이 받았으며(요 12:23), 그에게는 성질이 급해서 붙여진 '보아너게' 즉 우뢰의 아들라는 별명이 있었다. 예수를 가까이 모신 세 명의 제자 중 한 사람이다. 그 후 에베소 교회의 감독이 되었고, 예수님의 어머니를 자기 집에 모시고 살았으며, 주후 100년경 순교가 아닌 자연사를 하였다. 요한복음은 1세기 말 에베소에서 기록되었다는 것이 전통적 견해이다. 요한은 요한복음과 요한 일 · 이 · 삼서를 썼으며 말년에는 밧모섬에 유배되어 요한계시록을 썼다. 레오나르도 다빈치는 자신의 그림 "최후의 만찬"에서 소녀처럼 미소지으며 부드럽게 흰 손을 겹치고 있는 요한의 얼굴을 그렸다. 겟세마네 동산에서 무서움을 이기지 못하고 도망쳤다가 어느 사도보다도 먼저 예수님에게로 다시 돌아온 사람이 요한이었다. 베드로가 멀리 떨어져서 예수님을 뒤따르고 있을 때 요한은 용감하게 대제사장의 집 뜰로 들어갔으며(요 18:15), 베드로도 데리고 들어갔다. 모든 사도 가운데서 오직 요한만이 십자가 옆에 서서 예수님께 대답하였다. 예수님께서 마지막으로 하신 말씀을 들은 제자도 유일하게 요한뿐이었다. 예수님은 요한을 바라보시면서 자기 어머니에게 "여자여 보소서 아들이니이다"라고 하시고 요한에게 그 어머니를 가리키며 "보라 네 어머니라"고 하셨다(요 19:26~27). 예루살렘에 있는 자기 집으로 마리아를 모셔온 후 요한은 다시 예수님의 마지막 말씀을 들으려고 서둘러 되돌아갔다. 오직 요한만이 "내가 목이 마르다", "다 이루었다"라는 최후의 말씀을 기록하였다. 그리고 요한은 예수님께서 고개를 떨구시고 예수님의 영혼이 떠나가시는 것을 지켜보았다. 군병이 예수님의 옆구리를 찌를 때 피와 물이 나온 것과 요셉과 니고데모가 장사한 사실을 말한 것도 요한뿐이었다(요 19:38). 요한은 "하나님이 세상을 이처럼 사랑하사"(요 3:16)라는유명한 말씀을 우리에게 남겼다. 그는 책임감으로서의 사랑뿐만 아니라 사도직의 징표로서 "내가 너희를 사랑한 것같이 너희도 서로 사랑하라 너희가 서로 사랑하면 이로써 모든 사람이 너희가 내 제자인 줄 알리라"(요 13:34) 하는 예수님의 새 계명을 상기시켜 주었다. 요한은 그의 저술에서 오십 번 이상이나 사랑에 대하여 이야기하였고, 사랑받는 요한은 예수의 부활을 가장 먼저 믿었으며, 밤을 새워 고기를 잡은 후 바닷가에서 예수님을 제일 먼저 알아본 제자이기도 하였다. 요한은 거짓을 행하거나 거짓말을 하는 사람들에게 서슴치 않고 경고했다. 그는 그리스도에 대하여 그릇된 생각을 가진 사람은 집에 들어오지도 못하게 하고 인사도 하지 말라고 그리스도를 믿는 사람들에게 당부했다.

요한복음 (John)

1. 주제와 배경

본서의 저자는 사도 요한이다. 요한은 복음을 전하다가 밧모섬에 유배되기도 하였고(계 1:9~10), 그 후 에베소 교회의 감독이 되었다. 그는 예수님의 어머니를 자기 집에 모시고 살았으며, 주후 100년경 순교가 아닌 자연사를 하였다. 요한복음은 1세기 말 에베소에서 기록되었다는 것이 전통적 견해이다. 이 복음이 다른 복음서보다 맨 나중에 기록되었는데, 다른 복음서들은 주로 예수님께서 갈릴리에서 활동하신 내용을 기록하고 있으나 본서는 주로 유다에서 이루어진 행적을 기록하고 있다. 그리고 예수님의 생애에 대한 역사적 정확성보다는 예수님의 교훈이 지닌 종교적 의를 중요시하고 영적으로 재해석하고 있는 것이 특징이다. 요한은 예수님의 비유는 하나도 기록하지 않았으나 예수님의 참 모습을 그려내는 다음과 같은 말을 사용하고 있다.

(가) 생명의 떡 : 요 6:35　　(나) 세상의 빛 : 요 8:12, 9:5
(다) 양의 문 : 요 10:7　　(라) 선한 목자 : 요 10:11
(마) 부활, 생명 : 요 11:25　　(바) 길, 진리, 생명 : 요 14:6
(사) 참 포도나무 : 요 15:1

요한복음에는 예수님의 공적인 접촉보다 개인적인 대화가 많아 15번이나 대화하신 일이 기록되어 있다. 이 복음을 기록한 목적은 요한복음 20장 31절에 기록된 대로 예수님께서 하나님의 아들 그리스도이심을 믿게 하려 함이요, 또 믿고 그 이름을 힘입어 생명을 얻게 하려는 것이다. 요한복음에는 증거, 믿음, 생명, 이 세 단어가 특출하게 나타나 있다. 먼저 '증거'는 다음 7가지 표적을 가지고 요한복음 조직의 줄거리를 형성하였으며 각기 다른 예수님의 권능의 범위를 증거하고 있다.

(가) 포도주를 만드심(2장)　　(나) 왕의 신하의 아들을 고치심(4장)
(다) 38년 된 병자를 고치심(5장)　　(라) 5천 명을 먹이심(6장)
(마) 물 위로 걸으심(6장)　　(바) 나면서 소경 된 사람을 고치심(9장)
(사) 나사로를 살리심(11장)

이적과 표적은 구분해서 사용할 수 있다. 사람들이 행할 수 없는 일들은 보통 '이적'(또는 기적)으로, 그리고 예수님이 메시아이심을 나타내는 모든 증거는 '표적'(이적도 포함)으로 표현하는 것이 바람직하다.

'믿음'은 복음의 열쇠가 되는 낱말인데 요한복음에 98번이나 기록되었다. 믿음이란 그리스도에게 자신을 완전히 의탁하는 것을 뜻한다. 그리스도를 영접하는 자는 곧 그 이름을 믿는 자인데(요 1:12), 예수님의 행하신 표적으로 인해 그 믿음이 더욱 굳어지는 것이다.

생명은 복음의 열쇠로 신자들이 그의 구원으로 나누어 받는 것이다. 이것은 영생인데 유일하신 참 하나님과 그의 보내신 자 예수 그리스도를 아는 것이다(요 17:3). 그리스도인에게 영생을 주시는 것이 하나님의 목적이다.

증거, 믿음 그리고 생명은 논리적으로 조직되어 있는데 증거는 하나님의 계시이며, 믿음은 증거에 대한 반응이며, 생명은 믿음의 결과이다. 요한은 예수님을 아브라함의 아들이나 아담의 후손으로 나타내지 않고 이 세상이 창조되기 전부터 계신 하나님의 아들로 나타냈다. 이러한 하나님의 아들이 세상에 내려오셨으며(요 1:14), 그는 참 인간이시지만 또한 하나님의 아들이시다(요 5:20). 예수님이 죽으신 것은 생명을 빼앗기신 것이 아니라, 주님 자신이 자유로운 뜻으로 생명을 버리셨다(요 10:11). 그의 죽으심은 굴욕이 아니라 영광이며(요 12:23), 생명의 근원이다(요 12:24). 이 죽으심을 통해 그리스도께서는 만인을 다스릴 권세를 갖게 되셨다(요 17:1).

2. 내용 분석

(1) **하나님의 아들의 성육신** — 1:1 ~ 1:18

(2) **하나님의 아들의 출현** — 1:19 ~ 4:54

요한복음 3장에는 특히 니고데모의 기사가 눈에 띈다. 그는 바리새인이며 유대인의 관원으로 밤중에 예수님을 찾아왔다. 밤중에 찾아온 것은 '창피해서' 또는 '바빠서'라는 해석이 있으나 요한복음 19장 39절에서 '밤에 나아왔던 니고데모'가 빌라도에게 왔다는 표현을 한 것으로 보아 전에는 창피해서 밤에 온 그가 이제는 당당히 낮에 왔다는 것을 강조하기 위해 '밤에 나아왔던'이라는 표현을 쓴 것으로 보인다. 예수님께서는 벌써 그가 왜 왔는지를 아시고 물과 성령으로 나지 아니하면 하나님 나라를 볼 수 없다고 말씀해 주신다. 여기에서 물이 무엇을 뜻하는 것인지 해석이 분분한데 일반적으로 물은 세례(죄씻음) 또는 말씀으로 해석한다. 남의 눈을 의식해서 밤에 왔던 니고데모가 요한복음 7장 50절에서는 예수님을 당당히 변호하고 나섰으며, 또 요한복음 19장 39절에서는 예수님의 장례를 위하여 물질(향품)을 가지고 빌라도에게 나아오는 신앙의 성장을 보여 준다.

(3) **그리스도의 반대** — 5:1 ~ 12:50

(4) **제자 양육** — 13:1 ~ 17:26

유월절 전날 예수님께서는 제자들의 발을 씻기시고 길과 진리의 말씀, 참 포도나무의 비유 그리고 자신을 위한 기도를 하신다.

(5) **그리스도의 고난과 부활** — 18:1 ~ 21:25

〈사도 바울〉

그는 길리기아의 다소(지금의 터키) 출신으로 가말리엘 문하에서 율법의 엄한 교훈을 받았다. 그는 열심있는 자이며(행 22:3), 청결한 양심으로 선조 때부터 섬기던 하나님을 섬기고(딤후 1:3) 할례를 받았다. 그는 베냐민 지파요, 율법으로는 바리새인이요, 열심으로는 교회를 핍박하던 사람이니 바리새인의 입장에서 볼 때는 도무지 결점이 없는 사람이었다(빌 3:5). 조상의 유전에 대하여 더욱 열심이었으며(갈 1:14), 나면서부터 로마의 시민권을 가졌고(행 22:26), 길리기아 다소에서 12~13세 때 예루살렘으로 유학 온 것 같다. 사람들이 스데반을 돌로 칠 때 증인들이 옷을 벗어 사울의 발 앞에 두었다(행 7:58). 그는 다메섹에서 극적으로 개종하여 그리스도의 전파자가 되었다. 바울의 생에 있어서 다메섹 도상의 체험은 사도행전에 3번(행 9:3, 22:6, 26:14)이나 반복하여 기록하고 있다. 여기서 바울은 하늘의 우편 보좌에 계신 그리스도를 만난 것이며 그의 생애 전체를 통해 역사적 예수보다는 하늘에 계신 영적인 그리스도를 더욱 중요시하고 있다(고후 5:16). 바울이 역사적 예수로부터 직접 부름을 받은 제자나 사도가 아니었다는 사실로 인해 초대교회에서 바울의 사도적 권위에 대한 의의가 제기되기도 했다. 그래서 바울은 갈라디아서 1장 1절 등 매 서신 첫머리에 사도직의 권위를 말한다. 본래 사도의 자격은 '요한이 세례 주던 때부터 시작하여 예수님께서 하늘로 올라가시던 날까지 예수님과 줄곧 같이 다니던 사람' 이어야 했고, 무엇보다도 '부활의 증인' 이어야 했다(행 1:22). 이 같은 점에서 볼 때 바울은 초대교회 안에서 외롭게 그리스도를 위해 투쟁한 복음의 역군이었다고 생각한다. 예수님을 만난 후부터 순교할 때까지 바울의 행적을 살펴보면 다음과 같다.

다메섹 도상에서 예수님을 만남(행 9:5)~다메섹에서 전도~사람들이 바울을 죽이기를 공모함으로 예루살렘으로 도망감(행 9:26)~예루살렘에서 전도하나 믿지 아니하므로 바나바가 사도들에게 바울을 소개함~예루살렘 유대인들이 바울을 죽이려고 하여 남방 아라비아에 가서 머묾~3년 뒤 잠시 예루살렘에 제자들을 만나러 옴~베드로와 야고보만 만남(행 12:25; 갈 1:19)~다시 다소로 내려가 7년 정도 머묾~바나바가 다소에 가서 바울을 안디옥으로 데리고 와서 일 년간 같이 가르치는 일을 함(행 11:25)~바나바와 바울이 제1차 선교여행을 떠남(행 13:4)~예수님을 만난 때부터 14년 후 바나바와 디도와 함께 예루살렘에 올라감(갈 2:1)~다시 안디옥으로 내려와 제2차 선교여행을 떠남~제3차 선교여행~가이사랴에서 2년간 감옥생활~로마에서 2년간 감옥생활~잠시 풀려났다가 다시 로마에서 감옥생활~순교함.

사도행전 (Acts)

1. 주제와 배경

4복음서가 먼저 나온 후에 역사서인 사도행전이 뒤따른다. 이 책은 예수님의 후계자인 사도들의 환상도, 이론도, 사색도 아니며 사도행전이라는 이 책의 이름이 뜻하는 바와 같이 사도들이 실제로 행동해서 이루어 놓은 행적을 기록한 것이다. 사도행전은 예수님께서 승천하신 후에 성령이 임하시고, 성령에 의하여 교회가 설립되고, 그 성령의 활동으로 교회가 로마로 번져나간 사실을 기록하고 있다. 여기서의 주요 인물은 베드로와 바울이며 대체로 살펴보면 바울의 사적이 6분의 3, 베드로의 사적이 6분의 2, 그밖의 사도들의 사적이 6분의 1에 해당한다.

사도행전의 저자는 누가이다. 그는 누가복음과 사도행전을 같은 인물인 데오빌로 각하에게 보냈는데(눅 1:1~4; 행 1:1~2), 이 데오빌로 각하가 누구인지는 정확히 알려지지 않고 있으나 이방인으로 예수님을 영접한 관료로 추측된다. 누가는 바울이 전도여행할 때 동반자였다(행 16:10). 바울은 누가를 사랑받는 의원(골 4:14)이라고 하였는데, 사도행전에는 의학적인 단어가 종종 사용되고 있다. 이 사도행전은 누가가 주후 63년경 로마에서 기록하였으리라고 생각된다.

사도행전의 핵심 구절은 "오직 성령이 너희에게 임하시면 너희가 권능을 받고 예루살렘과 온 유다와 사마리아와 땅 끝까지 이르러 내 증인이 되리라"(행 1:8) 하신 말씀이다.

사도행전은 두 부분으로 나눌 수 있는데 1~12장까지는 베드로의 활동사요, 13~28장까지는 바울의 활동사이다. 첫 복음의 청중은 유대인이었으나, 10~12장에서는 복음이 이방인에게도 증거되기 시작했다. 13장부터는 복음이 세계로 퍼지고 있다. 유대인에게 전한 베드로의 메시지에서 두드러진 말은 회개하라는 것이며(행 2:37), 이방인에게 전한 바울의 말은 '주 예수를 믿으라'(행 16:31)는 것이었다. 어떤 이는 이 책을 가리켜 말하기를 '성령 행적의 책'이라고 하였다. 이 말과 같이 이 책의 기사는 처음부터 끝까지 성령의 역사의 결과로 예수의 제자들이 행한 사적을 기록한 것이다. 또 어떤 이는 말하기를 '증인의 행전'이라고 하였다. 사도들이 행한 사적은 하나님께서 예수 그리스도를 통하여, 저들을 통하여 하신 일을 증거하는 것이다. 사도행전은 성령의 능력과 함께 증거가 있었음으로 해서 처음에 미미하게 시작된 복음 운동이 불과 30년 동안에 로마 제국의 중심지까지 이르는 놀라운 세력을 갖게 되었다. 초대교인들이 증거한 중심 내용은 그리스도의 부활이다. 이것은 바울을 회개시킨 진리이며 바울이 전한 복음의 핵심이 되었다.

2. 내용 분석

(1) 사도행전 1~7장은 오순절의 성령강림과 예루살렘에 복음이 전파된 일이다. 오순절은 유월절 이후 오십 일이 되는 날로 예수님께서는 유월절에 부활하신 후 사십 일간 세상에 계시다가 승천하셨고, 승천하신 후 열흘 되는 날이었다(행 1:3, 2:1).

(2) 사도행전 8~12장은 유다와 사마리아에 복음이 전파된 일이며,

(3) 사도행전 13~28장은 땅 끝까지 복음이 전파되는 과정이 기록되어 있다.

예루살렘에서는 베드로가 가장 중요한 인물로 부각된다. 사마리아에서는 빌립 집사가 중요한 인물로 등장한다. 땅 끝까지 복음이 전파되는 과정에서는 바울이 주인공으로 등장한다. 예루살렘에서 복음 전파의 대상은 주로 유대인들이었다. 사도행전에는 사도 바울의 3차례에 걸친 전도 여행에 대해 기록하고 있다. 사도행전에서 가장 중요한 단어는 두 가지로 말할 수 있다. 첫 번째는 교회 성장이며, 두 번째는 성령이다. 그러므로 사도행전은 "성령을 통한 교회 성장의 과정을 기록한 역사 이야기이다"라고 말할 수 있다. 사도행전은 지역적으로는 예루살렘과 유다, 사마리아 그리고 땅 끝까지로 나누어지며, 전도 대상은 유대인, 사마리아인 그리고 이방인이다.

로마서 (Romans)

1. 주제와 배경

이 서신은 바울이 로마에 있는 성도들에게 쓴 것이다(롬 1:7). 거기에는 유대인과 이방인들이 섞여 있었다(롬 1:13, 2:17). 로마 교회의 기원에 대해서는 아는 바 없으나 로마의 성도들은 지중해를 중심한 여러 지방에서 로마로 이주해 온 사람들이다. 그중에 더러는 바울과 베드로가 순회 전도할 때 개종한 사람도 있었을 것이고, 어떤 이는 오순절에 예루살렘에 올라갔다가 그리스도의 메시지를 가지고 로마로 돌아온 사람도 있었을 것이다(행 2:19). 그러나 바울은 이 편지를 쓸 때까지도 한 번도 로마를 방문한 일이 없었다. 바울은 고린도에서 세계의 수도인 로마로 가기를 원했다(롬 15:23). 그래서 그 준비로써 이 편지를 써 보내기로 한 것이다. 학자들은 바울이 3차 전도 여행이 끝날 때쯤 고린도에 약 3개월간 머물러 있었는데 바로 이때에 로마서를 기록했을 것이라고 말한다. 또한 학자들은 바울이 로마서를 기록한 장소를 고린도로 추정하고 있다. 로마서 15~16장을 읽어 보면 이 편지가 고린도에서 기록되었을 가능성이 매우 크다는 것을 알 수 있으며, 수많은 사람들이 로마 교회 성도들에게 인사를 하고 있는 내용이 기록되어 있는데, 인사를 전하는 사람들 중에는 고린도 사람들이 많이 포함되어 있다. 뵈뵈 집사는 고린도 항구인 겐그레아 교회의 성도였고(롬 16:1~2), 가이오도 바울이 고린도에서 세례를 베푼 사람이었다(롬 16:23; 고전 1:14). 그리고 에라스도도 고린도 성의 재무를 담당한 사람이었다(롬16:23; 딤후 4:20). 이러한 내용으로 보아 로마서가 고린도에서 기록되었을 가능성이 높다. 바울은 로마 교회가 당면하고 있는 실제 문제를 다룬 것이 아니라, 구원과 그리스도인의 생활의 기본 진리에 관하여 썼다. 그리고 로마서는 갈라디아서를 쓰던 때에 거의 같은 시기에 쓴 것이다. 이 두 편지는 비슷한 점이 많은데 이 두 편지의 기본 교훈은 구원이 행함으로 얻는 것이 아니고 믿음으로 말미암아 얻는다는 것이다. 로마서의 중심 사상은 "내가 복음을 부끄러워하지 아니하노니 이 복음은 모든 믿는 자에게 구원을 주시는 하나님의 능력이 됨이라 첫째는 유대인에게요 또한 헬라인에게로다 복음에는 하나님의 의가 나타나서 믿음으로 믿음에 이르게 하나니 기록된 바 오직 의인은 믿음으로 말미암아 살리라 함과 같으니라"(롬 1:16~17) 하는 말씀이다. 이 주제는 그리스도인이 가져야 할 모든 경험의 기초인데 그것은 기본적인 믿음이 확립되지 않는 한 아무도 하나님과 상관할 수 없기 때문이다. 이 서신은 특별히 이방인인 로마 사람들에게 전하고 있다. 바울은 자기는 이방인의 사도라고 말하고 있으며(롬 1:5), 계시의 준비행위로 이방 세계의 종교적 역사를 묘사하였다(롬 1:18). 바울은 하나님의 구원은 이방인에게도 해당되는 것이며 헬라인 사이에 아무 차별이 없음을 말하고 있다. 즉 로마서의 중심 내용은 "의는 하나님께서 거저 주시는 선물이며 예수 그리스도를 믿는 것만이 만민의 구원의 길이 된다"라는 것이다.

2. 내용 분석

핵심 구절은 "모든 사람이 죄를 범하였으매 하나님의 영광에 이르지 못하였더니 그리스도 예수 안에 있는 구속으로 말미암아 값없이 의롭다 하심을 얻은 자 되었느니라"(롬 3:23~24)이다. 모든 사람이 죄를 범하였으므로 완전하지 못하다. 죄라는 단어는 원래 과녁에서 빗

나갔다는 의미이다. 그 목표는 하나님의 말씀이며, 하나님의 완전하심이다. 우리 모두는 하나님의 영광에 이르지 못했다. 우리가 모두 다 하나님의 완전하심에 도달하려고 노력했지만 그 완전하심에 도달하지 못했다는 것이다. 왜 죄인인가? 인간에게 죄성이 있기 때문이다. 그리고 이 죄성 때문에 사람들이 죄를 짓는다. 죄에는 네 가지가 있다. 첫째는 죄의 상태를 죄라고 하며, 둘째는 악한 생각 곧 행동은 없어도 생각을 한 것이며, 셋째는 그 결과로 악한 행동을 한 것 곧 겉으로 나타난 것이다. 마지막 넷째는 옳게 해야 하는데 하지 않은 것 곧 기도하지 않는 죄, 선을 행할 줄 알면서도 하지 않는 것(롬 3:11)이 죄다. 따라서 의인은 없나니 하나도 없다.

고린도전서 (1 Corinthians)

1. 주제와 배경

고린도는 아가야 지방의 수도로 지리적 위치로 보아 상당히 중요한 지점에 놓여 있다. 헬라 본토에서 페로폰네소스 반도로 나가는 바로 길목에 있어서 육로와 수로로 상업상 교통이 빈번한 곳이다. 고린도에는 잡다한 인종이 모여 살고 있었기 때문에 각 곳에서 모여온 우상도 많았고, 사치스러웠으며, 윤리적으로는 방탕한 생활을 하는 사람이 많았다. 이러한 곳에 바울은 전도하여 교회를 세웠다. 바울은 글로에의 집안 식구들이 고린도에 다녀와서 전도하는 말을 통해서 고린도 교회가 가지고 있는 파당의 문제, 계모와 같이 사는 부도덕한 생활 문제, 또 신자들끼리 관청에 소송하는 문제 등이 고린도 교회의 영적 생활과 전도 사업을 위협하고 있음을 들었다(고전 1:11). 고린도 교회에서도 그 교회의 발전에 관한 문제에 대하여 바울의 의견을 묻는 편지를 보내왔던 것 같다. 그러므로 바울은 이 여러 문제에 대하여 실제적인 해답과 교훈을 주기 위하여 이 편지를 썼다. 바울은 3차 여행을 하는 중에 에베소에 머물러 있으면서(고전 16:8) 주후 55년경에 이 편지를 썼다.

2. 내용 분석

고린도전서는 내용이나 형식이 바울의 여러 서신 가운데 가장 다양하다고 볼 수 있다. 이 편지는 고린도로부터 온 방문자의 보고와 고린도 교회가 보낸 편지의 순서대로 기록하고 있다. 글로에 집 편에서 들은 문제들은 처음 6장에 기록하고 있다. 그리고 7장부터는 "너희의 쓴 말에 대하여는" 이라는 새로운 구절로 시작하고 있다. 고린도 교회에 있어서 중요한 어려운 문제는 신자 사이에 사랑이 없어서 피차 분열되는 점이었다. 그러므로 바울은 이 편지에서 취급한 각 문제를 사랑의 결핍에 중점을 두고 논의하였다. 그래서 편지 서두에서 처음 9절에는 그리스도의 이름을 9번이나 기록하면서 그리스도에 관한 특별한 관심을 환기시키기에 힘썼다. 그것은 그리스도만이 모든 문제를 해결하실 수 있으므로 만일 고린도 교회의 신자들이 그리스도에게로 그들의 관심을 집중시킨다면 피차 분쟁이 없으리라는 것을 알았기 때문이었다. 또한 바울은 하나님의 증거를 전할 때 말(웅변)과 지혜(철학)의 아름다운 것으로 아니하였다(고전 2:1). 그것은 사람들로 하여금 바울 자신의 웅변이나 지식에 주의를 집중하지 않도록 하기 위함이었다. 고린도 교회 안에는 다음과 같은 구체적인 문제점, 곧 분쟁(1장), 교역자와 신자 간의 문제(4장), 음행(5장), 우상의 제물, 처녀 문제, 믿는 사람들끼리 고소함(6장), 혼인문제(7장), 우상의 제물(8장), 바울의 사도권(9장), 우상 숭배(10장), 예배시 여자가 머리에 수건을 쓰는 문제와 성만찬에 관한 문제(11장), 영적인 은사(12장), 부활에 대한 신앙 문제(15장) 등의 문제가 가득 차 있었다. 너무나 문제가 많으니까 사람들이 에베소에 있는 바울에게 편지를 보내서 각 문제별로 설명을 하며 답을 구하였다. 바울은 각 항목별로 답변을 보냈는데 그것이 바로 고린도전서이다.

고린도후서 (2 corinthians)

1. 주제와 배경

바울은 고린도전서를 쓴 뒤에 디도를 고린도 교회에 보낸다. 고린도 교인 중에는 바울이 이전에 고린도 교회로 보낸 편지에서 말한 몇 가지 조건을 아주 곡해하고 바울을 몹시 비평하는 사람도 있었다. 그 후 바울은 마게도냐로 가서 빌립보에서 지난번 고린도로 보냈던 디도를 만났다. 그래서 디도에게서 고린도 교회의 형편을 듣고 디도를 보낸 목적이 성공한 것을 알고 안심할 수 있었다(고후 7:6). 그리하여 바울은 이 두 번째 편지를 기록하여 디도와 그의 동행 편에 고린도로 보냈다. 고린도후서는 에베소에서 고린도전서를 쓴 다음 해인 주후 56년경에 쓰여졌다.

2. 내용 분석

이 편지는 교리적 교훈이나 교회의 질서보다도 개인적인 면을 다루었다는 점에서 고린도전서와는 다르다. 주요 내용으로는 교인에 대한 위로와 바울의 사도권에 대한 자기 변호이다. 인간적인 바울이 보다 뚜렷하게 나타났는데 그의 감정, 희망, 혐오, 야심 및 책임 등이 독자 앞에 모두 드러나 있다. 그리고 책의 구조도 고린도전서와 같이 뚜렷하지 않다. 바울에게는 원수들의 중상과 비방이 많았다. "육체대로 행하는 자, 겁쟁이, 봉급을 받는 사람이 아니니까 진정한 사도가 아니다"라는 등의 혹평이 난무했다. 또한 "12사도 중 하나가 아니니까 복음을 완전히 이해하지 못한다, 추천서가 없다"라는 등 기타 여러 가지로 중상하고 비방도 했다. 그러나 바울은 "내 은혜가 네게 족하도다"라는 주님의 말씀으로 위안을 받고 "이는 내 능력이 약한 데서 온전하여짐이라"는 말씀에 따라 고난 중에서도 위안을 받았고, 그리스도의 사랑과 보호하심을 받았다. 고린도후서 11장에는 바울의 고난이 기록되어 있는데 24절에서 사십에 하나 감한 매는 신명기 25장 3절의 규정에 따른 것이다.

갈라디아서 (Galatians)

1. 주제와 배경

성경 본문에는 최초의 독자들이 "갈라디아의 여러 교회들"(갈 1:2, 3:1)이라고 되어 있다. 이 서신이 여러 교회들에게 보내진 바울의 유일한 서신이다. 이러한 내용으로 말미암아 본서의 수신처가 북쪽 갈라디아라는 설과 남쪽 갈라디아라는 설로 나뉜다. 일반적 견해로는 로마령 남 갈라디아의 여러 지역, 즉 안디옥, 이고니온, 루스드라, 더베 등에 있는 교회들에 보낸 것으로 알려져 있다. 갈라디아서는 주후 56년경 3차 전도여행 중에 쓴 것으로 보인다. 바울이 제1차 여행에서 갈라디아를 떠난 후 곧 유대인들이 와서 새 개종자들에게 그들은 아직 완전한 복음을 듣지 못한 자들이라고 말했다(갈 1:6). 유대인들의 오랜 전통인 율법의 신봉은 그리 쉽게 고쳐지지 않았다. 그리하여 그들은 믿음으로만 구원받는다는 바울의 가르침을 받아들이기에 난관을 겪은 것이다. 바울이 이 서신을 쓴 중요한 목적은 다음과 같다.

(가) 새 개종자들의 신앙을 해치고 있는 유대인들의 가르침이 잘못되었다는 점을 밝히고자 하였다.

(나) 이 유대인들 때문에 의심받았던 바울 자신의 사도직을 변호하기 위해서였다.

(다) 구원은 믿음에 율법을 더함으로 오는 것이 아니고, 오직 믿음을 통해서 온다는 것을 강조하기 위해서였다.

(라) 갈라디아에 사는 그리스도인들에게 그리스도가 가져다 준 자유(갈 5:1) 안에서 살고 성령의 열매를 맺도록(갈 5:22~23) 권하기 위한 것이었다.

이 편지는 가장 토론적이며 그리스도인의 부패에 대항해서 기록하고 있다. 바울은 갈라디아의 여러 교회들에게 이 편지를 보냈다. 바울이 제3차 전도여행 중 에베소에 머물러 있으면서 마침 어떤 교사가 갈라디아에 와서 "만일 사람이 구원을 얻으려면 모세의 율법을 지켜야 한다"고 가르침으로 인해서 믿음으로 의로워진다는 근본 진리가 가려지게 되었다. 바울은 이러한 교훈이 갈라디아 교회에 침투하였고, 저들이 자유를 멀리한다는 소식을 듣고 이 편지를 썼다. 바울은 대단히 노한 어조로 이 편지를 기록하였기 때문에 이 책에는 사랑이라는 말을 쓰지 않고 있다. 바울은 "우리나 혹 하늘로부터 온 천사라도 우리가 너희에게 전한 복음 외에 다른 복음을 전하면 저주를 받을지어다"(갈 1:8)라고 말함으로써 저들의 잘못을 비난하였다. 갈라디아서와 로마서는 서로 긴밀한 관계를 가지고 있다. 갈라디아서는 짧은 서신이긴 하지만, 이 책을 마치 종교 개혁자 루터와 같이 유대교를 박차고 일어나는 독립 선언이라고 할 수 있다. 반면에 로마서는 칼빈과 같이 기독교 근본 교리를 조리 있게 해설한 조직신학이라고 할 수 있다. 갈라디아서는 로마서와 같이 복음으로 말미암아 의롭다 하심을 입는 교리를 논의하였다.

2. 내용 분석

갈라디아서는 여섯 장밖에 안 되는 짧은 책이다. 갈라디아는 바울이 1차 전도여행 때 개척한 지방이다. 바울이 교회를 세워서 은혜의 복음을 전파하였는데, 얼마 지나지 않아서 유대 사람들이 교회에 들어와서 율법과 할례를 지켜야 한다고 주장하였다. 그들은 성경에 능통한 사람들이었기 때문에 갈라디아 사람들은 그들에게 쉽게 동요되었다. 그래서 은혜 대신 행위를 주장하려고 하였다. 사도 바울은 안디옥에서 안식년을 지내면서 이 소식을 들었다.

"그리스도께서 우리로 자유케 하려고 자유를 주셨으니 그러므로 굳세게 서서 다시는 종의 멍에를 메지 말라"(갈 5:1). 이는 '인간이 죄의 노예가 되어 있다가 예수 그리스도를 통해서 자유케 되었으므로 그 자유에 굳게 서 있으라. 그리고 다시는 종의 멍에를 메지 말라. 이것은 마치 애굽에서 벗어난 이스라엘 사람들이 다시 애굽으로 돌아가서 애굽인의 종 노릇 하려는 것만큼 어리석은 일이다' 라는 의미이다.

"내가 그리스도와 함께 십자가에 못 박혔나니 그런즉 이제는 내가 산 것이 아니요 오직 내 안에 그리스도께서 사신 것이라 이제 내가 육체 가운데 사는 것은 나를 자랑하사 나를 위하여 자기 몸을 버리신 하나님의 아들을 믿는 믿음 안에서 사는 것이라"(갈 2:20). 즉 그리스도와 연합하여 믿음으로 살아가는 것이다. 그러므로 우리는 이제 육체를 따라 살지 않고 그리스도와 함께 정과 욕심을 십자가에 못 박았기 때문에 성령을 따라 살면서 성령의 열매를 맺게 되어 있다.

육체를 따라 살 때 맺는 열매들에는 음행과 더러운 것과 호색과 우상숭배와 술수와 원수 맺는 것과 분쟁과 시기와 분냄과 당 짓는 것과 분리함과 이단과 투기와 술 취함과 방탕함(갈 5:19~21)이 있다. 반면에 성령의 열매는 사랑과 희락과 화평과 오래 참음과 자비와 양선과 충성과 온유와 절제(갈 5:22~23)이다. 성령의 열매는 단수로 어느 것 하나만 맺는 것이 아니라 성령 안에 사는 사람은 9가지의 열매를 모두 맺어야 하는 것이다. 사도 바울은 그 몸에 예수의 흔적을 가졌다고 했는데 이는 아마도 루스드라에서 돌에 맞음(행 14:19)과 여러 번의 태장(고후 11:25)으로 인한 상처의 흔적을 말하는 것 같다.

에베소서 (Ephesians)

1. 주제와 배경

에베소는 당시 소아시아의 수도로 그리스도교 역사상 3대 주요 도시(예루살렘, 안디옥, 에베소) 중 하나였다. 여기에는 유명한 디아나 신전이 있었다. 바울이 제2차 전도여행을 할 때 에베소 교회를 설립

하였다. 처음 바울의 설교를 듣고 믿기 시작한 사람들이 자기 집에 가지고 있던 많은 마술에 관한 서적을 불살라버렸다(행 19:19). 신자가 많이 생김에 따라서 은방하는 사람들의 수입에 큰 영향을 주게 되었다. 그래서 자기들의 영업에 손실을 끼치는 데 분격한 은방하는 사람들이 바울에 대항하여 소동을 일으켰다.

에베소서에는 다른 서신들과 달리 개인에 대한 문안이나 언급이 조금도 없고 어떤 특정 지방으로 보내는 증거도 없다. 고대의 유력한 사본들에는 "에베소 사람들에게" (엡 1:1)라는 말이 여러 교회에 공동으로 보낸 편지였던 것으로 보이고 따라서 개인적 문안이 없다는 것이다. 본서는 사도 바울이 로마 감옥에서 주후 62년경에 쓴 것이다.

에베소서에는 '교회'라는 한 주제가 전체적으로 흐르고 있다. 이 서신은 그리스도교 신앙의 초신자에게 보내는 것이 아니라, 어느 정도의 영적 경험을 가지고 있어 신앙적으로 성숙하면서도 보다 풍부한 지식과 생명을 얻으려는 신자에게 보내는 것이다.

2. 내용 분석

(1) 구원의 문제 — 1:1 ~ 1:23

에베소 사람들이 교회를 형성했는데 교회 안에 많은 문제가 발생하였다. 특히 이방인과 유대인 간에 분쟁의 사건이 발생하였다. 그래서 사도 바울은 예수님 안에서 유대인이나 이방인이 하나가 되었음을 설명하고 있다. 그러므로 바울은 이 둘을 합하여 한 교회를 지으시려는 하나님의 구원계획을 선포하고 서로 하나가 될 것을 가르치고 있다. 우리가 구원받은 것은 내가 믿어서 구원받은 것이 아니라, 하나님께서 창세 전에 이미 그리스도 안에서 우리를 예정하셨기 때문이다. 그리고 그 계획대로 그리스도께서는 우리를 구속해 주셨으며, 성령께서 우리를 부르시고, 믿게 하시며, 중생시켜 주신 것이다. 우리가 이 일을 알게 되면 하나님의 사랑에 대한 감격이 나타나게 되는 것이다. 그리고 하나님의 교회는 바로 이러한 사람들이 모여서 이루어지는 것이다. 그리고 이것은 마치 건물을 지어나가듯이 전 세계의 성도들을 불러서 교회를 세워 가는 것이다.

(2) 믿음은 하나님의 선물 – 2:1 ~ 2:22

"믿음으로 말미암아 구원을 얻었나니 이것이 너희에게서 난 것이 아니요 하나님의 선물이라 행위에서 난 것이 아니니 누구든지 자랑치 못하게 함이니라"(엡 2:8~9).

(3) 성도의 하나 됨과 거룩한 삶 – 3:1 ~ 4:32

서로 상대방이 필요없다고 싸우는 것을 보고 사도 바울은 답답해하며 다음과 같이 권면한다. "모든 사람이 각각 은사를 받은 대로 그 은사를 발휘하여 일을 이루어 가며 서로 연합하라. 이 교회의 초석은 바로 예수 그리스도시다. 그리고 그 토대는 선지자들과 사도들이다. 구약의 선지자들과 신약시대의 사도들이 토대가 되어 그 위에 교회를 세워 가고 있는 것이다. 선지자들과 사도들이 교회의 기초를 쌓고 돌아가셨다. 그리고 현재에는 복음 전하는 자와 목사와 교사를 주셨다. 목사가 하는 일은 무엇인가? '성도를 세우기 위하여', '교회를 세우기 위하여' 성경을 가르치는 일이다(엡 4:12). 또한 각 성도들이 은사를 사용하여 각 위치에서 뛸 수 있도록 만들어 주는 것이다. 즉 성도가 '봉사의 일을 하게 하며', '목회를 할 수 있도록' 훈련시키는 일을 목사가 하는 것이다. 선지자와 사도와 복음 전하는 자가 복음의 기초를 쌓고 복음을 전해 놓으면 교회 안에서는 목사가 성도들을 훈련시켜서 목회를 하게 함으로 함께 그리스도의 몸인 교회를 세워 가는 것이다."

(4) 가정, 사회생활 – 5:1 ~ 5:33

교회가 완성되어 가면서 성숙해 가는 것은 어디에서 나타나는가? 술 취하지 않고 성령 충만한 삶을 살고 찬양하는 삶에서 나타난다. 그리고 가정생활과 사회생활에서 성숙한 삶을 살아가야 한다. 남편과 아내는 피차 복종하고 사랑해야 한다.

(5) 분쟁을 극복하는 길, 영적 전투 – 6:1 ~ 6:24

영적 전쟁은 육신의 힘으로 하는 것이 아니다. 영적 전쟁은 바로 주 안에서 강건하여져서 힘을 얻어야 한다. 그리고 하나님의 전신갑주를 입어야 한다. "진리의 띠, 의의 흉배, 믿음의 방패, 평안의 복음의 예비한 신발, 구원의 투구, 성령의 검을 가지라. 그리고 교회를 세워라."

빌립보서 (Philippians)

1. 주제와 배경

바울이 제2차 전도여행 때 드로아에서 환상을 본 뒤에 마게도냐로 건너가서 그 지방 수도인 빌립보에 들렀다. 빌립보는 로마의 식민지로서 정치의 중심지였지만 유대인의 회당은 없었다. 빌립보는 유럽

기독교의 출생지로서 유럽에서 제일 먼저 교회가 세워진 곳이다. 최초의 신자는 자주 장사 루디아였다. 바울과 실라가 귀신들린 여종 하나를 고쳐 준 탓으로 옥에 갇히게 되었는데, 이 사건으로 인해서 간수장과 그 집의 식구가 회개하여 마침내 빌립보 교회가 설립되었다. 빌립보 교회 교인들은 바울을 대하는 사랑이 두터워 바울이 데살로니가 교회에 갔을 때도 한두 번 도운 일이 있었고(빌 4:16), 지금 바울이 로마 감옥에 있을 때에는 에바브로디도 편에 돈을 보내고 그로 하여금 바울을 시종들게 했다(빌 4:18). 그 후 에바브로디도가 중병에 걸려 거의 죽게 되었다가 회복되어 빌립보에 돌아가기를 원했으므로 그 기회에 이 편지를 써서 보내게 된다. 본서는 로마 감옥에서 주후 62년경에 쓴 것이다.

빌립보서에서는 두 논제가 뛰어나다. 첫째는 복음인데 9번이나 기록하고 있다. 바울은 복음의 정의를 빌립보 교인들에게 주고 있지 않다. 그러나 복음의 중심을 "죽기까지 복종하셨으니 곧 십자가의 죽으심이라"(빌 2:8), "내가 가진 의는……그리스도를 믿음으로 말미암은 것이니"(빌 3:9)라는 두 구절에 담고 있다. 전자는 그리스도가 사람을 위해서 죽으셨다는 것이요, 후자는 사람이 하나님 앞에서 그의 의를 가질 수 있다는 것을 확신시키는 것이다.

둘째는 기뻐하라 또는 기쁨이라는 말이다. 겉으로 보기에 로마에 있는 바울은 원수들의 방해와 언제 시행될지 모르는 죽음 때문에 불행한 것 같다. 그러나 바울이 빌립보 교인들을 생각할 때 기뻐하는 것은(빌 1:3) 외모로 하나 참으로 하나 전파되는 것은 그리스도이며(빌 1:18), 그리스도를 위한 개인 제물(빌 2:17)과 그의 친구들의 선물과 호의(빌 4:10) 때문이다.

2. 내용 분석

빌립보서에 자주 등장하는 단어가 있다. 그것은 바로 기쁨이란 단어다. 바울은 기뻐하라는 말만 한 것이 아니라 자신이 먼저 기뻐하였다. 어떻게 감옥에서 이런 기쁨을 누릴 수 있었을까? 기쁨의 생활은 참된 그리스도인의 특징이다. 진정으로 성령 안에서 거듭나면 하나님의 평강이 우리의 마음을 사로잡는다. 우리는 기쁘게 사는 훈련을 해야 한다. 바울은 우리의 시민권이 하늘에 있다고 하면서 하나님 나라의 시민으로서 특권과 의무를 다하며 살라고 권면하고 있다.

골로새서 (Colossians)

1. 주제와 배경

골로새라는 도시는 에베소에서 내륙 쪽으로 약 160킬로미터 떨어진 곳이며, 라오디게아와 히에라볼리에 가까우며(골 4:13), 에베소와 함께 초대 기독교 교회의 중심지였다. 골로새 교회는 바울이 직접 전도해서 세운 곳이 아니었다(골 2:1, 1:4). 바울이 3차 전도여행 중 에베소에서 전도할 때 믿게 된 것으로 보이는 이곳 출신의 제자 중 한 사람인 에바브라가 세운 교회이며(골 1:7), 빌레몬의 집에서 모였다(몬 2장). 바울은 이곳을 방문하지도 않았다. 이 서신은 바울이 로마 옥중에 있을 때 주후 62년경 골로새에 가는 두기고 편에 보낸 것이다. 골로새 교회에 다음과 같은 문제점들이 나타나자 에바브라는 자기로서는 해결할 수 없기에 이 문제들을 가지고 로마까지 바울을 찾아갔다.

(가) 유대주의적인 할례, 의식, 음식과 절기 등의 문제

(나) 금욕주의와 고행(골 2:16)의 문제

(다) 천사 숭배(골 2:18) 문제

(라) 인간 지식 숭배(골 2:8) 문제

바울이 이러한 문제점들을 듣고 그에 대한 답을 써 보낸 서신이 골로새서이다.

2. 내용 분석

골로새서에서 눈에 띄는 것은 바울의 기독론을 설명한 1장 14~22절 말씀이다. "그 아들 안에서"(골 1:14)라는 구절로 시작된 말씀은 계속 그리스도의 신성을 설명하면서 "그 안에는 신성의 모든 충만이 육체로 거하시고"(골 2:9)라는 말씀으로 요약하였다.

이 서신의 교훈 가운데서 구속이라는 말씀이 특출하게 나타나 있다. 그리스도 안에서 사람은 죄사함을 얻고 그의 십자가의 피를 통하여 하나님과 화목한다. 우리를 대적하는 의문에 쓴 증서를 도말하시고 제하여 버리사 십자가에 못 박으셨다(골 2:14). 또한 죽음과 부활에 대해서도 가르치고 있는데 "너희가……그리스도와 함께 죽었거든 어찌하여……의문에 순종하느냐……그러므로 너희가 그리스도와 함께 다시 살리심을 받았으면 위엣것을 찾으라 거기는 그리스도께서 하나님 우편에 앉아 계시느니라"(골 2:20, 3:1)고 가르치고 있다.

데살로니가전서(1 Thessalonians)

1. 주제와 배경

데살로니가는 마게도냐의 중요한 도시이다. 바울이 제2차 전도여행 때 이곳에서 세 안식일에 걸쳐서 전도한 결과, 교회가 세워졌다. 그러나 그 성에 사는 유대인들이 바울을 대항하여 소동을 일으켜서 바울은 할 수 없이 그곳을 떠나게 되었으나 그곳의 어린 신자들의 영적 생활에 대한 걱정이 있었다. 바울이 고린도에 가 있는 동안 디모데가 데살로니가의 소식을 가지고 왔다. 아주 희망적인 소식이었다. 디모데는 그 교회의 두어 가지 문제를 가지고 왔는데 바울은 이에 대한 편지를 써서 보냈다. 주후 51년경 제2차 전도여행 중에 쓰여진 최초의 신약성경으로 이 서신의 내용은 대체로 두 면에서 볼 수 있다. 첫째는 유대인의 박해 아래서도 데살로니가 교회가 굳게 서 있는 데 대한 칭찬이요, 둘째는 저들 가운데 자라고 있는 어떤 잘못된 오해를 교정시키는 일이다. 여기서 주요 문제는 예수님의 재림문제이다. 사람이 예수님을 믿다가 예수님께서 재림하시기 전에 죽으면 주님이 재림하시더라도 만나보지 못하지 않겠느냐 하는 것이다.

2. 내용 분석

데살로니가전서는 예수님의 재림을 고대하는 글이다. "또 죽은 자들 가운데서 다시 살리신 그의 아들이 하늘로부터 강림하심을 기다린다고 말하니 이는 장래 노하심에서 우리를 건지시는 예수시니라" (살전 1:10). 성경에서는 재림을 두 가지로 표현하고 있다. 그리스도의 날은 그리스도께서 자신의 백성을 데리러 오는 기쁜 날이다. 그러나 주의 날은 죄인을 심판하시는 심판의 날이다. 미래에 주님의 구원의 날이 오기 때문에 우리는 실망하지 말고 미래에 대한 소망을 가지고 그날을 기다리며 살아야 한다. "우리의 소망이나 기쁨이나 자랑의 면류관이 무엇이냐 그의 강림하실 때 우리 주 예수 앞에 너희가 아니냐"(살전 2:19). "너희 마음을 굳게 하시고 우리 주 예수께서 그의 모든 성도와 함께 강림하실 때에 하나님 우리 아버지 앞에서 거룩함에 흠이 없게 하시기를 원하노라"(살전 3:13). 주님께서 강림하실 때 하나님 아버지 앞에서 거룩함에 흠이 없게 하는 노력을 계속해야 한다. "형제들아 자는 자들에 관하여는 너희가 알지 못함을 우리가 원치 아니하노니 이는 소망 없는 다른 이와 같이 슬퍼하지 않게 하려 함이라"(살전 4:13). "우리가 예수의 죽었다가 다시 사심을 믿을진대 이와 같이 예수 안에서 자는 자들도 하나님이 저와 함께 데리고 오시리라"(살전 4:14). 죽은 자들이 먼저 살아나고 그 후에 우리 살아 있는 자도 그들과 함께 구름 속으로 끌어 올림을 받게 될 것이다. "그러므로 이 여러 말로 서로 위로하라"(살전 4:18). "평강의 하나님이 친히 너희로 온전히 거룩하게 하시고 또 너희 온 영과 혼과 몸이 우리 주 예수 그리스도 강림하실 때에 흠없게 보전되기를 원하노라"(살전 5:23). 평강의 하나님께서 친히 우리를 온전하게 하실 것이다. 그러므로 우리의 영과 혼과 몸이 주님이 강림하실 때 흠없이 보전되기를 원한다. 우리는 우리의 영만 보존되면 되는 줄로 생각하나 바울은 우리의 정신과 몸까지도 흠없이 보전해야 한다고 말하고 있다. 그러므로 하나님께서는 우리의 몸까지도 흠없이 보존되기를 원하신다. "항상 기뻐하라 쉬지 말고 기도하라 범사에 감사하라 이는 그리스도 예수 안에서 너희를 향하신 하나님의 뜻이니라" (살전 5:16~18).

데살로니가후서(2 Thessalonians)

1. 주제와 배경

고린도에 있는 바울이 데살로니가전서를 기록한 지 수개월 후에 기록한 것이다. 데살로니가에 갔던 디모데는 모든 일이 다 순조롭게 진행되어 간다는 소식을 가지고 돌아왔으나 그곳의 몇 사람은 예수의 재림에 대하여 너무나 신경이 과민하여 예수의 재림이 임박했다고 하면서 아무 일도 안 하고 주님이 오시기만 기다리고 있다는 것이었다. 따라서 남의 신세를 질 수밖에 없었고 비신자들의 비난이 높아진다고 해서 이 둘째 서신을 기록하여 다시 디모데 편에 보냈다.

2. 내용 분석

데살로니가전서가 '그리스도의 날, 혹은 신자에게 축복이 되는 날'에 초점이 맞추어져 있다면, 데살로니가후서는 '주의 날, 혹은 진노와 심판의 날'에 중심을 두고 있다.

데살로니가 교회는 믿음의 역사와 소망의 인내와 사랑의 수고가 있는 교회였다. 하나님의 백성은 이 기본적인 것만 있으면 된다. 이들은 심한 박해를 이겨내면서 이러한 믿음, 소망, 사랑을 키울 수 있었다. 이들은 너무도 심한 박해를 당하면서 구약의 진노의 날이 이른 것이 아닌가 하는 생각을 하였다. 그래서 사도 바울은 장차 그날이 오기는 하지만 지금은 아니라고 하였다. 이 환난은 그 나라를 위한 준비 작업을 하는 것일 뿐이다(살후 1:5). 그리고 주님을 모르는 자들과 불의를 행하는 자들은 그날에 하나님께서 심판해 주실 것이다(살후 1:7~9).

주님 재림의 전조가 되는 세 가지 사건이 있다.

(가) 배도하는 일이 먼저 있다(살후 2:3).

(나) 어떤 억제하는 영향의 움직임이 있다(살후 2:6).

(다) 사단의 역사를 따라 악한 자가 나타난다(살후 2:4~9).

여기에서 불법의 비밀과 그리스도의 비밀이 세상에서 함께 일어나 결국은 필연적으로 충돌하며 그리스도가 승리할 것이다. 이 승리가 그리스도의 재림이 되어 적그리스도를 멸하며 성도들에게 상을 주실 것이라고 말한다. 어떤 데살로니가 교인은, 주님의 재림은 저들을 악이나 세상의 긴장에서 해방시켜 주므로 일하지 않고 그리스도의 나타나심만 기다리면 된다고 생각하고 있다. 이에 대해 바울은 그리스도인들은 누구나 조심하여 날마다 자기의 해야 될 일에 충성을 다하면서 준비하고 있다가 주님이 오실 때 그를 반가이 맞이할 수 있도록 해야 한다고 권면하고 있다.

디모데전서 (I Timothy)

1. 주제와 배경

디모데는 아버지는 헬라인, 어머니는 유대인으로 루스드라에서 태어났다(행 16:1, 20:4). 그는 어려서부터 유대인의 신앙 안에서 자랐으며 성경을 배웠다. 바울의 제자가 되어 그의 제일 사랑하는 제자로서 제2차 전도여행 때부터 바울을 따르기 시작하였다(행 16:1). 바울은 디모데를 아들과 같이 여겼으며, 그는 중요한 일을 하기 위하여 마게도냐(행 19:22), 고린도(딤전 16:10), 에베소(딤전 1:3) 등지에 바울의 파송을 받아 가기도 하였다. 바울이 첫 번째 죄수로 로마에 있을 때 그는 함께 있었다. 바울은 에베소 교회에 디모데를 보내어 목회하게 하였다. 세월이 흘러 교회는 점차 확장되었지만 동시에 이단을 주장하는 거짓 교사가 일어나서 교회 치리의 필요성이 생겼다. 또한 실제 생활의 순결에 대한 주의를 줄 필요가 있었다. 그래서 젊은 디모데가 이러한 일을 착오없이 잘 처리하기를 바라는 심정에서 이 서신을 기록하여 보낸 것이며, 주후 66년경에 쓰여졌다.

2. 내용 분석

(1) 교리에 대한 교훈 – 1:1 ~ 1:20

바울은 에베소에 디모데를 남겨둔 것으로 보인다(딤전 1:3~17). 바울은 마치 어려운 임무를 그만두려는 것을 말리는 것처럼 이 소명에 대한 책임을 자주 상기시키며 목회를 선한 영적 전쟁으로 보고 이렇게 권면하고 있다. "아들 디모데야 내가 네게 이 경계로써 명하노니 전에 너를 지도한 예언을 따라 그것으로 선한 싸움을 싸우라" (딤전 1:18).

(2) 지도자의 자격 – 2:1 ~ 3:16

집사와 장로의 자격이 거의 비슷하다(딤전 3:1~7). 곧 책망 없음, 가정, 인격, 연륜이다. 이처럼 교회 지도자는 신앙과 삶과 인격이 모두 갖추어져 있어야 한다(딤전 3:16).

(3) 거짓 교사에 대한 교훈 – 4:1 ~ 4:16

교회의 경건, 직무 및 교리상의 문제들이 드러나 있으며 목회 행정의 방침을 약술하고 있다. 개인적 훈계(딤전 4:6)의 부분에서 바울은 목사와 그 자신의 목회와의 관계, 그리고 교회 안에 있는 각 단체를 어떻게 취급하는가에 관해서 말하고 있다. 이 서신 전체에 걸쳐서 디모데를 향한 바울의 아버지와 같은 사랑의 마음이 넘치고 있다.

(4) 교회의 권징에 대한 교훈 — 5:1 ~ 5:25

노인, 과부, 장로들에 대한 태도에 관하여 이야기하고 있으며 몸 관리 특히 질병 치료를 잘하라고 권면하고 있다.

(5) 목회자의 자세 — 6:1 ~ 6:21

우리는 세상에 아무것도 가지고 온 것이 없으매 아무것도 가지고 가지 못하리니, 우리가 먹을 것과 입을 것이 있는 것으로 자족하는 마음이 있으면 경건에 큰 이익이 된다(딤전 6:6~8). 바울은 돈을 사랑함이 일만 악의 뿌리가 된다고 하며 돈에 대한 충고를 하고 있다(딤전 6:10).

디모데후서 (2 Timothy)

1. 주제와 배경

디모데후서는 바울 서신 중 최후의 것으로 두 번째 로마에 갇혀 있는 동안에 기록한 것이다. 이때가 주후 67년경이었을 것이다. 전설에 의하면 바울은 로마에서 일단 석방되어 그 후 서바나에 갔다가 다시 동방으로 와서 고린도와 밀레도를 거쳐(딤후 4:20) 드로아까지 갔다가 드로아에서 갑자기 체포되어 다시 로마로 호송되었을 것이라고 한다.

이때에 바울의 제자 가운데 그를 버린 사람들이 많았으며 바울과 함께 있는 사람은 누가뿐이었다. 또한 바울은 자기가 마지막이 가까워진 것을 알고 더욱 디모데를 보기 원하여 이 서신을 기록한 것일 것이다. 이 마지막 서신의 내용은 개인적 감상, 행정 정책, 회상, 교훈, 슬픔, 확신 등이 뒤섞여 있다.

2. 내용 분석

이 서신의 주 목적은, 어려운 임무를 감당해야 할 디모데에게 기운을 북돋워 주기 위한 것이다. 바울은 "우리를 구원하사 거룩하신 부르심으로 부르심은……오직 자기 뜻과……은혜대로 하심"(딤후 1:9)임을 상기시키면서 그리스도의 좋은 군사로 전쟁에 나아가는(딤후 2:3) 심정으로 충성할 것을 말하고 있다. 개인 생활이나 교회와의 공적 관계에 있어서 항상 주의 종임을 알고, 논쟁을 하지 말고, 모든 사람이 하나님의 진리를 이해하도록 도우라고 하였다. 마지막으로 말씀을 전파하는 일이 얼마나 필요한가를 알려 주셨다.

디도서 (Titus)

1. 주제와 배경

이 서신은 바울이 로마에서 첫 번째 옥에 갇혔다가 풀려나온 뒤 마게도냐에서 기록한 것 같다. 디도는 이방인의 한 사람이었으며 바울과 함께 사역한 청년 중의 한 사람이었다(고후 8:23; 갈 2:3). 그런데 교회의 형편이 매우 낙담적인 것 같았다. 새로이 설립된 교회였기에 교인들의 품행이 경솔한 것을 2장에서 볼 수 있다. 바울은 이 짧은 서신 가운데서 여섯 번이나 선한 일에 대해서 말하고 있다. 그런데 윤리적 해석과 특히 할례당의 논쟁이 두드러진다. 이러한 교회에서 디도는 목회하였다.

2. 내용 분석

디도서의 일반적 내용은 교리적인 강조점을 제외하고는 디모데전서와 같다. 이 서신은 비록 개척 전도자에게 보내는 것이라고 해도 개척의 범위를 벗어나 정책과 신앙을 굳게 한 교회로 언급하고 있다. 여기에서는 교훈이나 생활에 있어서 그 표준을 '건전'이라는 데 두고 있다.

빌레몬서 (Philemon)

1. 주제와 배경

이 서신은 1장으로 되어 있으며 바울의 서신 가운데서 가장 짧다. 이 빌레몬서는 바울이 친구 빌레몬에게 다른 친구 오네시모를 위하여 써 보낸 순수한 개인적 서신이다.

빌레몬은 골로새 교회의 지도적 인물이었으며 그 지방에 사는 그리스도인들이 그의 집에 모여서 예배드릴 정도로(몬 1:2) 큰 집에 살고 있었던 부자였다. 오네시모는 빌레몬의 종이었는데 주인에게서 무엇을 훔쳐가지고 도망한 사람이었다(몬 1:11).

오네시모가 로마까지 왔다가 어떻게 해서 로마에 있는 바울과 접촉했는지는 몰라도 하여튼 바울을 만난 오네시모는 회개하고 새 사람이 되었다. 그는 감금생활을 하고 있는 바울의 수종을 드는 좋은 신자가 되었고, 바울은 그를 아들과 같이 사랑하게 되었다. 그러나 오네시모가 빌레몬에게 속한 사람이므로 바울에게는 그를 로마에 그대로 데리고 있을 권리가 없었다. 또한 오네시모도 주인에게 저지른 잘못을 어떻게 해서라도 보상하고 싶은 마음이 들었다. 당시 로마법에 따르면 주인은 자기 종에 대해 생사권을 가졌다. 만일 빌레몬이 그의 종 오네시모를 찾기만 한다면 어떠한 행동이라도 가할 수 있었다. 그래서 바울은 두기고 편에 골로새 교회에 보낼 서신을 기록하면서(골 4:7) 빌레몬에게도 간략한 서신을 썼다. 그리고 오네시모를 함께 보내면서(골 4:9) 오네시모를 종으로 영접하지 말고 그리스도를 믿는 형제로 대해 달라고 부탁하였다. 그리고 오네시모로 인해서 손해를 입은 것이 있으면 바울 자신이 보상하겠다고 청하고 있다. 그런데 바울은 빌레몬에게 그의 종 오네시모를 놓아 주라고 말하지 않고 다만 그리스도 안에서 한 형제로 받아 달라고만 하였다. 바울은 이 서신을 통하여 주인과 종의 관계를 그리스도 안에서 형제라고 하는 새로운 수준으로 올려 놓았다.

2. 내용 분석

빌레몬에게 오네시모라는 종이 있었다. 그런데 그 종이 주인의 물건을 훔쳐서 도망하였다. 그가 도망을 가서 바울의 복음을 듣고 예수를 믿게 되었다. 그리고 이 모든 사실을 고백하였다. 그러자 바울은 오네시모를 빌레몬에게 보내서 형제로 대하여 용서해 줄 것을 권유하는 서신이다. 바울은 "저가 만일 네게 불의를 하였거나 네게 진 것이 있거든 이것을 내게로 회계하라"(몬 1:18)고 말하면서 우리에게 대속과 용서의 원리를 가르치고 있다.

히브리서 (Hebrews)

1. 주제와 배경

히브리서는 바울서신에도 일반서신에도 들지 않는 특이한 성격을 가진 서신이다.

저자에 대해서는 정확히 알지 못하나 바울이라는 설과 초대교회 사도 중 한 사람이라는 설이 있다. 이 서신은 어떤 개인이나 개교회로 보낸 편지가 아니라 어떤 그룹의 교회들에게 보낸 것으로 팔레스타인에 사는 사람들인지, 로마에 사는 사람들인지는 알 수 없으나 유대 그리스도인인 것만은 틀림없다. 기록한 연대에 대해서도 의견이 일치하지 않으나 대략 주후 70년 예루살렘 성전이 파괴되기 전의 것이라고 본다. 이 서신의 독자들은 믿기 시작한 사람들이 아니고 얼마 동안 믿어 오다가 핍박을 받아 낙심하기 시작한 사람들이다. 그 당시 옛 종교로 돌아가는 것이 낫지 않을까 하고 흔들리는 사람이 있었던 것 같다.

이 서신의 전체 주제는 그리스도 안에서 나타내신 하나님의 계시가 율법을 통하여 온 계시보다 뛰어나다는 것을 계속 비교하면서 '더 좋은' 이라는 낱말을 중심으로 전개시키고 있다. 천사들의 손으로 모세에게 율법을 주신 하나님이 그 아들을 천사들보다 잠시 동안 못하게 하신 것은 완전한 인간 세계에 들어오시기 위함이었다(히 2장). 그는 영원히 계시기 때문에 그 제사 직분도 갈리지 아니하고(히 7:24), 그의 봉사하시는 곳도 하나님의 보좌 앞인 하늘의 성소이다(히 9:11). 더욱이 그가 드린 제사는 다시 반복할 필요가 없으며 제사장으로서 그 자신을 하나님께서 받으실 만한 완전한 제물로 단번에 드려서 율법 아래서 범한 죄를 옮기셨다(히 9:15). 그리스도가 마련하신 이 영원한 구원은 믿음으로 말미암아 달성할 수 있으며 또한 이 믿음은 구약 시대의 영적 지도자들이 가졌다. 이 믿음이 저들로 하여금 흔들리지 않는 영원한 나라에 들어갈 수 있는 보증과 인내를 가져다 주는 것이다. 그러나 신자들에게 붙어다니는 위험이 있다. 첫째는, 본문에 흘러 떠내려간다고 표현한 무관심 또는 태만이다(히 2:1). 둘째는, 불신앙의 위험으로 가나안에 들어가지 못한 이스라엘의 태도였다(히 3:7). 셋째는, 불순종의 위험이다. 마지막으로는 아들 안에 나타난 아벨의 피보다 더 낫게 말하는 예수의 피로서 구원에 이르게 하는 하나님의 계시를 솔직하게 거역하는 것이다(히 12:24~25).

2. 내용 분석

(1) 그리스도의 성품의 우월성 – 1:1 ~ 4:16

가장 많이 등장하는 단어가 바로 '보다 낫다' (better than)는 단어이다. 주님은 구약 시대의 어떤 것보다도 낫다고 하였다. 첫째로, 구약은 선지자들을 통해서 말씀해 주셨지만, 신약은 아들을 통하여 직접 우리에게 말씀해 주셨기 때문에 신약이 구약보다 우월하다(히 1:1~3). 둘째로, 예수 그리스도는 선지자들이나 천사보다 우월하시다(히 1:4). 셋째로, 모세보다 우월하신 그리스도를 말하고 있다(히 3:3). 넷째로, 여호수아보다 우월하신 그리스도를 말하고 있다(히 4:8).

(2) 그리스도 사역의 우월성 – 5:1 ~ 10:39

그리스도의 속죄 사역은 구약의 제사보다 우월하다. 구약의 제사는 계속 반복해야 했다. 짐승의 피로는 사람의 죄를 사할 수 없다. 이

것은 단지 그리스도의 피를 상징할 뿐이다. 그러나 그리스도의 제사는 자신의 몸으로 단번에 용서해 주셨다. 그러므로 이제는 모든 사람이 성전 휘장을 찢어놓고 하나님께 직접 나아갈 수 있게 되었다. 그러므로 하나님의 보좌 앞에 직접 나아가라. 우리에게는 이러한 대제사장이 있다. 그러므로 이러한 사실을 알고 승리할 수 있는 것이다. 하나님께서는 우리가 올바르게 살 때에만 받아들여지는 것이 아니고 그렇지 못할 때도 은혜로 받아 주신다. 주님께서는 우리의 모든 연약함을 직접 체휼하신 분이시므로 탕자의 아버지처럼 우리가 아무리 잘못했어도 돌아오기만 하면 그리스도의 속죄를 통해 언제든지 우리를 구원해 주신다.

(3) 그리스도를 믿는 신앙의 우월성 – 11:1 ~ 13:25

그리스도를 믿는 믿음의 능력과 믿음의 예를 열거하고 있다.

야고보서 (James)

1. 주제와 배경

신약성경에는 야고보가 세 명 나오는데(막 3:17, 15:40; 마 13:55) 이 서신의 저자는 사도 요한의 형제 야고보가 아니고 예수님의 동생 야고보이다. 주님의 형제 야고보가 예루살렘 교회의 영적 지도자였고 예루살렘 회의를 사회하였다(행 15:13). 야고보서는 예루살렘에서 각지에 흩어져 있는 그리스도인에게 써 보낸 것으로 주후 62년경에 기록했을 것으로 본다. 이 서신은 전부 106절로 되어 있는데 그중 54절이 명령형으로 되어 있다. 이 서신은 교회보다는 그리스도적 생활과 증거에 있어서 몇 가지 잘못된 점을 바로잡아 주고 핍박을 받을 때 낙심하지 말 것을 격려하는 서신이다. 야고보 사도를 '선행의 사도'라고 불러 '사랑의 사도' 요한과 '믿음의 사도' 바울과 '소망의 사도' 베드로와 한 고리에 묶고 있다. 여기에는 조직적인 교리의 제시는 없다. 흔히 야고보와 바울의 교훈이 정반대인 것처럼 생각한다. 그러나 그 둘의 차이는 강조점과 정의의 문제일 뿐이다. 이브라함이 하나님의 언약에 의해서 응답한 것은 행위로 말미암은 것이 아니라, 믿음으로 한 것이다(롬 4장). 야고보는 아브라함이 이삭을 제단에 드린 것은 '믿음은 행위로 말미암아 나타나야 된다'는 것을 증거한 것이라고 말하고 있다(약 2:21). 그러므로 행위와 믿음, 이 둘은 서로 대립되는 것이 아니라, 서로 보완하는 것이다.

2. 내용 분석

야고보서의 내용은 신앙의 생활화이다. 즉 참 믿음은 삶으로 나타난다는 것이다. 믿음은 순종을 동반한다. 예수님을 믿으면 생각이 변하고, 태도가 변하고, 말이 변하고, 행동의 변화가 나타난다. 분명하게 예수 그리스도를 믿는 사람들은 성령께서 내주하심으로 거듭나게 된다. 그러므로 진심으로 주님을 믿는 사람들은 변화가 있다. 정상적으로 태어난 아기가 젖을 먹으면 성장하게 되는 것과 같다. 그래서 우리가 구원받기 이전과 그 이후를 잘 돌이켜보면 중생한 사람인지 아닌지를 알 수 있다. 전혀 변화가 없다면 그 사람이 정말 구원을 받았는지를 체크해 보아야 한다. 예수님을 믿는 사람들은 시련을 어떻게 대처하는가? 믿는 사람들은 시련을 당하면 기뻐한다. 일반적으로는 시련을 당하면 낙심하고 좌절에 빠진다. 그러나 우리는 이 시련이 우리를 망하게 하는 것이 아니라, 오히려 우리를 위해서 주신 것이라고 생각해야 한다. 우리를 연단시켜서 더 완전하고 구비된 사람이 되게 하려는 것이라고 믿으면 우리에게 시련이 와도 다 극복하고 승리할 수 있다.

〈사도 베드로〉

베드로의 본래 이름은 시므온(헬라어 – 시몬)으로 요나 또는 요한(바요나 – 요나의 아들이라는 뜻)의 아들이다. 베드로는 헬라어, 게바는 아람어로 '반석' 이라는 뜻을 갖고 있으며, 예수님께서 붙여 주신 이름이다(마 16:18; 요 1:42). 그는 결혼을 하였으며, 바울은 이방인의 사도로, 베드로는 유대인의 사도로 대변된다(갈 2:8). 변화산에 올라갔을 때 장막 셋을 지어 하나는 주를 위하여, 하나는 모세를 위하여 그리고 하나는 엘리야를 위하여 짓고 내려가지 말고 거기서 그대로 살자고 한 사건이 유명하다(마 17:4). 성전 미문에 앉아 구걸하던 나면서부터 앉은뱅이 된 자를 고치기도 했다(행 3:1).

급한 성격이 그의 신앙생활에서 장점으로 나타난 경우도 볼 수 있다. 예컨대 마태복음 14장을 보면 갈릴리 바다 위에서 물 위로 걸어오시는 예수님을 보고 모두들 유령이라고 벌벌 떨고 있는데 베드로는 만일 주시거든 바다 위로 걸어가게 해 달라고 부탁했다. 예수님께서 물 위를 걸어오라 하실 때 그는 서슴없이 물 위에 발을 내밀어 물 위를 걸었던 놀라운 은혜를 체험했다. 또 마태복음 16장에서는 가이사랴 빌립보 지방에서 그 유명한 "주는 그리스도시요 살아 계신 하나님의 아들이시니이다"라는 놀라운 신앙고백을 하여 주님으로부터 반석이라는 이름을 얻게 된다. 또 두 번씩이나 말씀에 순종하여 그물에 가득 차게, 153마리의 고기를 잡은 적도 있다.

그러나 그의 성격이 단점으로 나타날 때도 있다. 즉 그의 조급한 성격이 늘 사단의 이용물이 되었던 것을 성경에서 볼 수 있다. 예컨대 주님의 칭찬을 받고 난 뒤에 예수님을 붙잡고 십자가를 지지 마시도록 간하다가 "사단아 내 뒤로 물러가라 네가 나를 넘어지게 하는 자로다 네가 어찌 하나님의 일은 생각지 않고 사람의 일만 생각하느냐" 라고 책망을 들었던 것이다. 또 성만찬 석상에서 예수님이 대야에 물을 담아 가지고 오셔서 제자들의 발을 씻어 주실 때 베드로 차례가 되자 "주여, 절대로 내 발을 씻기지 못하리이다" 라고 말한다. 예수님이 "내가 너희 발을 씻기지 아니하면 너와 내가 아무 상관이 없다" 하고 말씀하시니 금세 그가 말을 바꾸어 "내 발뿐 아니라 손과 머리도 씻어 주소서" 라고 했다. 또 주님께서 성만찬의 자리에서 "오늘 밤 너희들이 다 나를 버리고 도망할 것" 이라고 말씀하셨을 때 베드로는 "다른 사람들은 다 주님을 버릴지라도 나는 주님을 버리지 않겠다" 라고 다짐했으나 결국 그는 세 번이나 주님을 모른다고 부인했다. 오순절 이후 사도행전에 나오는 베드로의 행적을 보면 다음과 같다.

오순절 예루살렘에서 성령 충만을 받음~예루살렘 전도~사마리아 전도(행 8:14~25)~예루살렘으로 돌아옴(행 9:32)~룻다(애니아)~욥바(다비다 혹은 도르가)~가이사랴(고넬료)~예루살렘~안디옥(갈 2:11)~예루살렘~로마에서 순교함.

베드로전서 (1 Peter)

1. 주제와 배경

베드로전서의 저자는 12사도 중 하나인 베드로이다. 주후 64년경 로마에서 기록하였을 것으로 추측된다. 본문에는 바벨론에서 기록된 것이라고(벧전 5:13) 말했으나 실상은 로마를 가리키는 은어일 것이다. 본서는 소아시아 여러 도에 흩어져 사는 그리스도인들에게 쓴 편지이다. 헬라어 성경의 표제는 '베드로의 첫 번째'와 '베드로의 두 번째'이다. 이 서신을 받아 읽을 사람들은 핍박을 받는 중이었기 때문에 위로의 말이 필요했다. 베드로전서는 희망이 그 지배적 사상이므로 흔히 이 책을 가리켜 '희망의 서신'이라고 한다. 예수님께서 죽으셨을 때 가졌던 의지할 데 없던 베드로의 감정이 예수님의 부활 후에 다시 소망으로 살아났다(벧전 1:3). 베드로는 다섯 번이나 그리스도의 고난을 말하고 있는데(벧전 2:2, 3:18, 4:1, 4:13, 5:1) 마치 겟세마네와 십자가의 광경을 보여 주는 것 같다. 특히 "예수 그리스도의 죽은 자 가운데서 부활하심으로 말미암아 우리를 거듭나게 하사 산 소망이 있게 하시며"라는 베드로전서 1장 3절 말씀은 베드로만이 아니라 모든 그리스도인에게 새로운 삶의 기쁨을 갖게 하는 말씀이다.

2. 내용 분석

베드로전서를 기록할 당시 로마의 네로(Nero) 황제가 기독교인들을 심하게 박해하였다. 그러므로 미리 닥쳐올 시련과 핍박에 대하여 언급하면서 성도들을 준비시키려고 이 책을 썼다.

(1) 성도들의 구원과 시련의 문제 – 1:1 ~ 1:25

우리는 이미 구원을 받았고, 여러 가지 시련과 연단을 받는다. 시련과 연단은 그리스도 앞에 나설 때에 부끄러움이 없는 신앙인으로

서게 하기 위해 주어지는 것이다. 그러면서 앞으로 다가올 시련에 대하여 미리 예고해 주고 있다.

(2) 성도들과의 관계, 통치자, 부부, 사회적인 관계 – 2:1 ~ 2:25

성도의 사회생활을 제시해 주면서 그리스도의 고난에 대하여 말해 준다. 잘못해서 받는 고난이 아니라 예수를 믿기 때문에 고난을 당할 때에는 주님의 고난을 생각하면서 그 고난을 이겨내라는 것이다.

(3) 고난에 대한 적극적인 자세 – 3:1 ~ 5:14

고난을 적극적으로 대처하라. 고난과 소망 그리고 연단이란 단어가 많이 나타난다. 우리를 연단해서 흠없는 신앙인으로 만들려는 것이 바로 불과 같은 시련이다. 그러므로 베드로전서의 주제는 '목적 있는 연단' 이라고 할 수 있다.

베드로후서 (2 Peter)

1. 주제와 배경

베드로전서와 같이 베드로가 소아시아에 있는 동일한 그리스도인들에게 보낸 것이다. 주후 약 67년경에 예루살렘에서 베드로가 기록한 것으로 본다.

베드로전서는 박해와 관련된 경계였으나 베드로후서는 교회 안의 이단에 대한 경계이다. 이 서신의 주제는 지식이다. 거짓 교사들이 저들의 지식을 자랑하는 데 대해서 참 지식을 보여 주기를 원하고 있다. '안다' 또는 '지식' 이란 말이 16번이나 나타나고 있다.

바울서신이 기록되기 이전에 이미 사도 바울은 복음을 전파하였다. 뿐만 아니라 다른 사도들도 다 예수 그리스도를 믿음으로 구원받는다고 전파하였다. 그러니 자연히 어떤 사람들은 행함을 소홀히하는 경향이 있었을 것이다.

2. 내용 분석

초대교회에 점차로 거짓 선지자들이 들어와서 미혹하고 있었다. 그래서 사도 베드로는 이러한 거짓 선생들을 경계하기 위해서 이 편지를 썼다.

(1) 믿음의 성장 – 1:1 ~ 1:21

베드로후서 1장 4절에서는 "이로써 그 보배롭고 지극히 큰 약속을 우리에게 주사 이 약속으로 말미암아 너희로 정욕을 인하여 세상에서 썩어질 것을 피하여 신의 성품에 참예하는 자가 되게 하려 하셨으니"라고 믿음의 성장을 말하고 있다. 하나님께서는 예수님을 믿는 사람이 하나님의 성품을 가질 수 있도록 만드셨다. 그동안에는 악의 성품뿐이었는데 이제는 성령으로 거듭남으로 인하여 하나님의 성품에 참여할 수 있게 되었다. 이것은 마치 육신의 자손인 이스마엘만 있다가 약속의 자손인 이삭이 생긴 것과 같다. 그래서 처음에는 이삭이 어리기 때문에 이스마엘에게 당하지만, 후에 이삭이 자라면서 이스마엘을 쫓아 내게 되는 것이다. 그러므로 믿음은 바로 이러한 삶의 출발이다. 그리고 그 위에 하나씩 신의 성품을 쌓아가야 하는 것이다. 믿음을 집의 기초로 하고, 그 위에 덕을, 덕 위에 지식을, 지식 위에 절제, 인내, 경건, 형제 우애를, 마지막으로 사랑을 더하라고 했다.

(2) 거짓 교사들에 대한 경고와 주의할 것을 경고함 – 2:1 ~ 2:22

(3) 종말에 대한 경고 - 3:1 ~ 3:18

베드로 사도는 로마 시대에 로마에 가서 죽게 된다. 그리고 그 후에 믿는 사람들에게 계속 박해가 증가되었고, 주님께서는 재림하지 않으셨다. 주님께서는 이 세대가 다 지나가기 전에 다시 오신다고 하셨다. 그런데 오시지 않자 성도들이 낙심하게 되었다. 영원하신 하나님께는 천 년이 하루와 같을 뿐이다. 그러므로 천 년이 하나님께는 긴 시간이 아니다. 그러나 주님의 재림이 지연되는 한 가지 이유는 모든 사람들이 회개하고 구원받게 하시려는 의도에서 비롯된 것이다. 하나님께서는 우리에게 기회를 주고 계신 것이다.

요한일서 (1 John)

1. 주제와 배경

요한일서의 기자는 요한복음의 기자와 같은 사도 요한이다. 요한이 노인이 된 후 주후 90~91년경 에베소에서 기록하였다. 이 서신에는 구약의 인용문이 한 곳도 없는 것이 특징이다. 이때는 교회와 회당이 완전히 분리되었고, 믿음과 행위의 논쟁도 끝난 때이다. 그러나 이때 거짓 교훈들이 들어왔는데 그것은 예수님께서 육신으로 이 세상에 오신 것이 아니라는 사상이다. 이것이 나중에는 영지주의란 이단으로 발전되었다. 그리고 죽은 분은 인간인 예수였고, 하나님의 아들은 십자가 고난과 관계가 없다고 주장하였다. 그러므로 이 문제에 대해서 이 서신을 기록하게 되었다. 이 서신의 목적은 두 가지다. 첫째는 구원의 확신을 갖게 하는 것이요, 둘째는 교회에 침투해 온 거짓 교회를 타파시키기 위해서이다. 이 서신에는 빛과 사랑이라는 두 낱말이 두드러진다.

2. 내용 분석

요한일서에서 가장 중요한 단어는 교제, 사귐이라는 말이다. "우리가 보고 들은 바를 너희에게도 전함은 너희로 우리와 사귐이 있게 하려 함이니 우리의 사귐은 아버지와 그 아들 예수 그리스도와 함께 함이라"(요일 1:3). 사귐은 그리스도를 중심으로 해서 서로간에 교제를 이루는 것이다. 그러나 이 교제를 방해하는 것이 있는데 그것은 죄다. 우리에게 일단 죄가 들어오면 교제가 끊어진다. 요한일서에서는 하나님을 빛으로 표현하고 있다. 그러므로 우리도 하나님께서 빛 가운데 계시는 것과 같이 진리 안에서 행하면 서로 사귐이 있다. 그러나 "만일 우리가 죄 없다 하면 스스로 속이고 또 진리가 우리 속에 있지 아니할 것이요"(요일 1:8)라고 했듯이 우리가 죄가 없다고 하면 하나님을 거짓말하는 자로 만드는 것이다. 그러므로 우리는 우리의 죄성을 인정하고 때때로 죄를 범할 수 있다는 것을 인정해야 한다(요일 1:9). 우리가 죄를 자백하면 우리에게는 하늘에 우리를 위한 대언자이신 예수 그리스도가 계시다. 또한 요한일서에서는 하나님이 사랑이라고 표현하고 있다. 우리도 서로 사랑하면 하나님과의 교제가 있다. 사랑하는 것이 믿는 사람들의 특징이다. 하나님께서 먼저 사랑하셨기 때문에 우리도 사랑해야 한다. 우리가 이웃을 사랑하면 그것으로 우리가 하나님을 사랑하는 것을 알 수 있다.

요한이서 (2 John)

1. 주제와 배경

요한이서의 기자는 요한복음, 요한일서의 기자와 같은 사도 요한이다. 본서의 주제는 '문 단속을 잘하라' 로 당시의 거짓 선생들에 대하여 경계하라고 교훈하는 책이다.

2. 내용 분석

요한은 먼저 하나님의 계명 안에 거할 것을 권면한다. 또한 요한은 영지주의에 대해 강하게 경고한다. 영지주의는 7절 말씀처럼 예수 그리스도께서 육체로 임하심을 부인하는 자들로 교육이나 경험적 관찰이 아닌 신적 계시에 의해 얻어지는 비밀스런 지식의 구속 능력을 공통적으로 강조한다. 당시의 영지주의자들은 물질을 멸시했기 때문에 예수 그리스도께서 육체로 오신 것을 부인했다. 그러나 예수 그리스도는 실제로 육체의 몸을 입고 이 세상에 오셨으며(도성인신) 그러면서도 그분은 분명히 하나님이시다. 이러한 그리스도의 인성과 신성을 부인하는 자는 적그리스도이니 영접하지 말아야 한다.

요한삼서 (3 John)

1. 주제와 배경

요한삼서의 기자는 요한복음, 요한일서, 요한이서의 기자와 같은 사도 요한이다. 본서는 가이오라는 개인에게 보낸 서신이다. 그는 가이오와 디오드레베의 태도를 대조함으로써 복음을 위해 애쓰는 순회 사역자들에 대한 예우를 호소하고 있다.

2. 내용 분석

본서의 주제는 '손 대접을 잘하고 성도들을 영접하며 서로 사랑으로 대접하라' 이다. 가이오 장로처럼 형제들을 잘 대접하고, 디오드레베와 같이 손님들을 박대하지 말고 남을 비판하지 말라고 교훈한다.

유다서 (Jude)

1. 주제와 배경

신약성경에서는 유다라는 사람이 많이 나오지만 본서의 저자는 예수님의 동생이며 야고보서의 저자인 야고보의 형제 유다이다(막 6:3). 주후 67년경에 기록했다.

2. 내용 분석

유다는 저들에게 이 편지를 써야 될 사정이 생겼다(3절). 그것은 교회에 들어온 사람 중에 그리스도인으로서의 자유를 여러 가지 부도덕한 일에 쓰려는 사람이 있었기 때문이다(4절). 그는 여러 가지 실례를 들어서 저들이 장차 받을 형벌이 얼마나 클 것인지를 말한다.

세 가지 역사적 실례를 들었다.

(1) 애굽에서 구원하여 낸 후에 믿지 않는 자들을 멸하신 일
(2) 자기 처소를 떠난 천사들

(3) 소돔과 고모라

이 사람들의 범죄를 모세오경에서는 큰 반역과 같은 것으로 설명하고 있는데 그 예가 바로 가인과 발람과 고모라이다. 그리스도께서 사도들에게 전하고, 사도들이 우리에게 전해 준 이 복음은 변할 수도 없고 변개시킬 수도 없다. 그러므로 이 복음의 진리를 굳게 잡고 믿음의 투쟁자가 되어야 한다.

요한계시록 (Revelation)

1. 주제와 배경

본문 자체에 의하면 저자는 사도 요한이다(계 1:4, 22:8). 요한계시록은 교회가 로마에 의하여 박해를 받아 황제 숭배를 강요당하던 시기에 기록되었다. 요한계시록의 문체가 요한복음이나 요한일서, 요한이서, 요한삼서와 다른 것이 사실이지만 묵시 문학의 고유한 성격이나 계시가 환상으로 주어졌다는 사실 그리고 죄수로 있던 요한의 환경 등을 고려해 볼 때 문체의 차이가 쉽게 이해되어 사도 요한의 기록이 확실하다.

이 책은 그리스도의 계시의 중심이다(계 1:1). 요한계시록은 세상의 악한 음모가 계속 반복되고 고조될 것을 강조하고 있으며, 사단은 이 땅에 그리스도의 나라를 세우려는 주의 뜻에 대항하고 있다. 이 오랜 싸움은 영광스런 백보좌 앞에서의 마지막 심판, 새 예루살렘의 도래, 영원한 생명의 시작으로 끝이 난다.

2. 내용 분석

(1) **머리말** – 1:1 ~ 1:8

“이 예언의 말씀을 읽는 자와 듣는 자들과 그 가운데 기록한 것을 지키는 자들이 복이 있나니 때가 가까움이라”(1:3).

(2) **과거의 일** – 1:9 ~ 1:20

(3) **현재의 일, 각 교회에게 하시는 말씀** – 2:1 ~ 3:22

일곱 교회의 모습(2~3장)은 현재 교회의 모든 실상에 그대로 나타난다. 일곱 교회는 에베소 , 서머나, 버가모, 두아디라, 사데, 빌라델비아, 라오디게아 교회로 그중 칭찬만 있는 교회는 서머나, 빌라델비아 교회이고, 책망만 있는 교회는 라오디게아 교회이다.

그 당시 성도들을 꾀어 우상을 숭배하게 하고, 음행에 빠지게 하는 이단 사상인 니골라당이 에베소, 버가모, 두아디라 교회에 들어왔다.

(4) **미래의 일** – 4:1 ~ 22:5

일곱 가지 인봉의 재앙~일곱 번째 인봉을 뗄 때에 일곱 나팔의 재앙이 시작됨~일곱 번째 나팔을 불 때에 일곱 대접의 재앙이 시작됨~큰 성 바벨론의 멸망~사단과 적그리스도의 완전한 멸망~그리스도께서 천 년 왕국을 세우시기 위하여 나타나심~영원한 왕국이 예비됨~우리가 앞으로 당할 모든 어려움들과 우리의 마지막과 갈 길을 보여준다.

(5) **끝맺는 말** – 22:6 ~ 22:21

"내가 진실로 속히 오리라 하시거늘 아멘 주 예수여 오시옵소서" (22:20).

5. 구약성경 문제

<구약성경 개관>

1. 구약성경은 한마디로 말하면 무엇을 주제로 하고 있나요?
2. 구약성경은 처음에 무슨 언어로 쓰여졌나요?
3. 구약성경은 약 몇 명의 저자들에 의하여 쓰여졌나요?
4. 구약성경은 약 몇 년 동안에 쓰여진 책인가요?
5. 구약성경 39권을 크게 4부분으로 나누어 보십시오.
6. 하나님의 말씀을 가리켜 시편 119편 105절에서는 무엇이라고 말하고 있나요?
7. 다음 낱말의 뜻과 그 낱말이 나오는 성경구절을 적으십시오.
   (1)여호와 이레
   (2)여호와 닛시
   (3)여호와 샬롬
   (4)여호와 삼마

8. ( )안에 말씀을 채우고 성경구절을 적으십시오.

(1) 그때에 내가 또 내 신으로 ( ) 과 ( )에게 부어 줄 것이며.

(2) 주 여호와께서 가라사대 보라 날이 이를지라 내가 ( )을 땅에 보내리니 ( )이 없어 주림이 아니며 ( )이 없어 갈함이 아니요 ( )을 듣지 못한 기갈이라.

(3) 그러므로 우리가 ( )를 ( ) 힘써 ( )를 ( ).

9. 구약성경에서 거의 내용이 같은 두 장은 어디어디인가요?

10. 북 이스라엘과 남 유다가 각각 멸망한 연도와 멸망시킨 나라를 적으십시오.

(1) 북 이스라엘 - ( ) ( )

(2) 남 유다 - ( ) ( )

11. 구약성경에서 용모가 준수하다고 말한 다섯 사람을 적으십시오.

12. 이스라엘의 역사 변화를 따라 ( ) 속을 채우십시오.

이스라엘 이전시대 (원년사) – 족장 시대 – 애굽 시대 – ( ) – 가나안 정복 시대 – ( ) – 통일 왕국시대 – ( ) – 포로시대 – ( ).

(1) 창세기

1. 하나님께서 무엇으로 천지를 창조하셨나요?(창 1장)

2. 하나님께서 6일 동안 창조하신 것이 각각 무엇인지 찾아 그 기호를 ( )에 기록하십시오(창 1장).

(1) 첫째 날( )	(가) 빛
(2) 둘째 날( )	(나) 해, 달, 별

(3) 셋째 날( ) (다) 짐승, 사람

(4) 넷째 날( ) (라) 궁창

(5) 다섯째 날( ) (마) 바다, 육지

(6) 여섯째 날( ) (바) 새, 물고기

3. 하나님께서 사람을 어떻게 창조하셨나요?(창 2장)

4. 하나님께서 "보시기에 좋았더라"고 몇 번 말씀하셨으며 "심히 좋았더라"고는 몇째 날에 하셨나요?

5. 에덴 동산으로부터 흐르는 네 강의 이름은 무엇인가요?(창 2장)

(1) (2) (3) (4)

6. 하나님께서 사람을 지으신 후 주신 5가지 명령은 무엇인가요?

7. 하나님께서 먹지 말라고 하신 나무의 실과는 무엇인가요?

8. 창세기 2장 24절은 신약에서 누가 어디에 인용했나요?

9. 인간이 어떻게 범죄하게 되었나요?(창 3장)

10. 하나님께서는 아담과 하와를 위해 무엇으로 옷을 만들어 입히셨나요?(창 3장)

11. 인간은 범죄한 후에 하나님의 질문에 어떻게 대답했나요?(창 3장)

12. 범죄한 결과는 어떻게 되었나요?(창 3장)

(가) 뱀 (나) 하와 (다) 아담

13. 하나님은 아담에게 어떤 옷을 지어 입히셨나요?(창 3장)

14. 창세기 3장에서 하나님께서는 왜 아담과 하와를 에덴 동산에서 내보셨나요?

15. 아담의 두 아들의 이름은 무엇인가요?(창 4장)

16. 가인은 누구를 죽였나요?(창 4장)

17. 가인과 아벨이 하나님께 드린 제물은 각각 무엇인가요?(창 4장)

18. 다음 사람들과 관계있다고 생각되는 것을 보기에서 골라 그 기호를 써 넣으십시오(창 4:20~23).

(1) 유발(　) (2) 두발가인(　) (3) 라멕(　)

〈보기〉 (가) 두 아내 둔 자 (나) 음악가 (다) 철공

19. 하나님께서 아벨 대신 주신 아들의 이름은 무엇인가요?(창 4장)
20. 아담은 몇 살에 셋을 낳았나요?(창 5장)
21. 하나님과 동행하다가 승천한 사람의 이름은 무엇인가요?(창 5장)
22. 다음 사람들의 생존 나이를 적으십시오.

(1) 아담 : (　)세 (2) 므두셀라 : (　)세

(3) 아브라함 : (　)세 (4) 이삭 : (　)세

(5) 야곱 : (　)세 (6) 요셉 : (　)세

23. "노아는 (　)이요 당세에 (　)한 자라 그가 하나님과 동행하였으며"(창 6장).
24. 노아에 대한 사항들에 관하여 답을 하십시오.

(1) 세 아들의 이름 – (　)(　)(　)

(2) 홍수 후 물이 며칠 동안 땅에 창일하였나요 – (　) 일

(3) 노아의 아버지 이름은 – (　)

(4) 노아가 방주에 머무른 기간 – (　)

(5) 노아는 몇 살까지 살았나요 – (　) 살

25. 홍수 후에 하나님께서 먹으라고 한 것은 홍수 전과 무엇이 다른가요?
26. 노아가 방주에서 나와 제일 먼저 한 일은 무엇인가요?(창 8장)
27. 번제물로 사용되었던 짐승들은 무엇인가요?(레 1장)

28. 번제를 드린 노아에게 하나님은 어떤 약속을 하셨나요? (창 8장)

29. 다시는 홍수로 생물을 멸하지 않으신다는 표적은 무엇인가요? (창 9장)

30. 노아의 저주를 받은 아들은 누구인가요? (창 9장)

31. 인간이 바벨탑을 쌓은 것은 무엇 때문이었다고 생각하나요? (창 11장)

32. 아브라함에 관하여 다음 질문에 답하십시오(창 11장).

(1) 그의 출생지는 어디인가요?

(2) 아버지의 이름은 무엇인가요?

(3) 노아의 몇 대 손인가요?

4) 본토를 떠나기 전 그의 형제 중에 죽은 사람은 누구인가요?

(5) 그의 아버지가 사망한 곳은 어디인가요?

33. 아브라함이 처음 단을 쌓고 여호와의 이름을 부른 곳은 어디인가요?

34. 롯은 아브라함과 어떤 사이이며, 아브라함을 떠나 취한 땅의 이름은 무엇인가요? (창 13장)

35. 하나님께서는 아브라함의 자손이 하늘의 (   )과 같이 많게 하실 것을 말씀하셨고, 아브라함은 이를 믿음으로 (   )로 여김을 받았다(창 15장).

36. 창세기 17장에는 무엇에 관한 규례가 기록되고 있나요?

37. 아브라함은 의인 몇 사람만 있어도 용서해 달라고 몇 번 구하였나요?

38. 롯의 딸들로 인해 생긴 두 족속은 무엇인가요? (창 19장)

39. 아브라함은 두 번, 이삭은 한 번 아내를 누구에게 누이라고 했

나요?

아브라함 : (1) (2)

이삭 : (1)

40. 이삭을 얻을 때 아브라함과 사라의 나이는 몇 살인가요? (창 21장)
41. 아브라함의 종의 이름은 무엇인가요?
42. 아브라함은 이삭을 제물로 드리라고 명을 받은 뒤 언제 모리아산으로 떠났나요? (창 22장)
43. 모리아산으로 갈 때 이삭은 무엇을 지고 갔나요? (창 22장)
44. 아브라함은 사라를 어디에 장사하였나요? (창 23장)
45. 이삭의 아내 이름은 무엇이며, 그 오라비는 누구인가요? (창 24장)
46. 이삭이 낳은 두 아들은 ( )와 ( ) 이다(창 25장).
47. 야곱은 무엇을 가지고 장자의 명분을 얻었나요? (창 25장)
48. 이삭은 ( ) 에서 여호와의 축복을 받았고 그곳에 단을 쌓고 여호와의 ( ) 을 불렀다(창 26장).
49. 이삭의 종들이 브엘세바 근처에서 팠던 우물로 '여호와께서 우리의 장소를 넓게 하셨다' 라는 뜻을 가진 우물의 이름은 무엇인가요? (창 26장)
50. 야곱이 축복을 받고 서원한 곳은 어디인가요? (창 28장)

51 내가 외삼촌의 작은 딸 ( )을 위하여 외삼촌에게 ( )년을 봉사하리이다(창 29장).

52. 야곱의 새 이름은 무엇이며 어디에서 얻었나요? (창 32장)
53. 야곱의 12 아들을 부인별로 적어보십시오.

(1) 레아 : ( ) ( ) ( ) ( ) ( ) ( )

(2) 라헬 : ( ) ( )

(3) 실바 : (　　　)(　　　)

(4) 빌하 : (　　　)(　　　)

54. 에서는 어느 족속의 조상이 되었나요?(창 36장)

55. 요셉은 첫 번째로 무슨 꿈을 꾸었나요?(창 37장)

56. 요셉을 유혹한 사람은 누구이며, 이 유혹을 거부한 요셉은 어떻게 되었나요?(창 39장)

57. 요셉은 감옥에서 누구의 꿈을 해몽해 주었나요?(창 40장)

58. 바로가 요셉에게 무슨 직책을 맡겼나요?(창 41장)

59. 요셉의 아내의 이름은 무엇이며, 어느 나라 사람인가요?(창 41장)

60. 요셉의 두 아들의 이름은 무엇인가요?(창 41:51~52)

61. 야곱의 열 아들이 애굽에 간 이유는 무엇인가요?(창 42장)

62. 요셉이 형들의 진실성을 알아보기 위하여 시험하는 내용은 창세기 몇 장에 기록되었나요?

63. 다음은 하나님께서 누구에게 한 말씀인가요?(창 46장)

"애굽으로 내려가기를 두려워 말라 내가 거기서 큰 민족을 이루게 하리라."

64. 애굽으로 내려간 야곱의 식구는 몇 명이며, 애굽의 어느 땅에서 살았나요?(창 46장)

65. 야곱은 애굽에서 몇 년 동안 살다가 죽었나요?(창 47장)

66. 야곱이 열두 아들에게 남긴 축복 중 아낌없이 축복한 두 아들은 누구인가요?

67. "당신들은 두려워 마소서 내가 당신들과 당신들의 자녀를 기르리이다"라는 말씀은 누가 누구에게 한 말인가요?(창 50장)

(2) 출애굽기

1. 이스라엘 사람들은 학대받을수록 어떻게 되었다고 하였나요? (출 1장)
2. 두 히브리 산파의 이름은 무엇인가요? (출 1장)
3. 요셉이 죽은 뒤 애굽 사람들은 이스라엘 자손들을 어떻게 대했나요? (출 1장)
4. 모세의 친부모는 누구누구이며 어느 지파 사람들인가요?
5. 모세라는 이름의 뜻은 무엇이며, 누가 붙여준 이름인가요? (출 2장)
6. 모세는 바로의 궁중에서 몇 년 동안 살며 교육을 받았나요? (출 2장)
7. 모세의 피난처와 그의 아내의 이름은 무엇인가요? (출 2장)
8. 바로의 술객들이 모세를 따라 할 수 있었던 세 가지 재앙은 무엇인가요? (출 4장)
9. 아론의 부인 이름은 무엇인가요? (출 6장)
10. 열 가지 재앙은 무엇인가요? 순서대로 적어 보십시오(출 7~12장).
11. 유월절 양은 누구를 상징하나요? (요 1:29; 벧전 1:19)
12. 하나님께서 모세에게 바로에게 가라고 하셨을 때 모세는 몇 번 가지 않겠다고 하였나요?
13. "여호와께서 오늘날 너희를 위하여 행하시는 (　　　　)를 보라" (　　　)에 적당한 말을 넣으십시오(출 14장).
14. 다음 중 이스라엘이 출애굽 후 마라에 도착하였을 때 일어난 일과 관계없는 것은 무엇인가요? (출 15장)

    (가) 치료하는 여호와　(나) 쓴 물　(다) 불뱀　(라) 나무
15. 출애굽기 15장 1~18절의 노래는 누구의 노래인가요?

16. 이스라엘 백성에게 내리신 두 가지 양식은 각각 무엇인가요? (출 16장)
17. 이스라엘 민족은 르비딤에서 어느 족속과 싸웠나요? (출 17장)
18. 이스라엘 백성들은 얼마 동안이나 만나를 먹었나요? (출16장)
19. 다음 중 색깔이 나머지와 다른 기구는 어느 것인가요?

(가) 속죄소　(나) 분향단　(다) 떡상　(라) 제단

20. 모세가 아말렉과의 전쟁을 위해 기도할 때 누가 협조해 주었나요? (출 17장)
21. 천부장, 백부장, 오십부장을 세울 것을 모세에게 권고한 사람은 누구인가요? (출 18장)
22. 모세가 십계명을 받은 곳은 어디이며 몇 장에 기록되었나요?
23. 출애굽기 21장은 무엇에 관한 법을 기록하였나요?
24. "너는 뇌물을 받지 말라 뇌물은 밝은 자의 눈을 어둡게 하고 의로운 자의 말을 굽게 하느니라." 이 말씀은 출애굽기 몇 장에 있나요?
25. 세 가지 큰 절기는 무엇이라 했나요? (출 23장)
26. 모세가 율법을 받기 위하여 시내산에 올라가 얼마 동안 있었나요? (출 19장)
27. 모세가 산에 간 사이 백성들을 보살필 책임을 맡은 사람은 누구누구인가요? (출 19장)
28. 성막을 둘로 구분한다면 (　　　)와 (　　　)이다(출 40장).
29. "그들의 지을 옷은 이러하니 곧 흉패와 에봇과 겉옷과 반포 속옷과 관과 띠라." 여기서 '그들'은 누구인가요? (출 28장)
30. 제사장의 임직 절차에 관하여 기록한 것은 몇 장인가요?
31. 성막 제작을 위하여 부름받은 사람은 누구누구였나요? (출 31장)

32. 모세가 산에서 내려올 때의 모습은 어떠하였나요? (출 34장)

33. 이스라엘 백성이 인구 조사를 한 결과 20세 이상 된 자는 모두 몇 명인가요? (민 1:46)

34. '에봇' 은 누구의 복장에 필요한 것인가요? (출 28장)

35. 성막 완성 후 무엇이 성막 안에 충만하였나요? (출 40장)

36. 성막을 구성하고 있는 구성물의 이름을 쓰십시오(출 40장).

(3) 레위기

1. 하나님께서는 어디서 모세를 불렀나요? (레 1장)

2. 소제물을 드릴 때 넣지 말라고 한 것은 무엇인가요? (레 2장)

3. 다음 말씀을 읽고 괄호에 알맞는 말을 써 넣으십시오(레 2장).

"네 모든 ( )에 ( )을 치라 네 하나님의 ( )의 소금을 네 소제에 빼지 못할지니 네 모든 ( )에 소금을 드릴지니라."

4. 다섯 가지 제사법을 쓰십시오(레 1~5장).

5. 레위기 4장에는 누구를 위한 속죄제가 기록되었나요? 관계된 기호를 답란에 쓰십시오.

(1) 평민( )	(가) 4:1~12
(2) 족장( )	(나) 4:13~21
(3) 회중( )	(다) 4:22~26
(4) 제사장( )	(라) 4:27~35

6. 아론과 그 아들이 위임식할 때 무엇을 드리며 몇 날 동안 행하였나요? (레8장)

7. 제사장 아론의 아들 누구와 누가 불경건하게 제단에서 분향하다가 죽었나요? (레 10장)

8. "내가 거룩하니 너희도 거룩할지어다"라는 말씀은 몇 장 몇 절에 기록되었나요?
9. 남자 아이는 난 지 며칠 만에 할례를 하나요?(레 12장)
10. 문둥병을 진단하는 권리는 누가 가지고 있었나요?(레 13장)
11. "레위기 15장의 내용 가운데는 불결한 자의 정결에 대한 내용도 기록되었다." 맞으면 ○표, 틀리면 ×표 하십시오. (　　)
12. '아사셀' 이란 말이 레위기 16장에 3번 기록되었는데 그 절을 찾아 쓰십시오.
13. "육체의 생명은 피에 있음이라", "모든 생물은 그 피가 생명과 일체라." 이상 두 말씀은 각각 레위기 17장 몇 절과 몇 절에 있는 말씀인가요?
14. 사람이 무엇을 지키면 그로 인하여 살리라고 하였나요?
15. 레위기 19:17~18의 말씀과 같은 내용의 말씀을 신약에서는 누가 했나요?
16. "부모를 저주하는 자를 책망하라고 하였다." 맞으면 ○표, 틀리면 ×표 하십시오(레 20 장). (　　)
17. 레위기 21장은 누구의 취할 태도에 관하여 말하고 있나요?
18. 하나님께서 제물로 받을 만한 짐승은 무엇들인가요?(레 22장)
19. 아래의 설명과 가장 적당한 답을 〈보기〉에서 골라 기호를 쓰십시오(레 23장).
   (1) 곡식의 첫 이삭을 드림
   (2) 정월 15일부터 7일간 무교병을 먹는 절기
   (3) 추수절에서 50일째 되는 날
   (4) 정월 14일 출애굽을 기념하는 절기

(5) 칠일째 육신의 노동을 쉬는 날

(6) 칠월 15일 일주일간 초막에서 거하는 절기

(7) 칠월 10일 모든 백성의 죄를 속죄하는 날

(8) 칠월 1일 나팔을 불어 기념하는 성회

〈보기〉 (가) 안식일 (나) 유월절 (다) 무교절 (라) 초실절
(마) 오순절 (바) 나팔절 (사) 속죄일 (아) 초막절

20. 이스라엘의 3대 절기는 무엇인가요?(레 23장)

21. 하나님께서는 성소에 무엇으로 늘 켜두라고 하셨나요?(레 24장).

22. 희년은 몇 년마다 지키는 절기인가요?(레 25장)

23. 전 국민에게 자유를 공포하는 해는 언제인가요?(레 25장)

24. 여호와의 명령을 지키지 않을 때 몇 배나 더 재앙을 내린다고 했나요?(레 26장)

(4) 민수기

1. 요셉 지파 대신 기록된 두 지파의 이름은 무엇인가요?(민 1장)
2. 이스라엘 12지파 중 계수에서 빠진 지파는 어느 지파인가요?(민 1장)
3. 첫 번째 계수한 이스라엘 백성의 총수는 몇 명인가요?(민 1장)
4. 민수기 2장은 무엇에 관한 기록인가요?
5. 아론의 네 아들 중 죽은 두 아들의 이름은 각각 무엇인가요?(민 3장)
6. 레위 지파 중 일할 수 있는 사람의 연령은 (　　)세 이상 (　　)세까지이다(민 4장).

7. 의심받는 여자의 죄를 가리는 법이 몇 장 몇 절에서부터 기록되었나요?

8. 나실인과 관계가 없는 것은 무엇인가요?(민 6장)

(가) 송아지 (나) 수양 (다) 포도주 (라) 삭도

9. 다음 A항과 B항을 연결하십시오(민 6장).

A항	B항
(1) 복을 주심	(가) 평강을 주심
(2) 얼굴로 네게 비춰	(나) 은혜 베푸심
(3) 얼굴을 네게로 향하여 드심	(다) 너를 지키심

10. 이스라엘 족장들이 바친 금숟가락은 몇 개인가요?(민 7장)

11. 이스라엘 백성들이 제1회 유월절을 언제 어디서 지켰나요?(민 9장)

12. 가나안 7족속의 이름을 쓰십시오.

13. 이스라엘 백성들이 시내산에서 언제 떠났으며, 선발대는 어느 지파였나요?(민 10장)

14. 이스라엘 백성들이 하나님의 진노를 사게 된 것은 무엇에 대한 탐욕이 있었기 때문인가요?(민 11장)

15. 모세가 구스 여자를 취한 것을 시기하여 비방하다가 문둥병에 걸린 사람은 누구인가요?(민 12장)

16. 가나안으로 몇 명의 정탐꾼을 보냈으며, 그들이 며칠 동안 정탐하였나요?(민 13장)

17. "그 땅 백성을 두려워하지 말라 그들은 우리 밥이라 그들의 보호자는 그들에게서 떠났고 여호와는 우리와 함께하시느니라." 이 말을 했던 두 사람의 이름은 무엇인가요?(민 14장)

18. 안식일에 나무를 한 사람은 어떻게 했나요?(민 15장)

19. 모세와 하나님을 대적하다가 땅이 갈라져 산 채로 음부에 빠진 사람은 누구인가요?(민 16장)

20. 아론의 싹난 지팡이에서 무슨 열매가 열렸나요?(민 17장)

21. 레위 자손은 기업이 없어도 (　　)로 살게 하였다(민 18장).

22. 민수기 19장은 무엇에 관한 율법인가요?

23. 제사장 아론은 언제 어디서 몇 살에 죽었나요?(민 33장)

24. 불뱀에게 물린 백성들을 어떻게 살렸나요?(민 21장)

(가) 치료해 주었다. (나) 뱀을 잡아 죽였다.

(다) 놋뱀을 만들어 쳐다보라고 했다. (라) 저절로 낫게 하였다.

25. "발람은 이스라엘의 선지자였다." 맞으면 ○표, 틀리면 ×표 하십시오. (　　)

26. "내가 네게 무엇을 하였기에 나를 이같이 세 번 때리느뇨." 여기서 내가, 네게는 각각 누구를 가리키는 말인가요?(민 22장)

27. "발람은 이스라엘을 위하여 발락의 요구대로 저주하였다." 맞으면 ○표, 틀리면 ×표 하십시오(민 22~24장). (　　)

28. 두 번째 인구 조사는 어디서 하였으며 몇 명이었나요?(민 26장)

29. 모세가 죽은 후 누구를 그의 후계자로 세웠나요?(민 27장)

30. 처음 익은 열매를 드리는 절기의 이름은 무엇인가요?(민 28장)

31. 민수기 30장은 무엇에 관계된 율법인가요?

32. 이스라엘 백성의 여정기를 몇 장에 기록하고 있나요?

33. 요단 이편 곧 동편을 얻은 지파는 몇 지파이며, 무슨 지파인가요?

34. 도피성은 몇 개나 세웠나요?(민 35장)

35. 도피성을 세운 이유는 무엇인가요?(민 35장)

(5) 신명기

1. 호렙산에서 가데스 바네아까지의 거리는 얼마인가요?(신 1장)
2. 신명기 2~3장에서 이스라엘 백성을 대적하다가 멸망한 두 나라의 이름은 무엇인가요?
3. "너희는 그들을 두려워하지 말라 너희 하나님 여호와 그가 너희를 위하여 싸우시리라." 이 말씀은 몇 장 몇 절의 말씀인가요?
4. 이스라엘 백성이 어디서 여호와의 음성을 직접 들었나요?(신 4장)
5. "너는 (　　)을 다하고 (　　)을 다하고 (　　)을 다하여 네 하나님 여호와를 (　　)하라." (　)에 적당한 말을 쓰십시오(신 6장).
6. "사람이 떡으로만 살 것이 아니요 여호와의 입에서 나오는 모든 말씀으로 사는 줄을 너로 알게 하려 하심이니라"(신 8:3). 이 말씀은 예수님께서 인용하신 말씀인데 어디서 누구에게 하신 말씀인가요?
7. 모세가 시내산에서 며칠 동안 머물렀나요?(신 9장)
8. 다음 중 먹을 수 없다고 규정한 것은 어느 것인가요?(신 14장)
   (가) 소　　(나) 토끼　　(다) 사슴　　(라) 노루
9. 다음 A항과 관계있다고 생각되는 것을 B항에서 골라 그 번호를 기록하십시오(신 15~16장).

A항	B항
(1) 초막절	(가) 아빕월
(2) 면제년	(나) 제7년
(3) 유월절	(다) 수장한 후
(4) 칠칠절	(라) 낫을 대는 날부터 7주

10. 만일 이스라엘 중에서 우상을 숭배한 일이 드러나면 몇 사람의 증인을 들어 죽이라고 하였나요?(신 17장)

11. 무엇 때문에 도피성을 설치했나요?(신 19장)

12. 병역의 면제를 받지 못한 사람은 누구인가요?(신 20장)

13. 범죄자를 죽여 나무에 달면 밤새도록 두지 말고 (　　　　)에 장사해야 한다(신 21장).

14. "여자는 (　　　)의 의복을 입지 말 것이요 남자는 (　　　)의 의복을 입지 말 것이라 이같이 하는 자는 네 하나님 여호와께 (　　　) 한 자니라"(신 22장). (　)에 적당한 말을 쓰십시오.

15. 곤궁하고 빈한한 자의 품삯은 (　　　)에 주어야 한다(신 24장).

16. "그런즉 너는 마음을 다하고 성품을 다하여 지켜 행하라." 이 말씀은 신명기 26장 몇 절에 있는 말씀인가요?

17. "네가 네 하나님 여호와의 백성이 되었으니 그런즉 네 하나님 여호와의 말씀을 복종하여 내가 오늘날 네게 명하는 명령과 규례를 행할지니라." 몇 장 몇 절의 말씀인가요?

18. 요단강을 건넌 후 축복할 산과 저주할 두 산의 이름은 무엇인가요?(신 27장)

19. 신명기 28장 1~19절을 읽고 (　)에 적당한 말을 적어 넣으십시오.
   (1) 여호와의 말씀을 듣고 지켜 행하는 자는 (　　　)을 받는다.
   (2) 여호와의 말씀을 순종치 않는 자는 (　　　)가 임한다.

20. "이스라엘 백성들이 광야 40년 동안의 생활에서 의복과 신발이 없어서 매우 어려웠다." 맞으면 ○표, 틀리면 ×표 하십시오(신 29장). (　　)

21. 모세는 율법의 말씀을 다 기록한 후 그것을 여호와의 (　　) 곁에 두어 증거를 삼으라 하였다(신 31장).

22. 모세의 노래가 몇 장에 기록되었나요?

23. 누구에게 지혜의 신이 충만하게 임했다고 했나요?(신 24장)

24. 권능과 위엄이 누구와 같은 선지자가 일어나지 못하였다고 하였나요?(신 24장)

25. 신명기에는 모세의 설교가 몇 번 기록되어 있나요?

(6) 여호수아

1. 하나님께서 이스라엘에게 주시겠다고 한 지역은 어디인가요? (수 1장)

   (1) (　　　)에서 레바논까지

   (2) 헷 족속의 땅에서 (　　　　　　　) 까지

2. 여호수아 1장에서 "마음을 강하게 하고 담대히 하라"는 말씀을 기록하고 있는 절은 어디인가요?

3. 여호수아 1장 16~18절에 기록된 말씀은 무슨 내용인가요?

   (가) 백성들이 여호수아에게 한 맹세와 격려의 말

   (나) 백성들이 모세에게 한 맹세와 격려의 말

   (다) 여호수아가 백성들에게 한 맹세와 격려의 말

   (라) 하나님이 이스라엘 백성들에게 주신 말

4. 정탐꾼을 숨겨 준 여성의 직업은 무엇이며, 이름은 무엇인가요? (수 2장)

5. 이스라엘 백성이 요단강을 건널 때 누가 맨 먼저 강물을 밟았나요? (수 3장)

6. 이스라엘 백성이 요단강을 건너서 세운 기념비는 몇 개의 돌로 건축되었으며, 돌은 어디서 가져왔고, 어느 곳에 세웠나요?(수 4장)

7. 이스라엘 백성이 요단강을 건넌 후 행한 두 가지 예식은 무엇인가

요?(수 5장)

8. 이스라엘 사람들이 여리고 성을 함락시키기 위하여 몇 번을 돌았나요?(수 6장)
9. 아간이 범죄함으로 아이 성을 치다가 죽은 이스라엘 사람들은 몇 명쯤 되나요?(수 7장)
10. 아이 성을 재차 침공할 때 누가 몇 명의 군대로 승리했나요?(수 8장)
11. 여호수아가 기브온 거민들에게 속임을 당하였다(수 9장). 그 원인은 "……어떻게 할 것을 (　　　　)께 묻지 아니하고……그들과 (　　　)하여 그들을 살리리라"는 (　　　)을 맺은 데 있다. (　　)에 적당한 말을 쓰십시오.
12. "태양아……머무르라 달아 너도……그리할지어다." 이 말씀은 몇 장 몇 절에 있나요?
13. "여호수아는 북편 왕들과 싸워 패배하였다." 맞으면 ○표, 틀리면 ×표 하십시오(수 11장). (　　)
14. 여호수아가 요단강 서편 바알갓에서부터 할락산까지 정복한 왕은 모두 몇 명인가요?(수 12:8~24)
15. 갈렙은 어디를 기업으로 받았나요?(수 14장)
16. 실로는 어떤 곳인가요?(수 18장)
17. 도피성은 어떤 사람이 피하는 곳인가요?(수 20장)
18. 레위 지파는 몇 개의 성을 받았나요?(수 21장)
19. 여호수아가 이스라엘 백성에게 권면한 내용이 몇 장 몇 절에 기록되었나요?
20. "오직 나와 내 집은 여호와를 섬기겠노라"는 말씀은 누구의 말씀

인가요?(수 24장)

21. 여호수아 24장 16~24절 사이에 백성들이 여호수아에게 자기들의 결심을 표시하였다. 결심이 표시된 절을 쓰십시오.

22. 여호수아 시대의 사건이 아닌 것은 어느 것인가요?

(가) 여리고 성이 무너짐 (나) 가나안 땅의 정탐

(다) 요단강을 건넘 (라) 가나안 땅의 분배

23. 여호수아는 몇 살에 죽었으며 어디에 장사되었나요?(수 24장)

(7) 사사기

1. 여호수아가 죽은 후 제일 먼저 가나안 사람과 싸운 지파는 어느 지파인가요?(삿 1장)

2. 갈렙의 사위로서 이스라엘의 첫 사사가 된 사람은 누구인가요?(삿 1장)

3. "그 후에 일어난 다른 세대는 ( )를 알지 못하여 이스라엘 자손이 ( )의 목전에 악을 행하여." ( )에 적당한 낱말은 무엇인가요?(삿 2장)

4. 왼손잡이 사사는 누구이며, 몇 년 동안 태평을 누렸나요?(삿 3장)

5. 다음 A항과 B항을 연결하십시오(삿 3~6장).

A항	B항
(1) 시스라	(가) 복 받을 자
(2) 야빈	(나) 군대장관
(3) 야엘	(다) 가나안 왕
(4) 바락	(라) 육백 명
(5) 삼갈	(마) 드보라의 부하

6. 미디안 군대를 물리친 기드온의 군사는 몇 명인가요?(삿 7장)

7. 하나님을 반역하고 그의 형제 70인을 죽인 아비멜렉은 어떻게 죽었나요?(삿 8~9장)

8. 사사기 9장 7~20절의 말은 누가 누구에게 어디서 한 것인가요?

9. 이스라엘 자손이 이방 신을 섬긴 것은 몇 가지인가요?(삿 10장)

10. 입다는 길르앗 사람이며 큰 용사로서 (   )이 낳은 아들이었다(삿 11장).

11. "너희가 어찌하여 오늘날 내게 올라와서 나로 더불어 싸우고자 하느냐?" 이 말은 누가 누구에게 한 말인가요?(삿 12장)

12. "보라 네가 잉태하여 아들을 낳으리니 그 머리에 삭도를 대지 말라 이 아이는 태에서 나옴으로부터 하나님께 바치운 (   )이 됨이라"(삿 13장).

13. "암송아지"는 삼손이 (   )를 가리켜 한 말이다(삿 14장).

14. 나귀의 턱뼈로 일천 명을 죽인 사람은 누구인가요?(삿 15장)

15. 삼손을 유혹하여 하나님 앞에 범죄하고 실패하게 한 블레셋 여인은 누구인가요?(삿 16장)

16. "내 아들이 여호와께 복 받기를 원하노라." 이 말씀은 몇 장 몇 절에 있나요?

17. "우리의 행하는 길이 형통할는지 우리에게 알게 하라." 이 말은 누가 누구에게 한 말인가요?(삿 18장)

18. 에브라임 산지 구석에 우거하는 레위 사람의 첩이 어느 지파 사람에게 능욕을 당하고 죽었나요?(삿 19장)

19. 이스라엘이 베냐민 지파와 싸워 몇 번 만에 승리하였나요?(삿 20장)

20. 베냐민 지파가 진멸된 후 남은 자들에게 누구를 아내로 맞이하도록 하였나요?(삿 21장)

(8) 룻기

1. 엘리멜렉은 어디 사람으로 왜 모압으로 가게 되었나요 (룻 1장)
2. 나오미의 두 며느리의 이름은 누구누구인가요?(룻 1장)
3. 룻은 어느 시대, 어디 사람인가요?(룻 1장)
4. 나오미는 자기를 무엇이라고 칭해 달라 했으며, 그 뜻은 무엇인가요?(룻 1장)
5. 아들 없이 과부가 된 여인은 그 당시 법에 의해 누가 거느려야 했나요?
6. 룻에게 이삭을 줍게 하였고 후에 남편이 된 사람은 누구인가요?(룻 2장)
7. 룻의 남편 이름은 무엇인가요?(룻 4장)
8. "나오미가 아들을 낳았다 하여 그 이름을 오벳이라 하였는데 그는 다윗의 아비인 이새의 아비였더라." 이 말은 누가 했으며 룻기 몇 장 몇 절에 있는가요?
9. 다윗의 계보를 (　　) 안에 채우십시오.
   베레스 – 헤스론 – (　　　　) – 암미나답 – 나손 – (　　　　)
   – 보아스 – (　　　　) – 이새 – (　　　　)

(9) 사무엘상

1. "네가 언제까지 취하여 있겠느냐 포도주를 끊으라." 이 말은 누가 누구에게 무엇을 하고 있을 때 한 말인가요?(삼상 1장)

2. 한나는 사무엘을 낳은 후에도 (   ) 명의 아들과 (   ) 명의 딸을 낳았다(삼상 2장).
3. "여호와는 죽이기도 하시며 살리시기도 하시며……"는 누가 한 말인가요?
4. 엘리 제사장의 두 아들은 누구누구이며 어디에서 죽었나요?
5. 사무엘이 어디에 있을 때 여호와의 부르심을 받았나요?
(삼상 3장)
6. 엘리는 몇 년 동안 이스라엘의 사사로 있었나요?(삼상 4장)
7. 블레셋 사람들은 (   )로 인하여 재앙을 받았다(삼상 6장).
8. 법궤는 아비나답의 집에 몇 년 동안 있었나요?
9. "너희가 전심으로 여호와께 돌아오려거든 (   )들과 (   )을 너희 중에서 제하고 네 (   )을 (   ) 께 향하여 그만 섬기라" (삼상 7장).
10. 사무엘은 돌을 어디에 세웠으며, 그 이름은 무엇이라고 했나요?
11. 사무엘의 두 아들의 이름은 무엇인가요?
12. 사무엘이 왕의 제도를 가르친 말씀을 기록한 장, 절이 어디에 기록되어 있나요?
13. 사무엘이 이스라엘의 첫째 왕으로 누구를 택하여 세웠나요? (삼상 9장)
14. 이스라엘 백성이 왕을 세운 것은 누구의 뜻에 의한 것인가요? (삼상 8장)
15. "나는 너희를 위하여 (   ) 하기를 쉬는 죄를 여호와 앞에 결단코 범치 아니하고 선하고 의로운 (   )로 너희를 가르치리라." (   )에 적당한 낱말은 무엇이며 몇 장 몇 절에 있는

말씀인가요?

16. "여호와의 구원은 사람의 많고 적음에 달리지 아니하였느니라." 이 말씀은 몇 장 몇 절에 기록되어 있나요?

17. 사무엘은 사울에게 어디에서 왕의 기름을 부었나요?

18. "순종이 제사보다 낫고 듣는 것이 수양의 기름보다 나으니." 이 말씀은 몇 장 몇 절에 있나요?

19. "사람은 외모를 보거니와 나 여호와는 (   )을 보느니라." (   )에 적당한 말을 넣으십시오.(삼상 16장)

20. 사무엘상 17장을 읽고 A항에 있는 말을 한 사람을 B항에서 찾아 그 번호를 쓰십시오.

A항	B항
(1) 네가 전쟁을 구경하러 왔도다	(가) 다윗
(2) 네 형들의 안부를 살피고	(나) 사울
(3) 나는 만군의 여호와의 이름……네게 가노라	(다) 이새
(4) 네가 나를 개로 여기고……내게 나왔느냐?	(라) 엘리압
(5) 소년이여 누구의 아들이뇨	(마) 골리앗

21. 사울의 아들 (   )은 다윗을 생명같이 사랑하는 다윗의 특별한 친구가 되었다(삼상 18장).

22. 다윗이 처음에 어디로 누구에게 피했나요?(삼상 19장)

23. "살이 네 앞 편에 있다"라고 함은 누가 누구에게 한 말인가요?(삼상 20장)

24. 다윗이 사울을 두려워하여 누구에게 가서 미친 척하였나요? (삼상 21장)

25. 요나단이 마지막으로 다윗을 만난 것은 (   ) 수풀이다

(삼상 23장).

26. 사울이 행한 잘못 두 가지는 무엇무엇인가요?
27. 다윗은 사울 왕을 몇 번 죽일 수 있었는데 죽이지 않았나요?(삼상 24장~26장)
28. "나는 너를 학대하되 너는 나를 선대하니 너는 나보다 의롭도다." 이 말은 누가 누구에게 한 말인가요?(삼상 24장)
29. 본서에 가장 미련한 남편과 지혜롭고 아름다운 아내가 있는데 그들의 이름은 무엇인가요?(삼상 25장)
30. 다윗이 사무엘상 26장에서 자신을 이스라엘 왕이 수색하러 나온 무엇 같다고 하였나요?
31. 블레셋 군대가 침범했을 때 사울이 신접한 여인을 통하여 만난 사람은 누구인가요?(삼상 28장)
32. 다윗이 사울을 피하여 망명한 곳은 어디인가요?(삼상 28장)
33. 사울은 어떻게 죽었나요?(삼상 31장)
34. 사울 왕의 시체를 장사해 준 사람들은 누구인가요?

(10) 사무엘하

1. "그대가 나를 사랑함이 기이하여 여인의 사랑보다 승하였도다." 이 말은 누가 누구에게 한 말인가요?(삼하 1장)
2. 다윗은 처음에 어디서 어느 족속의 왕이 되었나요?(삼하 2장)
3. 사울의 딸로서 다윗이 블레셋 사람의 양피 일백으로 정혼한 여인은 누구인가요?(삼하 3장)
4. 이스보셋의 종들이 그를 죽인 것은 (   )이 이스라엘 왕위에 오르는 결정적 동기가 되었다(삼하 4장).

5. 다윗은 몇 살에 왕이 되었으며, 예루살렘에서는 몇 년 동안 왕 노릇 하였나요?(삼하 5장)

6. "그때에 여호와가 네 앞서 나아가서 블레셋 군대를 치리라." 이 말씀은 몇 장 몇 절에 있나요?

7. 다윗의 여섯 아들의 이름을 순서대로 써 보십시오.

8. "내가 내 백성 이스라엘을 먹이리라"는 말씀에서 "내가"는 누구를 가리키나요?(삼하 7장)

9. 다음 A항과 관계되는 것을 B항에서 찾아 그 기호를 쓰십시오(삼하 8장).

A항	B항
(1) 요압	(가) 제사장
(2) 여호사밧	(나) 군대 장관
(3) 사독과 아히멜렉	(다) 서기관
(4) 스라야	(라) 사관
(5) 다윗의 아들	(마) 대신

10. 다윗은 요나단의 아들 (　　　　)에게 사울의 밭을 주고 자기와 식탁을 같이 하도록 하였다(삼하 9장).

11. 다윗은 누구와 더불어 범죄했으며, 그 죄는 몇 번째 계명에 해당되나요?(삼하 11장)

12. 다윗의 범죄를 꾸짖은 선지자는 누구인가요?(삼하 12장)

13. 압살롬이 암논을 죽인 이유는 무엇인가요?(삼하 13장)

14. 압살롬은 발바닥부터 정수리까지 흠이 없는 (　　　　)받는 사람이었다(삼하 14장).

15. 사람들을 선대해 줌으로써 이스라엘 사람의 마음을 도적질하여

반역을 피했던 왕자의 이름은 무엇인가요?(삼하 16장)

16. 한 여인의 도움으로 우물 속에 숨어 압살롬을 피한 사람들의 이름은 무엇인가요?(삼하 17장)

17. "내가 너를 대신하여 죽었더면"은 누가 누구에게 한 말인가요?(삼하 18장)

18. 다윗이 특사한 사람은 누구이며, 축복한 사람은 누구인가요?(삼하 19장)

19. 아마사는 다윗과 어떤 사이였나요?

20. 사울이 기브온 사람을 죽인 죄로 (　　)년간 흉년이 들었다(삼하 21장).

21. "여호와는 나의 (　　　　)이시요 나의 (　　　　)시요 나를 건지시는 자시요 나의 하나님이시요 나의 피할 (　　　　)시요 나의 (　　　　)시요." (　　)에 적당한 말을 넣으십시오(삼하 22장).

22. 다음은 다윗의 노래 가운데 나오는 것이다. 줄친 부분과 관계없는 사람은 누구인가요?(삼하 22장)

"주께서 나로 전쟁케 하려고 능력으로 내게 띠 띠우사 일어나 나를 치는 자로 내게 굴복케 하셨사오며."

(가)골리앗　　(나) 사울　　(다) 압살롬　　(라) 요나단

23. 어떠한 자가 다 내어버리울 가시나무 같다고 하였나요? (삼하 23장)

24. 다윗 왕 때의 군대는 몇 명이었나요?(삼하 24장)

25. 다윗은 이스라엘과 유다의 (　　　　)를 기뻐하지 아니하였다(삼하 24장).

26. 다윗이 인구 조사의 잘못을 범했을 때 여호와께서 선지자 누구를 보내셨나요?(삼하 24장)

27. 세 가지 재앙 중 다윗은 어떤 재앙을 선택하였나요?(삼하 24장)

(11) 열왕기상

1. 다음 A항과 관계있다고 생각되는 사람을 B항에서 골라 그 번호를 쓰십시오(왕상 1장).

A항	B항
(1) 다윗의 아들	(가) 솔로몬
(2) 다윗을 수종하던 처녀	(나) 아도니야
(3) 제사장	(다) 아비삭
(4) 충성된 선지자	(라) 요압, 아비아달
(5) 솔로몬의 어머니	(마) 사독과 브나야
(6) 왕위를 계승한 자	(바) 나단
(7) 아도니야를 좇은 자	(사) 밧세바

2. 다윗은 몇 년 동안 왕 노릇 하였나요?(왕상 2장)
3. 아브넬과 아마사는 누구에 의해 죽임을 당하나요?
4. 죽는 것을 세상 모든 사람이 가는 길이라고 표현한 사람은 누구인가요?
5. 다윗은 유언으로 누구를 죽이라고 하였나요?
6. 솔로몬이 바로 왕의 딸과 결혼했을 때 하나님은 어떻게 하셨나요?(왕상 3장)
7. "또 너의 구하지 아니한 (　　　　)와 (　　　　)도 네게 주노니 네 평생에 열왕 중에 너와 같은 자가 없을 것이라." (　　　)에 적당한

말을 넣으십시오(왕상 3장).

8. 솔로몬은 얼마나 많은 잠언과 노래를 지었나요?(왕상 4장)
9. 솔로몬 왕이 성전을 건축할 때 도와준 사람은 두로 왕 (   )이었다(왕상 5장).
10 솔로몬이 성전을 건축하는 데 몇 년이나 걸렸나요?(왕상 6장)
11 솔로몬이 자기 궁을 몇 년 동안 지었나요?(왕상 7장)
12. 열왕기상 8장에 유명한 '솔로몬의 성전 봉헌 기도'가 있는데 이 기도문은 몇 절부터 몇 절까지인가요?
13. 모세는 어디에서 법궤 안에 두 돌판을 넣었나요?(왕상 8장)
14. "나의 이름을 영영히 그곳에 두며 나의 눈과 나의 마음이 항상 거기 있으리니." 이 말씀은 몇 장 몇 절에 있으며, 여기서 나는 누구를 가리키나요?
15. 솔로몬 왕은 히람에게 몇 개의 성읍을 주었나요?(왕상 9장)
16. "복되도다 당신의 사람들이 항상 당신의 앞에 서서 당신의 지혜를 들음이로다." 이 말은 누가 누구에게 한 말인가요?(왕상 10장)
17. 여로보암에게 왕이 될 것을 예언한 선지자는 누구인가요? (왕상 11장)
18. 솔로몬 왕국이 남북으로 분열된 후 북쪽 이스라엘의 초대 왕은 누구였으며, 남쪽 유다의 처음 왕은 누구였나요?(왕상 12장)
19. "여로보암은 선한 왕이었다." 맞으면 ○표, 틀리면 ×표 하십시오(왕상 13장). (   )
20. "르호보암과 여로보암 사이에 항상 전쟁이 있으니라." 이 말씀은 몇 장 몇 절에 있는 말씀인가요?
21. 아사 왕은 그 조상 다윗과 같이 여호와 보시기에 정직하였고

(　　)년간 왕 노릇 하였다(왕상 15장).

22. 이스라엘 왕 중 7일 동안 왕 노릇 한 사람은 누구인가요? (왕상 16장)

23. 이세벨은 어떤 인물인가요? (왕상 16장)

24. 엘리야가 처음 가서 숨은 곳은 어디인가요? (왕상 17장)

25. 사르밧 과부의 집에 (　　　)이 없어지지 않게 하였다(왕상 17장).

26. 엘리야가 아합 왕의 선지자들과 대결한 곳은 어디인가요? (왕상 18장)

27. 다음 A항과 관계있는 B항의 번호를 쓰십시오.

A항	B항
(1) 오바댜	(가) 사르밧에서
(2) 과부의 공궤	(나) 부르짖어 고침
(3) 주모의 아들이 죽음	(다) 450인
(4) 바알의 선지자	(라) 아합의 궁내 대신
(5) 아세라 선지자	(마) 400인

28. 엘리야는 이세벨이 죽이려 하자 어느 산으로 도망을 갔나요? (왕상 19장)

29. "일어나서 먹으라." 이 말은 누가 누구에게, 어디에서 한 말인가요? (왕상 19장)

30. 나봇을 죽이고 저의 포도원을 빼앗은 자는 (　　　　)이다(왕상 21장).

31. 아합 왕이 죽은 후 누가 왕이 되었으며 몇 년 동안 치리하였나요? (왕상 22장)

32. 아사의 아들로 여호와 보시기에 정직히 행한 왕은 누구인가요?

33. 남색하는 자를 그 땅에서 쫓아낸 왕은 누구인가요?

34. 엘리야가 행한 4가지 기적을 열거해 보십시오.

(12) 열왕기하

1. 엘리야는 (　　　　) 를 책망한 선지자였다(왕하 1장).
2. 선지자의 생도 몇 명이 하늘로 올라가는 엘리야를 보았나요? (왕하 2장)
3. 이스라엘 사람들이 모압 사람들의 밭에 어떻게 하였나요? (왕하 3장)
4. 관계되는 절수의 기호를 찾아 쓰십시오.

(1) 독을 제거함(　　)	(가) 왕하 4:1~7
(2) 늘어난 기름(　　)	(나) 왕하 4:8~37
(3) 보리떡 20개(　　)	(다) 왕하 4:38~41
(4) 수넴 여인의 아들(　　)	(라) 왕하 4:42~44

5. 4장에서 "하나님의 사람" 이란 누구를 말하나요?
6. 게하시는 나아만에게 무엇무엇을 달라고 했나요? (왕하 5장)
7. 엘리사의 사환의 눈이 열려 무엇을 보았나요? (왕하 6장)
8. 아람 왕의 군대 장관이 엘리사를 찾아갈 때 예물을 싣고 간 약대의 수는 얼마인가요? (왕하 8장)
9. 아래의 인물과 관계있다고 생각되는 것을 찾아 그 기호를 쓰십시오.

(1) 아하시야(　　)	(가) 평안이냐
(2) 요람(　　)	(나) 디셉 사람
(3) 엘리야(　　)	(다) 유다 왕
(4) 이세벨(　　)	(라) 엣바알의 딸

10. 예후는 바알의 당을 훼파하여 무엇을 만들었나요?(왕하 10장)

11. 유다의 악한 여왕은 누구이며, 몇 해 동안 왕 노릇 하였나요?(왕하 11장)

12. 요아스는 제사장 (   )의 교훈을 받았다(왕하 12장).

13. "여호와께서 아브라함과 이삭과 야곱으로 더불어 세우신 언약을 인하여 이스라엘에게 은혜를 베풀어 긍휼히 여기시며." 이 말씀은 몇 장 몇 절에 있는 말씀인가요?

14. 이스라엘 왕 가운데 41년간 왕 노릇 한 사람은 요아스의 아들 (   )이다(왕하 14장).

15. "여호와께서 왕을 치셨으므로 죽는 날까지 문둥이가 되어 병 중에 거하고." 어느 왕을 가리키나요?(왕하15장)

16. 북쪽 이스라엘 나라는 어느 나라, 누구에 의하여 망하였나요?(왕하 17장)

17. 히스기야 왕 14년에 누가 예루살렘을 치러 왔나요?(왕하 18장)

18. "이제 우리를 그 손에서 구원하옵소서 그리하시면 천하 만국이 주 여호와는 홀로 하나님이신 줄 알리이다." 이 말은 누가 한 말이며, 몇 장 몇 절에 기록되었나요?

19. 여호와의 사자가 쳐 죽인 앗수르 군사의 수는 얼마인가요?(왕하 19장)

20. 히스기야 왕은 자기의 곳간을 누구에게 다 보여 주었나요?(왕하 20장)

21. 어떤 선지자가 와서 히스기야가 병들어 죽을 것을 알려 주었나요?(왕하 20장)

22. 하나님께서는 히스기야의 무엇을 들었고, 무엇을 보았다고 하시

며 병을 고쳐 주셨나요?(왕하 20장)

23. 히스기야 왕이 병들어 죽게 되었을 때 기도하여 몇 년이나 더 살았나요?(왕하 20장)
24. 히스기야가 두 번의 기도를 드린 때는 언제언제였나요?(왕하 19, 20장)
25. 유다 왕 중 12세에 왕이 된 사람은 누구이며, 그는 몇 년 동안 왕으로 있었나요?(왕하 21장)
26. 서기관 사반을 시켜 성전의 퇴락한 곳을 수리하게 한 왕은 누구인가요?(왕하 22장)
27. 열왕기하 23장 4~25절의 내용은 무엇인가요?
28. 유다의 시드기야 왕은 어느 때, 누구에게, 어디로 잡혀갔나요?(왕하 25장)
29. 유다가 망한 후 남아 있는 백성들은 누가 통치하였나요? (왕하 25장)
30. 엘리사가 행한 열 가지 기적을 열거해 보십시오.

(13) 역대상

1. 셈, 함, 야벳은 누구의 아들이며, 이삭은 누구의 아들인가요? 그리고 이삭의 두 아들의 이름은 무엇인가요?(대상 1장)
2. 다윗의 형은 모두 몇 명이었나요?(대상 2장)
3. 다윗은 헤브론에서 (   )년 (   )개월간, 예루살렘에서 (   )년간을 치리하였다(대상 3장).
4. "원컨대 주께서 내게 복에 복을 더하사 나의 지경을 넓히시고 주의 손으로 나를 도우사 나로 환난을 벗어나 근심이 없게 하옵소서"라

고 기도한 사람은 누구인가요?(대상 4장)

5. 이스라엘의 장자의 명분은 누구에게 돌아갔나요?(대상 5장)
6. "여호와의 집에서 찬송하는 일을 맡게 하매……회막 앞에서 찬송하는 일을 행하되." 누가 누구에게 찬송하는 일을 맡겼나요?(대상 6장)
7. 여호수아는 어느 족속의 후손인가요?(대상 7장)
8. 사울의 아버지는 (　　　)이며 (　　　)은 사울의 아들이었다(대상 8장).
9. 성전에서 봉사하는 일은 어느 지파가 맡았나요?(대상 9장)
10. 길보아산 전쟁에서 사울이 잃은 아들은 몇 명인가요?(대상 10장)
11. 다음 A항과 관계있는 B항의 기호를 쓰십시오(대상 11장).

A항	B항
(1) 시온산	(가) 브나야
(2) 요압의 아우	(나) 아비새
(3) 시위대장	(다) 우리아
(4) 헷 사람	(라) 다윗 성

12. 다윗에게 돌아온 사람 중 갓 사람의 첫째 두목은 누구인가요?(대상 12장)
13. 하나님의 궤로 인하여 복을 받은 가정은 어느 가정인가요?(대상 13장)
14. 다윗은 블레셋 군대와 어디서 싸워 승리했나요?(대상 14장)
15. 역대상 15장 16~24절의 내용은 어떤 내용인가요?
16. 역대상 16장에서 다윗이 감사한 노래의 내용은 몇 장 몇 절에 있나요?

17. “저는 나를 위하여 집을 건축할 것이요 나는 그 위를 영원히 견고하게 하리라.” 이 말씀은 몇 장 몇 절에 있으며, 누가 누구를 가리켜 한 말인가요?

18. “스루야의 아들 여호사밧은 군대장관이 되었다.” 맞으면 ○표, 틀리면 ×표 하십시오(대상 18장). (　　　)

19. 요압과 아비새의 형제는 (　　　　　)과 (　　　　　)의 연합군을 격파하였다(대상 19장).

20. 엘하난이 골리앗의 누구를 죽였는가?(대상 20장)

21. 사단이 일어나 이스라엘을 대적하고 다윗을 격동하여 이스라엘을 계수할 때 그것을 죄라고 말린 사람은 누구인가요?(대상 21장)

22. 다윗이 하나님의 전을 건축하지 못한 이유는 무엇인가요? (대상 22장)

23. 제사장의 반열은 누가 나누었나요?(대상 23장)

24. “아론의 반열에는 족장이 14명이었다.” 맞으면 ○표, 틀리면 ×표 하십시오(대상 24장). (　　　)

25. 성가대와 제사장은 각각 몇 반열로 나누었나요?(대상 24~25장)

26. 문지기로 성전을 봉사하는 기사는 어느 장에 있나요?

27. “내 아들 솔로몬아 너는 네 아비의 하나님을 알고 온전한 (　　　)과 기쁜 (　　　　)으로 섬길지어다 여호와께서는 뭇 (　　　　)을 감찰하사 모든 (　　　　)을 아시나니 네가 저를 찾으면 만날 것이요 버리면 저가 너를 영원히 버리리라 그런즉 너는 (　　　　) 여호와께서 너를 택하여 성소의 전을 건축하게 하셨으니 (　　　)." 이 말씀은 몇 장 몇 절에 있나요? 그리고 (　　)에 적당한 말을 써넣으십시오.

28. "(　　　)와 (　　　) 가 주께로 말미암고 또 주는 만유의 주재가 되사 손에 (　　　)과 (　　　) 이 있사오니 모든 자를 크게 하심과 강하게 하심이 주의 손에 있나이다." (　)에 적당한 말을 써 넣으십시오(대상 29장).

(14) 역대하

1. 솔로몬이 왕이 된 후 어디에 백성을 모으고 몇 번의 희생을 번제로 드렸나요? (대하 1장)
2. 솔로몬은 누구를 위하여 성전을 건축하였나요? (대하 2장)
3. 성전 건축은 언제 시작하였으며, 그 장소는 어디인가요? (대하 3장)
4. 언약궤를 성전으로 옮긴 후 여호와의 영광이 무엇으로 나타났나요? (대하 5장)
5. 역대하 6장의 주요 내용은 무엇인가요?
6. "내 백성이 그 악한 길에서 떠나 스스로 (　　　)하고 (　　　)하여 내 얼굴을 구하면 내가 하늘에서 듣고 그 죄를 사하고." 이 말씀은 몇 장 몇 절에 있으며 (　)에 적당한 낱말은 무엇인가요?
7. 솔로몬의 건축 사업은 몇 년 동안 했으며, 그는 부귀 영화를 몇 년 동안이나 누렸나요? (대하 8장~9장)
8. "나의 새끼 손가락이 내 부친의 허리보다 굵으니." 이 말은 누가 누구에게 한 말인가요? (대하 10장)
9. 유대 나라가 여호와를 버리므로 하나님은 누구를 징계자로 보냈나요? (대하 12장)
10. 아사 왕은 (　　　) 사람과 싸워 이겼다(대하 14장).
11. 아사 왕이 무엇 때문에 태후의 위를 폐하고 내어 쫓았나요? (대하

15장)

12. 여호사밧 왕의 성공적인 정책은 무엇인가요?(대하 17장)
13. 여호사밧은 (   ) 전쟁에서 크게 승리하였다(대하 18장).
14. "너희는 여호와를 경외하고 (   ) 와 (   )으로 이 일을 행하라." (   )에 적당한 말은 무엇인가요? 그리고 이 말은 누가 했으며, 몇 장 몇 절에 있나요?
15. "주의 손에 (   ) 와 (   ) 이 있사오니 능히 막을 사람이 없나이다." (   )에 적당한 말은 무엇인가요?(대하 20장)
16. 유다의 여왕의 이름은 무엇이며, 몇 년 동안 왕 노릇 하였나요?(대하 22장)
17. 요아스는 몇 살에 왕이 되었으며, 몇 년 동안 왕 노릇 하였나요?(대하 24장)
18. 아마샤 왕이 싸움터에 가지 말라는 하나님의 사람의 예언을 듣고도 전쟁터에 나간 이유는 무엇인가요?(대하 25장)
19. 웃시야 왕이 성전에 들어가 향단에 분향하려고 하였을 때 제사장들은 어떻게 하였는가요?(대하 26장)
20. 유다 왕 아하스가 맨 처음에 행한 악한 행위는 무엇인가요?(대하 28장)
21. 아래 기록한 말씀들은 각각 몇 장 몇 절에 있는 말씀인가요?(대하 29~32장)
    (1) "내 아들들아 이제는 게으르지 말라 여호와께서 이미 너희를 택하사 그 앞에 서서 수종들어 섬기며 분향하게 하셨느니라."
    (2) "너희 하나님 여호와는 은혜로우시고 자비하신지라."
    (3) "하나님 여호와 보시기에 선과 정의와 진실함으로 행하였으

니……그 하나님을 구하고 일심으로 행하여 형통하였더라."

(4) "두려워 말라 놀라지 말라 우리와 함께하는 자가 저와 함께 하는 자보다 크니……."

22. 히스기야 왕의 개혁 운동이 있은 후 이스라엘 백성의 변화는 무엇인가요?(대하 31장)

23. 유다 왕 요시야가 처음 한 개혁은 무엇인가요?(대하 34장)

24. 힐기야의 직책은 무엇이며, 그가 성전에서 무엇을 발견하였나요?(대하 34장)

25. 요시야를 위하여 누가 애가를 지었나요?(대하 35장)

26. 유다 나라는 어느 나라 어느 왕에게 멸망했나요?(대하 36장)

27. 유다 나라 최후의 왕은 누구이며, 몇 년 동안 포로 생활을 하였나요?(대하 36장)

(15) 에스라

1. "이스라엘의 하나님은 참 신이시라 너희 중에 무릇 그 백성 된 자는 다 유다 예루살렘으로 올라가서 거기 있는 여호와의 전을 건축하라 너희 하나님이 함께하시기를 원하노라." 이 말씀은 몇 장 몇 절에 있으며 누가 한 말인가요?
2. 성전 건축 착공은 언제 했으며, 건축 지도자 두 사람은 누구인가요?(스 3장)
3. 성전 건축을 못하게 한 왕은 누구며 성전 건축을 격려한 사람은 누구인가요?(스 4장)
4. 성전은 (　　　　) 왕 (　　　　)년 아달월 3일에 필역하였다(스 6장).
5. 다음 A항과 관계있는 것을 B항에서 골라 그 기호를 쓰십시오.

A항	B항
(1) 수소(　　)	(가) 12
(2) 수양(　　)	(나) 100
(3) 어린양(　　)	(다) 200
(4) 수염소(　　)	(라) 400

6. 에스라는 율법 학자 겸 (　　　)이었다(스 7장).
7. 귀국한 에스라가 옷을 찢고 머리털과 수염을 뜯으며 통곡한 까닭은 무엇인가요?(스 9:1~2)
8. 에스라서에 나오지 않는 사람은 누구인가요?
   (가) 학개　(나) 스가랴　(다) 에스라　(라) 사무엘

(16) 느헤미야

1. 느헤미야는 수산궁 아닥사스다의 술 맡은 관원으로 유다의 남아 있는 백성들이 큰 환난을 만나고, 능욕을 받으며, 예루살렘 성은 훼파되고, 성문들은 소화되었다는 소식을 듣고 수일 동안 슬피 울며 (　　　　　) 하였다(느 1장).
2. 다음은 각각 누구의 말인가요?(느 2장)
   (1) "이는 필연 네 마음에 근심이 있음이로다."
   (2) "일어나 건축하자."
   (3) "그 성을 중건하게 하옵소서."
   (4) "너희의 하는 일이 무엇이냐? 왕을 배반코자 하느냐?"
3. 느헤미야 3장의 내용은 무엇인가요?
4. "저들의 건축하는 성벽은 여우가 올라가도 곧 무너지리라"고 희롱한 사람은 누구인가요?(느 4장)

5. 느헤미야는 예루살렘에서 무슨 직책으로 일했나요?(느 5장)
6. 성전을 건축하는 일은 얼마 동안에 마쳤나요?(느 6장)
7. "여호와를 기뻐하는 것이 너희의 힘이니라." 이 말은 누가 했으며 어디에 기록되어 있나요?
8. (   )을 지킨 후에 신앙 부흥이 일어났다(느 9장).
9. '즐거워' 란 말이 네 번 기록된 곳은 느헤미야 12장 몇 절인가요?
10. 느헤미야는 (   ) 범한 죄를 고치려고 힘썼다(느 13장).

(17) 에스더

1. 아하수에로 왕의 왕후 와스디가 폐위한 까닭은 무엇인가요?(에 1장)
2. 하만이 어찌하여 모르드개를 미워했나요?(에 3장)
3. "네가 왕후의 위를 얻은 것이 이때를 위함이 아닌지 누가 아느냐?" 이 말은 누가 누구에게 한 말인가요?(에 4장)
4. 모르드개와 에스더는 무슨 관계인가요?(에 2장)
5. 에스더는 왕과 함께 (   )도 잔치에 초청하였다(에 5장).
6. "내 생명을 내게 주시고 내 요구대로 내 민족을 내게 주소서." 이 말은 누가 누구에게 했으며, 어디에 기록되었는지 장과 절을 쓰십시오.
7. 유다인이 원수 하만의 손에서 벗어나 살게 된 날을 기념하여 지키는 절기는 무엇인가요?(에 9장)

(18) 욥기

1. "우스 땅에 사는 사람으로서 순진하고 정직하여 하나님을 경외하

며 악에서 떠난 자더라." 이 말은 누구를 가리켜 한 말인가요? (욥 1장)

2. 욥에게 "하나님을 욕하고 죽으라"고 한 사람은 누구인가요? (욥 2장)
3. "인생이 어찌 하나님보다 의롭겠느냐 사람이 어찌 그 창조하신 이보다 성결하겠느냐." 이 말은 누가 밤의 이상 중에 들었나요?(욥 4장)
4. "들나귀가 풀이 있으면 어찌 울겠으며 소가 꼴이 있으면 어찌 울겠느냐." 이 말은 누가 했나요? (욥 6장)
5. 욥기 8장에서 빌닷이 한 말의 의미는 무엇인가요?
6. "생명과 은혜를 내게 주시고 권고하심으로 내 영을 지키셨나이다." 이 말은 몇 장 몇 절에 있나요?
7. "만일 네가 마음을 바로 정하고 주를 향하여 손을 들 때에 네 손에 죄악이 있거든 멀리 버리라 불의로 네 장막에 거하지 못하게 하라." 이 말은 욥이 소발에게 한 말이다. 맞으면 ○표, 틀리면 ×표 하십시오(욥 11장). (　　)
8. "(　　　)과 (　　　)이 하나님께 있고 (　　　)과 (　　　)도 그에게 속하였나니"에 적당한 낱말은 무엇인가요? (욥 12장)
9. 엘리바스가 욥에게 무슨 죄악이 있다고 지적했나요? (욥 15장)
10. 욥은 엘리바스에게 무엇이라고 했나요? (욥 16장)
11. 빌닷이 두 번째 한 말의 요점은 무엇인가요? (욥 18장)
12. 악인이 하나님께 받은 분깃은 무엇인가요? (욥 20:20~29)
13. "너는 하나님과 화목하고 평안하라 그리하면 복이 네게 임하리라." 이 말은 몇 장 몇 절에 있나요?
14. "내가 그의 입술의 (　　　)을 어기지 아니하고 일정한 (　　　)

보다 그 입의 말씀을 귀히 여겼구나." ( )에 적당한 낱말은 무엇인가요?(욥 23장)

15. "그런즉 하나님 앞에서 사람이 어찌 의롭다 하며 부녀에게서 난 자가 어찌 깨끗하다 하랴." 이 말은 누가 했나요?(욥 25장)
16. "주를 경외함이 곧 지혜요, 악을 떠남이 명철이라." 이 말은 누가 했나요?(욥 28장)
17. 욥이 '자신의 현재의 역경' 을 기록한 장은 어디인가요?
18. "하나님이 사람에게 이 모든 일을 재삼 행하심은 그 영혼을 구덩이에서 끌어 돌이키고 생명의 빛으로 그에게 비취려 하심이니라." 이 말은 몇 장 몇 절에 있나요?
19. "인생에게 ( )이 있음은 사람으로 하여금 악행을 알게 하고, 교훈하고, 회개하게 하기 위함이다."
20. 여호와께서 욥에게 말씀하실 때 어디에서 하셨나요?(욥 38장)
21. 아래의 문장을 읽고 맞으면 ○표, 틀리면 ×표 하십시오.
    (1) 욥은 모든 어려움을 신앙과 인내로 이겼다. ( )
    (2) 욥은 딸들에게도 아들들과 같이 산업을 주었다. ( )
    (3) 욥은 이전 소유보다 갑절이나 더 많은 복을 받았다. ( )
    (4) 욥은 그후에 100년 정도 더 살고 죽었다. ( )
22. 욥이 결론적으로 여호와께 말한 마지막 말은 무엇인가요? (욥 42장)
23. 여미마는 누구인가요?(욥 42장)

(19) 시편

1. 시편에 대한 설명이다. 이중 틀리게 설명한 것은 어느 것인가요?

(가) 다윗 왕이 제일 많이 시편을 썼다.

(나) 5권의 시집으로 나뉜다.

(다) 솔로몬 왕이 두 번째로 많은 시편을 썼다.

(라) 그 주제는 아름다운 노래로 여호와를 찬양하리이다.

2. 의인의 길은 인정하시나 악인의 길은 어떻게 된다고 하였나요?(시 1편)
3. "(　　　) 은 여호와께 있사오니 주의 (　　　)을 주의 백성에게 내리소서." (　　　) 에 적당한 말은 무엇이며, 시편 몇 장 몇 절에 있는 말씀인가요?
4. 나를 안전하게 거하게 하시는 이는 누구인가요?(시 4편)
5. 다윗은 언제 주께 기도하고 바란다고 하였나요?(시 5편)
6. "여호와 우리 주여 주의 이름이 온 땅에 어찌 그리 아름다운지요"가 두 번 나오는 두 절은 각각 몇 장 몇 절인가요?
7. 악인은 스스로 마음에 이르기를 요동치 아니하며 무엇을 당치 아니한다고 하였나요?(시 10편)
8. 어떤 자가 여호와의 얼굴을 뵙는다고 하였나요?(시 11편)
9. 여호와의 말씀은 흙 도가니에 무엇과 같다고 하였나요?(시 12편)
10. "비루함이 인생 중에 높아지는 때에 악인이 처처에 횡행하는도다." 이 말씀은 몇 편 몇 절에 있는 말씀인가요?
11. 어떠한 자가 어리석은 자인가요?(시 14편)
12. 하나님이 하늘에서 굽어 살펴본 인생들의 형편이 어떠했나요?(시 14편)
13. 시편 15편에서 주의 성산에 거할 자를 몇 가지로 열거하고 있나요?
14. 어떠한 자에게 괴로움이 더할 것이라고 하였나요?(시 16편)

15. 다윗은 어떠한 입술에서 나오는 기도를 드린다고 했나요? (시 17편)

16. "나의 힘이 되신 여호와여 내가 주를 사랑하나이다"라고 고백한 사람은 누구인가요? (시 18편)

17. 시편 18편 가운데 '반석', '요새', '해', '방패', '산성' 등은 누구를 가리켜 한 말인가요?

18. "(　　　　)이 하나님의 (　　　　)을 선포하고 (　　　　)이 그 손으로 하신 (　　　　)을 나타내는도다." 이 말씀은 몇 편 몇 절에 있으며 (　)에 적당한 낱말은 각각 무엇인가요?

19. 관계있는 것끼리 연결하십시오(시 19편).

(1) 여호와의 율법	(가) 마음을 기쁘게 함
(2) 여호와의 증거	(나) 눈을 밝게 함
(3) 여호와의 교훈	(다) 영혼을 소성케 함
(4) 여호와의 계명	(라) 지혜롭게 함

20. 병거나 말을 의지하는 사람이 있는 반면에 다윗은 무엇을 자랑한다고 하였나요? (시 20편)

21. "여호와여 왕이 주의 힘을 인하여 기뻐하며 주의 구원을 인하여 크게 즐거워하리이다." 이 말씀은 몇 편 몇 절에 있는가요?

22. 하나님께서는 이스라엘이 무엇을 할 때 그 가운데 거하신다고 하였나요? (시 22편)

23. 어떠한 자가 먹고 배부를 것이라고 하였나요? (시 22편)

24. 시편 23편에서 누가 누구를 가리켜 '나의 목자'라고 했나요?

25. 사망의 음침한 골짜기로 다닐지라도 왜 두려워하지 아니한다고 하였나요? (시 23편)

26. 목자가 양을 안전하게 보호하기 위하여 사용하는 도구는 무엇이라고 했나요?(시 23편)

27. 여호와의 산에 오를 자의 조건이 아닌 것은 무엇인가요?(시 24편)

(가) 손이 깨끗한 자 (나) 마음이 청결한 자

(다) 몸을 조심하는 자 (라) 거짓 맹세치 아니하는 자

28. 다윗은 외롭고 괴롭사오니 내게 돌이키사 어떻게 해 달라고 하였나요?

29. 다윗은 어느 곳을 사랑한다고 했나요?(시 26편)

30. 다윗은 왜 "내가 누구를 무서워하리요" 하고 말하였나요? (시 27편)

31. "주의 백성을 ( ) 하시며 주의 ( )에 복을 주시고 또 저희의 ( )가 되사 영원토록 드십소서." 이 말씀은 몇 편 몇 절에 있으며 ( )에 적당한 낱말은 무엇인가요?

32. 시편 29편에 7번 반복적으로 나오는 단어는 무엇인가요?

33. ( )의 사함을 얻고 그 ( )의 가리움을 받은 자는 복이 있도다(시 32편).

34. 정직한 자의 마땅히 할 바는 무엇인가요?(시 33편)

35. 의인은 무엇이 많으나 여호와께서 건지신다고 하였나요?(시 34편)

36. "원수들이 '아하, 소원 성취하였다' 하지 못하게 하소서"는 누가 한 말인가요?(시 35편)

37. 생명의 원천이 어디에 있다고 했나요?(시 36편)

38. "내가 어려서부터 늙기까지 ( )이 버림을 당하거나 그 ( )이 걸식함을 보지 못하였도다." 이 말씀은 몇 편 몇 절에 있으며 ( ) 에 적당한 낱말은 무엇인가요?

39. "하나님이여 (　　　　) 이 (　　　　)을 찾기에 갈급함같이 내 (　　　)이 주를 찾기에 갈급하니이다" (시 42편).
40. 시편 42편에서 3번씩이나 내 영혼이 어찌한다고 하였나요?
41. 시편 45편에서 왕과 왕후를 무엇으로 꾸민다고 했나요?
42. 언제 하나님이 도우신다고 하였나요? (시 46편)
43. 누가 우리의 피난처라고 하셨나요? (시 46편)
44. 하나님은 우리를 언제까지 인도하시나요? (시 48편)
45. "(　　) 날에 나를 부르라 내가 너를 건지리니 네가 나를 (　　　) 롭게 하리로다" (시 50편).
46. 하나님이 구하시는 제사(예배)는 무엇인가요? (시 51편)
47. 시편 52편에서 악한 자의 혀를 무엇에다 비유했나요?
48. 어리석은 자는 그 마음에 이르기를 무엇이 없다 하였나요? (시 53편)
49. "네 (　　　　)을 여호와께 맡겨 버리라 너를 붙드시고 (　　　)의 (　　　　) 함을 영영히 허락지 아니하시리로다." 이 말씀은 시편 몇 편 몇 절에 있으며 (　　)에 적당한 낱말은 무엇인가요?
50. "내가 하나님을 의지하였은즉 (　　　　) 아니하리니 (　　　) 이 내게 어찌하리이까?" (시 56편)
51. 악한 자가 의로운 자 앞에 웅덩이를 팠으나 결국 어떻게 된다고 했나요? (시 57편)
52. "주는 나의 (　　　　) 이시며 나의 (　　　　) 날에 (　　　　) 심이니이다." (　　)에 적당한 낱말은 무엇인가요? (시 59편)
53. 다윗은 모압을 가리켜 내 무엇이라 했나요? (시 60편)
54. 다윗은 자신을 어디로 인도해 달라고 부르짖었나요? (시 61편)

55. “주의 인자가 생명보다 나으므로 내 입술이 주를 찬양할 것이라.” 이 말씀은 몇 편 몇 절에 있나요?

56. 어떠한 자가 자랑한다고 하였나요? (시 64편)

57. 시편 65편의 중심 내용은 무엇인가요?

58. “내가 내 (　　　　) 에 (　　　　) 을 품으면 주께서 듣지 아니하시리라.” 이 말씀은 시편 몇 편 몇 절에 있으며 (　　　　) 에 적당한 낱말은 무엇인가요?

59. “날마다 우리 짐을 지시는 주 곧 우리의 구원이신 하나님을 찬송할지로다.” 이 말씀은 몇 편 몇 절에 있나요?

60. “하나님은 고아의 (　　　　) 시며 과부의 (　　　　) 이시라” (시 68편).

61. “내가 내 형제에게는 객이 되고 내 모친의 자녀에게는 외인이 되었나이다.” 누구의 고백인가요? (시 69편)

62. 다윗은 “아하 아하 하는 자는 자기 수치를 인하여 물러가게 하소서”라고 기도했다. 맞으면 ○표, 틀리면 ×표 하십시오(시 70편). (　　)

63. “살짐으로 저희 눈이 솟아나며.” 이 말은 누구를 가리키나요? (시 73편)

64. “내가 항상 주와 함께하니 주께서 내 오른손을 붙드셨나이다.” 무엇으로 인도하신다고 했나요? (시 73편)

65. “저가 그 마음의 성실함으로 기르고 그 손의 공교함으로 지도하였도다.” 이 말씀은 몇 편 몇 절에 있나요?

66. “우리 (　　　　)의 하나님이여 주의 이름의 (　　　　)을 위하여 우리를 도우시며 주의 이름을 위하여 우리를 건지시며 우리

(   )를 사하소서." (   )에 적당한 낱말은 무엇이며 몇 편 몇 절에 있는 말씀인가요?

67. 적당한 낱말을 넣으십시오(시 83편).
"여호와라 이름하신 (   )만 온 세계의 (   )로 알게 하소서".

68. (1) "주의 (   )에 거하는 자"
(2) "주께 (   )을 얻고 그 마음에 시온의 대로가 있는 자"
(3) "주께 (   )하는 자" 는 (   ) 이 있나이다.
(   )에 적당한 낱말을 넣으십시오(시 84편).

69. 하나님께서 우리에게 주시는 '은총의 표징' 을 보이시면 우리를 미워하는 자가 보고 어떻게 된다고 했나요? (시 86편)

70. "우리의 연수가 칠십이요, 강건하면 팔십이라도 그 연수의 자랑은" 무엇이라 했나요? (시 90편)

71. "저가 나를 (   ) 한즉 내가 저를 건지리라 저가 내 (   )을 안즉 내가 저를 높이리라." (   )에 적당한 낱말은 무엇이며, 몇 편 몇 절에 있는 말씀인가요?

72. "이 땅의 충성된 자를 살펴" 어떻게 하신다고 했나요? (시 101편)

73. 시편 기자는 "내 뼈가" 어떻게 되었다고 했나요? (시 102편)

74. 시편 104편 28~29절은 무엇에 관하여 말하고 있나요?

75. "나는 (   ) 하나 저희는 도리어 나를 (   ) 하니 나는 (   ) 할 뿐이라." (   )에 적당한 말은 무엇이며, 이 말씀은 시편 몇 편 몇 절에 있나요?

76. 지혜의 근본은 무엇인가요? (시 111편)

77. 어떤 사람이 잘되며 영영히 요동치 않나요? (시 112편)

78. 우상에 대하여 어떻게 설명하고 있나요?(시 115편)

79. 시편 119편에서 어떠한 자가 복이 있다고 하였나요?

80. 청년이 무엇으로 그 행실을 깨끗게 할 수 있다고 하였나요? (시 119편)

81. 다음 A항과 관계있는 B항의 번호를 쓰십시오(시 119편).

A항	B항
(1) 고난으로 배움	(가) 주의 법
(2) 종일 묵상	(나) 주의 말씀의 맛
(3) 내 발의 등, 내 길에 빛	(다) 주의 율례
(4) 꿀보다 더 달다	(라) 주의 말씀

82. "여호와께서 너를 지켜 모든 ( )을 면케 하시며 또 네 ( )을 지키시리로다 여호와께서 너의 ( )을 지금부터 영원까지 지키시리로다." ( )에 적당한 낱말은 무엇이며, 이 말씀은 시편 어디에 있나요?

83. 예루살렘(교회)을 사랑하는 자는 어떻게 되는가요?(시 122편)

84. "눈물을 흘리며 씨를 뿌리는 자는 기쁨으로 거두리로다"라는 말씀은 몇 장 몇 절에 있나요?

85. 여호와께서 그 사랑하는 자에게 무엇을 주신다고 했나요? (시 127편)

86. "결실한 포도나무"와 "어린 감람나무"는 각각 무엇을 비유하고 있나요?(시 128편)

87. 시온을 미워하는 자는 무엇과 같나요?(시 129편)

88. "( )가 연합하여 ( ) 함이 어찌 그리 선하고 아름다운고." ( )에 적당한 낱말은 무엇이며, 이 말씀은 어디에 있나요?

89. 시편 136편은 무엇을 노래하고 있나요?

90. 시편 137편 2절에서 수금을 버드나무에 걸었다는 뜻은 무엇인가요?

91. 여호와는 어디에서도 교만한 자를 아신다고 하였나요?(시 138편)

92. 시편 139편에서 오장육부를 가리키는 단어는 무엇인가요?

93. 어떠한 자가 세상에서 굳게 서지 못한다고 하였나요?(시 140편)

94. 의인이 나를 칠지라도 무엇으로 여긴다고 하였나요?(시 141편)

95. "여호와여 내 입 앞에 ( )을 세우시고 내 입술의 ( )을 지키소서." 이 말씀은 누구의 말이며 ( )에 적당한 낱말은 무엇인가요?(시 141편)

96. 주를 향하여 손을 펴고 내 영혼이 무엇과 같이 주를 사모한다고 하였나요?(시 143편)

97. 궁전의 식양대로 아름답게 다듬은 모퉁이 돌은 무엇을 가리키나요?(시 144편)

98. 우리의 날은 지나가는 무엇과 같다고 하였나요?(시 144편)

99. 무엇을 측량치 못하리라고 하였나요?(시 145편)

100. 내 생전에 여호와를 어떻게 한다고 하였나요?(시 146편)

101. 여호와의 이름을 찬양할 이유가 무엇이라고 했나요?(시 148편)

102. "여호와께서는 자기 ( )을 기뻐하시며 겸손한 자를 ( )으로 아름답게 하심이로다." ( )에 적당한 낱말을 쓰십시오(시 149편).

103. 시편의 마지막 결론은 무엇인가요?

104. 솔로몬이 쓴 두 편의 시편은 무엇인가요?

105. 모세가 "우리의 년수가 칠십이요 강건하면 팔십이라"고 한 시편

은 제 몇 편인가요?

(20) 잠언

1. 잠언서의 주제가 되는 구절은 몇 장 몇 절인가요?
2. 하나님께서는 정직한 자를 위하여 무엇을 예비하신다고 하였나요? (잠 2장)
3. 행실이 온전한 자를 위하여 여호와께서는 무엇이 되어 주신다고 하였나요? (잠 2장)
4. 명철을 의지하지 말고 범사에 여호와를 어떻게 하라고 하였나요? (잠 3장)
5. 지혜는 무엇보다 귀하다고 했나요? (잠 3장)
6. 이웃이 곁에서 안연히 살거든 어떻게 하라고 했나요? (잠 3장)
7. 어떻게 하면 하나님께서 우리를 영화롭게 하신다고 하였나요? (잠 4장)
8. 잠언 4장 20~27절에서 지킬 것 네 가지는 무엇인가요?
9. 잠언 5장 15절의 우물은 무엇을 비유해서 말씀하신 것인가요?
10. 여호와의 미워하시는 것 일곱 가지가 기록된 장, 절을 쓰십시오.
11. 잠언 6장에서는 도적질한 것의 몇 배를 갚으라고 하였고, 누가복음 19장에서는 몇 배를 갚는다고 하였나요?
12. "여호와를 경외하는 것은 악을 미워하는 것이라 나는 교만과 거만과 악한 행실과 패역한 (　　　) 을 미워하느니라." (　　)에 적당한 말은 무엇이며, 몇 장 몇 절의 말씀인가요?
13. 음녀를 따라가는 자는 필경 어디에까지 이르게 된다고 하였나요? (잠 7장)

14. 악을 미워하는 방법은 무엇이라고 하였나요?(잠 8장)

15. 지혜 있는 자에게 무엇을 더하면 더욱 지혜로워질 것이라고 하였나요?(잠 9장)

16. 지혜 있는 자는 (　　　)을 좋아하고 거만한 자는 (　　　)을 싫어한다(잠 9장).

17. "(　　　)를 좋아하는 자는 (　　　)하여질 것이요 남을 (　　　)하게 하는 자는 윤택하여지리라." (　　　)에 적당한 말은 무엇이며, 몇 장 몇 절의 말씀인가요?

18. "입을 지키는 자는 그 생명을 (　　　) 하나 입술을 크게 벌리는 자에게는 (　　　) 이 오느니라."(　　)에 적당한 말은 무엇이며, 몇 장 몇 절에 있는 말씀인가요?

19. 자식을 진정으로 사랑하는 자는 어떻게 하나요?(잠 13장)

20. 유순한 대답은 무엇을 쉬게 한다고 했나요?(잠 15장)

21. 교만은 무엇의 선봉이라고 했나요?(잠 16장)

22. 사람의 죽고 사는 것은 어디에 달렸다고 했나요?(잠 18장)

23. "사람의 영혼은 여호와의 등불이라 사람의 깊은 속을 살피느니라." 몇 장 몇 절의 말씀인가요?

24. "마땅히 행할 길을 어른에게 가르치라고 하였다." 맞으면 ○표, 틀리면 ×표 하십시오(잠 22장). (　　)

25. 잠언 23장에서 사고서 팔지 말아야 할 것 세 가지는 무엇인가요?

26. 잠언 23장 29절 이하에서는 무엇에 대하여 경고하고 있나요?

27. 어떤 사람이 일곱 번 넘어져도 다시 일어나나요?(잠 24장)

28. 히스기야의 신하들이 편집한 잠언은 몇 장부터 몇 장까지인가요?

29. 경우에 합당한 말은 아로새긴 은쟁반에 무엇이라고 하였나요?

(잠 25장)

30. 다음 A항과 관계있는 B항의 기호를 쓰십시오(잠 26장).

A항	B항
(1) 아첨하는 일(　　)	(가) 토한 것을 도로 먹음
(2) 미련한 자의 등(　　)	(나) 자갈
(3) 나귀(　　)	(다) 패망
(4) 개(　　)	(라) 막대기
(5) 말(　　)	(마) 채찍

31. "너는 내일 일을 (　　　) 하지 말라" (잠 27장).
32. "가까운 이웃이 먼 (　　)보다 나으니라." (　)에 적당한 말은 무엇인가요? (잠 27장)
33. "(　　)은 쫓아오는 없어도 (　　　) 하나 (　　)은 (　　　) 같이 담대하니라" (잠 28장).
34. 잠언 28장에 나오는 짐승 둘은 무엇무엇인가요?
35. 가난한 자를 구제하는 자는 무엇 하지 아니한다고 하였나요? (잠 28장)
36. 의인이 많아지면 백성이 어떠하다고 하였나요? (잠 29장)
37. 야게의 아들 아굴이 쓴 잠언은 몇 장인가요?
38. 잠언 30장에서 저자가 죽기 전에 주께 달라고 구한 두 가지는 무엇인가요?
39. 심히 기이히 여기고도 깨닫지 못하는 것 네 가지 자취는 무엇이라고 했나요? (잠 30장)
40. "땅에 작고도 가장 지혜로운 것" 네 가지는 무엇인가요? (잠 30장)
41. 네 힘을 누구에게 쓰지 말라고 하였나요? (잠 31장)

42. 현숙한 여인의 값은 무엇보다 더하다고 했나요?(잠 31장)

43. 오직 어떠한 여자가 칭찬을 받는다고 하였나요?(잠 31장)

(21) 전도서

1. "해 아래에는 새 것이 없다" 라는 말은 누가 했나요?(전 1장)
2. "하나님이 모든 것을 지으시되 때를 따라 아름답게 하셨고 또 사람에게 (　　　) 을 사모하는 마음을 주셨느니라 그러나 하나님의 하시는 (　　) 의 시종을 사람으로 측량할 수 없게 하셨도다." (　　) 에 알맞은 낱말을 쓰고, 몇 장 몇 절인지 쓰십시오.
3. 전도서 4장 9~12절 말씀은 무엇을 뜻하나요?
4. 가난하여도 지혜로운 소년은 무슨 왕보다 낫다고 하였나요? (전 4장)
5. "말씀을 듣는 것이 우매자의 제사 드리는 것보다 못하다." 맞으면 ○표, 틀리면 ×표 하십시오(전 5장). (　　)
6. 재산이 많은 자의 유익이 무엇이라고 했나요?(전 5장)
7. 무엇 하는 것이 서원하고 갚지 아니하는 것보다 낫다고 하였나요? (전 5장)
8. "눈으로 보는 것이 심령의 공상보다 나으나 이것도 헛되어 바람을 잡으려는 것이로다." 몇 장 몇 절의 말씀인가요?
9. 우리는 일평생을 어떻게 보낸다고 하였나요?(전 6장)
10. 우매자의 마음은 어디에 가 있다고 하였나요?(전 7장)
11. 다음 A항과 관계있는 B항의 번호를 쓰십시오(전 7장).

A항	B항
(1) 보배로운 기름	(가) 슬픔

(2) 출생하는 날　　　　　　(나) 초상집에 가는 것

(3) 잔칫집에 가는 것　　　　(다) 죽는 날

(4) 웃음　　　　　　　　　(라) 아름다운 이름

12. 뇌물이 무엇을 망하게 한다고 했나요?(전 7장)

13. 사람이 주장할 수 없는 것이 무엇인가요?(전 8장)

14. "무릇 (　　) 이 일을 당하는 대로 (　　)을 다하여 할지어다"
(　)에 적당한 낱말은 무엇이며, 몇 장 몇 절의 말씀인가요?

15. 다음 A항과 관계있는 B항의 번호를 쓰십시오(전 10장).

A항	B항
(1) 죽은 파리(　　)	(가) 오른편에
(2) 적은 우매(　　)	(나) 지혜와 존귀로 패하게
(3) 지혜자의 마음(　　)	(다) 향기름으로 악취나게
(4) 우매자의 마음(　　)	(라) 큰 허물을 경하게
(5) 우매자(　　)	(마) 왼편
(6) 공순(　　)	(바) 자기의 우매한 것을 말함

16. "너는 네 식물을 물 위에 던지라." 그리하면 어떻게 된다고 했나요?(전 11장)

17. 우리는 무슨 하나님의 일을 알지 못한다고 하였나요?(전 11장)

18. "청년의 때 곧 곤고한 날이 이르기 전에" 무엇을 기억하라고 했나요?(전 12장)

19. 집을 지키는 자들은 우리 신체의 어느 부분을 가리키나요? (전 12장)

20. "하나님을 경외하고 그 명령을 지킬지어다 이것이 (　　　)의 (　　　) 이니라 하나님은 모든 (　　) 와 모든 (　　)을 선악간

에 심판하시리라." (　)에 적당한 낱말은 무엇이며, 몇 장 몇 절의 말씀인가요?

21. 지혜자의 말씀은 무엇과 같다고 하였나요?(전 12장)
22. 모든 무엇을 선악간에 심판하시리라고 하셨나요?(전 12장)
23. 전도서에 29회나 나오며 하나님을 믿지 않는 불신자들의 세계를 가리키는 이 말은 무엇인가요?

(22) 아가서

1. 아가서의 저자는 누구인가요?(아 1장)
2. 아가서 2장에서 "사랑" 이란 말이 나오지 않는 절을 쓰십시오.
3. 아가서 3장에서 "사랑하는 자" 라는 말이 나오는 절은 어디인가요?
4. 아가서 4장에서 신랑이 신부에 대하여 아름다움을 칭찬한 내용이 모두 몇 가지인가요?
5. 아가서 4장에서 나오는 나아만 장군과 관계가 있는 강의 이름은 무엇인가요?
6. "내가 옷을 벗었으니 어찌 다시 입겠으며 내가 발을 씻겼으니 어찌 다시 더럽히랴." 이 말씀은 무엇을 뜻하고 있나요?(아 5장)
7. "사랑은 (　　) 같이 강하고 투기는 (　　) 같이 잔혹하며 불같이 일어나니 그 (　　) 가 여호와의 불과 같으니라." (　　)에 적당한 낱말은 무엇이며 어디에 있는 말씀인가요?

(23) 이사야

1. 다음의 왕들 중 이사야 시대에 살던 왕이 아닌 사람은 누구인가요?(사 1장)

(가) 웃시야 (나) 히스기야 (다) 아하스 (라) 솔로몬

2. "너희는 인생을 의지하지 말라" 는 말씀이 몇 장 몇 절에 있으며 그 이유로서 "그의 호흡" 이 어디에 있다고 했나요?
3. 시온의 딸들이 어디에 딱지가 생기겠다고 했나요?(사 3장)
4. "그들에게 공평을 바라셨더니 도리어 포학이요 그들에게 의로움을 바라셨더니 도리어 부르짖음이었도다" 라고 한 것은 ( ) 족속과 ( ) 사람을 가리키는 말이다(사 5장).
5. "내가 누구를 보내며 누가 우리를 위하여 갈꼬" 할 때 "내가 여기 있나이다 나를 보내소서" 라고 이사야가 대답한 성경 구절은 몇 장 몇 절에 있나요?
6. 이사야의 두 아들의 이름은 무엇인가요?(사 7~8장)
7. "이는 한 아기가 우리에게 났고 한 아들을 우리에게 주신 바 되었는데 그 어깨에는 정사를 메었고 그 이름은 ( ) 라, ( ) 라, 전능하신 ( ) 이라, 영존하시는 ( ) 라, 평강의 ( ) 이라 할 것 임이니라." ( )에 적당한 낱말을 넣으십시오(사 9장).
8. "이새의 줄기에서 한 싹이 나며 그 뿌리에서 한 가지가 나서 결실할 것" 이라 했는데 이는 무엇을 가리키는 말인가요?(사 11장)
9. 관계있는 것끼리 연결하십시오.

(1) 이리	(가) 어린아이
(2) 표범	(나) 어린양
(3) 곰	(다) 어린 염소
(4) 독사	(라) 암소

10. 열국의 영광이요 갈대아 사람의 자랑하는 노리개가 된 나라는 어느 나라인가요?(사 13장)

11. 15장은 (　　　)에 대한 경고이다.

12. "이는 네가 자기의 (　　　　)의 하나님을 잊어버리며 자기의 (　　　)의 반석을 마음에 두지 않은 까닭이라." (　　)에 적당한 낱말을 넣으십시오(사 17장).

13. 3년 동안 벗은 몸과 벗은 발로 행하여 애굽과 구스에 예표와 기적이 되게 한 선지자는 누구인가요?(사 20장)

14. "네 옷을 그에게 입히며 네 띠를 그에게 띠워 힘있게 하고 네 정권을 그의 손에 맡기리니" 에서 그는 누구를 가리키나요?(사 22장)

15. 주께서 어떤 사람을 "평강에 평강으로 지키시리라" 고 하셨나요?(사 26장)

16. "나는 공평으로 줄을 삼고 의로 추를 삼으니" 라는 말씀은 몇 장 몇 절에 있나요?

17. "슬프다 아리엘이여" 에서 아리엘은 무엇을 가리키는 말인가요?(사 29장)

18. "그러나 여호와께서 가다리시나니 이는 너희에게 (　　　)를 베풀려 하심이요 일어나시리니 이는 너희를 (　　　)히 여기려 하심이라" 는 말씀은 몇 장 몇 절에 있으며, (　　)에 적당한 낱말은 무엇인가요?

19. "의의 공효는 화평이요 의의 결과는 영원한 평안과 안전이라." 몇 장 몇 절에 있는 말씀인가요?

20. 34장에 나오지 않는 동물은 무엇인가요?

(가) 양 · 소　　　　　(나) 당아 · 고슴도치

(다)부엉이 · 솔개　　　　　(라) 말 · 나귀

21. "애굽은 상한 갈대 지팡이와 일반이라." 맞으면 ○표, 틀리면 ×

표 하십시오(사 36장). (　　)

22. "그런즉 바라건대 당신은 이 남아 있는 자를 위하여 기도하라." 이 말은 누가 누구에게 한 말인가요? (사 37장)

(가) 하나님－이사야　　(나) 히스기야－이사야

(다) 엘리야김－이사야　　(라) 랍사게－이사야

23. 히스기야가 병들어 죽게 되었을 때 기도함으로 몇 년이나 더 수한을 연장받았나요? (사 38장)

24. "풀은 마르고 꽃은 시드나 우리 하나님의 말씀은 영영히 서리라"는 말씀은 이사야 몇 장 몇 절에 있나요?

25. "(　　　) 내가 너와 함께함이니라 (　　　) 나는 네 하나님이 됨이니라 내가 너를 굳세게 하리라 참으로 너를 (　　　) 참으로 나의 의로운 오른손으로 너를 (　　　)." (　) 안에 적당한 말은 무엇인가요? (사 41장)

26. "상한 갈대를 꺾지 아니하며 꺼져 가는 등불을 끄지 아니하고 진리로 공의를 베풀 것이며." 이 말씀은 이사야 몇 장 몇 절에 있나요?

27. "너는 내 것이라"에서 '너'는 누구를 가리키나요? (사 43장)

28. 하나님께서 누구의 오른손을 잡고 열국으로 그 앞에 항복하게 하시겠다고 하였나요? (사 45장)

29. 이사야 46장 6~7절에 나오는 "그것"은 무엇을 가리키는 말인가요?

30. 여호와께서는 우리에게 어떻게 되도록 가르치신다고 하였나요? (사 48장)

31. "나 여호와는 네 (　　)요 네 (　　)요 야곱의 전능자인 줄 알리라." (　) 안에 적당한 말을 넣으십시오(사 49장).

32. 다음 구절들을 성경에 기록된 순서대로 그 번호를 쓰십시오. (사 51장)

(1) 아브라함이 혈혈단신으로 있을 때

(2) 광야로 에덴 같고

(3) 사라를 생각해 보라

(4) 여호와를 찾아 구하는 너희는

33. "그가 찔림은 우리의 허물을 인함이요 그가 상함은 우리의 죄악을 인함이라." 여기서 '그'는 (   )을 가리킨다(사 53장).

34. 다음 A항과 관계있는 것을 B항에서 찾아 기호를 쓰십시오(사 51~55장).

A항	B항
(1) 물( )	(가) 살리라
(2) 젖( )	(나) 나아오라
(3) 즐거움( )	(다) 사라
(4) 들으라( )	(라) 얻으리라
(5) 찾으라( )	(마) 긍휼히 여기시리라
(6) 부르라( )	(바) 용서하시리라
(7) 돌아오라( )	(사) 가까이 계실 때
(8) 나아오라( )	(아) 만날 만한 때

35. "내 집은 만민의 기도하는 집이라." 몇 장 몇 절에 있는 말씀인가요?

36. 이사야 58장에 보면 7번 나오는 말이 있다. 무엇인가요?

37. 무엇이 하나님과 우리 사이를 갈라 놓았으며, 손가락이 더러워진 것은 무엇인가요? (사 59장)

38. "일어나라 빛을 발하라 이는 네 빛이 이르렀고 여호와의 영광이 네 위에 임하였음이니라"는 말씀은 몇 장 몇 절에 있나요?

39. 하나님께서 우리와의 관계를 무엇으로 비유하셨나요? (사 62장)

40. '헵시바' 라는 말은 무엇을 가리키는 말인가요? (사 62장)

41. "아브라함은 우리를 모르고 이스라엘은 우리를 인정치 아니할지라도 여호와여 주는 우리의 아버지가 아니라." 맞으면 ○표, 틀리면 ×표 하십시오(사 63장). (   )

42. "그러나 여호와여 주는 우리 아버지시니이다 우리는 (   ) 이요 주는 (   ) 시니 우리는 다 주의 손으로 지으신 것이라." ( )에 적당한 말을 넣으십시오(사 64장).

43. 누가 먹고 마시며, 기뻐하며 노래한다고 했나요? (사 65장)

44. 이리와 어린양이 함께 먹으며 해함도 상함도 없는 곳은 (   ) 이다(사 65장).

45. "뼈가 연한 풀의 무성함 같으리라" 고 하신 말씀은 무슨 뜻인가요? (사 66장)

(24) 예레미야

1. 예레미야는 베냐민 땅 아나돗의 제사장 중 (   )의 아들이다(렘 1장).

2. 하나님께서 예레미야에게 보여 주신 두 가지 표적은 무엇인가요?

3. "생수의 근원 되는 나를 버린 것과 스스로 웅덩이를 판" 두 가지 악을 행한 것은 누구인가요? (렘 2장)

4. "예루살렘아 네 마음의 (   )을 씻어 버리라 그리하면 (   ) 을 얻으리라." ( )에 적당한 낱말을 넣으십시오(렘 4장).

5. 예루살렘 거리에서 공의를 구하며 진리를 구하는 자 몇 사람만 찾으면 사하겠다고 하셨나요?

6. 3번씩이나 기도하지 말라고 한 말씀이 있는데 몇 장 몇 절인가요?

7. 예레미야 9장에 보면 "자랑치 말라" 고 한 말씀이 있는데 거기에 해당되지 않는 것은 무엇인가요?

(가) 지혜 (나) 용맹 (다) 부 (라) 능력

8 예레미야 13장에서 "띠" 는 무엇을 비유하고 있나요?

9. 철과 놋은 어느 나라를 가리키나요?(렘 15장)

10. 누구로 인하여 유다를 세계 열방 중에 흩으리라고 하였나요? (렘 15장)

11 '하지 말라' 고 한 것이 아닌 것은 무엇인가요?(렘 16장)

(가) 자녀를 두지 말라

(나) 먹거나 마시지 말라

(다) 애곡하지 말라

(라) 상가에 들어가지 말라

12. 무엇을 하면 성문에 불을 놓아 예루살렘 궁전을 삼키게 한다고 하였나요?(렘 17장)

13. 팔레스타인 지역의 농작물에 해가 되는 열풍을 무엇이라고 했나요?(렘 18장)

14. 이스라엘이 망할 것을 보여 주기 위해 깨뜨린 입구가 좁은 사기로 된 병은 무슨 병인가요?(렘 19장)

15. 시드기야 왕은 예레미야에게 무엇을 부탁하였나요?(렘 21장)

16. "내가 너희 앞에 생명의 길과 사망의 길을 두었노니" 라는 말씀은 몇 장 몇 절에 있나요?

17. 누구를 위하여 슬피 울라고 하였나요?(렘 22장)

18. 여호와의 말씀이 예레미야에게 몇 년 동안 임했다고 하였나요? (렘 25장)

19. 하나님은 열방으로 하여금 (　　) 왕을 섬기라고 했다(렘 25장).

20. 어떻게 하면 여호와 하나님께서 만나 주시겠다고 하셨나요?

21. "너희는 내 (　　)이 되겠고 나는 너희 (　　)이 되리라." 몇 장 몇 절에 있는 말씀이며 (　　)에 적당한 낱말은 무엇인가요?

22. 이땅에 공평과 정의를 실행할 "한 의로운 가지"가 어디서 나게 한다고 했나요?(렘 33장)

23. "그리하면 너희가 나의 너희와 너희 선조에게 준"에서 나와 너희는 각각 누구인가요?(렘 35장)

(가) 여호와 – 예레미야　　(나) 여호와 – 요나답

(다) 여호와 – 예루살렘 거민　　(라) 여호와 – 다윗

24. 예레미야를 시위대 뜰에 둔 왕은 (　　) 왕이었다(렘 38장).

25. 예레미야를 바벨론으로 옮기던 중 사슬을 풀고 해방시켜 준 사람은 누구인가요?(렘 40장)

26. 이스라엘 백성들의 5가지 악을 지적한 성경 구절은 어디인가요?

27. 48장에서 "나 여호와가 말하노라", "여호와의 말이니라"라는 말이 모두 몇 번 나오나요?

28. 이스라엘 백성을 무엇에 비유하였나요?(렘 50장)

29. "여호와께서 그 (　　)으로 땅을 지으셨고 그 (　　)로 세계를 세우셨고 그 (　　)로 하늘들을 펴셨으며." (　　)에 적당한 낱말을 넣으십시오(렘 51장).

(25) 예레미야애가

1. 저희가 나의 탄식을 들었으나 무엇을 할 자가 없다고 하였나요? (애 1장)
2. "우리가 스스로 행위를 조사하고 여호와께로 돌아가자"는 말씀은 예레미야애가 몇 장 몇 절인가요?
3. 여호와께서는 무릇 어떠한 자에게 선을 베푸신다고 하였나요? (애 3장)
4. "세상 열왕과 천하 모든 백성이 믿지 못하였도다"라고 했는데 무슨 일을 말하나요? (애 4장)
   (가) 자녀를 삶아 식물로 삼은 일
   (나) 여호와께서 분을 내시는 일
   (다) 의인의 피를 흘리는 일
   (라) 대적과 원수가 예루살렘 성문으로 들어간 일
5. 무엇으로 인하여 머리에서 면류관이 떨어졌다고 하였나요? (애 5장)

(26) 에스겔

1. 에스겔 선지자가 본 네 생물의 형상은 무엇무엇인가요? (겔 1장)
2. 여호와께서 에스겔에게 두루마리 책을 먹이셨는데 그 맛의 달기가 (   ) 같았다(겔 3장).
3. 다음 A항과 관계있는 것을 B항에서 골라 그 번호를 쓰십시오(겔 4~6장).

A항	B항
(1) 390일( )	(가) 좌편으로 누워 이스라엘 죄 담당

(2) 40일(　　)　　　(나) 우편으로 누워 유다 죄 담당
(3) 온역(　　)　　　(다) 먼 데 있는 자가 죽음
(4) 칼(　　)　　　(라) 가까운 데 있는 자가 엎드러짐

4. 8장에서 에스겔 선지가 본 불 같은 형상은 무엇을 격발케 하는 우상인가요?

5. '떨면서 식물을 먹고 놀라고 근심하면서 물을 마시라' 고 한 것은 이 땅 모든 거민의 강포를 인해서이다. 맞으면 ○표, 틀리면 ×표 하십시오(겔 12장). (　　)

6. "너희가 (　　) 한 것을 말하며 (　　) 된 것을 보았은즉 내가 너희를 치리라." (　　) 안에 적당한 낱말을 써 넣으십시오(겔 13장).

7. 다음 A항과 관계있는 것을 B항에서 골라 그 기호를 쓰십시오(겔 17장).

A항	B항
(1) 높은 나무(　　)	(가) 말리우고
(2) 낮은 나무(　　)	(나) 낮추고
(3) 푸른 나무(　　)	(다) 높이며
(4) 마른 나무(　　)	(라) 무성케 하심

8. 에스겔 21장에서 왜 슬피 탄식하라고 했나요?

9. 두 여인의 이름은 무엇이며, 각각 무엇을 상징하고 있나요?(겔 23장)

10. 항해자가 거한 유명한 성은 무엇을 가리키나요?(겔 26장)

11. 다음 A항과 관계있는 것을 B항에서 골라 그 기호를 쓰십시오(겔 31~33장).

A항	B항
(1) 애굽 땅(　　)	(가) 백향목

(2) 앗수르 사람(　　)　　　　(나) 악어
(3) 엘람(　　)　　　　(다) 황무한 땅
(4) 이스라엘(　　)　　　　(라) 할례받지 못한 자

12. "내가 한 목자를 그들의 위에 세워 먹이게 하겠다"라고 했는데 누구를 가리키나요?(겔 34장)
13. 여호와께서 이스라엘 족속을 모으고 정결케 하여 열조에게 준 (　　　　)에 거하게 하심은 하나님의 백성이 되게 하심이다(겔 36장).
14. 에스겔 골짜기의 뼈들이 살아 일어나서 큰 군대가 된 것은 무엇 때문인가요?(겔 37장)
15. 병기를 불 피워 사르되 얼마 동안이나 불을 피우라고 했나요?(겔 39장)
16. "에스겔이 하나님의 이상을 본 것은 사로잡힌 지 25년이요, 성이 함락된 후 15년이었다." 맞으면 ○표, 틀리면 ×표 하십시오(겔 40장). (　　)
17. 제단을 정결케 하기 위하여 며칠 동안 속죄제를 드리라고 했나요?(겔 43장)
18. "정월 십사 일에는 유월절 곧 칠일 절기를 지키며 누룩 없는 떡을 먹을 것이라." 몇 장 몇 절에 있는 말씀인가요?
19. 에스겔 46장 9절의 정한 절기는 무엇을 말하나요?
20. 성전 문지방 밑에서 흐르는 물은 일천 척을 측량할 때마다 어떻게 잠기었나요?(겔 47장)

(　　) – (　　) – (　　) – 창일

21. 소금 땅이 될 것은 무엇인가요?(겔 47장)

22. 새로 부르게 된 그 성읍의 이름은 무엇인가요?(겔 48장)

(27) 다니엘

1. 어느 나라가, 언제 예루살렘을 에워쌌으며, 다니엘이 누구에게 잡혀갔나요?(단 1장)
2. 바벨론에 잡혀간 유다 나라 네 소년의 이름은 무엇인가요?(단 1장)
3. "다니엘과 세 친구들은 왕의 진미를 먹고 얼굴이 더욱 아름다워졌다." 맞으면 ○표, 틀리면 ×표 하십시오(단 1장). (　　)
4. "너희 하나님은 참으로 모든 신의 신이요 모든 왕의 주재시로다." 이 말은 누가 한 말인가요?(단 2장)
5. 사드락, 메삭, 아벳느고가 들어갔던 풀무불을 평소보다 몇 배나 더 뜨겁게 하였나요?(단 3장)
6. 소처럼 풀을 뜯어 먹은 왕은 누구인가요?(단 4장)
7. "(　　) 그 이적이여, (　　) 그 기사여, 그 나라는 영원한 나라요 그 권병은 대대에 이르리로다." (　　) 안에 알맞은 말은 무엇이며, 이 말은 누가 하였나요?(단 4장)
8. "그의 일이 다(　　　) 하고 그의 행하심이 (　　　)로우시므로 무릇 (　　) 하게 행하는 자를 그가 능히 낮추심이니라." (　　)에 적당한 말을 쓰십시오(단 4장).
9. 다음 A항과 관계있는 것을 B항에서 골라 그 기호를 쓰십시오(단 5장).

A항	B항
(1) 메네 메네 데겔 우바르신(　　)	(가) 끝나게 하셨다
(2) 메네(　　)	(나) 부족함이 뵈었다
(3) 데겔(　　)	(다) 준 바 되었다

(4) 베레스(　　)　　　　　　　　　　(라) 손가락

10. 바벨론의 마지막 왕은 누구며, 누가 바벨론을 취하였나요?(단 5장)
11. 다니엘을 사자굴에 던지게 한 왕은 누구인가요?(단 6장)
12. 다니엘 7장에서 다니엘이 밤에 몇 가지 이상을 보았나요?
13. 다니엘에게 처음에 나타난 이상 후에 언제, 어디서, 무슨 이상을 다시 보여 주셨나요?(단 8장)
14. 두 뿔 가진 수양은 어느 나라 왕들이며, 털이 많은 숫염소는 어느 나라 왕인가요?(단 8장)
15. 예루살렘의 황무함이 70년 만에 마치리라는 것을 깨달았을 때 다니엘은 어떻게 했나요?(단 9장)
16. "주여 들으소서 주여 용서하소서 주여 들으시고 행하소서 지체치 마옵소서 나의 하나님이여 주 자신을 위하여 하시옵소서." 이 말씀은 몇 장 몇 절에 있나요?
17. 가브리엘이 다니엘에게 무엇을 주러 왔다고 하였나요?(단 9장)
18. "가로되 (　　)을 크게 받은 사람이여 두려워하지 말라(　　) 강건하라 (　　) 그가 이같이 내게 말하매 내가 곧 힘이 나서 가로되." (　　)에 적당한 낱말을 쓰십시오(단 10장).
19. 마지막 때 리비아 사람들은 어떻게 된다고 했나요?(단 11장)
20. 예수님께서 마태복음 24장 15절에서 인용하신 "멸망의 가증한 것이 거룩한 곳에 선 것을 보거든"이라는 구절은 몇 장 몇 절인가요?(단 11장)
21. "언약을 배반하고 악행하는 자를 궤휼로 타락시킬 것이나 오직 자기의 하나님을 아는 백성은 강하여 용맹을 발하리라." 몇 장 몇 절에 있는 말씀인가요?

22. 누가 구원받는다고 했나요?(단 12장)

23. "(   ) 있는 자는 궁창의 빛과 같이 빛날 것이요 많은 사람을 옳은 데로 돌아오게 한 자는 (   )과 같이 영원토록 비취리라." (   )에 적당한 낱말을 써 넣으십시오(단 12장).

24. 다니엘서에 나오는 두 천사장의 이름은 무엇인가요?

(28) 호세아

1. 호세아의 자녀가 아닌 사람은 누구인가요?(호 1~2장)

   (가)이스르엘　　(나)로루하마

   (다)로암미　　(라)루하마

2. 소망의 문을 삼은 곳은 어디인가요?(호 2장)

3. "호세아는 아내 (   )을 위하여 은 열 다섯 개와 보리 한 호멜 반을 주고 되찾아왔다." 맞으면 ㅇ표, 틀리면 ×표 하십시오(호 3장). (   )

4. "내 백성이 지식이 없으므로 망하는도다 네가 지식을 버렸으니 나도 너를 버려 내 제사장이 되지 못하게 할 것이요 네가 네 하나님의 율법을 잊었으니 나도 네 자녀들을 잊어버리리라." 몇 장 몇 절에 있는 말씀인가요?

5. 어디로 가지 말라고 했나요?(호 4장)

   (가) 유다, 이스라엘　　(나) 길갈, 벧아웬

   (다) 길갈, 에브라임　　(라) 유다, 길갈

6. 유다 백성들은 무엇을 옮기는 자와 같은가요?(호 5장)

7. "하나님께서는 하나님을 아는 것보다 번제를 더 원했다." 맞으면 ㅇ표, 틀리면 ×표 하십시오(호 6장). (   )

8. 뒤집지 않은 전병이란 무엇을 말하나요?(호 7장)

9. 저들의 패괴는 어느 시대와 같나요? 호 9장)

10. "너희가 자기를 위하여 ( )를 심고 긍휼을 거두라 지금이 곧 여호와를 찾을 때니 너희 묵은 땅을 기경하라 마침내 여호와께서 임하사 ( )를 비처럼 너희에게 내리시리라." ( )에 적당한 낱말은 무엇인가요?(호 10장)

11. 하나님의 기념 칭호는 무엇인가요?(호 12장)

(29) 요엘

1. 요엘서에 나타난 두 가지 재앙은 무엇무엇인가요?(욜 1장)

2. 옷을 찢지 말고 무엇을 찢으라고 하셨나요?(욜 2장)

3. 우리 하나님 여호와께로 돌아오는 자에게는 뜻을 돌이켜 무엇을 내리지 아니하신다고 하였나요?(욜 2장)

4. 누구든지 여호와의 이름을 부르는 자는 무엇을 얻는다고 하였나요?(욜 2장)

5. "너희는 ( )을 쳐서 ( )을 만들고 ( )을 쳐서 ( )을 만들지어다" (욜 3장).

6. 싯딤 골짜기에 대는 물은 어디서 나왔나요?(욜 3장)

(30) 아모스

1. 아모스 선지자의 본래 직업은 무엇이었나요?(암 1장)

2. 다음은 서너 가지 죄를 지은 나라들이다. 다음 A항과 관계있는 것을 B항에서 골라 그 기호를 쓰십시오.

A항 B항

(1) 다메섹(　　)	(가) 사로잡은 자를 에돔에 붙였음
(2) 가사(　　)	(나) 길르앗 압박
(3) 두로(　　)	(다) 칼로 그 형제를 쫓아감
(4) 에돔(　　)	(라) 형제의 계약을 기억지 아니함
(5) 암몬(　　)	(마) 에돔 왕의 뼈를 불사름
(6) 모압(　　)	(바) 아이 밴 여인의 배를 갈랐음
(7) 유다(　　)	(사) 은을 받고 의인을 팜
(8) 이스라엘(　　)	(아) 여호와의 율법 멸시

3. 아모스 2장 16절에서 그날에 벌거벗고 도망한다고 했는데 그날은 무슨 날을 말하나요?
4. "너희는 여호와를 찾으라 그리하면 살리라." 이 말씀은 몇 장 몇 절에 있나요?
5. 우리는 환난 날에 무엇 하기를 예비해야 하나요?(암 4장)
6. 이스라엘이 공법을 무엇으로 변하게 했나요?(암 6장)
7. 여호와께서 아모스에게 보이신 것은 무엇인가요?(암 7장)
8. "내가 기근을 땅에 보내리니 (　　)이 없어 주림이 아니요 (　　) 이 없어 갈함이 아니요 여호와의 (　　)을 듣지 못한 기갈이라." (　　) 에 적당한 낱말을 써 넣으십시오(암 8장).

(31)오바댜

1. 에돔이 독수리처럼 높이 오를지라도 여호와께서 어떻게 하신다고 하였나요?
2. 오바댜서를 읽고 A항과 관계있는 것을 B항에서 골라 그 기호를 쓰십시오.

A항	B항
(1) 야곱 족속(　　)	(가) 불꽃
(2) 요셉 족속(　　)	(나) 초개
(3) 에서 족속(　　)	(다) 불

3. 오바댜는 결국 어느 나라가 망하고, 그 나라를 누가 차지할 것이라고 하였나요?

(32) 요나

1. 요나는 여호와의 낯을 피하여 어디로 갔나요?(욘 1장)
2. 요나는 어느 민족 사람인가요?
3. 요나는 물고기 뱃속에서 며칠 동안 있었나요?(욘 1장)
4. 요나가 물고기 뱃속에서 한 일은 무엇인가요?(욘 2장)
5. 물고기는 요나를 어디에 토해냈나요?(욘 2장)
6. 니느웨 성은 큰 성이라 며칠 길이라고 하였나요?(욘 3장)
7. 요나는 니느웨로 가서 "(　　) 일이 지나면 니느웨가 무너지리라"고 했다(욘 3장).
8. "주께서는 은혜로우시며 자비로우시며 노하기를 더디 하시며 (　　)가 크시사 (　　)을 돌이켜 (　　)을 내리지 아니하시는 하나님이신 줄을 내가 알았음이니이다." (　　)에 적당한 낱말을 써넣으십시오(욘 4장).
9. 여호와께서 무엇을 준비하여 그늘을 지게 하셨나요?(욘 4장)
10. 하나님께서는 무엇을 준비하여 박넝쿨을 씹게 하셨나요?(욘 4장)
11. 니느웨에는 좌우를 분변치 못하는 자가 몇 명 있다고 하셨나요?(욘 4장)

(33) 미가

1. 모레셋 사람 미가 당시 유다 왕이 아니었던 사람은 누구인가요?(미 1장)

   (가) 요담　　(나) 아하스

   (다) 히스기야　　(라) 요시야

2. 이스라엘의 남은 자들을 모아 두기를 무엇과 같이 하리라고 하였나요?(미 2장)
3. "시온을 피로, 예루살렘을 죄악으로 건축하는도다." 몇 장 몇 절에 있는 말씀인가요?
4. "그들이 여호와의 ( )을 알지 못하며 그 ( )을 깨닫지 못할 것이라." ( )안에 적당한 낱말을 써 넣으시오(미 4장).
5. "베들레헴 에브라다야 너는 유다 족속 중에 작을지라도 이스라엘을 다스릴 자가 네게서 내게로 나올 것이라 그의 근본은 상고에, 태초에니라." 이 말씀은 예수님의 탄생에 관한 예언이다. 맞으면 ○표, 틀리면 ×표 하십시오(미 5장). ( )
6. "여호와께서 네게 구하시는 것이 오직 공의를 행하며 인자를 사랑하며 겸손히 네 하나님과 함께 행하는 것이 아니냐." 이 말씀은 몇 장 몇 절에 있나요?
7. 주는 갈멜 속 삼림에 거하는 주의 기업의 떼를 먹이시되 주의 무엇으로 먹이셨나요?(미 7장)

(34) 나훔

1. 니느웨에 대하여 경고한 두 선지자는 누구인가요?
2. 여호와는 누구를 결코 사하지 아니하신다고 하였나요?(나 1장)

3. "여호와는 (   ) 하시며 환난 날에 (   ) 이시라 그는 자기에게 (   ) 하는 자들을 아시느니라." (   )에 적당한 낱말을 써 넣으십시오(나 1장).

4. 나훔 2장에서는 어느 나라 멸망의 참상을 그리고 있나요?

5. 니느웨는 예로부터 무엇과 같다고 했나요?(나 2장)

(가) 물이 많은 바다　　　　(나) 물이 모인 못

(다) 물이 마른 강　　　　(라) 물이 마른 호수

6. 나훔 3장 1절에 "화 있을진저 피 성이여"라고 했는데 어느 성을 가리키나요?

(가) 유다　　(나) 애굽　　(다) 니느웨　　(라) 앗수르

7. 니느웨에 모여 있는 장사하는 하늘의 별보다 많은 사람들은 어떻게 된다고 하였나요?(나 3장)

(35) 하박국

1. '사납고 성급한 백성'은 누구를 가리키나요?(합 1장)

2. "그러나 의인은 그 믿음으로 말미암아 살리라." 이 말씀은 하박국 몇 장 몇 절에 있나요?

3. "오직 여호와는 그 (   )에 계시니 온 천하는 그 앞에서 (   )할지니라"(합 2장).

4. "여호와여 주는 주의 일을 이 수년 내에 (   )케 하옵소서 이 수년 내에 나타내시옵소서 진노 중에라도 (   )을 잊지 마옵소서." (   )에 적당한 낱말을 써 넣으십시오(합 3장).

5. 다음 중 하박국 3장에서 없다고 한 것이 아닌 것은 어느 것인가요?

(가) 포도나무 열매　　　　(나) 가시나무와 엉겅퀴

(다) 감람나무 소출　　　　　　(라) 외양간의 소

6. 여호와께서 우리의 발을 무엇과 같이 하신다고 하였나요?(합 3장)

(36) 스바냐

1. 스바냐는 어떤 혈족 계통의 선지자인가요?
2. 여호와의 큰 날에 없는 것은 무엇인가요?(습 1장)

(가) 환난과 고통의 날　　　　　(나) 황무와 패괴의 날

(다) 캄캄하고 어두운 날　　　　(라) 사랑과 화평의 날

3. 겸손과 공의를 구하는 자에게 여호와의 분노의 날에 어떻게 해 주신다고 하였나요?(습 2장)
4. "너의 하나님 여호와가 너의 가운데 계시니 그는 구원을 베푸실 전능자시라 그가 너로 인하여 기쁨을 이기지 못하여 하시며 너를 잠잠히 사랑하시며 너로 인하여 즐거이 부르며 기뻐하리라." 이 말씀은 몇 장 몇 절에 있나요?

(37) 학개

1. 여호와의 말씀이 학개에게 임한 날은 언제인가요?(학 1장)
2. 성전 건축의 태만의 결과로 많이 뿌릴지라도 수입이 어떠하다고 하였나요?(학 1장)
3. 예루살렘 성전 재건 당시 유다 총독은 누구인가요?(학 2장)
4. 하나님께서는 은도 금도 누구의 것이라고 하였나요?(학 2장)
5. 학개 2장 9절에서 이전 영광은 무엇을 말하며, 나중 영광은 무엇을 말하나요?

(38) 스가랴

1. 스가랴가 본 환상이 아닌 것은 무엇인가요?(슥 1~2장)
   (가) 홍마 (나) 네 뿔 (다) 척량 줄 (라) 불 성곽
2. "여호수아 앞에 세운 돌을 보라 한 돌에 일곱 별이 있느니라." 맞으면 ○표, 틀리면 ×표 하십시오(슥 3장). ( )
3. "이는 ( )으로 되지 아니하며 ( )으로 되지 아니하고 오직 나의 ( )으로 되느니라." ( )에 적당한 낱말을 써 넣으십시오(슥 4장).
4. 날아가는 두루마리는 무엇을 뜻하나요?(슥 5장)
5. 순이라 이름하는 사람이 자기 곳에서 돋아나서 ( )을 건축하리라고 했다(슥 6장).
6. "심중에 서로 해하기를 도모하지 말며 거짓 맹세를 좋아하지 말라 이 모든 일은 나의 미워하는 것임이니라." 이 말씀은 몇 장 몇 절에 있나요?
7. 금식이 변하여 기쁨과 즐거움과 희락의 절기가 될 때 오직 사랑해야 할 두 가지는 무엇인가요?(슥 8장)
8. 바다에서 바다까지 이르고 유브라데 강에서 땅 끝까지 이르는 것은 무엇인가요?(슥 9장)
9. 예수님께서 나귀 새끼를 타고 입성하실 것을 예언한 성경구절은 어디인가요?
10. 모퉁이 돌, 말뚝, 싸우는 활, 권세 잡은 자가 다 일제히 그에게로 나온다고 했는데 '그에게'는 누구를 가리키나요?(슥 10장)
11. 막대기 둘의 의미는 무엇인가요?(슥 11장)
12. "내가 다윗의 집과 예루살렘 거민에게 은총과 간구하는 심령을

부어주리니." 이 말씀은 스가랴 몇 장 몇 절에 있나요?

13. 온 땅에서 얼마를 불 가운데 던져 은같이 연단하며 금같이 시험할 것이라 했나요?(슥 13장)

14. "여호와께서 ( )의 왕이 되시리니 그날에는 여호와께서 홀로 하나이실 것이요 그 ( )이 홀로 하나이실 것이며." ( )에 적당한 말을 써 넣으십시오(슥 14장).

(39) 말라기

1. "'말라기' 는 성경 맨 끝에 있는 책이라는 말이다." 맞으면 ○표, 틀리면 ×표 하십시오. ( )
2. 저는 것, 병든 것으로 드리는 것은 ( )하다고 했다(말 1장).
3. 제사장의 입술이 지켜야 할 것은 무엇인가요?(말 2장)
4. 우리는 무엇으로 여호와를 괴로우시게 한다고 하였나요?(말 2장)
5. "나는 ( )하는 것과 ( )로 옷을 가리우는 자를 미워하노라" (말 2장).
6. 말라기 3장에서 십일조에 관한 말씀이 기록된 곳은 어느 부분인가요?

   (가) 1~6절 (나) 7~12절 (다) 13~15절 (라) 16~18절
7. "내가 내 사자를 보내리니" 에서 내 사자는 누구를 말하는 것인가요?(말 3장)
8. 사람이 도적질하는 하나님의 것 두 가지는 무엇이라고 하였나요? (말 3장)
9. 그날에 어떠한 자가 초개같이 사르게 된다고 하였나요?(말 4장)
10. "내 이름을 경외하는 너희에게는 의로운 해가 떠올라서 치료하는

광선을 발하리니 너희가 나가서 외양간에서 나온 송아지같이 뛰리라." 몇 장 몇 절에 있는 말씀인가요?

11. 말라기 4장 5절에서 보내 주신다고 한 선지자 엘리야는 누구를 가리키나요?

<구약성경 종합문제>

1. 가장 재직 기간이 짧았던 이스라엘의 왕은 누구인가요?
   (가) 요아스 (나) 시므리 (다) 아합 (라) 시드기야
2. 제사장이 어떤 여인의 기도하는 모습을 보고 술 취한 것으로 오해한 일이 있었습니다. 이 일과 연관이 없는 것은 어느 것인가요?
   (가) 한나 (나) 사무엘 (다) 엘가나 (라) 마노아
3. 갈대아 군사들이 왕을 잡아 그의 목전에서 그의 아들들을 죽이고, 그의 두 눈을 빼고 사슬로 결박하여 바벨론으로 끌고 갔습니다. 이 왕과 관계가 적은 것은 어느 것인가요?
   (가) 북 왕국의 마지막 왕 (나) 시드기야
   (다) 맛다니야 (라) 느부갓네살
4. 여호와께서는 "이 왕에게 속한 자로서 성읍에서 죽은 자는 개들이 먹고 들에서 죽은 자는 공중의 새가 먹으리라" 고 말씀하셨습니다. 이 일과 관계가 적은 것은 어느 것인가요?
   (가) 아합 (나) 나봇 (다) 이세벨 (라) 엘리사
5. 이방 나라의 한 군대 장관이 병 고침을 받고 "내가 이제 이스라엘 외에는 온 천하에 신이 없는 줄을 아나이다" 라고 고백합니다. 이 사건과 연관이 없는 것은 어느 것인가요?
   (가) 나아만 (나) 엘리야 (다) 요단강 (라) 아람

6. 한 여인이 "너희 하나님 여호와는 상천 하지에 하나님이시라" 고 고백합니다. 이 사건과 연관이 적은 것은 어느 것인가요?

(가) 여리고 (나) 라합 (다) 여호수아 (라) 기브온

7. 다음 중 나머지 셋과 가장 관계가 적은 것은 어느 것인가요?

(가) 모압 (나) 발락 (다) 발람 (라) 에돔

8. 여호와께서 "네가 독수리처럼 높이 오르며 별 사이에 깃들일지라도 내가 거기서 너를 끌어내리라" 고 하신 심판의 말씀은 어떤 족속에게 하신 것인가요?

(가) 에돔 (나) 바벨론 (다) 암몬 (라) 앗수르

9. 이스라엘이 여호와의 능력으로 홍해를 마른 땅처럼 건넌 후 그분을 찬양한 노래가 기록된 곳은 출애굽기 몇 장인가요?

(가) 14장 (나) 15장 (나) 16장 (라) 17장

10. 이스라엘 장로들이 "그것으로 우리를 우리 원수들의 손에서 구원하게 하자" 라고 말해서 일어난 사건과 관계가 적은 것은 어느 것인가요?

(가) 홉니 (나) 비느하스 (다) 언약궤 (라) 삼손

11. 여호와께서 룻을 잉태케 하셔서 아들을 낳자, 그 이웃 여인들이 그 아이의 이름을 '오벳' 이라고 하며 무엇이라고 말하였나요?

(가) 룻이 아들을 낳았다 (나) 보아스가 아들을 낳았다

(다) 하나님께서 아들을 주셨다 (라) 나오미가 아들을 낳았다

12. 북 왕국 이스라엘의 첫 왕은 다음 중 누구인가요?

(가) 여로보암 (나) 르호보암 (다) 오므리 (라) 시드기야

13. 여호와의 사자가 "보라 네 길이 내 앞에 패역하므로 내가 너를 막으려고 나왔다" 라고 말씀하신 사건과 관계가 먼 것은 어느 것인

가요?

(가) 나귀 (나) 발락 (다) 포도원 (라) 칼

14. 다스리던 나라가 나머지 셋과 다른 왕은 누구인가요?

(가) 여호야김 (나) 히스기야 (다) 바아사 (라) 아하시야

15. 다음 중 나머지 셋과 가장 관계가 적은 것은 어느 것인가요?

(가) 바벨론 (나) 이스라엘 (다) 예레미야 (라) 느부갓네살

16. 다음 중 대선지서에 속하지 않는 책은 어느 것인가요?

(가) 이사야 (나) 예레미야 (다) 에스겔 (라) 호세아

17. 다음 중 시가서에 들어가지 않는 것은 어느 것인가요?

(가) 욥기 (나) 잠언 (다) 에스더 (라) 전도서

18. 다음 중 나머지 넷과 가장 관계가 적은 것은 어느 것인가요?

(가) 요나 (나) 나훔 (다) 니느웨 (라) 모압

19. 다음 중 색깔이 나머지와 다른 기구는 어느 것인가요?

(가) 속죄소 (나) 분향단 (다) 떡상 (라) 제단

20. 다음 중 다섯 가지 제사의 종류에 속하지 않는 것은 어느 것인가요?

(가) 번제 (나) 소제 (다) 화제 (라) 화목제

21. 다음 중 나머지 셋과 가장 관계가 적은 것은 어느 것인가요?

(가) 학개 (나) 말라기 (다) 제2성전 (라) 스룹바벨

22. 다음 중 포로 이후 선지자에 속하는 사람은 누구인가요?

(가) 학개 (나) 이사야 (다) 미가 (라) 아모스

23. 풀무불 속에서도 살아난 사람은 누구인가요?

(가) 학개 (나) 이사야 (다) 사드락 (라) 다니엘

24. 다음 중 나머지 셋과 가장 관계가 적은 것은 어느 것인가요?

(가) 요나 (나) 나훔 (다) 니느웨 (라) 모압

25. 다음 중 위치가 나머지 셋과 다른 기구 두 가지는 어느 것인가요?

(가) 속죄소　　(나)분향단　　(다) 떡상　　(라) 제단

26. 다음 중 다섯 가지 제사에 속하지 않는 것은 어느 것인가요?

(가) 요제　　(나) 소제　　(다) 화목제　　(라) 속건제

27. 다스리던 나라가 나머지 셋과 다른 왕은 누구인가요?

(가) 아합　　(나) 오므리　　(다) 스가랴　　(라) 아마샤

28. 남 왕국 유다의 마지막 왕은 다음 중 누구인가요?

(가) 호세아　　(나) 시드기야　　(다) 말라기　　(라) 호세아

29. 다음의 사람 중에 이스라엘 사사에 들지 않는 사람은 누구인가요?

(가) 옷니엘　　(나) 기드온　　(다) 시무엘　　(라) 다윗

30. 다음의 사람 중에 이방 여인이 아닌 여인은 누구인가요?

(가) 고멜　　(나) 라합　　(다) 이세벨　　(라) 룻

31. 죽지 않고 살아서 하늘에 올라간 두 사람은 누구누구인가요?

32. 하몰의 아들 추장 세겜과 그 족속을 죽인 야곱의 두 아들은 누구누구인가요?

33. 예루살렘 서북쪽 55km 지점에 있는 지중해의 항구 도시로 요나가 다시스로 가는 배를 탄 항구 도시의 이름은 무엇인가요?

34. 여자 이름으로 된 두 개의 성경 책은 무엇과 무엇인가요?

35. '하나님 또는 여호와' 라는 말이 나오지 않은 성경책은 어느 성경인가요?

36. 처음으로 할례를 받은 사람은 누구인가요?

37. 문둥병이 걸린 유다 왕은 누구인가요?

38. 1차 포로 귀환 때 귀환하여 성전 재건을 주도한 사람은 누구인가요?

39. 다음의 사람들을 시대 순으로 배열하십시오.

야곱, 노아, 모세, 솔로몬, 엘리야

40. 다음의 사건을 시대 순으로 배열하십시오.

출애굽 사건, 여리고 정탐, 가나안 점령, 바벨탑 사건, 바벨론 포로

41. 세상의 처음 영걸이며 특이한 사냥꾼이 된 사람은 누구인가요?

※ 다음의 성경구절은 성경 어디에 나오나요?

42. "마음의 경영은 사람에게 있어도 말의 응답은 여호와께로서 나느니라."

(가) 욥기 (나) 시편 (다) 잠언 (라) 전도서

43. "여호와는 나의 힘이요 노래시며 나의 구원이시로다."

(가) 창세기 (나) 출애굽기 (다) 레위기 (라) 민수기

44. "그런즉 너의 하나님께로 돌아와서 인애와 공의를 지키며 항상 너의 하나님을 바라볼지니라."

(가)호세아 (나) 아모스 (다) 요나 (라) 미가

45. "너희는 여호와를 영원히 의뢰하라 주 여호와는 영원한 반석이심이로다."

(가) 사사기 (나) 사무엘하 (다) 시편 (라) 이사야

46. "아브라함이 여호와를 믿으니 여호와께서 이를 그의 의로 여기시고."

(가) 사사기 (나) 사무엘상 (다) 창세기 (라) 시편

47. "이것을 네게 나타내심은 여호와는 하나님이시요 그 외에는 다른 신이 없음을 네게 알게 하려 하심이니라."

(가) 창세기 (나) 출애굽기 (다) 레위기 (라) 민수기

48. "여호와께서 자기 이름을 위하여 저희를 구원하셨으니 그 큰 권능을 알게 하려 하심이로다."

(가) 출애굽기　　(나) 신명기　　(다) 사무엘하　　(라) 시편

49. "주께서는 무소불능하시오며 무슨 경영이든지 못 이루실 것이 없는 줄 아오니."

(가) 욥기　　(나) 시편　　(다) 잠언　　(라) 전도서

50. "너희는 내게 부르짖으며 와서 내게 기도하면 내가 너희를 들을 것이요."

(가) 이사야　　(나) 요엘　　(다) 예레미야　　(라) 에스겔

※ 다음 성경구절이 나오는 장과 절을 적으십시오.

51. "요셉은 무성한 가지 곧 샘 곁의 무성한 가지라 그 가지가 담을 넘었도다."

52. "이 사십 년 동안에 네 의복이 헤어지지 아니하였고 네 발이 부르지 아니하였느니라."

53. 내가 주께 대하여 귀로 듣기만 하였삽더니 이제는 눈으로 주를 뵈옵나이다.

54. "내가 주의 율법을 항상 영영히 끝없이 지키리이다."

55. "사연을 듣기 전에 대답하는 자는 미련하여 욕을 당하느니라."

56. A항과 관계있는 것을 B항에서 골라 그 기호를 쓰십시오.

A항	B항
(1) 아론과 훌(　　)	(가) 블레셋
(2) 다윗과 골리앗(　　)	(나) 미디안
(3) 사울의 승리(　　)	(다) 아말렉
(4) 기드온과 300 용사(　　)	(라) 암몬
(5) 여자 사사 드보라(　　)	(마) 가나안

57. 형제끼리 연결되지 않은 것은 어느 것인가요?

(가) 요나단과 므비보셋　　　(나) 다윗과 엘리압
(다) 모세와 아론　　　　　(라) 이삭과 야곱

58. 가나안 땅을 정탐한 정탐꾼이 가지고 온 것이 아닌 것은 무엇인가요?
(가) 꿀　(나) 석류　(다) 무화과　(라) 포도 한 송이

59. 수금과 퉁소 (악기)를 잡는 모든 자의 조상이 된 사람은 누구인가요?
(가) 라멕　(나) 유발　(다) 게난　(라) 두발가인

60. 모세의 율법은 더 이상 필요치 않으며 새 언약을 주실 것을 예언한 선지자는 누구인가요?
(가) 예레미야　(나) 요엘　(다) 이사야　(라) 호세아

61. 모든 사람은 자기의 죄에 대하여 책임을 져야 한다는 개인 책임주의를 선포한 선지자는 누구인가요?
(가) 예레미야　(나) 에스겔　(다) 이사야　(라) 다니엘

62. 그때에 환난이 있고 그 후에 부활이 있을 것을 예언한 선지자는 누구인가요?
(가) 예레미야　(나) 요엘　(다) 이사야　(라) 다니엘

63. 인간의 죄악은 무지의 결과에서 비롯된다고 말한 선지자는 누구인가요?
(가) 예레미야　(나) 요엘　(다) 이사야　(라) 호세아

64. 하나님과 인간의 관계를 가장 열렬하게 표현한 선지자는 누구인가요?
(가) 예레미야　(나) 미가　(다) 이사야　(라) 호세아

65. 여호와의 날에 마지막까지 남겨진 자는 기쁨을 얻으리라고 예언

한 선지자는 누구인가요?

(가) 스바냐 (나) 요엘 (다) 이사야 (라) 스가랴

66. 인생의 모든 고통은 죄의 결과라고 말한 선지자는 누구인가요?

(가) 예레미야 (나) 미가 (다) 요엘 (라) 호세아

67. 웃시야, 요담, 아하스 그리고 히스기야를 섬긴 선지자는 누구인가요?

(가) 미가 (나) 요엘 (다) 아모스 (라) 호세아

68. 어느 선지자가 스스로 자기의 입술이 부정하다고 하였나요?

(가) 예레미야 (나) 요엘 (다) 이사야 (라) 호세아

69. 어느 왕의 팔이 선지자를 죽이라고 할 때 굳어져 버렸나요?

(가) 여로보암 (나) 르호보암 (다) 스마야 (라) 요시야

70. 다니엘을 죽이려고 음모를 꾸민 사람은 누구인가요?

(가) 대제사장 (나) 박사와 술객들

(다) 군대장관 (라) 총리들과 방백들

71. 회개의 기도는 하나님의 진노 계획을 바꿀 수 있다는 것을 보여준 선지자는 누구인가요?

(가) 예레미야 (나) 요나 (다) 이사야 (라) 호세아

72. 희생의 제물보다는 예배의 내용을 중요시한 선지자는 누구인가요?

(가) 예레미야 (나) 미가 (다) 아모스 (라) 호세아

73. 다니엘을 사자굴에 던지라고 명한 왕은 누구인가요?

(가) 시리우스 (나) 다리오 (다) 느부갓네살 (라) 벨사살

74. 야곱이 '벧엘'이라고 이름한 곳의 본래 이름은 무엇인가요?

(가) 르호바 (나) 소돔 (다) 루스 (라) 시돈

75. 바벨론 포로 기간이 70년이 될 것을 예언한 선지자는 누구인가요?

(가) 예레미야 (나) 이사야 (다) 다니엘 (라) 에스겔

76. 다음 네 가지 중 관련이 적은 한 가지는 무엇인가요?

(가) 아람 나라 (나) 나아만 (다) 엘리야 (라) 요단강

77. 이스라엘 왕의 역대순이 바르게 된 것은 무엇인가요?

(가) 여호사밧 – 히스기야 – 요시야

(나) 요시야 – 히스기야 – 여호사밧

(다) 히스기야 – 요시야 – 여호사밧

(라) 여호사밧 – 요시야 – 히스기야

78. "술을 즐겨 하는 자와 고기를 탐하는 자로 더불어 사귀지 말라"는 구절은 어느 성경에 나오나요?

(가) 욥기 (나) 시편 (다) 잠언 (라) 전도서

79. 가장 오랜 기간 동안 유다 왕위에 있었던 왕은 누구인가요?

(가) 아합 (나) 히스기야 (다) 므낫세 (라) 시드기야

80. 다음 왕 중 북쪽 이스라엘의 왕이 아닌 왕은 누구인가요?

(가) 아합 (나) 오므리 (다) 나답 (라) 요시야

81. "사람에게 영원을 사모하는 마음을 주셨느니라"는 어느 성경에 나오나요?

(가) 욥기 (나) 시편 (다) 잠언 (라) 전도서

82. 이스라엘이 아닌 이방 나라에 대하여 경고를 한 선지자는 누구인가요?

(가) 요나 (나) 요엘 (다) 아모스 (라) 호세아

83. 다음 사람 중 이방 여인이 아닌 여자는 누구인가요?

(가) 룻 (나) 들릴라 (다) 이세벨 (라) 한나

84. 가나안 일곱 족속에 들어가지 않는 것은 어느 족속인가요?

(가) 히위　(나) 여부스　(다) 미디안　(라) 기르가스

85. 어디에서 아론과 미리암은 모세에게 이방 여인과 결혼한다고 해서 불평하였나요? (민 11장)

(가) 드고아　(나) 가데스바네아　(다) 하세롯　(라) 헤브론

86. "하나님이여 내 속에 정한 마음을 창조하시고 내 안에 정직한 영을 새롭게 하소서"는 시편 몇 편에 나오는 구절인가요?

(가) 50편　(나) 51편　(다) 23편　(라) 54편

87. 다음의 유다 왕 중 통치기간이 맞지 않은 왕은 누구인가요?

(가) 히스기야 — 29년　(나) 요시야 — 30년

(다) 요아스 — 12년　(라) 웃시야 — 28년

88. 요시야 왕 때의 여선지자는 누구인가요?

(가) 훌다　(나) 입다　(다) 드보라　(라) 라합

89. 다음 중 축복과 저주의 산은 어느 산인가요?

(가) 그리심산과 에발산　(나) 시내산과 호렙산

(다) 모리아산과 느보산　(라) 올리브산과 감람산

90. 여호수아를 이어 이스라엘의 지도자가 된 사람은 누구인가요?

(가) 사울　(나) 사무엘　(다) 옷니엘　(라) 갈렙

91. 모압과 가나안 땅을 나누는 강은 무슨 강인가요?

(가) 나일강　(나) 요단강　(다) 유브라데강　(라) 티그리스강

92. 관계있는 것끼리 연결하십시오.

(1) 사울　(가) 통곡의 기도

(2) 다윗　(나) 하나님 말씀 봉독

(3) 솔로몬　(다) 행구 사이에 숨음

(4) 르호보암　(라) 하나님 마음에 합한 자

(5) 여로보암 (마) 스바 여왕

(6) 히스기야 (바) 갈멜산의 패배

(7) 아합 (사) 전갈로 징치

(8) 요아스 (아) 손이 마름

93. 관계있는 것끼리 연결하십시오.

(1) 아담 (가) 장자를 팜

(2) 가인 (나) 모리아산

(3) 노아 (다) 원죄

(4) 바벨탑 (라) 소금기둥

(5) 아브라함 (마) 12번째 아들

(6) 롯 (바) 최초의 살인자

(7) 이삭 (사) 언어의 혼잡

(8) 에서 (아) 백 배의 결실

(9) 야곱 (자) 형들의 미움

(10) 요셉 (차) 포도 농사

(11) 베냐민 (카) 벧엘로 올라가라

94. 관계있는 것끼리 연결하십시오.

(1) 아브라함 (가) 사자

(2) 발람 (나) 암곰

(3) 요나 (다) 나귀

(4) 엘리야 (라) 까마귀

(5) 엘리사 (마) 큰 물고기

(6) 다니엘 (바) 수양

95. 다음의 말을 한 사람을 보기에서 골라 그 기호를 쓰십시오.

(1) 여호와를 경외하는 것이 지식의 근본이어늘

(2) 우리의 연수가 칠십이요 강건하면 팔십이라.

(3) 오직 나와 내 집은 여호와를 섬기겠노라.

(4) 하나님이 이미 그 천사들을 보내어 사자의 입을 봉하셨으므로

(5) 나는 너희를 위하여 기도하기를 쉬는 죄를 범치 아니하리라

〈보기〉 (가) 여호수아 (나) 모세 (다) 솔로몬
(라) 사무엘 (마) 다니엘

96. 다음 사람들의 부인 이름을 쓰십시오.

(1) 이삭 – ( )

(2) 요셉 – ( )

(3) 모세 – ( )

(4) 사울 – ( )

(5) 호세아 – ( )

(6) 아합 – ( )

97. 아브라함이 낳은 아들들의 이름을 부인별로 적으십시오.

(1) 사라 – ( )

(2) 하갈 – ( )

(3) 그두라 – ( )( )( )
( )( )( )

98. 다음 사람들의 아들의 이름을 적으십시오.

(1) 아 론 – ( )( )( )( )

(2) 엘 리 – ( )( )

(3) 사무엘 – ( )( )

99. 다음 지파에 해당되는 사람들을 보기에서 골라 적으십시오.

(1) 유다 지파 – (　　　)(　　　)

(2) 레위 지파 – (　　　)(　　　)

(3) 베냐민 지파 – (　　　)(　　　)

〈보기〉 (가) 모세　(나) 갈렙　(다) 사울 왕
(라) 예수님　(마) 사무엘　(바) 바울

100. 히스기야의 기도로 여호와의 사자가 하룻밤에 무찌른 앗수르의 군사는 몇 명이었나요?

101. 여호수아가 가나안을 정탐할 때 나이가 몇 살이었나요?

102. 모세는 아브라함의 몇 대 자손인가요?

103. 하나님께서 홍해를 건넌 후 광야에서 이스라엘 사람들에게 행하신 기적은 무엇인가요?

104. 이스라엘 백성들은 애굽에서 나온 지 얼마 후에 "주려 죽게 하는도다" 하고 하나님께 원망하였나요?

105. "닭의 알 흰자위가 맛이 있겠느냐"라고 누가 말했나요?

106. 유다 왕 가운데 성전을 수리하거나 청결하게 한 왕 세 명을 쓰십시오.

107. 태양이 10도 뒤로 물러가기를 원했던 왕은 누구였나요?

108. "태양아 머무르라, 달아 그치라"고 외친 사람은 누구인가요?

109. 양털 위에만 이슬이 있기를 원했던 사람은 누구인가요?

110. 모세가 만든 놋뱀을 사람들이 우상화하여 분향하므로 부숴 버린 왕은 누구인가요?

111. "나의 날은 베틀의 북보다 빠르니 소망 없이 보내는구나"라고

말한 사람은 누구인가요?

112. 이스라엘 왕 중 레위인이 아닌 사람을 제사장으로 세운 왕은 누구인가요?

113. 해당하는 숫자를 적으시십오.

(1) 하나님의 천지 창조 날 수 + 야곱의 아내의 수 + 요셉 아들의 수 = (   )

(2) 모세가 시내산에서 머문 날 수 + 모세의 형과 누이의 수 = (   )

(3) 나오미의 며느리 수 + 여리고 정탐꾼의 수 = (   )

(4) 시가서 성경의 권 수 + 솔로몬이 쓴 잠언의 수 = (   )

(5) 다윗이 쓴 시편의 수 + 소선지서 성경의 수 = (   )

※ 다음 단어의 공통점이 있는 사람은 누구인가요?

114. 다윗, 블레셋, 단창, 가드 사람, 물매와 돌

115. 단 지파, 태양, 블레셋, 머리카락, 들릴라

116. 다말, 요나답, 동침, 압살롬, 다윗

117. 베드로, 미리암, 바로, 아론, 홍해

118. 히스기야, 아모스, 양털, 우리의 허물, 제단 숯불

119. 의인, 성전, 무화과나무, 소출, 기뻐하리라

120. 십일조, 여호와의 사자, 치료하는 광선, 구약성경의 마지막 책

※ 맞으면 O표, 틀리면 ×표 하십시오.

121 구약성경은 천지 창조에서 시작하여 이스라엘 민족의 포로 귀환과 이스라엘의 회복으로 끝을 맺는다. (   )

122. 가나안 땅의 일곱 족속은 노아의 손자 가나안으로부터 시작된 것이다. (   )

123. 이스라엘의 12지파는 모세 때에 시작이 되었다. (   )

124. 잇사갈은 레아가 낳은 여섯째 아들로 그 이름의 뜻은 그가 나와 함께 거하리라이다. (　　　)

125. 에스겔과 다니엘 선지자는 바벨론 포로시대의 선지자였다. (　　　)

6. 신약성경 문제

<신약성경의 개관>

1. 신약성경은 한마디로 말하면 무엇을 주제로 하고 있나요?
2. 신약성경은 처음에 주로 어떤 언어로 쓰여졌나요?
3. 하나님을 알 수 있도록 우리에게 주신 두 가지 정신은 무엇인가요? (엡 1:17)
4. 성경은 누구의 감동으로 된 것인가요?(딤후 3:16)
5. 신약성경은 약 몇 명의 저자들에 의하여 쓰여졌나요?
6. 신약성경은 약 몇 년 동안에 쓰여진 책인가요?
7. 신약 27권을 크게 네 부분으로 나누어 보십시오.
8. 공관복음은 무엇을 가지고 공관복음이라고 하며, 무엇무엇인가요?
9. 히브리서를 포함하여 사도 바울은 몇 권의 성경책을 썼나요?
10. 하나님의 말씀을 가리켜 로마서 1장 16절에서는 무엇이라고 말하고 있나요?

11. 하나님의 말씀을 가리켜 에베소서 6장 17절에서는 무엇이라고 말하고 있나요?
12. 하나님의 말씀을 가리켜 히브리서 4장 12절에서는 어떠하다고 하였나요?
13. 하나님의 말씀은 (　　　)의 말씀이다(행 5:20).
14. 하나님의 말씀은 (　　　)의 말씀(행 13:26) 이며 (　　　)의 말씀이다(행 20:32).
15. 하나님의 말씀은 (　　　)의 말씀 곧 (　　　)의 복음이다(엡 1:13).
16. 하나님의 말씀은 (　　　)의 말씀이다(롬 10:8).
17. 하나님의 말씀은 (　　　)의 말씀이다(히 5:13).
18. 성경은 그리스도 예수 안에 있는 믿음으로 말미암아 (　　　)가 있게 한다(딤후 3:15).

※ 아래와 같이 성경이 기록된 목적을 말한다면 이를 뒷받침해 주는 성구는 무엇인가요? 아래의 〈보기〉에서 번호를 골라 (　　　)에 써 넣으십시오.

19. 하나님을 가르쳐 준다(　　　).
20. 하나님의 아들 예수 그리스도를 보여 준다(　　　).
21. 사람의 죄를 깨닫게 한다(　　　).
22. 인간 구원의 길을 제시해 준다(　　　).
23. 사람에게 가장 높고 올바른 인생관을 가르쳐 준다(　　　).
24. 고난과 역경을 돌파할 수 있는 믿음과 희망과 용기를 준다(　　　).

〈보기〉 (1) 고후 1:3~7　(2) 딤후 3:16~17　(3) 요 20:31
(4) 롬 7:7　(5) 요 14:6　(6) 마 4:4; 막 1:14

25. 복음은 모든 믿는 자에게 무엇을 주는 하나님의 능력인가요? (롬 1:16)
26. 마귀를 대적하는 성령의 검은 무엇인가요? (엡 6:17)
27. 우리를 믿음으로 인도하는 것은 무엇인가요? (롬 10:17)
28. 하나님의 형상은 어떠한 형상인가요? (엡 4:24; 골 3:10)
29. 예수님께서 철야기도하신 장면이 두 번 나오는데 성경 어디어디인가요?
30. 신약성경을 두 권씩 쓴 두 사람은 누구누구인가요?
31. 신구약 성경에서 한 장으로 된 성경은 무엇무엇인가요?
32. 예수님께서 비유로 말씀하실 것을 예언한 성경은 구약 어느 성경인가요?

(1) 마태복음

1. 예수님의 족보에 나오는 여자의 이름은 누구누구인가요? (마 1장)
2. "그가 자기 백성을 저희 죄에서 구원할 자이심이라" 고 하신 말씀이 몇 장 몇 절에 있나요? (마 1장)
3. 세례 요한이 내 뒤에 오실 이는 무엇으로 세례를 줄 것이라고 하였나요? (마 3장)
4. "회개하라 천국이 가까왔느니라" 는 누구누구가 한 말인가요? (마 4장)
5. 마귀가 예수님을 시험하였을 때 시험의 내용과 관계가 없는 것은 무엇인가요? (마 4장)
   (가) 빛 (나) 돌 (다) 성전 (라) 산
6. 마태복음 4장에 나오는 야곱의 두 아들의 이름은 누구인가요?

7. 다음 A항과 관계있는 B항의 기호를 ( )에 쓰십시오(마 5장).

A항	B항
(1) 심령이 가난한 자/의를 위하여 핍박을 받는 자 ( )	(가) 배부를 것임
(2) 애통하는 자( )	(나) 땅을 기업으로 받을 것임
(3) 온유한 자 ( )	(다) 하나님을 볼 것임
(4) 의에 주리고 목마른 자 ( )	(라) 긍휼히 여김을 받음
(5) 긍휼히 여기는 자( )	(마) 위로를 받음
(6) 마음이 청결한 자( )	(바) 하나님의 아들이라 일컬음을 받음
(7) 화평케 하는 자( )	(사) 천국이 저희 것임

8. "천지가 없어지기 전에는 (   )의 일점일획이라도 반드시 없어지지 아니하고 (   )." (   )에 적당한 말을 넣으십시오(마 5장).

9. 주기도문이 기록된 성경구절은 어디인가요?

10. 마태복음 6장 24절에 나오는 서로 반대되는 낱말 세 개는 무엇무엇인가요?

11. "하늘에 계신 아버지의 뜻대로 행하는 자라야 (   )에 들어갈 수 있다" (마 7장).

12. 이스라엘 중 아무에게서도 이만한 믿음을 만나 보지 못하였다고 했는데 누구를 가리켜 한 말인가요?(마 8장)

13. 배 위에서 예수님께서 꾸짖으신 대상은 무엇과 무엇이었나요?(마 8장)

14. 예수님께서 "소자야 안심하라"는 말을 누구에게 하셨나요? (마 9장)

15. "자기 (　　　　　　)을 얻는 자는 잃을 것이요 나를 위하여 자기 (　　　　　　)을 잃는 자는 얻으리라." (　　)에 적당한 낱말을 써 넣으십시오(마 10장).

16. "나는 (　　　　)를 원하고 제사를 원치 아니하노라……인자는 안식일의 (　　　　) 이니라." (　　)에 적당한 낱말을 써 넣으십시오(마 12장).

17. 사하심을 얻지 못하는 죄는 (　　　)을 훼방하는 죄이다(마 12장).

18. 예수님께서 누가 내 형제요 자매라고 하였나요? (마 12장)

(가) 아버지의 뜻대로 하는 자　　(나) 악한 일을 하지 않는 자

(다) 안식일을 지키는 자　　　　(라) 순종하는 자

19. 마태복음 13장에는 몇 가지 비유가 나오나요?

20. 바람을 보고 물에 빠져 가는 베드로를 예수님께서 건지시매 배에 탄 사람들이 뭐라고 하였나요? (마 14장)

21. "하나님께 드림이 되었다" (고르반) 하고 드리지 않는다고 책망을 받은 사람들은 누구인가요? (마 15장)

22. 마가복음 8장에 나오는 달마누다 지경과 같은 지역의 이름은 무엇인가요? (마 15장)

23. 바리새인과 서기관들의 누룩은 무엇을 말하는 것인가요? (마 16장)

24. "주는 그리스도시요 살아 계신 하나님의 아들이시니이다." 누가 한 말이며 몇 장 몇 절에 있나요?

25. 베드로가 초막 셋을 짓겠다고 했는데 여기에 해당되지 않는 분은 누구인가요? (마 17장)

(가) 주　　　(나) 모세　　　(다) 엘리야　　　(라) 다윗

26. "엘리야가 이미 왔으되……임의로 대우하였도다" 에서 엘리야는

누구를 말하나요?(마 17장)

27. 믿음이 (   ) 있으면 산을 옮길 것이요 못 할 일이 없다(마 17장).

28. 예수님 당시 남자 한 명이 내야 하는 성전세는 얼마였나요? (마 17장)

29. 형제가 범죄하면 몇 번이나 용서해 주라고 하였나요?(마 18장)

30. 마태복음 19장 4~6절 말씀은 무엇에 관한 말씀인가요?

31. "무슨 선한 일을 해야 영생을 얻을 수 있느냐" 라고 묻는 청년에게 (   )을 지키라고 했다(마 19장).

32. "(   ) 다윗의 자손이여 찬송하리로다 주의 이름으로 오시는 이여 가장 높은 곳에서 (   ) 하더라." (   )에 적당한 낱말을 써 넣으십시오(마 21장).

33. 예수님께서 이른 아침 성으로 들어오시다가 저주하신 나무는 무엇인가요?(마 21장)

34. "청함을 받는 사람은 많되 택함을 입은 자는 적으니라" 라는 말씀은 몇 장 몇 절에 있나요?

35. 예수님을 시험하기 위하여 질문한 사람이 아닌 것은 누구인가요? (마 22장)

(가) 세리 (나) 바리새인 (다) 사두개인 (라) 율법사

36. "예수께서 가라사대 네 마음을 다하고 뜻을 다하여 주 너의 (   ) 을 사랑하라 하셨으니 이것이 크고 첫째 되는 계명이요 둘째는 그와 같으니 네 (   )을 네 몸과 같이 사랑하라." (   )에 적당한 낱말은 무엇이며, 몇 장 몇 절에 있나요?

37. 우리는 누구누구의 말하는 것은 지키되 행위는 본받지 말아야 하

나요? (마 23장)

38. 말세의 징조에 관해 마태복음 몇 장에서 기록하고 있나요?
39. 미련한 다섯 처녀가 준비하지 못한 것은 무엇인가요? (마 25장)
40. "착하고 충성된 종" 들이 가졌던 달란트의 합계는 얼마인가요? (마 25장)
41. 예수님께서 베다니 문둥이 시몬의 집에 계실 때 한 여자가 무엇을 가지고 예수님의 머리에 부었나요? (마 26장)
42. 가룟 유다가 은 30을 받고 예수님을 넘겨 준다는 것은 구약성경 어디에 예언되어 있나요? (마 26장)
43. 검을 가지는 자는 다 검으로 (   ) 것이라고 했다(마 26장).
44. 가룟 유다는 어떻게 죽었나요? (마 27장)
45. "나의 (   ) 나의 (   ) 어찌하여 나를 버리셨나이까." 이 뜻을 가진 말씀의 아람어는 무엇이며 (   )에 필요한 낱말은 무엇인가요? (마 27장)
46. 예수님이 마지막으로 분부하신 말씀이 기록된 곳은 어디인가요? (마 28장)

(2) 마가복음

1. "광야에서 외치는 자의 소리" 는 누구의 소리를 말하나요? (막 1장)
2. "때가 찼고 하나님 나라가 가까왔으니 (   )하고 (   )을 믿으라" 고 예수님께서 외쳤다(막 1장).
3. "소자야 네 죄 사함을 받았느니라." 이 말은 누가 누구에게 하였나요? (막 2장)
4. "(   )은 사람을 위하여 있는 것이요 사람이 (   )을 위하여 있

는 것이 아니니." (　　)에 적당한 낱말을 써 넣으십시오(막 2장).

5. '우리의 아들' 이란 별명을 받았던 형제는 누구인가요?(막 3장)
6. "성령을 훼방하는 자는 사하심을 영원히 받지 못한다"라는 말씀은 어디에 기록되어 있나요?
7. 씨 뿌리는 비유에서 '씨' 와 '밭' 은 각각 무엇을 비유하나요? (막 4장)
8. 예수께서 '잠잠하라' 고 꾸짖은 대상은 무엇인가요?(막 4장)
9. 예수님의 옷에만 손을 대어도 구원을 얻으리라고 믿었던 사람은 12년 동안 (　　　)을 앓던 한 여자였다(막 5장).
10. '달리다굼' 은 무슨 뜻인가요?(막 5장)
11. 예수님께서 12제자를 불러 둘씩 보내시며 무엇을 주셨나요? (막 6장)
12. "이 백성이 (　　　)로는 나를 존경하되 (　　　)은 내게서 멀도다." 이 말이 누구의 예언이며, (　　)에 적당한 낱말은 무엇인가요?(막 7장)
13. '에바다' 란 말은 무슨 뜻인가요?(막 7장)
14. 예수님께서 십자가 사건을 비로소 제자들에게 가르친 성경구절은 어디인가요?
15. "누구든지 제 (　　　)을 구원코자 하면 잃을 것이요 누구든지 나와 복음을 위하여 제 (　　　)을 잃으면 구원하리라 사람이 만일 온 천하를 얻고도 제 (　　)을 잃으면 무엇이 유익하리요." (　　)에 적당한 낱말은 무엇이며, 어디에 기록되어 있나요?
16. 예수님께서 변화산에 데리고 갔던 제자가 아닌 사람은 누구인가요?(막 9장)

(가) 베드로 (나) 야고보 (다) 요한 (라) 마가

17. "인자가 사람들의 손에 넘기워 죽임을 당하고 죽은 지 3일 만에 살아나리라"는 말씀을 제자들은 이해하였나요?(막 9장)

18. 범죄하게 하는 것을 제거하고 천국에 가는 것이 그대로 두고 지옥에 가는 것보다 낫다고 했는데 그 대상이 아닌 것은 무엇인가요?(막 9장)

(가) 입 (나) 눈 (다) 발 (라) 손

19. "너희 속에 소금을 두고 서로 화목하라"는 말씀은 몇 장 몇 절에 기록되어 있나요?(막 9장)

20. "하나님이 짝지어 주신 것을 사람이 나누지 못할지니라"는 말씀은 몇 장 몇 절에 있나요?

21. "인자가 온 것은 섬김을 받으려 함이 아니라 도리어 섬기려 하고 자기 목숨을 많은 사람의 (   )로 주려 함이니라"라는 말씀은 어디에 기록되어 있으며, ( )에 필요한 낱말은 무엇인가요?

22. "네 믿음이 너를 구원하였느니라"라는 말씀은 누구에게 한 말씀인가요?(막 10장)

23. 마가복음 12장의 '포도원 비유'에서 예수님이 대상으로 하신 세 종류의 사람은 누구인가요?

24. 생활비 전부를 헌금한 과부의 헌금 액수는 얼마인가요?(막 12장)

25. '그날과 그때는' 누구만 안다고 하였나요?(막 13장)

26. "깨어 있으라"고 ( )번씩이나 강조해서 말씀하셨다(막 13:33).

27. 어떤 한 여자의 행위가 아름다워 복음이 전파되는 곳에는 그녀의 행한 일도 전파된다고 했는데 그것은 값진 향유를 팔아 가난한 자들에게 나누어 주었기 때문이다. 이 말이 맞으면 ○표, 틀리면 ×

표 하십시오(막 14장). (　　)

28. "아바 아버지여 아버지께는 모든 것이 가능하오니 이 잔을 내게서 옮기시옵소서 그러나 나의 원대로 마옵시고 아버지의 원대로 하옵소서." 이 말씀은 누구의 기도이며, 몇 장 몇 절에 기록되어 있나요?(막 14장)

29. 예수님이 잡혔을 때 제자들은 어떻게 하였나요?(막 14장)

30. "그 참람한 말을 너희가 들었도다"라는 말은 (1)누가 (2)누구를 두고 한 말인가요?(막 14장)

31. 베 홑이불을 버리고 도망한 사람은 누구인가요?(막 15장)

32. 지나가던 자들은 십자가에 달린 예수님을 보고 뭐라고 욕하였나요?(막 15장)

33. "이 사람은 진실로 하나님의 아들이었도다"라고 말한 사람은 누구인가요?(막 15장)

34. 예수님이 살아나신 후 먼저 만난 사람이 아닌 자는 누구인가요?(막 16장)

(가) 요셉의 어머니　　(나) 막달라 마리아
(다) 야고보 어머니　　(라) 살로메

35. "너희는 온 천하에 다니며 (　　)에게 (　　)을 전파하라" (　) 에 적당한 낱말을 쓰십시오(막 16장).

36. 믿지 않는 사람은 무엇을 받는다고 하였나요?(막 16장)

37. 믿는 자들에게는 몇 가지 표적이 따른다고 하였나요?(막 16장)

(3) 누가복음

1. 천사가 (1)누구에게 나타나 (2)누가 아들을 낳을 것이라 했으며 (3)

그 이름은 무엇이라 하라 하였나요?(눅 1장)

2. 천사 가브리엘이 (1)어디에 가서 (2)누구에게 수태하여 아들을 낳을 것이라 했으며 (3)그 이름은 무엇이라 하라 하였나요?(눅 1장)
3. "온 백성에게 미칠 큰 기쁨의 좋은 소식을 너희에게 전하노라"라는 말씀은 몇 장 몇 절에 있나요?
4. 아기를 안고 하나님을 찬송한 사람은 누구인가요?(눅 2장)
5. "예수는 그 지혜와 그 키가 자라가며 (   )과 (   )에게 더 사랑스러워 가시더라." (   )에 적당한 낱말을 써 넣으십시오(눅 2장).
6. 예수님께서도 8일 만에 할례를 받으셨다. 맞으면 ○표, 틀리면 ×표 하십시오(눅 2장). (   )
7. "독사의 자식들아, 회개에 합당한 열매를 맺으라"고 한 사람은 누구인가요?(눅 3장)
8. "나사렛 예수여 우리가 당신과 무슨 상관이 있나이까"라고 소리지른 사람은 누구인가요?(눅 4장)
9. "주여 나를 떠나소서 나는 죄인이로소이다"라는 말은 누가 한 말인가요?(눅 5장)
10. 하나님께 영광을 돌리며 집으로 돌아간 사람은 (   )였다(눅 5장).
11. "내가 의인을 부르러 온 것이 아니요 죄인을 불러 회개시키러 왔노라"라는 말씀은 어디에 기록되어 있나요?
12. 다음 A항과 관계있는 것을 B항에서 골라 그 기호를 쓰십시오(눅 6장).

A항　　　　　　　　　　B항

(1) 오른손 마른 자	(가) 반석 위의 집
(2) 제자와 선생	(나) 안식일
(3) 선한 사람	(다) 나무 열매
(4) 듣고 행하는 자	(라) 소경

13. 누가복음 6장 27~37절에 보면 '(　　　)하라' 는 각각 다른 말이 네 번 나온다. (　　)에 해당되는 낱말은 각각 무엇인가요?
14. "어찌하여 형제의 눈 속에 있는 티는 보고 네 눈 속에 있는 들보는 깨닫지 못하느냐." 이 말씀은 몇 장 몇 절에 기록되어 있나요?
15. 예수님께서 "이스라엘 중에서 이만한 믿음은 만나보지 못하였노라" 라고 하신 말씀은 누구를 가리켜 한 말인가요? (눅 7장)
16. "네 믿음이 너를 구원하였으니 평안히 가라" 는 말씀은 죄인인 한 (　　　　　)에게 했다(눅 7장).
17. "두려워 말고 믿기만 하라" 는 말씀은 누구에게 한 말씀인가요? (눅 8장)
18. 예수님의 고난, 죽음, 부활을 예고한 말씀이 어디에 있나요? (눅 9장)
19. "누구든지 내 이름으로 이 어린아이를 (　　　　　)하면 곧 나를 (　　　　　)함이요 또 누구든지 나를 (　　　　　) 하면 곧 나 보내신 이를 (　　　　　) 함이라." (　　)에 적당한 낱말을 써 넣으십시오(눅 9장).
20. "이르시되 (　　　) 할 것은 많되 일꾼이 적으니 그러므로 (　　　) 하는 주인에게 청하여 (　　　) 할 일꾼들을 보내어 주소서 하라." (　　)에 적당한 낱말은 무엇인가요? (눅 10장)
21. 강도 만난 사람에게 자비를 베풀어 도와준 사람은 누구인가요?

(눅 10장)

22. "구하라 그러면 너희에게 주실 것이요 찾으라 그러면 찾을 것이요 문을 두드리라 그러면 너희에게 열릴 것이니." 이 말씀은 몇 장 몇 절에 있나요?

23. "화 있을진저"라고 책망받은 사람들은 누구인가요?(눅 11장)

24. "어리석은 자여 오늘밤에 네 영혼을 도로 찾으리니"라고 했는데 여기서 '어리석은 자'는 (　　　)를 가리킨다(눅 12장).

25. 매를 적게 맞는 종은 누구인가요?(눅 12장)

26. 하나님 나라를 무엇과 무엇으로 비유하여 말씀하였나요?(눅 13장)

27. "누구든지 자기 십자가를 지고 나를 좇지 않는 자도 능히 나의 제자가 되지 못하리라." 이 말씀은 몇 장 몇 절에 기록되어 있나요?

28. 누가복음 15장에 기록된 비유가 아닌 것은 무엇인가요?

(가) 양 일백 마리 (나) 열 드라크마 (다) 열 처녀 (라) 두 아들

29. 누가복음 15장에 기록된 세 가지 비유 중 공통으로 나오는 단어는 무엇인가요?

(가) 찾은즉 (나) 즐기자 (다) 이웃을 (라) 맏아들

30. 왜 예수님께서는 돼지를 치고 쥐엄열매를 먹는 것을 비유 중에 말씀하셨나요?

(가) 흉년이 들었다는 것을 말하기 위해

(나) 그 당시 대부분의 사람들이 돼지를 치므로

(다) 사람들이 아주 멸시하는 죄인들의 극한 상태를 나타내기 위하여

(라) 바리새인들을 돼지로 말하기 위하여

31. 잃어버린 아들의 비유에서 맏아들은 누구를 빗대어 말씀하신 것

인가요?(눅 15장)

32. 무엇으로 친구를 사귀라고 하셨나요?(눅 16장)

33. 부자는 죽어 어디에서 고통 중에 있다고 하였나요?(눅 16장)

34. 예수님께서 문둥병자 열 명을 고치셨다. 그래서 그들 중 (　　　)이 하나님께 영광돌리고 예수님을 찾아와 사례했다(눅 17장).

35. 한 재판관과 과부의 비유는 어떤 목적으로 말씀했다고 생각하나요?(눅 18장)

(가) 항상 기도하고 낙망치 말아야 될 것

(나) 재판관의 무성의 및 불친절

(다) 속히 원한을 풀기 위하여

(라) 하나님을 두려워하는 사람을 무시하지 말아야 할 것

36. 삭개오의 직업은 무엇인가요?(눅 19장)

37. 종들이 남긴 므나의 총 수는 얼마인가요?(눅 19장)

38. "내 집은 (　　　　) 하는 집이 되리라 하였거늘 너희는 (　　　　)의 굴혈을 만들었도다." (　　　)에 적당한 낱말을 써 넣으십시오(눅 19장).

39. 부활이 없다고 주장한 사람들은 (　　　　)인들이었다(눅 20장).

40. 핍박을 당할 때 무엇을 미리 연구치 않도록 결심하라고 하였나요?(눅 21장)

41. 누가복음 21장 27절 말씀은 무슨 일에 대하여 말씀하고 있나요?

42. 유월절 다락방에서 예수님은 제자들과 함께 마지막으로 떡과 잔을 나누셨다. 그때 가룟 유다는 그 자리에 없었다. 맞으면 ○표, 틀리면 ×표 하십시오(눅 22장). (　　)

43. 예수님께서 제자들과 함께 기도하러 가신 곳은 어디인가요? (눅

22장)

44. "아버지여 저희를 사하여 주옵소서 자기의 하는 것을 알지 못함 이니이다." 이 말씀은 몇 장 몇 절에 기록되어 있나요?
45. 대제사장은 한 사람인데 왜 누가복음 24장 20절에서는 대제사장 들이라고 하였나요?
46. 누가복음 24장 24절의 두어 사람은 제자 누구누구를 가리키나요?
47. 예수님께서 손을 들어 축복하시고 하늘로 올라간 장소는 어디인 가요?(눅 24장)

(4) 요한복음

1. 요한복음에서는 하나님을 무엇이라고 하였나요?(3가지)
2. "영접하는 자 곧 그 이름을 믿는 자들에게는 하나님의 자녀가 되는 권세를 주셨으니." 이 말씀은 몇 장 몇 절에 있나요?
3. "와 보라"고 말한 두 사람은 누구누구인가요?(요 1장)
4. 예수님께서 처음 표적을 행하신 곳은 어디였나요?(요 2장)
5. 예수님께 찾아왔던 니고데모의 직업은 무엇인가요?(요 3장)
6. 요한복음 3장에서 세례 요한이 세례를 베푼 곳은 어디이며 무엇이 많다고 하였나요?
7. 예수님께서 사마리아 수가라는 동네에서 만났던 사람은 누구인가요?(요 4장)
8. 어떤 병에 걸렸든지 물이 동한 후에 먼저 들어가면 낫게 되는 못의 이름은 무엇인가요?(요 5장)
9. 그 못의 물은 얼마나 자주 동하나요?(요 5장)
   (가) 한 달에 한 번 (나) 일 년에 한 번 (다) 매주 (라) 가끔

10. "나 보내신 이를 믿는 자는 (   )을 얻었고 심판에 이르지 아니하나니 사망에서 (   )으로 옮겼느니라." (   )에 필요한 낱말은 무엇이며, 어디에 기록되어 있나요?
11. 요한복음 5장 30~47절에서 너희 속에 없다고 한 한두 가지는 무엇무엇인가요?
12. 예수님께서 (1)어디에서 (2)무엇을 가지고 (3)몇 명을 먹였으며 (4)남은 것은 얼마인가요?(요 6장)
13. 예수님은 자신을 가리켜 생명의 (   )이라고 하셨다(요 6장).
14. "누구든지 목마르거든 내게로 와서 마시라 나를 믿는 자는 성경에 이름과 같이 그 배에서 생수의 강이 흘러나리라"에서 '생수'는 무엇을 말하나요?(요 7장)
15. "가서 다시는 죄를 범치 말라." 예수님께서 누구에게 하신 말씀인가요?(요 8장)
16. 바리새인들은 왜 예수님이 참되지 아니하다고 하였나요?(요 8장)
17. "사람이 내 말을 지키면 (   )을 (   )히 보지 아니하리라." (   )에 필요한 낱말을 써 넣으십시오(요 8장).
18. '실로암'과 관계가 없는 것은 무엇인가요?(요 9장)
(가) 못 (나) 소경 (다) 침과 진흙 (라) 가라
19. "양의 우리에 문으로 들어가지 아니하는 자는 (   )며 (   )요."
20. 성전을 청결케 하고 봉헌한 절기는 무슨 절기인가요?(요 10장)
21. 나사로는 죽은 지 며칠 만에 다시 살아났나요?(요 11장)
22. "나는 부활이요 생명이니 나를 믿는 자는 죽어도 살겠고 무릇 살아서 나를 믿는 자는 영원히 죽지 아니하리니 이것을 네가 믿느냐." (1)누구에게 한 말이며 (2)어디에 기록되어 있나요?

23. 예수님께서 예루살렘에 입성하실 때 군중들은 어떻게 대하였나요?(요 12장)

24. "한 알의 밀이 땅에 떨어져 죽지 아니하면 한 알 그대로 있고 죽으면 많은 열매를 맺느니라." 몇 장 몇 절에 기록되어 있나요?

25. 베드로는 발뿐만 아니라 무엇까지 씻겨 달라고 하였나요? (요 13장)

26. "네가 나와 상관이 없느니라"라는 말씀은 무슨 일 때문에 하신 말씀인가요?(요 13장)

27. "네 하는 일을 속히 하라"는 말씀은 누구에게 한 말씀인가요?(요 13장)

28. "새 계명을 너희에게 주노니 서로 사랑하라 내가 너희를 사랑한 것같이 너희도 서로 사랑하라"는 말씀은 어디에 있나요?

29. "너희는 (　　　　)에 근심하지 말라 (　　　　)을 믿으니 또 나를 믿으라." (　　)에 필요한 낱말을 써 넣으십시오(요 14장).

30. 세상이 주는 것과 같지 아니한 것은 주님께서 주시는 (　　　)이다(요 14장).

31. "내가 곧 (　　　　)이요 (　　　　)요 (　　　　)이니" — 요한복음 (　　)장 (　　)절.

32. 다음 A항과 관계있는 것을 B항에서 골라 그 기호를 쓰십시오.

A항	B항
(1) 포도나무(　)	(가) 진리의 성령
(2) 가지(　)	(나) 사랑
(3) 계명(　)	(다) 과실
(4) 보혜사(　)	(라) 농부

(5) 세상(　)　　(마) 기쁨

(6) 근심(　)　　(바) 책망

(7) 환난(　)　　(사) 영화

(8) 아들(　)　　(아) 담대

(9) 보전(　)　　(자) 거룩

(10) 진리(　)　　(차) 하나

33. "죄에 대하여라 함은" 무엇을 말하나요? (요 16장)

34. "구하라 그리하면 받으리니 너희 기쁨이 충만하리라." 누가 누구에게 하신 말씀인가요? (요 16장)

35. "영생은 곧 유일하신 참 하나님과 그의 보내신 자 (　　　)를 아는 것이라" (요 17장).

36. "저희를 (　　)로 거룩하게 하옵소서 아버지의 말씀은 (　　)니이다." (　　)에 적당한 낱말은 무엇인가요? (요 17장)

37. "검을 집에 꽂으라"는 말씀은 누구에게 하셨나요? (요 18장)

38. "네가 유대인이냐"라고 물은 것은 누구인가요? (요 18장)

39. 예수님께서 십자가에 못 박힌 장소는 어디인가요? (요 19장)

40. 예수님께서 운명 직전에 십자가 상에서 하신 말씀이 아닌 것은 무엇인가요? (요 19장)

(가) 보라 네 어머니다　　(나) 내가 목마르다

(다) 다 이루었다　　(라) 유대인의 왕이다

41. 예수님을 장례한 사람은 (　　　　　) 이었다(요 19장).

42. 부활하신 주님을 제일 먼저 본 사람은 누구인가요? (요 20장)

43. 주님의 옆구리에 손을 넣어 보고 믿은 제자는 누구인가요? (요 20장)

44. 예수님 부활 후 디베랴 바다로 고기 잡으러 간 제자는 몇 명이었나요?(요 21장)

45. 사도 요한이 기록한 책은 요한복음, 요한일 · 이 · 삼서, 요한계시록으로 모두 5권이다. 맞으면 ○표, 틀리면 ×표 하십시오. ( )

(4) 사도행전

1. "예루살렘을 떠나지 말고……약속하신 것을 기다리라"고 했는데 '약속하신 것'이 무엇인가요?(행 1장)
2. "오직 성령이 너희에게 임하시면 너희가 권능을 받고 예루살렘과 온 유대와 사마리아와 땅 끝까지 이르러 내 증인이 되리라." 이 말씀은 몇 장 몇 절인가요?
3. 예수님께서 하늘로 올리워 가신 곳은 어디인가요?(행 1장)
4. 오순절날 (   )이 충만하게 임했다(행 2장).
5. "누구든지 주의 (   )을 부르는 자는 (   )을 얻으리라." ( )에 적당한 낱말을 써 넣으십시오(행 2장).
6. 성전 미문에 앉아 구걸하는 앉은뱅이에게 베드로와 요한이 뭐라고 하였나요?(행 3장)
7. 고침받은 성전 미문의 앉은뱅이는 나이가 얼마나 되었다고 하였나요?(행 4장)
8. "다른 이로서는 ( )을 얻을 수 없나니 천하 인간에 (   )을 얻을 만한 다른 이름을 우리에게 주신 일이 없음이니라." ( )에 적당한 낱말을 써 넣으십시오(행 4장).
9. "하나님 앞에서 너희 말 듣는 것이 하나님 말씀 듣는 것보다 옳은가 판단하라"는 말씀은 예수님이 하셨다. 맞으면 ○표, 틀리면 ×

표 하십시오(행 4장). (　)

10. 성령을 속이고 땅값 얼마를 감추었다가 죽은 사람은 누구누구인가요?(행 5장)

11. 바리새인이며 교법사로 사도들을 구명한 사람은 누구인가요?(행 5장)

12. "믿음과 성령이 충만한 사람" 몇 명을 택하여 세웠나요?(행 6장)

13. "보라 하늘이 열리고 인자가 하나님 우편에 서신 것을 보노라." 이 말은 누가 하였나요?(행 7장)

14. 빌립이 사마리아 성에서 전도할 때 세례를 받은 사람은 누구인가요?(행 8장)

15. 에디오피아 사람 내시가 읽고 있었던 성경은 (　　)였다(행 8장).

16. "사울아 사울아 네가 어찌하여 나를 핍박하느냐" 하는 음성을 사도 바울은 어디에서 들었나요?(행 9장)

17. 예수님께서 누구를 통하여 사울을 다시 볼 수 있게 하였나요?(행 9장)

18. 베드로가 살린 여자의 이름은 누구인가요?(행 9장)

19. 고넬료와 관계가 없는 것은 무엇인가요?(행 10장)

(가) 가이사랴　(나) 하나님을 경외함

(다) 백부장　(라) 바리새인

20. "착한 사람이요 믿음과 성령이 충만한 자"는 누구를 가리키나요?(행 11장)

21. 충이 먹어 죽은 사람은 (　　)이다(행 12장).

22. "이방인들이 듣고 기뻐하여 하나님의 (　　)을 찬송하며 (　　)을 주시기로 작정된 자는 다 믿더라." (　　)에 적당한 낱말을 써

넣으십시오(행 13장).

23. 사울은 다메섹 도상에서 예수님을 만난 후 이름을 바울로 바꾸었다. 맞으면 ○표, 틀리면 ×표 하십시오(행 13장). (   )
24. 바울이 루스드라에서 어떤 환자를 고쳤나요?(행 14장)
25. 바울과 바나바는 (   )의 동행 문제로 심히 다투고 갈라졌다(행 15장).
26. 디모데는 어느 지방 형제들로부터 칭찬받았나요?
27. "주 예수를 믿으라 그리하면 너와 네 집이 구원을 얻으리라." 이 말씀은 (1)누가 (2)누구에게 했으며 (3)어디에 있는 말씀인가요?
28. "베뢰아 사람은 데살로니가에 있는 사람보다 더 신사적이어서 간절한 마음으로 (   )을 받고 이것이 그러한가 하여 날마다 (   )을 상고하므로." (   )에 적당한 낱말을 쓰십시오(행 17장).
29. 바울이 어디 사람들에게 종교성이 많다고 하였나요?(행 17장)
30. 유대인 가운데 학문이 많고 성경에 능한 자의 이름은 무엇인가요?(행 18장)
31. 불살라버린 마술사들의 책값은 (   )이나 되었다(행 19장).
32. (1)누가 (2)어디에서 (3)왜 떨어져 죽었나요?(행 20장)
33. "나의 달려갈 길과 주 예수께 받은 사명 곧 하나님의 은혜의 복음 증거하는 일을 마치려 함에는 나의 생명을 조금도 귀한 것으로 여기지 아니하노라." 이 말씀은 몇 장 몇 절에 기록되어 있나요?
34. 받는 것보다 복이 있는 것을 무엇이라고 하였나요?(행 20장)
35. "나는 주 예수의 이름을 위하여 결박받을 뿐 아니라 예루살렘에서 죽을 것도 각오하였노라." 누가 한 말인가요?(행 21장)

36. "네가 헬라 말을 아느냐?"라는 말은 바울이 천부장에게 했다. 맞으면 ○표, 틀리면 ×표 하십시오(행 21장). (   )

37. "떠들며 옷을 벗어 던지고 티끌을 공중에 날린" 사람들은 (   ) 들이었다(행 22장).

38. 다음 A항과 관계있는 것을 B항에서 골라 그 기호를 쓰십시오.

A항	B항
(1) 아나니아( )	(가) 부활도 천사도 없다
(2) 바울( )	(나) 짐승을 준비하라
(3) 사두개인( )	(다) 그 입을 치라
(4) 바리새인( )	(라) 회칠한 무덤이여
(5) 주께서( )	(마) 부활도 천사도 있다
(6) 벨릭스( )	(바) 담대하라

39. 바울을 죽이기 전에는 먹지도 않고 마시지도 않기로 맹세한 사람은 몇 명인가요?(행 23장)

40. "저희의 기다리는 바 하나님께 향한 소망을 나도 가졌으니 곧 (   )과 (   )의 부활이 있으리라." (   )에 적당한 낱말을 쓰십시오(행 24장).

41. "나도 이 사람의 말을 듣고자 하노라." 누가 한 말인가요?(행 25장)

42. "당신들은 하나님이 죽은 사람 다시 살리심을 어찌하여 못 믿을 것으로 여기나이까." 몇 장 몇 절에 있나요?

43. 벨릭스 다음의 총독은 누구였으며, 그 당시 분봉왕은 누구였나요?

44. "바울아 네가 미쳤도다 네 많은 학문이 너를 미치게 한다." 이 말은 누가 하였나요?(행 26장)

45. 바울이 배를 타고 가다가 만난 광풍의 이름은 무엇인가요?(행 27장)

46. 바울과 같이 배를 타고 가던 사람은 (1)몇 명이며 (2)며칠 동안 먹지 못하였나요?(행 27장)

47. 풍랑 후에 그들이 안착한 섬의 이름은 무엇인가요?(행 28장)

48. 바울이 독사에게 물렸으나 상하지 아니했고 섬에서 제일 높은 보블리오의 (   )을 치료함으로 극진한 대접을 받았다(행 27장).

49. "너희가 듣기는 들어도 도무지 깨닫지 못하며 보기는 보아도 도무지 알지 못하는도다." (1)누구의 말을 인용하였으며 (2)어디에 있나요?(행 28장)

50. 관계있는 사람끼리 연결하십시오.

(1) 바나바( )	(가) 하나님 마음에 합한 자
(2) 도르가( )	(나) 바울의 말을 청종
(3) 고넬료( )	(다) 선행과 구제가 많음
(4) 스데반( )	(라) 착한 사람
(5) 루디아( )	(마) 항상 기도
(6) 다윗 ( )	(바) 은혜와 권능 충만

51. 바울은 로마에 도착한 후 얼마 동안 죄수의 몸으로 매여 있었나요?(행 28장)

52. 다음 사람 중 이방인이 아닌 유대 사람은 누구인가요?

(가) 고넬료 (나) 수가성 여인 (다) 니고데모 (라) 율리오

(6) 로마서

1. "복음에는 하나님의 의가 나타나서 (   )으로 (   )에 이르게 하나니 기록된 바 오직 의인은 (   )으로 말미암아 살리라 함과 같으니라." (   )에 적당한 낱말을 써 넣으십시오(롬 1장).

2. '합당치 못한 일' 들이 기록된 곳은 어디인가요?(롬 1장)

3. "참고 선을 행하여 (　　　　)과 (　　　　)와 썩지 아니함을 구하는 자에게는 (　　)으로 하시고" (롬 2장).

4. 하나님께서는 어떠한 자에게 노와 분으로 하신다고 하셨나요?(롬 2장)

5. 할례를 어디에 하라고 하였나요?(롬 2장)

6. 유대인이나 헬라인이나 다 어디 아래 있다고 하였나요?(롬 3장)

7. "모든 사람이 (　　　　)를 범하였으매 하나님의 영광에 이르지 못하더니 그리스도 예수 안에 있는 구속으로 말미암아 하나님의 은혜로 값없이 (　　)롭다 하심을 얻은 자 되었느니라." (　)에 적당한 낱말을 써 넣으십시오(롬 3장).

8. "사람이 의롭게 되는 것은 믿음 위에 율법의 다른 행위를 더하여야 한다" (롬 3장). 맞으면 ○표, 틀리면 ×표 하십시오. (　　)

9. "예수는 우리 (　　) 함을 위하여 내어줌이 되고 또한 우리를 (　　) 하심을 위하여 살아나셨느니라" (롬 4장).

10. "우리가 환난 중에서 즐거워한다"라고 했는데 그 이유가 아닌 것은 무엇인가요?(롬 5장)

(가) 환난은 인내를　　　　(나) 인내는 연단을

(다) 연단은 소망을　　　　(라) 소망은 영광을

11. "우리가 아직 (　　) 되었을 때에 그리스도께서 우리를 위하여 죽으심으로 하나님께서 우리에게 대한 자기의 (　　)을 확증하셨느니라." (　　)에 적당한 낱말을 써 넣으십시오(롬 5장).

12. "한 사람이 순종치 아니함으로 많은 사람이 (　　)이 되었고 한 사람의 순종으로 많은 사람이 (　　　)이 된다" (롬 5장).

13. 의의 병기로 하나님께 드려야 할 것은 무엇이라고 하였나요? (롬 6장)
14. 죄의 삯은 사망이요, 하나님의 은사는 그리스도 예수 우리 주 안에 있는 무엇이라고 하였나요? (롬 6장)
15. 선을 행하기 원하는 나에게 함께 있는 것은 무엇인가요? (롬 7장)
16. 죄를 알게 하는 것은 무엇이라고 하였나요? (롬 7장)
17. "오호라 나는 곤고한 사람이로다 이 (　　　)의 몸에서 누가 나를 건져내랴." (　　)에 적당한 낱말을 써 넣으십시오(롬 7장).
18. 이는 그리스도 예수 안에 있는 무엇이 우리를 죄와 사망의 법에서 해방하였나요? (롬 8장)
19. 로마서 8장 30절에서 말하고 있는 구원의 네 과정은 무엇인가요?
20. "환난이나 곤고나 핍박이나 기근이나 적신이나 위험이나 칼"이 끊을 수 없는 것은 무엇인가요? (롬 8장)
21. "내가 내 백성 아닌 자를 내 백성이라 사랑치 아니한 자를 사랑한 자라 부르리라." 누구의 글인가요? (롬 9장)
22. "사람이 (　　　)으로 믿어 의에 이르고 (　　　)으로 시인하여 구원에 이르느니라." (　　)에 적당한 낱말을 써 넣으십시오(롬 10장).
23. "누구든지 주의 이름을 부르는 자는 구원을 얻으리라." 몇 장 몇 절에 있는 말씀인가요?
24. 믿음은 무엇에서 난다고 하였나요? (롬 10장)
25. 바알에게 무릎을 꿇지 아니한 사람 몇 명을 남기셨다고 하였나요? (롬 11장)
26. "이는 만물이 주에게서 나오고 주로 말미암아 주에게로 돌아감이라 영광이 그에게 세세에 있으리로다 아멘." 몇 장 몇 절에 있

나요?

27. "그러므로 형제들아 내가 하나님의 모든 자비하심으로 너희를 권하노니 너희 (　　　)을 하나님이 기뻐하시는 거룩한 산 제사로 드리라 이는 너희의 드릴 (　　　)니라." (　)에 적당한 낱말을 써 넣으십시오(롬 12장).

28. 다음 중 서로 잘못된 것끼리 연결된 것은 무엇인가요?(롬 12장)

(가) 소망－즐거움　　　　　(나) 환난－참음

(다) 기도－항상 힘쓸 것　　　(라) 사랑－공급

29. "너희를 핍박하는 자를 축복하지 말고 저주하라." 이 말이 맞으면 ○표, 틀리면 ×표 하십시오(롬 12장). (　)

30. "할 수 있거든 너희로서는 모든 사람으로 더불어 (　　　)하라." (　)에 적당한 낱말을 써 넣으십시오(롬 12장).

31. 무슨 빚 외에 아무 빚도 지지 말라고 하였나요?(롬 13장)

32. "사랑은 이웃에게 악을 행치 아니하나니 그러므로 사랑은 율법의 완성이니라." 몇 장 몇 절에 있나요?

33. "우리가 살아도 (　　)를 위하여 살고 죽어도 (　　)를 위하여 죽나니 그러므로 사나 죽으나 우리가 (　　)의 것이로다." (　)에 적당한 낱말을 써 넣으십시오(롬 14장).

34. 하나님 나라에 있지 않는 것은 무엇인가요?(롬 14장)

(가) 먹는 것　　(나) 의　　(다) 평강　　(라) 희락

35. 한 마음과 한 입으로 하나님께 무엇을 돌리게 하려 한다고 하였나요?(롬 15장)

36. "(　　　)의 하나님이 모든 기쁨과 평강을 믿음 안에서 너희에게 충만케 하사 성령의 능력으로 (　　　)이 넘치게 하시기를 원하

노라." (　　)에 적당한 낱말을 써 넣으십시오(롬 15장).

37. 바울의 보호자가 되었던 사람은 누구인가요?(롬 16장)

(가) 브리스가　(나) 아굴라　(다) 뵈뵈　(라) 에배네도

38. 아시아에서 그리스도께 처음 익은 열매는 누구를 말합니까? (롬 16장)

39. 구레네 시몬의 아들이라고도 하고 바울이 그의 어머니가 내 어머니라고 한 사람의 이름은 누구인가요?(롬 16장)

(7) 고린도전서

1. 고린도 교회는 바울의 몇 차 전도여행 때 세워진 교회인가요?

(가) 1차 전도여행　(나) 2차 전도여행

(다) 3차 전도여행　(라) 4차 전도여행

2. 온전히 합해야 할 것 중에 들지 않는 것은 무엇인가요?(고전 1장)

(가) 같은 말　(나) 같은 마음　(다) 같은 뜻　(라) 같은 행동

3. "십자가의 도가 멸망하는 자들에게는 미련한 것이요 구원을 얻는 우리에게는 하나님의 능력이라." 몇 장 몇 절에 있나요?

4. 무엇이 유대인에게는 거리끼는 것이요, 이방인에게는 미련한 것이라고 하였나요?(고전 1장)

5. "모든 것 곧 하나님의 깊은 것이라도 통달하시는 것" 은 무엇인가요?(고전 2장)

6. "신령한 일은 신령한 것으로 분별하느니라" 의 뜻은 무엇인가요?(고전 2장)

(가) 하나님만이 모든 일을 아신다.

(나) 마귀만이 모든 일을 안다.

(다) 인간의 지적이며 정신적인 일로 안다.

(라) 진리의 영이신 성령의 조명하에서만 알 수 있다.

7. "너희가 하나님의 (　　　)인 것과 하나님의 (　　　)이 너희 안에 거하시는 것을 알지 못하느뇨." (　　)에 적당한 낱말을 쓰십시오(고전 3장).
8. 맡은 자들에게 구할 것은 무엇이라고 하였나요?(고전 4장)
9. 하나님의 나라는 말에 있지 아니하고 오직 무엇에 있다고 하였나요?(고전 4장)
10. 유월절을 지키기 전에 묵은 누룩을 내어 버리라고 했는데 그것은 무슨 뜻인가요?(고전 5장)
11. 유월절 희생양은 누구를 가리키나요?(고전 5장)
12. 고린도전서 6장 1~8절에서는 성도들 간에 무엇이 있음을 보여 주나요?
13. 우리의 몸을 "그리스도의 지체" 혹은 "(　　　　　)"이라고 했다(고전 6장).
14. "믿지 아니하는 (　　　)이 아내로 인하여 거룩하게 되고 믿지 아니하는 아내가 (　　　)으로 인하여 거룩하게 되나니 그렇지 아니하면 너희 자녀도 깨끗지 못하리라." (　　)에 적당한 낱말을 쓰십시오(고전 7장).
15. 할례받는 것도 할례받지 아니하는 것도 아무것도 아니고 오직 무엇이 중요하다고 하였나요?(고전 7장)
16. 바울은 식물이 형제를 실족케 한다면 영원히 어떻게 하겠다고 하였나요?(고전 8장)
17. "내가 복음을 전할지라도 자랑할 것이 없음은 내가 부득불 할 일

임이라 만일 복음을 전하지 아니하면 내게 화가 있을 것임이로다." 몇 장 몇 절 말씀인가요?

18. 형제에게 죄를 지어 그 약한 양심을 상하게 하는 것은 무엇이라고 하였나요?(고전 8장)

19. "곡식을 밟아 떠는 소에게 망을 씌우지 말라"는 모세의 율법은 구약성경 어디에 나오나요?(고전 9장)

20. 바울은 복음을 위하여 모든 것을 행함은 무엇에 참예하고자 함이라고 하였나요?(고전 9장)

21. "우리는 썩지 아니할 면류관을 얻기 위하여 달음질하는 자들이다." 맞으면 ○표, 틀리면 ×표 하십시오(고전 9장). ( )

22. 이스라엘 사람들의 광야생활이 왜 우리에게 중요한가요? (고전 10장)

(가) 좋은 읽을 거리가 되므로

(나) 하나님의 성격을 배울 수 있으므로

(다) 우리가 섬겨야 할 것을 보여 주므로

(라) 역사 이야기이므로

23. 넘어질까 조심해야 할 사람은 누구인가요?(고전 10장)

24. "그런즉 너희가 먹든지 마시든지 무엇을 하든지 다 하나님의 영광을 위하여 하라." 몇 장 몇 절에 있는 말씀인가요?

25. "너희가 이 (   )을 먹으며 이 (   )을 마실 때마다 주의 죽으심을 오실 때까지 전하는 것이니라." (   )에 적당한 낱말을 쓰십시오(고전 11장).

26. "성령으로 아니하고는 예수를 (   )시라 할 수 없느니라."

27. 어느 때에 천사의 말이 소리나는 구리와 울리는 꽹과리가 되나

요?(고전 13장)

28. 더욱 큰 은사는 무엇을 말하나요?(고전 13장)

29. "일만 마디 방언이 깨닫는 마음으로 다섯 마디 말을 하는 것보다 낫다." 맞으면 ○표, 틀리면 ×표 하십시오(고전 14장).

30. 고린도전서 15장의 장 제목은 무엇이라고 할 수 있나요?

31. 부활하신 예수님을 맨 마지막으로 본 사람은 누구인가요? (고전 15장)

32. 바울은 먼저 연보에 관하여 어느 교회들에게 명을 하였나요? (고전 16장)

33. 아가야의 첫 열매는 누구의 집인가요?(고전 16장)

(8) 고린도후서

1. 그리스도의 고난이 우리에게 넘친 것같이 무엇이 넘친다고 하였나요?(고후 1장)

2. "저가 또한 우리에게 인치시고 보증으로 (   )을 우리 마음에 주셨느니라." 이 말씀은 몇 장 몇 절에 있으며 (   )에 적당한 낱말은 무엇인가요?

3. 우리가 (   )하여 하나님께 영광을 돌리게 되느니라 (고후 1장).

4. 우리는 구원 얻는 자들에게나 망하는 자들에게나 하나님 앞에서 무엇이라고 하였나요?(고후 2장)

5. 너희는 우리로 말미암아 나타난 그리스도의 무엇이라고 하였나요? (고후 3장)

6. 다음에서 '살리는 것' 은 무엇인가요?(고후 3장)

   (가) 영 (나) 의문 (다) 언약 (라) 새 언약

7. "주는 영이시니 주의 영이 계신 곳에는 자유함이 있느니라." 몇 장 몇 절에 있는 말씀인가요?
8. 이 보배를 가진 우리는 답답한 일을 당하여도 무엇 하지 아니한다고 하였나요?(고후 4장)
9. 이 세상 신들이 하는 일은 무엇인가요?(고후 4장)
   (가) 진리를 나타냄
   (나) 복음을 증거함
   (다) 믿지 아니하는 자들이 마음을 혼미케 함
   (라) 그리스도의 영광을 나타냄
10. 우리가 낙심하지 아니하는 것은 (　　　　) 사람은 날로 후패하나 우리의 (　　　)은 날로 새롭기 때문이다(고후 4장).
11. 바울이 미쳤다는 말을 들은 것은 사도행전 몇 장에 나오나요?(고후 5장)
12. "그런즉 누구든지 그리스도 안에 있으면 새로운 피조물이라 이전 것은 지나갔으니 보라 새 것이 되었도다." 몇 장 몇 절에 있나요?
13. "보라 지금은 (　　　　) 받을 만한 때요 보라 지금은 (　　　　)의 날이로다." (　　　)에 적당한 낱말을 쓰십시오(고후 6장).
14. "그런즉 사랑하는 자들아 이 약속을 가진 우리가 하나님을 두려워하는 가운데서 (　　　　)을 온전히 이루어 (　　　)과 (　　　)의 온갖 더러운 것에서 자신을 깨끗하게 하라." (　　　)에 적당한 낱말로 연결된 것은 무엇인가요?(고후 7장)
   (가) 부정 – 육 – 영　　　　(나) 거룩함 – 육 – 영
   (다) 부정 – 영 – 육　　　　(라) 거룩함 – 영 – 육
15. "하나님의 뜻대로 하는 근심은 후회할 것이 없는 구원에 이르게

하는 회개를 이루는 것이요 세상 근심은 사망을 이루는 것이니라." 몇 장 몇 절에 있는 말씀인가요?

16. 마게도냐 성도들에게 주신 은혜가 아닌 것은 무엇인가요? (고후 8장)

(가) 환난의 많은 시련 가운데서 넘치는 기쁨이 있었다.

(나) 극한 가난 속에서도 풍성한 연보를 했다.

(다) 힘에 지나도록 자원하여 했다.

(라) 강요에 못 이겨 연보했다.

17. 디도는 (　　　)의 동역자요 여러 교회의 사자였다(고후 8장).

18. "각각 그 (　　　　)에 정한 대로 할 것이요 인색함으로나 억지로 하지 말지니 하나님은 즐겨 내는 자를 (　　　)하시느니라" (고후 9장).

19. 봉사의 직무가 어떤 결과를 가져왔나요? (고후 9장)

20. 우리의 싸우는 병기가 아닌 것은 무엇인가요? (고후 10장)

(가) 하나님 앞에서 견고한 것　　(나) 모든 이론

(다) 육체　　(라) 하나님을 아는 것

21. "사단은 자기를 광명의 천사로 가장하지 않는다." 맞으면 ○표, 틀리면 ×표 하십시오(고후 11장). (　　)

22. "내가 그리스도를 위하여 약한 것들과 능욕과 궁핍과 핍박과 곤란을 기뻐하노니 이는 내가 약할 그때에 곧 강함이니라." 몇 장 몇 절에 있는 말씀인가요?

23. 하나님께서는 바울에게 왜 육체의 가시를 주셨나요? (고후 12장)

24. "너희가 믿음에 있나 너희 (　　　)을 시험하고 너희 (　　　)을 확증하라." (　　)에 적당한 낱말은 무엇인가요? (고후 13장)

25. 우리가 무엇을 거스려서는 아무것도 할 수 없다고 하였나요?(고후 13장)

(9) 갈라디아서

1. 갈라디아서 1장에서 "다른 복음을 전하면 (   )를 받는다"고 했다.
2. 주전 6세기 말엽에 남 왕국 유다에서 생겨난 신앙으로 바울이 처음 가졌던 신앙은 무엇이었나요?(갈 1장)
3. 바울이 예수님을 만난 이후 약 14년 동안은 어디에서 머물고 있었나요?(갈 1장)
4. 베드로와 바울의 공통 관심사는 누구를 생각하는 것이었나요?(갈 2장)
5. 바울은 왜 게바(베드로)를 책망하였나요?(갈 2장)
6. 베드로와 함께 외식하였다고 책망받은 사람은 누구인가요?(갈 2장)
7. "내가 그리스도와 함께 십자가에 못 박혔나니 그런즉 이제는 내가 산 것이 아니요 오직 내 안에 그리스도께서 사신 것이라." 몇 장 몇 절에 있는 말씀인가요?
8. 다른 사람들의 꾀임을 받는다 하여 갈라디아 사람들을 무엇이라고 책망하였나요?(갈 3장)
9. "또 하나님 앞에서 아무나 (   )으로 말미암아 의롭게 되지 못할 것이 분명하니 이는 의인이 (   )으로 살리라 하였느니라." (   )에 적당한 낱말을 써 넣으십시오(갈 3장).
10. 몽학 선생은 무엇을 의미하나요?(갈 3장)
11. 하나님을 아바 아버지라 부르는 것은 하나님이 그 아들의 (   )

을 우리 마음 가운데 보내셨기 때문이다(갈 4장).

12. 하나님을 알지 못했을 때에는 누구에게 종 노릇 하였나요?(갈 4장)

13. 그리스도께서 우리로 ( )케 하려고 ( )를 주셨으니 그러므로 굳세게 서서 다시는 종의 멍에를 메지 말라." ( )에 적당한 낱말을 써 넣으십시오(갈 5장).

14. '자유'를 가지고 해야 할 것은 무엇인가요?(갈 5장)

15. 성령의 9가지 열매를 적어 보십시오(갈 5장).

16. 누가 육체와 함께 정과 욕심을 십자가에 못 박았나요?(갈 5장)

17. 사람이 만일 범죄한 일이 드러나거든 어떻게 하라고 하였나요?(갈 6장)

18. 하나님은 우롱을 받지 않으신다는 뜻을 가진 단어로 갈라디아서에만 나오는 단어는 무엇인가요?(갈 6장)

19. "사람이 무엇으로 ( ) 그대로 거두리라" (갈 6장).

20. "내게는 우리 주 예수 그리스도의 ( )외에는 결코 ( )할 것이 없으니"(갈 6장).

(10) 에베소서

1. 바울의 구원관인 예정론을 말하고 있는 구절은 몇 절인가요? (엡 1장)

2. 하나님을 알게 하시려고 우리에게 주신 두 가지 정신은 무엇무엇인가요?(엡 1장)

3. "교회는 그의 몸이니 ( ) 안에서 ( )을 충만케 하시는 자의 충만이니라." ( )에 적당한 낱말을 써 넣으십시오(엡 1장).

4. 공중의 권세 잡은 자들은 누구를 가리키나요?(엡 2장)

5. “너희가 그 은혜를 인하여 (　　　)으로 말미암아 구원을 얻었나니 이것이 너희에게서 난 것이 아니요 하나님의 (　　　)이라.” (　)에 맞는 답을 쓰십시오(엡 2장).

6. 우리의 구원이 왜 행위에서 나지 못하게 하셨나요?(엡 2장)

7. 할례당과 무할례당을 무엇으로 한 몸으로 만들어 하나님과 화목하게 하셨나요?(엡 2장)

8. 이방인들이 그리스도 안에서 함께 되는 것을 순서별로 연결한 것은 어느 것인가요?(엡 3장)

(가) 복음 – 후사 – 지체 – 약속

(나) 복음 – 후사 – 약속 – 지체

(다) 후사 – 복음 – 약속 – 지체

(라) 후사 – 복음 – 지체 – 약속

9. 그 넓이와 길이와 높이와 깊이가 어떠함을 깨달아 하나님의 모든 충만하신 것으로 너희에게 충만하게 하시기를 구한 것은 무엇인가요?(엡 3장)

10. 부르심에 합당하지 않은 것은 다음 중 무엇인가요?(엡 4장)

(가) 겸손과 온유　　(나) 사랑과 용납

(다) 평안의 매는 줄　　(라) 교만과 오래 참음

11. “너희는 유혹의 욕심을 따라 썩어져 가는 구습을 좇는 옛사람을 벗어 버리고……새 사람을 입으라”는 말씀은 어디에 있나요?(엡 4장)

12. 하나님 나라에서 기업을 얻지 못할 자들은 누구인가요?(엡 5장)

13. 세 가지 빛의 열매는 무엇인가요?(엡 5장)

14. “술 취하지 말라 이는 방탕한 것이니 오직 (　　　)의 충만을 받

으라." (　)에 적당한 낱말을 써 넣으십시오(엡 5장).

15. "남편들아 아내 사랑하기를 그리스도께서 교회를 사랑하시고 위하여 자신을 주심같이 하라." 몇 장 몇 절에 있는 말씀인가요?

16. 사람을 기쁘게 하는 자는 어떻게 한다고 하였나요?(엡 6장)

17. 다음 A항에 맞는 답을 B항에서 골라 그 기호를 써 넣으십시오(엡 6장).

A항	B항
(1) 허리띠(　)	(가) 평안의 복음
(2) 신발(　)	(나) 의
(3) 흉배(　)	(다) 믿음
(4) 방패(　)	(라) 성령
(5) 투구(　)	(마) 진리
(6) 검(　)	(바) 구원

(11) 빌립보서

1. "너희 속에 착한 일을 시작하신 이가 그리스도 예수의 날까지 이루실 줄을 우리가 확신하노라." 몇 장 몇 절에 있는 말씀인가요?
2. 바울은 빌립보 교인들을 무엇으로 사모한다고 하였나요?(빌 1장)
3. "오직 너희는 그리스도 (　　　)에 합당하게 생활하라." (　　)에 적당한 낱말을 써 넣으십시오(빌 1장).
4. "너희 안에 이 마음을 품으라" 고 했는데 이 마음은 어떤 마음인가요?(빌 2장)
5. 모든 일을 무엇과 무엇이 없이 하라고 하셨나요?(빌 2장)
6. 디모데를 왜 보내기 원한다고 하였나요?(빌 2장)

7. 에바브로디도에 대한 칭찬이 아닌 것은 무엇인가요?(빌 2장)

(가) 나의 형제 (나) 군사 된 자요

(다) 자기 목숨을 돌아보지 아니함 (라) 바울을 자랑함

8. 참 할례당에 속하지 않는 것은 무엇인가요?

(가) 하나님의 성령으로 봉사 (나) 그리스도 예수로 자랑

(다) 최대한으로 능력 발휘 (라) 육체를 신뢰하지 않음

9. 바울의 이력과 관계가 없는 것은 무엇인가요?(빌 3장)

(가) 팔 일 만에 할례받음 (나) 베냐민 지파

(다) 교회를 핍박하는 자 (라) 율법으로는 사두개인

10. "오직 한 일, 즉 뒤에 있는 것은 잊어버리고 앞에 있는 것을 잡으려고 푯대를 향하여 그리스도 예수 안에서 하나님이 위에서 부르신 부름의 상을 위하여 좇아가노라." 몇 장 몇 절에 있는 말씀인가요?

11. "그가 (　　　)을 자기에게 (　　　)케 하실 수 있는 자의 역사로 우리의 낮은 몸을 자기 영광의 몸의 형체와 같이 변케 하시리라." (　)에 적당한 낱말을 써 넣으십시오(빌 3장).

12. "주 안에서 항상 기뻐하라 내가 다시 말하노니 기뻐하라." 이 말씀은 몇 장 몇 절에 있나요?

13. 빌립보 교회에 특별히 문안한 사람은 누구인가요?

14. 다음 성구를 완성해 보십시오.

"내게 능력 주시는 자 안에서 내가 (　　　　　)"

– 빌립보서 (　　)장 (　　)절.

15. 빌립보서 4장 2~4절에서는 마음을 같이하지 않는 두 사람을 권합니다. 누구와 누구인가요?

16. 바울이 한 에바브로디도에 대한 칭찬을 써 보십시오(빌 4장).

(12) 골로새서

1. 기도할 때마다 하나님 아버지께 감사한 이유가 무엇인가요? (골 1장)

   (가) 믿음 – 사랑 – 소망 (나) 믿음 – 은혜 – 사랑

   (다) 믿음 – 사랑 – 인내 (라) 믿음 – 인내 – 소망

2. "내가 이제 너희를 받는 괴로움을 기뻐하고 그리스도의 남은 고난을 그의 몸된 교회를 위하여 내 육체에 채우노라." 몇 장 몇 절에 있는 말씀인가요?

3. '철학과 헛된 속임수' 에 대하여 잘못 말한 것은 무엇인가요? (골 2장)

   (가) 사람의 유전 (나)세상의 초등학문 (다)그리스도를 좇음

4. 다음은 땅에 속한 것들인데 ( ) 안을 채우십시오(골 3장).

   음란 – ( ) – 사욕 – ( ) – 탐심 – ( ) – 악의 – ( ) – 부끄러운 말

5. 탐심은 ( )라고 했다(골 3장).

6. 새 사람은 자기를 창조하신 자의 형상을 좇아 어디에까지 새롭게 된다고 하였나요? (골 3장)

7. "이 모든 것 위에 ( )을 더하라 이는 ( ) 하게 매는 ( ) 니라 (골 3장).

8. "무엇보다도 열심으로 ( ) 할지니 ( ) 은 허다한 죄를 덮느니라" (벧후 4장).

9. "사랑은 이웃에게 악을 행치 아니하나니 그러므로 ( )은

(   ) 의 (   ) 이니라" (롬 13장).

10. "아내들아 남편에게 복종하라 이는 주 안에서 마땅하니라." 몇 장 몇 절에 있는 말씀인가요?
11. "(   )를 항상 힘쓰고 (   )에 감사함으로 깨어 있으라." (   )에 적당한 낱말은 무엇인가요?(골 4장)
12. 신실하고 사랑을 받는 형제는 누구인가요?(골 4장)
13. "너희 말을 항상 은혜 가운데서 (   )으로 고르게 함같이 하라" (골 4장).

(13) 데살로니가전서

1. 데살로니가 교회에 편지한 세 사람은 누구누구인가요?(살전 1장)
2. 사도행전의 실라와 동일 인물로 로마 시민권을 가진 사람은 누구인가요?(살전 1장)
3. 데살로니가 성도들로 인하여 하나님께 감사한 내용이 아닌 것은 무엇인가요?(살전 1장)

   (가) 믿음의 역사　　(나) 사랑의 수고
   (다) 감사의 노래　　(라) 소망의 인내

4. 복음이 말로만 아니라 어떻게 임했다고 하였나요?(살전 1장)

   (가) 능력 – 성령 – 확신　　(나) 능력 – 성령 – 노력
   (다) 능력 – 소망 – 확신　　(라) 능력 – 소망 – 환난

5. 믿는 자 속에서 역사하는 것은 (   )이다(살전 2장).
6. 우리의 자랑의 면류관은 누구라고 했나요?(살전 2장)
7. 디모데가 전한 기쁜 소식이 아닌 것은 무엇인가요?(살전 3장)

   (가) 믿음에서 떠남　　(나) 믿음과 사랑

(다) 항상 우리를 생각　　　　　　(라) 간절히 보고자 함

8. 하나님의 뜻은 (　　　　　)이다(살전 4장).

9. "우리가 예수의 죽었다가 다시 사심을 믿을진대 이와 같이 예수 안에서 자는 자들도 하나님이 저와 함께 데리고 오시리라." 몇 장 몇 절에 있는 말씀인가요?

10. "우리는 낮에 속하였으니 근신하여 (　　　　)과 (　　　　)의 흉배를 붙이고 (　　　　　)의 소망의 투구를 쓰라." (　)에 적당한 낱말을 쓰십시오(살전 5장).

11. "항상 (　　　) 하라 쉬지 말고 (　　　　) 하라 범사에 (　　　　) 하라 이는 그리스도 예수 안에서 너희를 향하신 하나님의 (　　　)이니라." (　)에 맞는 말을 순서대로 열거한 것은 어느 것인가요? (살전 5장)

(가) 기뻐 – 감사 – 기도 – 뜻

(나) 감사 – 기도 – 기뻐 – 뜻

(다) 기도 – 기뻐 – 감사 – 뜻

(라) 기뻐 – 기도 – 감사 – 뜻

12. 쉬지 말고 기도하라는 말씀은 어떤 뜻이 있는 말씀이라고 할 수 있나요?(살전 5장)

(가) 몇 시간이고 계속해서 기도하라는 뜻이다.

(나) 한 가지 제목을 가지고 이루어질 때까지 기도하라는 뜻이다.

(다) 규칙적으로 빠지지 말고 기도하라는 뜻이다.

(라) 일이 없을 때에는 늘 기도하라는 뜻이다.

13. 관계있는 것끼리 연결하십시오(살전 5장).

(1) 성령　　　　　　　　　　　(가) 모양이라도 버리라

(2) 예언	(나) 소멸치 말며
(3) 좋은 것	(다) 취하고
(4) 악	(라) 멸시치 말고

(14) 데살로니가후서

1. 데살로니가 교회의 두 가지 자랑은 무엇무엇인가요?(살후 1장)
2. "우리 하나님이 너희를 그 부르심에 합당한 자로 여기시고 모든 선을 기뻐함과 믿음의 역사를 능력으로 이루게 하시고." 이는 다음 중 어떤 내용이라고 생각하나요?(살후 1장)
   (가) 기도 (나) 설교 (다) 권면 (라) 충고
3. 말세 증상으로 무엇이 맨 처음 나타난다고 하였나요?(살후 2장)
4. 불법한 자가 나타날 때 예수님께서 무엇으로 죄를 죽이신다고 하였나요?(살후 2장)
   (가)권능 (나) 입의 기운 (다) 무기 (라) 율법
5. 마땅히 하나님께 감사할 것이 아닌 것은 무엇인가요?(살후 2장)
   (가) 처음부터 택하심 (나) 성령의 거룩하게 하심
   (다) 유전을 지키려 하심 (라) 진리를 믿음으로 구원을 얻게 하심
6. 일만 만드는 자들에게 무엇이라고 명하고 권한다고 하였나요?(살후 3장)
7. "형제들아 너희는 ( )을 행하다가 낙심치 말라"(살후 3장).

(15) 디모데전서

1. 디모데의 모친은 어느 나라 사람이며, 부친은 어느 나라 사람인가

요?(행 16장)

2. 디모데의 외할머니와 어머니의 이름은 각각 무엇인가요? (딤후 1장)
3. 믿음 안에 있는 하나님의 경륜을 이룸보다 도리어 변론을 내게 하는 것이 무엇인가요?(딤전 1장)
4. 바울은 다메섹 회심 이전에는 스스로가 어떤 자라고 하였나요?(딤전 1장)
5. "미쁘다 모든 사람이 받을 만한 이 말이여 그리스도 예수께서 죄인을 구원하시려고 세상에 임하셨다 하였도다 죄인 중에 내가 괴수니라." 몇 장 몇 절에 있는 말씀인가요?
6. 양심을 버렸고 믿음에 관하여 파선한 두 사람은 누구인가요?(딤전 1장)
7. "하나님은 (　　)이시요 또 하나님과 사람 사이에 중보도 (　　)이시니 곧 사람이신 그리스도 예수라." (　　)에 적당한 낱말을 쓰십시오(딤전 2장).
8. 여자들은 어떻게 함으로 종용히 배우라고 하였나요?(딤전 2장)
9. "감독이 자기 집을 잘 다스리지 않아도 교회는 잘 다스릴 수 있다." 맞으면 ○표, 틀리면 ×표 하십시오(딤전 3장). (　　)
10. "집사의 직분을 잘한 자들은 아름다운 지위와 그리스도 예수 안에 있는 믿음에 큰 담력을 얻느니라." 몇 장 몇 절에 있는 말씀인가요?
11. 범사에 유익한 것은 무엇인가요?(딤전 4장)
12. "오직 말과 행실과 (　　　)과 (　　　)과 (　　　)에 대하여 믿는 자에게 본이 되어." (　　)에 적당한 낱말을 써 넣으십시오(딤

전 4장).

13. "누구든지 자기 친족 특히 자기 가족을 돌아보지 아니하면 믿음을 배반한 자요 불신자보다 더 악한 자니라." 몇 장 몇 절에 있는 말씀인가요?

14. "잘 다스리는 (　　　　)들을 배나 존경할 자로 알되 말씀과 가르침에 수고하는 이들을 더할 것이니라." (　)에 적당한 낱말을 써넣으십시오(딤전 5장).

15. 바울은 디모데에게 아무에게나 경솔히 무엇 하지 말라고 권면하였나요?(딤전 5장)

16. 경건이 큰 이익이 되는 것은 어떠한 마음에서인가요?(딤전 6장)

17. "우리가 세상에 아무것도 갖고 온 것이 없으매 또한 아무것도 가지고 가지 못하리니." 몇 장 몇 절에 있는 말씀인가요?

18. 무엇을 사랑함이 일만 악의 뿌리가 된다고 하였나요?(딤전 6장)

19. 예수 그리스도의 나타나실 때까지 이 하나님의 말씀을 어떻게 지키라고 하였나요?(딤전 6장)

(16) 디모데후서

1. 디모데는 이 편지를 받을 때 어느 교회에서 목회를 하고 있었나요?

2. 하나님이 우리에게 주신 것이 아닌 것은 무엇인가요?(딤후 1장)

   (가) 능력　　　　(나) 사랑

   (다) 두려워하는 마음　　　　(라) 근신하는 마음

3. "네가 진리의 말씀을 옳게 분변하며 부끄러운 것이 없는 일꾼으로 인정된 자로 자신을 하나님 앞에 드리기를 힘쓰라." 몇 장 몇 절에 있는 말씀인가요?

4. 큰 집에는 몇 가지 그릇이 있다고 하였나요?(딤후 2장)

5. 어떻게 하면 귀히 쓰이는 그릇이 될 수 있다고 하였나요?(딤후 2장)

6. 바울은 무엇에서 다툼이 난다고 하였나요?(딤후 2장)

7. 다음 A항에 맞는 답을 B항에서 골라 그 기호를 쓰십시오(딤후 1~3장).

A항	B항
(1) 후메네오, 빌레도( )	(가) 로마에 있는 바울을 찾아 위로함
(2) 로이스, 유니게( )	(나) 모세를 대적함
(3) 오네시보로( )	(다) 바울에게 해를 많이 끼침
(4) 얀네와 얌브레( )	(라) 바울을 버림
(5) 부겔로, 허모게네( )	(마) 거짓이 없는 믿음

8. 그리스도 안에서 경건하게 살고자 하는 자는 무엇을 받는다고 하였나요?(딤후 3장)

9. 성경에 대한 잘못된 해석은 무엇인가요?(딤후 3장)
   (가) 구원에 이르는 지혜가 있게 한다.
   (나) 하나님의 감동으로 되었다.
   (다) 교훈과 책망과 바르게 함과 의로 교육하기에 유익하다.
   (라) 사람의 감동에 의하여 쓰여졌다.

10. "너는 ( )을 전파하라 때를 얻든지 못 얻든지 항상 힘쓰라 범사에 오래 참음과 가르침으로 경책하며 경계하며 전하라." ( )에 적당한 낱말을 써 넣으십시오(딤후 4장).

11. 때가 이르매 나타나는 것에 들어가지 아니하는 것은 어느 것인가요?(딤후 4장)

(가) 심히 대적함　　　　　　(나) 바른 교훈을 받지 아니함

(다) 스승을 많이 둠　　　　　(라) 허탄한 이야기를 좇음

12. 주의 나타나심을 사모하는 모든 자에게 주리라고 약속하신 것은 무엇인가요?(딤후 4장)

13. 다음 사람 중 그 성격이 다른 한 사람은 누구인가요?(딤후 4장)

(가) 데마　　(나) 오네시보로　　(다) 마가　　(라) 두기고

14. 바울의 말을 심히 대적하여 바울이 경계하라고 한 사람은 누구인가요?(딤후 4장)

(17) 디도서

1. 디도는 본래 어느 나라 사람이었나요?
2. 디도가 이 편지를 받을 때에는 어느 곳에서 목회를 하였나요?
3. "장로들은 책망할 것이 없고 한 아내의 남편이며 방탕하다 하는 비방이나 불순종하는 일이 없는 믿는 자녀를 둔 자라야 한다." 맞으면 ○표, 틀리면 ×표 하십시오(딛 1장). (　　)
4. 복종치 아니하고 헛된 말을 하며 속이는 자 특히 할례를 받아야 한다고 주장하는 자들은 누구인가요?(딛 1장)
5. 가증한 자요 복종치 아니하는 자요 모든 선한 일을 버리는 자는 누구인가요?(딛 1장)
6. 디도서 2장에서 여러 계층의 사람들에 어떠한 것을 말하라고 하였나요?
7. 범사에 선한 일의 본을 보여 성도들이 하도록 해야 하는 것에 들어가지 아니하는 것은 어느 것인가요?(딛 2장)

(가) 교훈의 부패치 아니함　　　　(나) 경건함

(다) 범사에 순종함

(라) 책망할 것이 없는 바른 말을 하게함

8. "그가 우리를 대신하여 자신을 주심은 모든 불법에서 우리를 구속하시고 우리를 깨끗하게 하사 선한 일에 열심하는 친 백성이 되게 하려 하심이니라." 몇 장 몇 절에 있는 말씀인가요?
9. 우리를 의로운 행위로가 아니라 어떻게 하여 구원하신다고 하였나요?(딛 3장)
10. 아름다우며 사람에게 유익한 것이 무엇이라고 하였나요?(딛 3장)
11. 이단에 속한 사람에게 대해서는 어떻게 하라고 하셨나요?(딛 3장)

(18) 빌레몬서

1. 바울이 빌레몬서에서 변호하고 있는 사람은 누구인가요?
2. 예배드리는 빌레몬의 집을 무엇이라 하였나요?
3. 골로새 교회의 설립자는 누구인가요?

(19) 히브리서

1. 히브리서 1장은 누구에 대하여 기록하고 있나요?
2. 천사들은 무슨 영이며, 무엇 하라고 보내셨나요?(히 1장)
3. 히브리서 2장에서 "사람이 무엇이관대 주께서 저를 생각하시며 인자가 무엇이관대 주께서 저를 권고하시나이까"의 말씀은 구약성경 어디 몇 장 몇 절을 인용한 것인가요?
4. 주님은 우리를 무엇이라 부르기를 부끄러워 아니하신다고 하였나요?(히 2장)
5. 어떻게 하면 그리스도와 함께 참예한 자가 되나요?(히 3장)

6. 누구를 깊이 생각하라 하셨나요? (히 3장)

7. "하나님의 말씀은 살았고 운동력이 있어 좌우에 날선 어떤 검보다도 예리하여 (   )과 (   )과 및 (   )과 (   )를 찔러 쪼개기까지 하여 또 마음의 생각과 뜻을 감찰하나니." (   )에 적당한 낱말들을 써 넣으십시오(히 4장).

8. 예수님은 우리 (   )을 체휼하시고 (   )를 받으셨으나 (   )는 없으신 분이시다(히 4장).

9. 예수님은 자기를 순종하는 모든 자에게 무슨 근원이 되신다고 하셨나요? (히5장)

10. "너는 내 아들이니 내가 오늘날 너를 낳았도다" 라는 말씀은 누구를 가리키는 말씀인가요? (히 5장)

11. "내가 반드시 너를 복 주고 복 주며 너를 번성케 하고 번성케 하리라." 이 말씀은 하나님이 (   )에게 약속하신 것이다(히 6장).

12. '의의 왕', '평강의 왕' 이라는 뜻을 가진 창세기 14장에 나오는 예수님을 상징하는 제사장은 누구인가요?

13. 다음 중 언약궤 안에 있는 것이 아닌 것은 어느 것인가요? (히 9장)

(가) 만나를 담은 금항아리　　(나) 아론의 싹난 지팡이

(다) 언약의 비석들　　(라) 금향초

14. "율법을 좇아 거의 모든 물건이 (   )로써 정결케 되나니 (   ) 흘림이 없은즉 사함이 없느니라." (   )에 적당한 낱말을 써 넣으십시오(히 9장).

15. "한 번 죽는 것은 사람에게 정하신 것이요 그 후에는 심판이 있으리니." 몇 장 몇 절에 있는 말씀인가요?

16. "그 길은 우리를 위하여 (   ) 가운데로 열어 놓으신 새롭고

산 길이요 (   )은 곧 저의 육체니라." (   )에 적당한 낱말을 써 넣으시오(히 10장).

17. 율법은 장차 오는 일의 무엇이라고 하였나요? (히 10장)

18. "믿음이 없이는 기쁘시게 못하나니 하나님께 나아가는 자는 반드시 그가 계신 것과 또한 그가 자기를 찾는 자들에게 상 주시는 이심을 믿어야 할지니라." 몇 장 몇 절에 있는 말씀인가요?

19. 다음 믿음의 사람들에 대한 설명이 잘못된 것은 어느 것인가요? (히 11장)

(가) 가인은 아벨보다 더 나은 제사를 드렸다.

(나) 에녹은 죽음을 보지 않고 옮겨졌다.

(다) 노아는 방주를 예비하였다.

(라) 아브라함은 이삭을 드렸다.

20. 히브리서 11 장에서 믿음이라는 단어는 몇 번 나오나요?

21. 보지 못하는 일에 경고하심을 받은 사람은 누구인가요? (히 11장)

(가) 아브라함 (나) 에녹 (다) 노아 (라) 모세

22. "믿음의 주요 또 온전케 하시는 이인 예수를 바라보자 저는 그 앞에 있는 즐거움을 위하여 십자가를 참으사 부끄러움을 개의치 아니하시더니 하나님 보좌 우편에 앉으셨느니라." 몇 장 몇 절에 있는 말씀인가요?

23. "모든 사람으로 더불어 (   )과 (   )을 좇으라 이것이 없이는 아무도 주를 보지 못하리라." (   )에 적당한 낱말을 써 넣으십시오(히 12장).

24. "예수 그리스도는 어제나 오늘이나 영원토록 동일하시니라." 몇 장 몇 절에 있는 말씀인가요?

25. 무엇이 그 이름을 증거하는 입술의 열매라고 하였나요?(히 13장)

26. 하나님이 기뻐하시는 제사는 무엇인가요?(히 13장)

27. 예수님께서 성문 밖에서 고난을 받으셨으므로 우리는 어떻게 해야 하나요?(히 13장)

(20) 야고보서

1. 성도가 시험을 만날 때에 어떻게 하라고 하였나요?(약 1장)
2. 하나님께서 자기를 사랑하는 자들에게 약속하신 것은 무엇인가요?(약 1장)
3. "욕심이 잉태한즉 (　　　　)를 낳고 (　　　　)가 장성한즉 사망을 낳느니라." (　　)에 적당한 낱말을 써 넣으십시오(약 1장).
4. "이와 같이 행함이 없는 믿음은 그 자체가 죽은 것이라." 몇 장 몇 절에 있는 말씀인가요?
5. 최고의 법은 무엇이라고 하였나요?(약 2장)
6. 혀는 곧 무엇이라고 하였나요?(약 3장)
7. 위로부터 난 지혜는 무엇무엇이 없다고 하였나요?(약 3장)
8. 어떻게 하면 하나님께서 우리를 가까이 하시나요?(약 4장)
9. 너희 생명이 무엇이라고 하였나요?(약 4장)
10. "사람이 선을 행할 줄 알고도 행치 아니하면 (　　　　)니라" (약 4장).
11. "(　　　　)의 기도는 병든 자를 (　　　　) 하리니 주께서 저를 일으키시리라." (　　)에 적당한 낱말을 써 넣으십시오(약 5장).
12. 의인의 간구에는 무엇이 많다고 하였나요?(약 5장)
13. 엘리야가 간절히 기도한즉 비가 얼마 동안 오지 않았나요?(약 5장)

(21) 베드로전서

1. "너희 믿음의 시련이 불로 연단하여도 없어질 금보다 더 귀하여 예수 그리스도의 나타나실 때에 칭찬과 영광과 존귀를 얻게 하려 함이라"는 몇 장 몇 절에 있는 말씀인가요?
2. "모든 (　　　　)는 풀과 같고 그 모든 영광이 풀의 꽃과 같으니 풀은 마르고 꽃은 떨어지되 오직 주의 (　　　)은 세세토록 있도다." (　　)에 적당한 낱말을 써 넣으십시오(벧전 1장).
3. 믿음의 결국은 무엇이라고 하였나요?(벧전 1장)
4. 하나님께서는 외모를 보시지 않고 무엇에 따라 판단하신다고 하였나요?(벧전 1장)
5. 다음 중 신자에 대한 설명 중 틀린 것은 무엇인가요?(벧전 2장)
   (가) 택하신 족속　　　(나) 왕 같은 제사장
   (다) 믿음의 나라　　　(라) 소유된 백성
6. "나무에 달리신 것은 우리로 (　　)에 대하여 죽고 (　　　)에 대하여 살게 하려 하심이라"(벧전 2장).
7. 악을 악으로 갚지 말고 도리어 어떻게 하라고 하였나요?(벧전 3장)
8. 물은 우리를 구원하는 곧 무엇이라고 하였나요?(벧전 3장)
9. 베드로전서 4장 5절에서 '저희'는 누구를 가리키나요?
10. 우리를 시련하려고 오는 무엇을 이상한 일 당하는 것같이 이상히 여기지 말라고 하였나요?(벧전 4장)
11. 각양 은사를 받은 대로 어떻게 봉사하라고 하였나요?(벧전 4장)
12. "만물의 마지막이 가까왔으니 그러므로 너희는 정신을 차리고 근신하여 열심히 (　　　)하라."(벧전 4장).
13. "근신하라 (　　　) 너희 대적 마귀가 우는 사자같이 두루 다니며

삼킬 자를 찾나니 너희는 믿음을 굳게 하여 저를 대적하라." ( ) 에 적당한 낱말을 써 넣으십시오(벧전 5장).

14. "하나님의 능하신 ( ) 아래서 ( )하라 때가 되면 너희를 높이시리라" (벧전 5장).

(22) 베드로후서

1. ( )에 맞는 단어를 써 넣으십시오(벧후 1장).
   믿음 – 덕 – 지식 – ( ) – 인내 – 경건 – ( ) – 사랑
2. 경의 모든 예언은 어떻게 풀지 말라고 하였나요? (벧후 1장)
3. "예언은 언제든지 사람의 뜻으로 낸 것이 아니요 오직 성령의 감동하심을 입은 사람들이 하나님께 받아 말한 것임이니라." 몇 장 몇 절에 있는 말씀인가요?
4. 이성 없는 짐승에 대한 잘못된 설명이라고 생각하는 것은 어느 것인가요? (벧후 2장)
   (가) 경건한 자　　　　(나) 육체를 따라 사는 자
   (다) 훼방하는 자　　　　(라) 연락을 기쁘게 여기는 자
5. 베드로후서 2장에서는 롯을 어떻게 표현하였나요?
6. 말세에 기롱하는 자들이 와서 뭐라고 말하였나요? (벧후 3장)
7. "하나님의 ( ) 임하기를 바라보고 간절히 ( ) 하라" (벧후 3장).
8. 우리에게 잊지 말라고 한 이 한 가지는 무엇인가요? (벧후 3장)
9. 주의 날이 무엇같이 온다고 하였나요? (벧후 3장)

(23) 요한일서

1. "만일 우리가 우리 죄를 자백하면 저는 미쁘시고 의로우사 우리 죄를 사하시며 모든 불의에서 우리를 깨끗하게 하실 것이요." 몇 장 몇 절에 있는 말씀인가요?
2. 예수 안에 거한다고 하는 자는 어떻게 행해야 하나요?(요일 1장)
3. 이 세상에서 좇아온 것이 아닌 것은 무엇인가요?(요일 2장)

   (가) 육신의 정욕　　　(나) 안목의 정욕

   (다) 이생의 자랑　　　(라) 아버지의 뜻
4. "그가 우리에게 (　　　)하신 (　　　)이 이것이니 곧 영원한 생명이니라." (　　)에 적당한 낱말을 써 넣으십시오(요일 2장).
5. 하나님께서 우리에게 약속하신 약속은 무엇인가요?(요일 2장)
6. 형제를 미워하는 자는 (　　　) 하는 자라고 했다(요일 3장).
7. 요한일서 3장에서는 왜 가인이 동생을 죽였다고 하였나요?
8. "자녀들아 우리가 말과 혀로만 사랑하지 말고 오직 행함과 진실함으로 하자." 몇 장 몇 절에 있는 말씀인가요?
9. "(　　　) 은 여기 있으니 우리가 하나님을 (　　　)한 것이 아니요 오직 하나님이 우리를 (　　　) 하사 우리 죄를 위하여 화목제로 그 아들을 보내셨음이니라." (　　　)에 적당한 낱말을 써 넣으십시오(요일 4장).
10. 영들을 어떻게 시험하여 보라고 하였나요?(요일 4장)
11. "누구든지 하나님을 사랑하노라 하고 그 형제를 미워하면 이는 거짓말하는 자니 보는 바 그 형제를 사랑치 아니하는 자가 보지 못하는 바 하나님을 사랑할 수가 없느니라." 몇 장 몇 절에 있는 말씀인가요?

12. 요한일서 5장에서 어떠한 자가 세상을 이긴다고 하였나요?
13. "(　　　)이 있는 자에게는 생명이 있고 하나님의 (　　　)이 없는 자에게는 생명이 없느니라." (　　)에 적당한 낱말을 써 넣으십시오(요일 5장).
14. 형제가 무슨 죄를 범하면 구하라고 하였나요?(요일 5장)

(24) 요한이서

1. 우리 안에 거하여 영원히 우리와 함께할 것은 무엇인가요?
2. "또 사랑은 이것이니 우리가 그 (　　　　)을 좇아 행하는 것이요" (요이).
3. 어떠한 자가 미혹하는 자며 적그리스도인가요?
4. 미혹하는 교훈을 갖고 나아오는 자를 어떻게 하라고 하였나요?

(25) 요한삼서

1. "사랑하는 자여 네 (　　　　)이 잘됨같이 네가 (　　　　)에 잘되고 (　　　　)하기를 내가 간구하노라."
2. 내 자녀들의 무엇을 듣는 것보다 더 즐거움이 없다고 하였나요?
3. 무엇이 신실한 일이라고 하였나요?
4. 뭇 사람에게 진리의 증거를 받은 사람은 누구인가요?
5. 으뜸 되기 좋아하며 악한 말을 하고 다닌 자는 누구인가요?

(26) 유다서

1. 유다서의 저자는 예수님과 어떤 관계가 있나요?
2 "화 있을진저 이 사람들이여" 에 해당되는 사람은 누구누구인가요?

(유 1장)

3. 에녹은 아담의 몇 대 손인가요?
4. 말세에 나타나는 3가지 부류의 사람은 어떤 종류의 사람인가요?
5. 우리는 자신을 어디에 건축해야 하나요?

(27) 요한계시록

1. 사도 요한이 밧모섬으로 가게 된 죄목 두 가지는 무엇인가요?(계 1장)
2. "주 하나님이 가라사대 나는 알파와 오메가라 이제도 있고 전에도 있었고 장차 올 자요 전능한 자라 하시더라." 몇 장 몇 절에 있는 말씀인가요?
3. 다음 중 틀린 것은 무엇인가요?(계 1장)

   (가) 촛대 – 교회 (나) 별 – 사자 (다) 발 – 주석 (라) 눈 – 해
4. 일곱 교회 중 책망이 없는 두 교회는 어느 교회이며, 책망만 있는 교회는 어느 교회인가요?
5. 아시아 지방의 첫 순교자는 누구인가요?(계 2장)
6. "볼지어다 내가 네 앞에 열린 문을 두었으니 능히 닫을 사람이 없으리라." 이 말씀은 어느 교회에 주신 말씀인가요?(계 3장)
7. "볼지어다 내가 문 밖에 서서 두드리노니 누구든지 내 음성을 듣고 문을 열면 내가 그에게로 들어가 그로 더불어 먹고 그는 나로 더불어 먹으리라." 몇 장 몇 절에 있는 말씀인가요?
8. 다음 A항과 관계있는 것을 B항에서 찾아 그 기호를 쓰십시오.

A항	B항
(1) 에베소(　)	(가) 보좌

(2) 서머나( ) (나) 하나님 성전의 기둥

(3) 버가모( ) (다) 흰옷

(4) 두아디라( ) (라) 새벽별

(5) 사데( ) (마) 흰 돌

(6) 빌라델비아) (바) 둘째 사망의 해

(7) 라오디게아( ) (사) 생명나무

9. 보좌 주위에 있는 네 생물을 표현한 것 중 잘못된 것은 무엇인가요?(계 4장)

(가) 첫째 – 사자 (나) 둘째 – 양

(다) 셋째 – 사람 (라) 넷째 – 독수리

10. "우리 주 하나님이여 영광과 존귀와 능력을 받으시는 것이 합당하오니 주께서 지으신지라 만물이 주의 뜻대로 있었고 또 지으심을 받았나이다." 이것은 누가 한 말인가요?(계 4장)

11. 어린양 앞에서 네 생물과 이십사 장로들이 금대접에 가득 담고 있는 향은 무엇인가요?(계 5장)

12. 인을 떼실 때 나타난 것 중 서로 맞는 것은 어느 것인가요?(계 6장)

(가) 첫째 인 – 붉은 말 (나) 둘째 인 – 검은 말

(다) 셋째 인 – 흰 말 (라) 넷째 인 – 청황색 말

13. "이는 보좌 가운데 계신 ( )이 저희의 목자가 되사 생명수 샘으로 인도하시고 하나님께서 저희 눈에서 모든 ( )을 씻어 주실 것임이니라." ( )에 적당한 낱말을 써 넣으시오(계 7장).

14. 몇 번째 천사가 나팔을 불 때 바다 가운데 생명 가진 피조물들이 죽었나요?(계 8장)

(가) 첫째 (나) 둘째 (다) 셋째 (라) 넷째

15. "땅에 거하는 자들에게 화, 화, 화가 있으리로다." 이 말은 어느 생물이 한 말인가요?(계 8장)

(가) 독수리 (나) 말 (다) 양 (라) 송아지

16. "땅의 풀이나 푸른 것이나 각종 수목은 해하지 않고 오직 이마에 하나님의 인 맞지 아니한 사람들만 해하라." 맞으면 ○표, 틀리면 ×표 하십시오(계 9장). (　　)

17. 천사가 갖다 먹어버리라고 한 것은 무엇인가요?(계 10장)

(가) 작은 책 (나) 꿀 (다) 짐승 (라) 채소

18. 사람 삼분의 일을 죽이기로 예비한 마병대의 수는 몇 명인가요?(계 9장)

19. "하나님의 성전과 제단과 그 안에서 경배하는 자들을 척량하라"고 주신 것은 무엇인가요?(계 11장)

20. 천사가 나팔을 불매 세상 나라가 무엇이 되었나요?(계 11장)

21. '붉은 용'에 대한 표현이 아닌 것은 무엇인가요?(계 12장)

(가) 머리가 일곱 (나) 뿔이 열

(다) 일곱 면류관 (라) 꼬리가 하늘의 별 같음

22. "죽임을 당한 어린양의 생명책에 창세 이후로 녹명되지 못하고 이땅에 사는 자들은 다 짐승에게 경배하리라." 맞으면 ○표, 틀리면 ×표 하십시오(계 13장). (　　)

23. "자금 이후로 주 안에서 죽는 자들은 복이 있도다 하시매 성령이 가라사대 그러하다 저희 수고를 그치고 쉬리니 이는 저희의 행한 일이 따름이라 하시더라." 몇 장 몇 절에 있는 말씀인가요?

24. 예리한 낫을 휘둘러 땅의 포도송이를 거두라고 했다. 맞으면 ○표, 틀리면 ×표 하십시오(계 14장). (　　)

25. 짐승의 표는 어디에 받으며 그 수는 얼마인가요?(계 13장)

26. 땅에서 구속받은 십사만 사천은 무엇으로 더불어 더럽히지 아니하고 무엇이 있는 자라고 하였나요?(계 14장)

27. "보라 내가 (　　　) 같이 오리니 누구든지 깨어 자기 옷을 지켜 벌거벗고 다니지 아니하며 자기의 부끄러움을 보이지 아니하는 자가 복이 있도다." (　　)에 적당한 낱말을 써 넣으십시오(계 16장).

28. 일곱 대접 중 몇째 대접을 쏟으니 아픈 것과 종기가 발생하였나요?(계 16장)

29. "저희가 어린양으로 더불어 싸우려니와 어린양은 만주의 주시요 만왕의 왕이시므로 저희를 이기실 터이요 또 그와 함께 있는 자들 곧 부르심을 입고 빼내심을 얻고 진실한 자들은 이기리로다." 몇 장 몇 절에 있는 말씀인가요?

30. "내 백성아 거기서 나와 그의 (　　　　)에 참예하지 말고 그의 받을 (　　　) 들을 받지 말라." (　　)에 적당한 낱말을 써 넣으십시오(계 18장).

31. 요한계시록 18장에서 바벨론을 가리키는 것에 해당되지 않는 것은 무엇인가요?

(가) 귀신의 처소　　　　(나) 견고한 성

(다) 아름다운 성　　　　(라) 가증한 새의 모이는 곳

32. 빛나고 깨끗한 세마포 옷은 무엇을 상징하나요?(계 19장)

33. "어린양의 (　　　　)에 청함을 입은 자들이 복이 있도다." (　　)에 적당한 낱말을 써 넣으십시오(계 19장).

34. "이 첫째 부활에 참예하는 자들은 복이 있고 거룩하도다 둘째 사망이 그들을 다스리는 권세가 없고 도리어 그들이 하나님과 그리

스도의 제사장이 되어 천 년 동안 그리스도로 더불어 왕 노릇 하리라." 몇 장 몇 절에 있는 말씀인가요?

35. 불과 유황못에 던져 세세토록 밤낮 괴로움을 받는 존재가 아닌 것은 무엇인가요?(계 20장)

(가) 마귀　　(나) 짐승

(다) 거짓 선지자　　(라) 목 베임을 받은 자

36. 누구든지 생명책에 기록되지 않은 사람은 (　　　　)에 던지움을 받는다(계 20장).

37. 새 하늘과 새 땅에 없는 것이 아닌 것은 무엇인가요?(계 21장)

(가) 눈물이 없음　　(나) 사망이 없음

(다) 애통하는 것이 없음　　(라) 아픈 것이 없음

38. "나는 (　　　　)와 (　　　　)요 처음과 나중이니 내가 생명수 샘물로 목마른 자에게 값없이 주리니." (　　)에 적당한 낱말을 써 넣으십시오(계 21장).

39. "그 성은 해나 달의 비췸이 쓸데없으니 이는 하나님의 영광이 비취고 어린양이 그 등이 되심이라." 몇 장 몇 절에 있는 말씀인가요?

40. "보라 내가 속히 오리니 이 책의 예언의 (　　　　)을 지키는 자가 복이 있으리라." (　　)에 적당한 낱말을 써 넣으십시오(계 22장).

41. "내가 진실로 속히 오리라 하시거늘 (　　　　　　　　　　　　)."

(　　)에 적당한 말을 넣어 이 성구를 완성시켜 보십시오(계 22장).

42. 요한계시록에서 복이 있다는 말이 일곱 번 나오는데 어디어디인가요?

<신약성경 종합문제>

1. 예수님께서 어느 때 분을 내셨나요?

   (가) 성전을 청결케 할 때

   (나) 어린아이들이 오는 것을 막았을 때

   (다) 향유 옥합을 깰 때

   (라) 베드로가 부인했을 때

2. 다음 성경 중 구약성경을 제일 많이 인용한 성경은 어느 성경인가요?

   (가) 고린도전서　　(나) 요한복음

   (다) 로마서　　(라) 요한계시록

3. 다음 중 이사야 7장 14절을 인용하여 예수님의 탄생을 언급한 곳은 어느 곳인가요?

   (가) 마태복음 1장　　(나) 마가복음 1장

   (다) 누가복음 1장　　(라) 요한복음 1장

4. 사도 바울이 베드로를 면책한 것이 기록된 성경은 무엇인가요?

   (가) 베드로전서　　(나) 베드로후서

   (다) 요한일서　　(라) 갈라디아서

5. 다음 중 요한복음에만 기록된 사건은 무엇인가요?

   (가) 겨자씨와 누룩의 비유　　(나) 무화과나무를 저주함

   (다) 과부와 재판관의 비유　　(라) 죽은 나사로를 살리심

6. '열 처녀의 비유' 를 기록하고 있는 복음서는 어느 것인가요?

   (가) 마태복음　　(나) 마가복음

   (다) 누가복음　　(라)요한복음

7. '씨 뿌리는 자의 비유' 를 말하고 있지 않는 복음서는 어느 것인

가요?

(가) 마태복음 (나) 마가복음

(다) 누가복음 (라) 요한복음

8. 예수님께서 안식일에 나사렛의 회당에 들어가서 읽으신 성경말씀은 무엇인가요?

(가) 예레미야 7장 (나) 이사야 61장

(다) 시편 91편 (라) 신명기 6장

9. 베드로가 오순절 설교에서 인용한 구약성경 말씀이 아닌 것은 무엇인가요?

(가) 시편 16편 (나) 시편 110편

(다) 이사야 53장 (라) 요엘 2장

10. 스데반이 설교에서 인용한 구약성경 말씀이 아닌 것은 무엇인가요?

(가) 신명기 18장 (나) 시편 91편

(다) 이사야 66장 (라) 아모스 5장

11. 병거를 타고 가던 에디오피아 내시가 읽고 있던 성경 말씀은 어디였나요?

(가) 창세기 22장 (나) 신명기 5장

(다) 이사야 53장 (라) 스가랴 3장

12. 다음 중 나머지 셋과 관계가 적은 것은 어느 것인가요?

(가) 루디아 (나) 빌립보

(다) 데살로니가 (라) 에바브로디도

13. 다음 중 저자(기록자)가 다른 책은 어느 것인가요?

(가) 야고보서 (나) 빌립보서

(다) 골로새서　　　　　　　(라) 에베소서

14. 새 예루살렘 성의 열두 문은 어떤 보석으로 이루어졌다고 묘사하였나요?

(가) 벽옥　(나) 황옥　(다) 정금　(라) 진주

15. 사도 바울은 에베소에서 회당에 들어가서 석 달 동안을 담대히 무엇에 대해 강론하고 권면하였다고 기록하고 있나요?

(가) 율법　(나) 전도　(다) 복음　(라) 하나님 나라

16. 부활하신 예수님을 보고 "나의 주시며 나의 하나님이시니이다" 라고 고백한 사람은 누구인가요?

(가) 베드로　(나) 요한　(다) 도마　(라) 바울

17. '하나님이 우리와 함께 계시다' 라는 뜻을 가진 말은 무엇인가요?

(가) 임마누엘　　　　　　　(나) 엘로헤누

(다) 달리다굼　　　　　　　(라) 마라나타

18. 예수께서 "내 나라는 이 세상에 속한 것이 아니다"라고 누구에게 말씀하셨나요?

(가) 가야바　(나) 빌라도　(다) 열두 제자　(라) 니고데모

19. "주 예수를 믿으라 그리하면 너와 네 집이 구원을 얻으리라"는 말씀은 바울이 누구에게 한 말씀인가요?

(가) 빌립보 간수　　　　　　(나) 고린도 교인

(다) 유대인들　　　　　　　(라) 디모데

20. 예수님께서 '나인 성 과부의 아들' 을 살리신 일을 기록하고 있는 복음서는 어느 것인가요?

(가) 마태복음　　　　　　　(나) 마가복음

(다) 누가복음　　　　　　　(라) 요한복음

21. "네가 하나님의 선물을 돈 주고 살 줄로 생각하였으니 네 은과 네가 함께 망할지어다"라고 베드로가 누구에게 말하였나요?

(가) 바예수 (나) 스게와의 일곱 아들

(다) 마술사 시몬 (라) 은장색 데메드리오

22. "무릎을 꿇고 크게 불러 가로되 주여 이 죄를 저들에게 돌리지 마옵소서"라고 누가 말씀하셨나요?

(가) 바울 (나) 스데반 (다) 베드로 (라) 예수님

23. 예수님께서 "차든지 덥든지 하라"고 책망하신 교회의 이름은 무엇인가요?

(가) 에베소 (나) 서머나 (다) 두아디라 (라) 라오디게아

24. "네가 죽도록 충성하라 그리하면 내가 생명의 면류관을 네게 주리라"는 말씀은 어느 교회에게 주신 것인가요?

(가) 에베소 (나) 서머나 (다) 두아디라 (라) 라오디게아

25. "의인은 없나니 하나도 없으며……선을 행하는 자는 없나니 하나도 없도다"(롬 3:10~12)라는 말씀은 어느 성경을 인용한 말씀인가요?

(가) 신명기 (나) 시편 (다) 잠언 (라) 이사야

26. 다음 중 나머지 셋과 관계가 가장 적은 인물은 누구인가요?

(가) 다비다 (나) 도르가 (다) 사도 베드로 (라) 사도 바울

27. 마귀를 대적하기 위해 취해야 할 '전신갑주'에 맞지 않는 것은 무엇인가요?

(가) 믿음의 방패 (나) 구원의 투구

(다) 성령의 검 (라) 평안의 흉배

28. 요한이 새 예루살렘 성에서 볼 수 없던 것은 무엇인가요?

(가) 성전 (나) 성문 (다) 성곽 (라) 성호

29. 누가복음에만 나오는 사건은 어느 사건인가요?

(가) 소경을 고치심　　(나) 삭개오를 부르심

(다) 나사로를 살리심　　(라) 오천 명을 먹이심

30. 성도의 기쁨을 강조한 성경은 어느 성경인가요?

(가) 에베소서　(나) 빌립보서　(다) 야고보서　(라) 갈라디아서

31. 바울서신 중 옥중서신에 들어가지 않는 것은 어느 성경인가요?

(가) 에베소서　(나) 빌립보서　(다) 야고보서　(라) 골로새서

32. "나의 믿음 없는 것을 도와 주소서" 라고 말한 사람은 누구인가요?

(가) 베드로　　(나) 귀신들린 자 아버지

(다) 사도 바울　　(라) 세리

33. 다음 성경의 저자 중 출생 나라가 다른 사람은 누구인가요?

(가) 마태복음　(나) 마가복음　(다) 누가복음　(라) 요한복음

34. 다음 중 그 연결이 틀린 것은 어느 것인가요?

(가) 히 11장 : 믿음장　　(나) 고전 13장 : 사랑장

(다) 고전 15장 : 부활장　　(라) 빌 4장 : 인내장

35. 다음 중 죽었다가 다시 살아난 사람이 아닌 사람은 누구인가요?

(가) 다비다　(나) 나사로　(다) 야이로의 딸　(라) 요나

36. 쌍둥이라는 이름의 뜻을 가진 예수님의 제자는 누구인가요?

(가) 마태　(나) 요한　(다) 베드로　(라) 도마

37. "세상 끝에 믿는 자를 보겠느냐" 라는 말씀이 기록된 성경책은 어느 곳인가요?

(가) 마태복음　(나) 마가복음　(다) 누가복음　(라) 요한복음

38. 4복음서에 다 나오는 사건은 무엇인가요?

(가) 바다 위로 걸으심　　(나) 삭개오를 부르심

(다) 나사로를 살리심　　　　(라) 오천 명을 먹이심

39. "하나님은 영이시니 예배하는 자가 신령과 진정으로 예배할지니라"는 예수님께서 누구에게 하신 말씀인가요?

(가) 빌립보 간수　　　　(나) 고린도 교인

(다) 유대인들　　　　(라) 수가성 여인

40. "무릇 살아서 나를 믿는 자는 영원히 죽지 아니하리라"는 예수님께서 누구에게 한 말씀인가요?

(가) 빌립보 간수　　　　(나) 마르다

(다) 유대인들　　　　(라) 마리아

41. 신약성경 중 제일 처음 쓰여진 성경은 어느 성경인가요?

(가) 마가복음　　　　(나) 데살로니가전서

(다) 마태복음　　　　(라) 사도행전

※ 다음의 성경 구절은 성경 어디에 기록되었나요?

42. "항상 기뻐하라 쉬지 말고 기도하라."

(가) 빌립보서　　　　(나) 에베소서

(다) 디모데후서　　　　(라) 데살로니가전서

43. "무릇 그리스도 안에서 경건하게 살고자 하는 자는 핍박을 받으리라."

(가) 빌립보서　　　　(나) 에베소서

(다) 디모데후서　　　　(라) 데살로니가전서

44. "맡기운 자들에게 주장하는 자세를 하지 말고 오직 양무리의 본이 되라."

(가) 히브리서　　　　(나) 야고보서

(다) 베드로전서　　　　(라) 베드로후서

45. "내 주 그리스도를 아는 지식이 가장 고상함을 인함이라."

(가) 에베소서　　(나) 빌립보서

(다) 골로새서　　(라) 디모데전서

46. "누구든지 일하기 싫어하거든 먹지도 말게 하라."

(가) 디모데전서　　(나) 고린도전서

(다) 디모데후서　　(라) 데살로니가후서

47. "또 의인이 겨우 구원을 얻으면 경건치 아니한 자와 죄인이 어디에 서리요."

(가) 베드로전서　　(나) 베드로후서

(다) 요한일서　　(라) 요한이서

48. "내 자녀들이 진리 안에서 행한다 함을 듣는 것보다 더 즐거움이 없도다."

(가) 요한일서　　(나) 요한이서

(다) 요한삼서　　(라) 빌립보서

49. "내 형제 중에 지극히 작은 자 하나에게 한 것이 곧 내게 한 것이니라."

(가) 마태복음　　(나) 요한복음

(다) 디모데전서　　(라) 요한계시록

50. "누구든지 이 교훈을 가지지 않고 너희에게 나아가거든 그를 집에 들이지도 말고 인사도 말라."

(가) 베드로전서　　(나) 베드로후서

(다) 요한일서　　(라) 요한이서

51. 관계있는 것끼리 연결하십시오.

(1) 마태복음　　(가) 신으로 오신 예수님

(2) 마가복음 (나) 인자(사람)으로 오신 예수님

(3) 누가복음 (다) 종으로 오신 예수님

(4) 요한복음 (라) 왕으로 오신 예수님

52. 다음 성구 중에 '오직' 이라는 단어가 들어가지 않는 것은 어느 구절인가요?

(가) 엡 4:23 (나) 딛 2:1

(다) 눅 12:31 (라) 행 1:7

53. 다음 사람 중 출생 지파가 다른 한 사람은 누구인가요?

(가) 바나바 (나) 마태 (다) 바울 (라) 세례 요한

54. 마태복음 5장 산상수훈에 나오지 않는 내용은 무엇인가요?

(가) 심령이 가난한 자 (나) 반석 위의 집

(다) 원수를 사랑하라 (라) 빛과 소금

55. 이방 사람으로 베드로를 청하여 말씀을 들은 백부장은 누구인가요?

(가) 바나바 (나) 고넬료 (다) 바울 (라) 세례 요한

56. 바울과 바나바 사이에 다툼의 원인이 된 사람은 누구인가요?

(가) 실라 (나) 고넬료 (다) 베드로 (라) 마가 요한

57. 로마 제국의 세 번째 성읍으로 바울 선교의 중심지는 어디였나요?

(가) 예루살렘 (나) 수리아 안디옥

(다) 갈릴리 (라) 비시디아 안디옥

58. 바울과 바나바 사이에 다툼의 원인이 된 사람은 누구인가요?

(가) 실라 (나) 고넬료

(다) 베드로 (라) 마가 요한

59. 디모데가 쓴 성경의 권수는 몇 권인가요?

(가) 0　　(나) 1　　(다) 2　　(라) 3

60. 포도원 주인은 포도밭에서 일한 사람들에게 각각 얼마씩 주었나요?

(가) 한 달란트　　(나) 한 데나리온

(다) 두 달란트　　(라) 두 데나리온

61. 옥중서신은 사도 바울이 어느 감옥에서 쓴 성경인가요?

(가) 빌립보 감옥　　(나) 로마 감옥

(다) 유다 감옥　　(라) 가이사랴 감옥

62. 제자 중 누가 예수님께 기도를 가르쳐 달라고 하였나요?

(가) 베드로　(나) 요한　(다) 야곱　(라) 알려지지 않았음

63. 예수님께서 비유로 말씀하신 이유가 아닌 것은 무엇인가요?

(가) 알기 쉽게 하기 위하여

(나) 유대 지도자들의 음모를 피하기 위해

(다) 구약의 예언 성취를 위해

(라) 적당한 표현이 없어서

64. 아흔 아홉 마리의 양을 목자는 어떻게 했을까요?

(가) 버려두고 한 마리를 찾으러 갔다.

(나) 산 속의 우리에 두고 한 마리를 찾으러 갔다.

(다) 다른 사람에게 맡겨 놓고 한 마리를 찾으러 갔다.

(라) 숲 속에 숨겨 놓고 한 마리를 찾으러 갔다.

65. 마태복음 13장의 씨 뿌리는 비유에서 '돌밭에 뿌리워진 씨앗'은 누구를 가리키나요?

(가) 하늘나라의 말씀을 듣지만 이해하지 못하는 사람들

(나) 말씀을 듣지만 행동에 바로 옮기지 않는 사람들

(다) 말씀을 기쁨으로 받지만 환난이나 핍박이 일어날 때 곧 넘어지는 자

(라) 말씀을 들으나 세상의 염려와 재리의 유혹에 막혀 결실하지 못하는 사람들

66. 예수님께서 믿음이 적은 것을 꾸짖으신 때가 아닌 것은 어느 때인가요?

(가) 큰 광풍을 보고 제자들이 무서워했을 때(막 4:40)

(나) 바람을 보고 빠져가는 베드로를 보시고(마 14:31)

(다) 의복을 위하여 염려하는 자들에게(마 6:30)

(라) 제자들이 떡 가져오는 것을 잊었을 때(마 16:8)

67. 하늘에서 소리가 예수님께 내려온 사건이 아닌 성경구절은 무엇인가요?

(가) 눅 3:22 (나) 눅 9:35 (다) 요 12:28 (라) 마 27:46

68. 예루살렘 교회의 파송을 받아 안디옥에 와서 바울의 동역자가 된 사람은 누구인가요?

(가) 바나바 (나) 고넬료 (다) 실라 (라) 세례 요한

69. 마게도냐의 첫 성이며, 로마의 식민지이며, 바울의 옥중서신의 하나가 된 지역은 어디인가요?

(가) 에베소 (나) 골로새 (다) 빌레몬 (라) 빌립보

70. 우리의 구원은 하나님의 예정과 선택 가운데 있다는 것을 주제로 한 성경은 어느 성경인가요?

(가) 에베소서 (나) 골로새서 (다) 빌레몬서 (라) 빌립보서

71. '아버지께로 좇아온 것이 아니라 세상을 좇아온 것'이 아닌 것은 무엇인가요?

(가) 이생의 자랑 (나) 육신의 정욕

(다) 왕 같은 제사장 (라) 안목의 정욕

72. 관련 성경구절이 잘못된 것은 어느 것인가요?

(가) 새사람 – 에베소서 (나) 푯대 – 갈라디아서

(다) 믿음의 선한 싸움 – 디모데전서

(라) 믿음, 소망, 사랑 – 고린도전서

73. 특히 방언에 대하여 언급하고 있는 성경은 어느 것인가요?

(가) 고린도전서 (나) 에베소서

(다) 빌립보서 (라) 골로새서

74. 마태복음 13장의 씨뿌리는 비유에서 '가시떨기에 뿌리워진 씨앗' 은 누구를 가리키나요?

(가) 하늘나라의 말씀을 듣지만 이해하지 못하는 사람들

(나) 말씀을 듣지만 행동에 바로 옮기지 않는 사람들

(다) 말씀을 기쁨으로 받지만 환난이나 핍박이 일어날 때 곧 넘어지는 자

(라) 말씀을 들으나 세상의 염려와 재리의 유혹에 막혀 결실하지 못하는 사람들

75. 예수님께서는 천국을 왜 밭에 감추인 보화로 비유하셨나요?

(가) 우리가 예상 밖으로 천국을 발견할 수 있으므로

(나) 천국은 사람들의 모든 소유보다 더 가치가 있으므로

(다) 부지런한 사람들이 천국을 발견할 수 있으므로

(라) 자신의 보화는 다른 사람들이 알지 못하므로

76. 훌륭한 아들들의 어머니 이름을 적어 보십시오.

(가) 세례 요한 – (　　　　　　)

(나) 야고보와 요한 – (　　　　)

(다) 마가 요한 – (　　　　)

(라) 디모데 – (　　　　)

77. 다음 단어의 반대말을 마태복음에서 찾아 적고 몇 장에 나오는지 적으십시오.

(가) 알곡 – (　　　　) – (　　) 장

(나) 아름다운 열매 – (　　　　) – (　　) 장

(다) 반석 위에 세운 집 – (　　　　) – (　　) 장

(라) 시인하다 - (　　　　) – (　　) 장

(마) 가라지 - (　　　　) – (　　) 장

78. 메시아에 대한 예언을 기록한 내용과 성경구절을 연결하십시오.

(1) 미 5:2	(가) 하나님 우편에 앉아 계심
(2) 슥 9:9	(나) 은 30에 팔리심
(3) 슥 11:12	(다) 십자가의 고난
(4) 사 53:6	(라) 나귀새끼를 타고 오심
(5) 시 110:1	(마) 유대 땅 베들레헴에서 탄생하심

79. 예수님이 하신 비유의 목적과 관계가 있는 것끼리 연결하십시오.

(1) 반석 위에 세운 집의 비유 (마 7:24)	(가) 세상의 물질에 만족
(2) 씨뿌리는 비유 (마 13:1)	(나) 낙망하지 않는 기도
(3) 선한 사마리아인의 비유 (눅 10:25)	(다) 진정한 이웃
(4) 어리석은 부자 비유 (눅 12:16)	(라) 깨어 준비함
(5) 열처녀 비유 (마 25:1)	(마) 돈을 사랑하는 이들

에게

(6) 부자와 거지 나사로의 비유 (눅 16:19) (바) 열매맺는 믿음

(7) 억울한 과부의 비유 (눅 18:1) (사) 행하는 믿음

80. 관계있는 것끼리 연결하십시오.

(1) 베드로의 신앙고백 (가) 가버나움

(2) 사도 바울의 감옥살이 (나) 빌립보

(3) 삭개오의 고백 (다) 베다니

(4) 나사로의 고향 (라) 가이사랴

(5) 마게도냐 지역의 첫 성 (마) 여리고

(6) 중풍병자를 고침 (바) 가이사랴 빌립보

81. 관계있는 것끼리 연결하십시오.

(1) 선한 사마리아인 (가) 두 렙돈

(2) 가난한 과부 (나) 네 사람

(3) 참새 다섯 마리 (다) 38년 된 병자

(4) 베데스다 못 (라) 데나리온 둘

(5) 중풍병자 (마) 앗사리온 둘

(6) 참새 두 마리 (바) 한 앗사리온

82. 예수님의 제자들이 한 말을 연결하십시오.

(1) 베드로 (가) "주여 아버지를 우리에게 보여 주옵소서" (요 14:8).

(2) 요한 (나) "우리도 주와 함께 죽으러 가자" (요 11:16).

(3) 안드레 (다) "랍비여 내니이까" (마 26:49).

(4) 빌립 (라) "주여 나를 떠나소서 나는 죄인이로소이다" (눅 5:8)

(5) 바돌로매 (마) "당신은 하나님의 아들이시요" (요 1:49).

(6) 도마 (바) "그것이 이 많은 사람에게 얼마나 되겠삽나이까" (요 6:9).

(7) 다대오 (사) "주여 누구오니이까" (요 13:25).

(8) 가룟 유다 (아) "주여 어찌하여 세상에는 나타내지 아니하시나이까" (요 14:22) .

83. 주는 것이 받는 것보다 복이 있다"는 말씀은 성경 어디에 있는 말씀인가요?

84. 마태복음 9장에서 보여 주신 예수님의 사역 세 가지는 무엇인가요?

85. 십자가 위에 붙인 '유대인의 왕' 이란 글은 어느 나라 말로 쓰여졌나요? (요 19장)

86. 초대교회 일곱 집사 중에 유일한 이방인은 누구인가요?

87. "우리의 시민권은 하늘에 있는지라" 고 누가 말하였나요?

88. 요한계시록에서 알파와 오메가라는 구절이 몇 번 나오나요?

89. 사도 바울이 아들이라고 말한 세 사람은 누구인가요?

90. 베드로는 변화산에서 누구를 위하여 초막 셋을 짓겠다고 하였나요?

91. 예수님이 안수하셔서 병자들을 고치는 것은 성경 어디에 나오나요?

92. 잘되고 땅에서 장수하는 약속 있는 첫 계명은 무엇인가요?

93. 신약성경에서 "항상 기뻐하라"는 구절이 두 번 나오는데, 어디어

디인가요?

94. 사도행전의 초대교회 성도들이 성전에 있을 때나 집에 있을 때 쉬지 않고 행한 일은 무엇인가요?

95. 예수님께서 감사하신(또는 축사) 내용이 네 번 나오는데 어느 때인가요?

96. 예수님의 동생들이 쓴 두 권의 성경은 무엇인가요?

97. 예수님께서는 두 가지 율법과 선지자의 강령을 말씀하셨는데, 무엇무엇인가요?

98. 예수님께서는 공생애를 시작하실 때 나사렛에서 어디로 이사하여 사셨나요?

99. 사도행전에 나오는 예루살렘 종교회의에서 결정한 금해야 할 네 가지는 무엇인가요?

100. "주여 아버지를 우리에게 보여 주옵소서"라고 말한 제자는 누구인가요?(요 14장)

101. 복음이 예루살렘에서 시작하여 유대와 사마리아를 거쳐서 땅 끝까지 확산되어 가는 과정을 기록하고 있는 성경은 어느 성경인가요?

102. 다음 아람어의 뜻을 쓰십시오.

(1) 달리다굼 : (　　　　　　) (2) 에바다 : (　　　　　　)

(3) 사박다니 : (　　　　　　) (4) 게바 : (　　　　　　)

103. 예수님께서 "다시는 죄를 범치 말라"고 두 번 말씀하셨는데 누구누구에게 하셨나요?

104. 그리스도 예수의 사람들은 육체와 함께 무엇을 십자가에 못 박은 자들인가요?(갈 5장)

105. 해당하는 숫자의 합계를 쓰십시오.

(가) 사단이 예수님께 한 시험의 수 + 마태복음의 씨 뿌리는 비유가 나오는 장 = (   )

(나) 옥토에 떨어진 씨의 열매의 배수 + 선한 사마리아인이 내준 데나리온 수 = (   )

(다) 누가가 쓴 성경의 수 + 부자와 거지 나사로에서 부자의 형제의 수 = (   )

(라) 부활 후 고기 잡으러 간 제자의 수 + 사도 바울이 쓴 옥중서신의 수 = (   )

(마) 이마에 어린양의 이름을 가진 성도의 수 + 새 하늘 성벽 진주문의 수 = (   )

※ 다음 성경구절이 나오는 성경의 이름과 장, 절을 쓰십시오

106. "그러므로 믿음은 들음에서 나며 들음은 그리스도의 말씀으로 말미암았느니라."

107. "이 모든 일은 같은 한 성령이 행하사 그 뜻대로 각 사람에게 나눠 주시느니라."

108. "아무것도 염려하지 말고 오직 모든 일에 기도와 간구로 너희 구할 것을 감사함으로 하나님께 아뢰라."

109. "일락을 좋아하는 이는 살았으나 죽었느니라."

110. "사랑하는 자들아 하나님이 이같이 우리를 사랑하셨은즉 우리도 서로 사랑하는 것이 마땅하도다."

111. "나와 함께 아니하는 자는 나를 반대하는 자요."

112. "생명으로 인도하는 문은 좁고 길이 협착하여 찾는 이가 적음이니라."

113. “십자가의 도가 멸망하는 자들에게는 미련한 것이요 구원을 얻는 우리에게는 하나님의 능력이라.”

114. “보라 지금은 은혜받을 만한 때요 보라 지금은 구원의 날이로다.”

※ 다음 성경구절에서 공통되는 단어를 찾아 적으십시오.

115. 마 5:9; 약 3:18; 시 34:14

116. 딤후 4:5; 벧전 4:7; 잠 5:2

117. 마 5:13; 골 4:6; 레 2:13

118. 마 11:29; 엡 4:2; 빌 2:3; 골 3:12

119. 골 4:2; 엡 5:4; 딤전 2:1; 살전 5:18

120. 눅 10:31; 막 5:11; 마 14:6; 요 6:4

7. 자가 진단 테스트 문제

성경을 보지 않고 20분간 20문제를 풀고 맞은 문제를 숫자로 계산하여 자신의 성경지식의 수준을 아래와 같이 평가해 볼 수 있습니다.

이는 저자의 주관적인 생각일 뿐임을 알려드립니다.

· 5 개 이하 : 저조　　　· 6 ~ 10 개 : 보통

· 11 ~ 15 개 : 우수　　　· 16 개 이상 : 매우 뛰어남

〈제1회〉

1. 신구약 성경은 모두 몇 권으로 되어 있나요?

(가) 65 권　(나) 66 권　(다) 70 권　(라) 72 권

2. 우리는 누구를 믿음의 조상이라고 하나요?

(가) 모세　(나) 노아　(다) 아브라함　(라) 다윗

3. 구원받은 노아의 여덟 식구 중 며느리는 몇 명이었나요?

(가) 1 명　(나) 3 명　(다) 5 명　(라) 2 명

4. "죽으면 죽으리라" 고 말한 왕비는 누구인가요?

(가) 와스디 (나) 이세벨 (다) 스바 여왕 (라) 에스더

5. 사울에게 기름을 부어 왕으로 삼은 선지자는 누구인가요?

(가) 이사야 (나) 사무엘 (다) 미가야 (라) 호세아

6. 모세는 몇 권의 성경을 썼나요?

(가) 1 권 (나) 3 권 (다) 5 권 (라) 12 권

7. 12 정탐꾼 중 가나안 땅에 들어간 사람은 여호수아와 누구인가요?

(가) 훌 (나) 갈렙 (다) 시므온 (라) 레위

8. 다니엘과 세 친구는 며칠 동안 채식을 먹는 시험을 하였나요?

(가) 5 일 (나) 10 일 (다) 15 일 (라) 20 일

9. 사울 왕이 다윗에게 아내로 준 자기 딸의 이름은 무엇인가요?

(가) 미갈 (나) 디나 (다) 다말 (라) 밧세바

10. 다음 선지자 중 북쪽 이스라엘의 선지자는 누구인가요?

(가) 이사야 (나) 예레미야 (다) 엘리야 (라) 에스겔

11. 심지도 않고 창고에 모아들이지도 아니하되 먹이시는 것은 무엇이라고 하였나요?

(가) 백합화 (나) 돼지 (다) 공중의 새 (라) 사람

12. 먼저 무엇과 무엇을 구하면 이 모든 것을 더하여 주신다고 하셨나요?

(가) 그의 나라와 의 (나) 소망과 사랑

(다) 믿음과 사랑 (라) 빛과 정의

13. 보리떡 일곱 개와 물고기 두어 마리로 먹고 남은 광주리는 몇 광주리였나요?

(가) 3 (나) 7 (다) 10 (라) 12

14. 예수님의 12 제자 중 세리였던 제자는 누구인가요?

(가) 베드로 (나) 요한 (다) 마태 (라) 도마

15. "어리석도다"라고 책망받은 교회는 어느 교회인가요?

(가) 빌립보 (나) 갈라디아 (다) 데살로니가 (라) 고린도

16. 밤중에 예수님을 찾아온 유대인의 관원은 누구인가요?

(가) 고넬료 (나) 유두고 (다) 아볼로 (라) 니고데모

17. "그러나 주의 날이 도적같이 오리니"라고 말한 사람은 누구인가요?

(가) 예수님 (나) 요한 (다) 바울 (라) 베드로

18. 밭을 팔아 사도들의 발 앞에 바친 구브로 사람은 누구인가요?

(가) 아나니아 (나) 아구로 (다) 시몬 (라) 바나바

19. "실상은 네가 부요한 자니라"고 칭찬받은 교회는 어느 교회인가요?

(가) 빌라델비아 (나) 서머나

(다) 에베소 (라) 두아디라

20. 바울이 제2차 전도 여행시 전도한 믿음의 아들은 누구인가요?

(가) 마태 (나) 마가 요한 (다) 디도 (라) 디모데

〈제2회〉

1. 인간이 처음으로 쌓은 탑의 이름은 무엇인가요?

(가) 희망의 탑 (나) 소망의 탑 (다) 바벨탑 (라) 기적의 탑

2. 노아의 아들 중 저주받은 아들은 누구인가요?

(가) 셈 (나) 함 (다) 야벳 (라) 가인

3. 야곱의 아들 가운데 요셉을 죽이지 말고 구덩이에 던지자고 한 아

들은 누구인가요?

(가) 르우벤 (나) 유다 (다) 레위 (라) 시므온

4. 아론과 훌이 모세의 손을 붙들어 올려 무찌른 대적은 누구였나요?

(가) 아말렉 (나) 블레셋 (다) 미디안 (라) 에돔

5. 요나 선지자는 니느웨로 가는 배를 타지 아니하고 어디로 가는 배를 탔나요?

(가) 욥바 (나) 다시스 (다) 가이사랴 (라) 안디옥

6. 솔로몬 왕은 예루살렘 성전을 어느 산에 건축하기를 시작하였나요?(대하 3장)

(가) 모리아산 (나) 시내산 (다) 호렙산 (라) 갈멜산

7. 다윗 왕의 아들로 아버지 다윗을 반역하여 싸우다가 죽은 아들의 이름은 무엇인가요?(삼하 15장)

(가) 여로보암 (나) 르호보암 (다) 압살롬 (라) 므비보셋

8. 왕이 제사장이 해야 할 분향을 하다가 문둥병이 걸려 죽은 유다 왕은 누구인가요?

(가) 사울 (나) 웃시야 (다) 아합 (라) 히스기야

9. 사울 왕이 죽이지 않고 살려 숨겨 놓았던 아말렉 왕의 이름은 무엇인가요?

(가) 시글락 (나) 암논 (다) 아간 (라) 아각

10. 노아 홍수 후에 사람들은 바벨탑을 어디에 쌓았나요?

(가) 시날 평지 (나) 시내산 (다) 미디안 평야 (라) 호렙산

11. 지혜로운 자는 집을 어디 위에 짓는다고 하였나요?

(가) 반석 (나) 산 (다) 말씀 (라) 언덕

12. 열 처녀의 비유는 어느 복음서에 나오나요?

(가) 마태복음 (나) 마가복음 (다) 누가복음 (라) 요한복음

13. 세례 요한은 어디에서 세례를 베풀었나요?

(가) 갈릴리 (나) 요단강 (다) 벳새다 (라) 디베랴

14. 바다 위를 걷다가 바람을 보고 무서워 물에 빠진 예수님의 제자는 누구인가요?

(가) 베드로 (나) 요한 (다) 야고보 (라) 도마

15. 부활, 천사, 마귀에 대한 교리를 부인하는 이스라엘의 한 학파는 무엇인가요?

(가) 바리새파 (나) 사두개파 (다) 에센파 (라) 서기관

16. 가난한 과부는 자기의 생활비 전부인 렙돈 몇 개를 헌금으로 바쳤나요?

(가) 1 (나) 2 (다) 3 (라) 5

17. 민란과 살인의 죄를 지은 자로서 예수님 대신에 놓임을 받은 자는 누구인가요?

(가) 바라바 (나) 요한 (다) 바울 (라) 가룟 유다

18. 고넬료의 직업은 무엇이었나요?

(가) 군인 (나) 상인 (다) 세리 (라) 고리대금업자

19. "일락을 좋아하는 이는 살았으나 죽었느니라"는 말은 바울이 누구에게 한 말인가요?

(가) 디도 (나) 디모데

(다) 에베소 (라) 두아디라

20. 히브리서 기자는 징계가 없으면 사생자요 무엇이 아니라고 하였나요?

(가) 능력자 (나) 구원자 (다) 참 아들 (라) 상속자

〈제3회〉

1. 성경 중 가장 장수가 많은 것은 무엇인가요?

(가) 이사야 (나) 창세기 (다) 요한계시록 (라) 시편

2. 노아의 방주는 홍수가 끝난 후 어느 산에 머물렀나요?

(가) 느보산 (나) 아라랏산 (다) 시내산 (라) 호렙산

3. 요셉을 이스마엘 사람들에게 팔자고 말한 야곱의 아들은 누구인가요?

(가) 르우벤 (나) 시므온 (다) 유다 (라) 레위

4. 십계명 중 네 부모를 공경하라는 제 몇 계명인가요?

(가) 제1계명 (나) 제3계명 (다) 제5계명 (라) 제7계명

5. 하나님과 동행하다가 살아서 하늘에 올라간 사람은 누구인가요?

(가) 라멕 (나) 에녹 (다) 엘리사 (라) 이사야

6. 솔로몬은 예루살렘 성전을 몇 년 동안 건축하였나요?

(가) 7 년 (나) 10 년 (다) 13 년 (라) 20 년

7. 노아 홍수 후에 사람들은 바벨탑을 어디에 쌓았나요?

(가) 시날 평지 (나) 시내산 (다) 미디안 평야 (라) 호렙산

8. 나아만 장군으로부터 재물을 받아 문둥병이 걸린 엘리사의 종의 이름은 무엇인가요?

(가) 요시야 (나) 하사엘 (다) 야베스 (라) 게하시

9. 이스라엘의 마지막 왕은 누구인가요?

(가) 호세아 (나) 이사야 (다) 시드기야 (라) 말라기

10. 구약의 요한계시록이라고 할 수 있는 것은 무엇인가요?

(가) 호세아서 (나) 다니엘서 (다) 욥기 (라) 요나서

11. 사도행전의 초대 교회에서는 몇 명의 안수집사를 세웠나요?

(가) 10　　(나) 9　　(다) 8　　(라) 7

12. 예수님은 무엇을 할 때 머리에 기름을 바르고 얼굴을 씻으라고 하셨나요?

(가) 예배　　(나) 기도　　(다) 금식　　(라) 결혼

13. 베드로는 닭 울기 전 예수님을 모른다고 몇 번 부인하였나요?

(가) 1 번　　(나) 2 번　　(다) 3 번　　(라) 4 번

14. 예수님이 12제자 외에 따로 세워 전도자로 보낸 제자의 수는 몇 명이었나요?

(가) 10 명　　(나) 50 명　　(다) 60 명　　(라) 70 명

15. 사도 바울의 설교를 듣다가 졸아서 3층 누에서 떨어져 죽었던 사람은 누구인가요?

(가) 삽비라　(나) 유두고　(다) 아나니아　(라) 안나스

16. 예수님의 제자 중 의심이 많은 제자는 누구인가요?

(가) 안드레　(나) 요한　(다) 야고보　(라) 도마

17. "다 주를 버릴지라도 나는 언제든지 버리지 않겠나이다" 라고 말한 사람은 누구인가요?

(가) 예수님　(나) 요한　(다) 바울　(라) 베드로

18. "주 예수를 믿으라 그리하면 너와 네 집이 구원을 얻으리라" 는 말은 바울이 누구에게 한 말인가요?

(가) 백부장　(나) 간수　(다) 바리새인　(라) 죄수

19. "사랑하는 자여 네 영혼이 잘됨같이 네가 범사에 잘되고 강건하기를 내가 간구하노라" 고 말한 사람은 누구인가요?

(가) 세례 요한　　(나) 예수님의 동생 요한

(다) 예수님의 제자 요한　　(라) 사도 바울

20. 다음 성경 중 바울이 쓴 옥중서신이 아닌 것은 어느 것인가요?

(가) 빌립보서 (나) 골로새서 (다) 에베소서 (라) 디도서

〈제4회〉

1. 하나님께서 아담과 하와에게 어떤 나무의 실과를 먹지 말라고 하셨었나요?

(가) 생명나무 (나) 선악을 알게 하는 나무

(다) 감람나무 (라) 무화과나무

2. 아브라함이 하란을 떠날 때 같이 따라 나온 조카의 이름은 누구인가요?

(가) 데라 (나) 나홀 (다) 롯 (라) 이스마엘

3. 모세의 장인으로 천부장, 백부장 제도를 창시하도록 조언한 사람은 누구인가요?

(가) 여호수아 (나) 아론 (다) 이드로 (라) 아므람

4. 야곱의 장자로 아버지의 침상을 더럽힌 아들은 누구인가요?

(가) 르우벤 (나) 유다 (다) 시므온 (라) 레위

5. 요셉은 은 몇 개로 미디안 상인들에게 팔리게 되었나요?

(가) 10 개 (나) 20 개 (다) 30 개 (라) 40 개

6. 솔로몬 왕은 자기 왕궁을 몇 년 동안 지었나요?

(가) 10 년 (나) 13 년 (다) 7년 (라) 20 년

7. 다른 불로 제사를 드리다가 죽은 나답과 아비후는 누구의 아들인가요?

(가) 모세 (나) 아론 (다) 엘리 (라) 사무엘

8. 블레셋에게 빼앗겼던 법궤는 아비나답의 집에 얼마 동안 있었나

요?(삼상 7장)

(가) 10 년　　(나) 13 년　　(다) 7 년　　(라) 20 년

9. "이새의 줄기에서 한 싹이 나며 그 뿌리에서 한 가지가 나서 결실할 것이요"라고 말한 선지자는 누구인가요?

(가) 이사야　(나) 스가랴　(다) 예레미야　(라) 말라기

10. 예수님께서 은 삼십에 팔릴 것을 예언한 선지자는 누구인가요?

(가) 호세아　(나) 요나　(다) 미가　(라) 스가랴

11. 예수님께서는 마귀에게 이끌리어 몇 가지 시험을 받으셨나요?

(가) 3　　(나) 4　　(다) 5　　(라) 6

12. 사도 바울과 아굴라의 직업은 무엇이었나요?(행 18장)

(가) 목축업　(나) 농업　(다) 장막 만드는 일　(라) 책 출판

13. 예수님께서 "여자가 낳은 자 중에 이 사람보다 큰 이가 없도다"라고 말한 이 사람은 누구인가요?(눅 7장)

(가) 사무엘　　(나)엘리야　　(다) 모세　　(라) 세례 요한

14. 하나님을 사랑하는 자는 또한 누구를 사랑한다고 하였나요? (요삼 4장)

(가) 형제　　(나) 이웃　　(다) 부모　　(라) 원수

15. 예수님께서 죽었던 자를 살린 사람이 아닌 사람은 누구인가요?

(가) 나사로　　　　(나) 야이로의 딸

(다) 유두고　　　　(라) 나인성 과부의 아들

16. 수가성 여인은 남편이 몇이 있었다고 하였나요?

(가) 1　　(나) 2　　(다) 3　　(라) 5

17. "근신하라 깨어라 너희 대적 마귀가 우는 사자같이 두루 다니며 삼킬 자를 찾나니"라고 말한 사람은 누구인가요?

(가) 예수님 (나) 요한 (다) 바울 (라) 베드로

18. 소유를 팔아 일부를 감추었다가 베드로의 책망을 듣고 혼이 떠나 죽은 여인은 누구인가요?

(가) 두아디라 (나) 아나니아 (다) 삽비라 (라) 루디아

19. 바울은 "주도 하나이요 믿음도 하나이요 세례도 하나이요"라고 어느 교회에 보내는 편지에서 말하였나요?

(가) 빌라델비아 (나) 빌립보 (다) 고린도 (라) 빌립보

20. 예수님 탄생 시 의롭고 경건하여 이스라엘의 위로를 기다리다가 예수님을 만난 사람는 누구인가요?

(가) 마리아 (나) 마가 요한 (다) 안나 (라) 시므온

〈제5회〉

1. 하나님께서는 아담과 하와에게 선악을 알게 하는 나무의 실과를 먹으면 어떻게 된다고 하셨나요?

(가) 죽게 됨 (나) 눈이 밝아짐

(다) 에덴에서 쫓겨남 (라) 선악을 알게 됨

2. 아브라함이 첩 하갈을 통하여 낳은 아들의 이름은 무엇인가요?

(가) 이삭 (나) 야곱 (다) 이스마엘 (라) 에돔

3. 모세는 얼마 동안 바로의 궁에서 교육을 받으며 성장하였나요?

(가) 20 년 (나) 30 년 (다) 40 년 (라) 50 년

4. 갈멜산에서 엘리야와 싸운 바알 선지자의 수는 몇 명이었나요?

(가) 300명 (나) 350명 (다) 400명 (라) 450명

5. 솔로몬이 쓴 성경이 들어 있지 않은 것은 어떤 것인가요?

(가) 잠언 (나) 이사야 (다) 시편 (라) 전도서

6. "너희가 전심으로 나를 찾고 찾으면 만나리라" 고 말한 선지자는 누구인가요?

(가) 이사야 (나) 예레미야 (다) 에스겔 (라) 다니엘

7. 나아만 장군은 어느 나라 장군이었나요?

(가) 이스라엘 (나) 아람 (다) 앗수르 (라) 블레셋

8. 나봇의 포도원을 빼앗은 임금은 누구인가요?

(가) 아합 (나) 웃시야 (다) 사울 (라) 시드기야

9. "그때에 내가 또 내 신으로 남종과 여종에게 부어 줄 것이라" 고 말한 선지자는 누구인가요?

(가) 호세아 (나) 이사야 (다) 요엘 (라) 말라기

10. 많은 사람을 옳은 데로 돌아오게 한 자는 무엇과 같이 영원토록 비취리라고 하였나요?(단 12:3)

(가) 등대 (나) 의인 (다) 별 (라) 달

11. 산상수훈 중 8복에 관한 내용은 마태복음 몇 장에 나오나요?

(가) 5 장 (나) 11 장 (다) 12 장 (라) 13 장

12. "사랑은 오래 참고 온유하며 투기하는 자가 되지 아니하며" 는 어느 성경에 나오나요?

(가) 고린도전서 (나) 고린도후서

(다) 갈라디아서 (라) 디모데전서

13. 가룟 유다 대신 열두 제자에 합류하게 된 사람은 누구인가요?(행 1장)

(가) 다대오 (나) 유스도 (다) 맛디아 (라) 바사바

14. 에디오피아 국고를 맡은 내시에게 성경을 가르쳐 주고 세례를 베푼 사람은 누구인가요?

(가) 스데반 (나) 빌립 (다) 바울 (라) 디모데

15. 변화산에서 베드로가 짓겠다고 한 초막이 아닌 것은 누구의 초막인가요?(마 17장)

(가) 예수님 (나) 모세 (다) 엘리야 (라) 다윗

16. 예수님의 12 제자가 쓴 복음서는 마태복음과 또 무슨 복음인가요?

(가) 마가복음 (나) 누가복음 (다) 요한복음 (라) 사도행전

17. "너희 안에 이 마음을 품으라 곧 그리스도 예수의 마음이니"라고 말한 사람은 누구인가요?

(가) 예수님 (나) 요한 (다) 바울 (라) 베드로

18. 바울이 이 세상을 사랑하여 나를 버리고 갔다고 한 사람은 누구인가요?(딤후 4장)

(가) 시몬 (나) 아볼로 (다) 데마 (라) 마가

19. "예수께서 이르시되 할 수 있거든이 무슨 말이냐 믿는 자에게는 능치 못할 일이 없느니라 하시니"라는 말씀은 어느 복음에 있는 말씀인가요?

(가) 마태복음 (나) 마가복음

(다) 누가복음 (라) 요한복음

20. 성전을 떠나지 아니하고 주야로 금식하며 메시아의 강림을 기다린 여인은 누구인가요?

(가) 마리아 (나) 한나 (다) 루디아 (라) 안나

〈제6회〉

1. 여호와 하나님이 지으신 들짐승 중에 가장 간교한 동물은 무엇인가요?

(가) 여우　　(나) 뱀　　(다) 이리　　(라) 늑대

2. 아브라함이 본토 친척 아비 집을 떠난 고향은 어디인가요?

(가) 하란　　(나) 갈데아 우르　　(다) 벧엘　　(라) 애굽

3. 모세의 형으로 이스라엘의 지도자가 된 사람은 누구인가요?

(가) 여호수아　　(나) 아론　　(다) 사울　　(라) 사무엘

4. 잃어버린 도끼를 찾아 준 선지자는 누구인가요?

(가) 엘리야　　(나) 엘리사　　(다) 이사야　　(라) 오바댜

5. 사울이 처음 왕으로 추대되었을 때 어디에 숨었다고 하였나요?(삼상 10장)

(가) 자기 집　　(나) 행구(짐들) 사이

(다) 나무 속　　(라) 사람들 속

6. 이스라엘과 유다 나라가 어느 왕 때 나뉘었나요?

(가) 여로보암　　(나) 르호보암

(다) 압살롬　　(라) 므비보셋

7. 나아만 장군은 어느 강에서 목욕을 하고 깨끗하게 되었나요?

(가) 갈릴리　　(나) 홍해　　(다) 요단강　　(라) 나일강

8. 어느 왕 때 3년 6개월 동안 비가 오지 않았나요?

(가) 아합　　(나) 웃시야　　(다) 사울　　(라) 시드기야

9. 구약의 선지자 중에 메시아 탄생을 가장 많이 예언한 선지자는 누구인가요?

(가) 나단　　(나) 스가랴　　(다) 예레미야　　(라) 말라기

10. 아브라함은 이스마엘을 낳을 때 몇 살이었나요?

(가) 65 세　　(나) 77 세　　(다) 87 세　　(라) 100 세

11. 사도행전은 누가 기록하였나요?

(가) 마태 (나) 마가 (다) 누가 (라) 바울

12. 예수님의 형제가 아닌 사람은 누구인가요?(마 13 장)

(가) 야고보 (나) 요한 (다) 유다 (라) 안드레

13. 배 오른편에 그물을 던지라고 하신 예수님의 말씀대로 하였을 때 몇 마리의 고기를 잡았나요?

(가) 153 (나) 72 (다) 24 (라) 그물이 어질 정도로

14. 예수님의 12 제자 중 열심당원이었던 사람은 누구인가요?

(가) 베드로 (나) 요한 (다) 시몬 (셀롯인) (라) 도마

15. 하나님의 전신갑주를 입으라고 한 말씀은 성경 어디에 있나요?

(가) 빌립보서 (나) 골로새서

(다) 데살로니가전서 (라) 에베소서

16. 갈라디아서에서 성령의 열매는 몇 가지라고 했나요?

(가) 5 (나) 7 (다) 9 (라) 11

17. 바울은 로마서에서 믿음은 무엇에서 난다고 했나요?

(가) 사랑 (나) 기도 (다) 말씀을 들음 (라) 예배

18. 돈을 주고 하나님의 성령(선물)을 사려고 한 사람은 누구인가요? (행 8장)

(가) 시몬 (나) 아볼로 (다) 데마 (라) 마가

19. 할 수 있거든 모든 사람으로 더불어 무엇하라고 하였나요? (롬 12장)

(가) 사랑 (나) 교제 (다) 평화 (라) 인사

20. 누가복음에서 예수님께서 외식으로 길게 기도한다고 나무란 사람들은 누구인가요?(눅 20장)

(가) 바리새인 (나) 서기관 (다) 사두개인 (라) 헬라인

〈제7회〉

1. 제물을 열납하지 아니하므로 심히 분하여 안색이 변한 사람은 누구인가요?

(가) 바알　(나) 롯　(다) 가인　(라) 함

2. 야곱은 두 아내를 얻기 위하여 몇 년 동안 봉사하였나요?

(가) 7년　(나) 10년　(다) 12 년　(라) 14 년

3. 모세가 바로 앞에서 행한 열 가지 재앙 중에 첫 번째 재앙은 무슨 재앙인가요?

(가) 피　(나) 개구리　(다) 이　(라) 파리

4. 십계명 중 "도적질하지 말지니"라는 계명은 제 몇 계명인가요?

(가) 제5계명　(나) 제6계명　(다) 제7계명　(라) 제8계명

5. "의인은 믿음으로 말미암아 살리라" 고 말한 구약의 선지자는 누구인가요?

(가) 호세아　(나) 아모스　(다) 하박국　(라) 요엘

6. 대선지자 중 특별히 남은 자 사상을 강조한 선지자는 누구인가요?

(가) 이사야　(나) 예레미야　(다) 에스겔　(라) 다니엘

7. 다음 중 엘리사의 기적이 아닌 것은 어느 것인가요?

(가) 물을 고침　(나) 빈그릇에 기름을 채움

(다) 수넴 여인이 아들을 낳음　(라) 사렙다 과부를 먹이심

8. 85세에 여호수아에게 "이 산지(헤브론) 를 내게 주소서"라고 한 유다 자손인 사람은 누구인가요? (수 14장)

(가) 가나안　(나) 아르바　(다) 훌　(라) 갈렙

9. 마른 뼈에 여호와의 명을 행하여 큰 군대를 만들게 한 선지자는 누구인가요?

(가) 호세아　　(나) 에스겔　　(다) 예레미야　　(라) 말라기

10. 요나서에서 니느웨성에는 좌우를 분변치 못하는 자가 몇 명이나 있다고 하였나요? (욘 4:11)

(가) 십사만 사천　(나) 12 만　(다) 7 천　(라) 2 만

11. 예수님께 "형제가 죄를 범하면 몇 번이나 용서해 줄까요?" 라고 질문한 제자는 누구인가요?

(가) 베드로　　(나) 요한　　(다) 야고보　　(라) 안드레

12. "너희 중에 죄 없는 자가 먼저 돌로 치라" 는 말은 어느 복음서에 나오나요?

(가) 마태복음　(나) 마가복음　(다) 누가복음　(라) 요한복음

13. 두 달란트 받은 사람은 장사하여 몇 달란트를 남겼나요? (마 25장)

(가) 1 달란트　(나) 2 달란트　(다) 3 달란트　(라) 5 달란트

14. 사도행전에서 "천하 인간에 구원을 얻을 만한 다른 이름을 우리에게 주신 일이 없음이니라" 는 누가 한 말인가요? (행 4장)

(가) 바울　(나) 베드로　(다) 야고보　(라) 스데반

15. "누구든지 일하기 싫어하거든 먹지도 말게 하라" 는 말은 어느 교회에게 한 말인가요?

(가) 빌립보　(나) 골로새　(다) 데살로니가　(라) 고린도

16. 탕자의 비유에서 맏아들은 누구를 비유해서 말씀하신 것인가요? (눅 15장)

(가) 세리　(나) 죄인　(다) 마귀　(라) 바리새인과 서기관

17. "나의 나 된 것은 하나님의 은혜로 된 것이니" 라고 말한 사람은 누구인가요?

(가) 예수님　　(나) 요한　　(다) 바울　　(라) 베드로

18. 밤중쯤 기도하고 찬미함으로 옥문이 열린 감옥은 어디에 있는 감옥이었나요?

(가) 빌립보 (나) 골로새 (다) 데살로니가 (라) 고린도

19. 요한계시록에 나오는 소아시아의 일곱 교회에 들어가지 않는 교회는 어느 교회인가요?

(가) 빌라델비아 교회 (나) 골로새 교회
(다) 에베소 교회 (라) 서머나 교회

20. 베드로가 어떻게 죽을 것에 대한 예수님의 말씀을 기록한 복음서는 어느 복음서인가요?

(가) 마태복음 (나) 마가복음 (다) 누가복음 (라) 요한복음

〈제8회〉

1. 아담의 셋째 아들의 이름은 무엇인가요?

(가) 가인 (나) 아벨 (다) 셋 (라) 에노스

2. 여호수아가 보낸 12명의 가나안 정탐꾼 중에 쳐들어갈 수 있다고 보고한 정탐꾼은 몇 명이었나요?

(가) 1 명 (나) 2 명 (다) 3 명 (라) 10 명

3. 야곱이 벧엘에서 단을 쌓고 평안히 돌아오게 한다면 하겠다고 서약한 것은 몇 가지인가요?

(가) 1 가지 (나) 2 가지 (다) 3 가지 (라) 4 가지

4. 모세가 십계명을 어느 산에서 받았나요?

(가) 호렙산 (나) 시내산 (다) 갈멜산 (라) 감람산

5. 다윗의 첫째 아들로 이복 누이를 범한 죄로 동생 압살롬에게 죽은 아들의 이름은 누구인가요?

(가) 아도니야　(나) 암논　(다) 모압　(라) 살마

6. 다툼을 그치게 하고 강한 자 사이에 해결하는 것은 무엇인가요? (잠 18장)

(가) 화합　(나) 전쟁　(다) 제비뽑기　(라) 하나님

7. 다윗 왕의 최고 군대 장관은 누구였나요?(대상 11장)

(가) 요압　(나) 사독　(다) 아들람　(라) 이스마

8. 블레셋에게 빼앗겼던 법궤를 멘 암소는 바로 어디로 올라갔나요? (삼상 7장)

(가) 타작마당　나) 시온산　(다) 예루살렘　(라) 벧세메스

9. 다윗이 압살롬을 피해 도망갈 때 왕을 공궤한 80세의 노인은 누구인가요?(삼상 19장)

(가) 나단　(나) 바르실래　(다) 시므이　(라) 나발

10. 여호와께서는 "네가 능히 낚시로 악어를 낚을 수 있겠느냐" 라고 누구에게 말씀하셨나요?

(가) 노아　(나) 아브라함　(다) 다윗　(라) 욥

11. 바울이 자고하지 않도록 하기 위해 하나님께서는 무엇을 주셨다고 하였나요?

(가) 시험　(나) 연단　(다) 육체의 가시　(라) 사단

12. 그리스도 예수 안에 있는 자에게는 결코 무엇함이 없다고 하였나요?(롬 8장)

(가) 시험　(나) 정죄　(다) 다툼　(라) 심판

13. 예수님의 옷자락을 만져 혈루증을 고침받은 여인은 얼마 동안 병을 앓았나요?

(가) 10 년　(나) 11 년　(다) 12 년　(라) 15 년

14. 죄의 삯은 사망이요 하나님의 은사는 그리스도 예수 우리 주 안에 있는 무엇이라고 하였나요?(롬 6장)

(가) 구원 (나) 상급 (다) 영생 (라) 사랑

15. "하나님을 따라 의와 진리의 거룩함으로 지으심을 받은 새 사람을 입으라"는 말은 어느 교회에게 한 말인가요?

(가) 빌립보 (나) 골로새 (다) 에베소 (라) 고린도

16. 니고데모는 예수님의 장사를 위하여 몰약과 침향 섞은 것을 얼마쯤 가지고 왔나요?(요 19장)

(가) 50 근 (나) 75 근 (다) 100 근 (라) 125 근

17. 다메섹에서 예수님을 만난 뒤 눈이 안 보이는 바울을 안수하여 보게 한 사람은 누구인가요?(행 9장)

(가) 바나바 (나) 요한 (다) 아나니아 (라) 베드로

18. 이새의 아들 다윗을 만나니 "내 마음에 합한 사람"이라고 설교한 사람은 누구인가요?(행 13장)

(가) 베드로 (나) 사무엘 (다) 바울 (라) 야고보

19. 예수님 당시 로마 사람으로 이스라엘 나라에 와서 유대 사람들을 감독하고 재판한 최고 책임자는 누구인가요?

(가) 황제 (나) 총독 (다) 분봉 왕 (라) 가이사

20. 바울이 베드로(게바)를 면책할 때 외식하였다고 함께 꾸짖은 사람은 누구인가요?(갈 2:13)

(가) 바나바 (나) 마가 요한 (다) 실라 (라) 디모데

〈제9회〉

1. 에녹의 아들로 가장 오래 산 아들의 이름은 누구인가요?

(가) 노아 (나) 므두셀라 (다) 야곱 (라) 데라

2. 야곱의 외삼촌 이름은 누구인가요?

(가) 라반 (나) 리브가 (다) 롯 (라) 라헬

3. 하나님께서는 법궤를 무슨 나무로 만들라고 하셨나요?(출 27장)

(가) 소나무 (나) 조각목 (다) 잣나무 (라) 백향목

4. 모세가 광야에서 처음 하나님의 불꽃을 보고 명령을 받은 산은 무슨 산인가요?(출 3장)

(가) 호렙산 (나) 시내산 (다) 갈멜산 (라) 감람산

5. 창세기에서 누구 때부터 사람들이 비로소 여호와의 이름을 불렀다고 하였나요?

(가) 아담 (나) 셋 (다) 에노스 (라) 노아

6. 솔로몬은 지혜로운 마음을 구하여 구하지 않은 것도 더하여 주셨는데 그중에 들어가지 않는 것은 무엇인가요?(대하 1장)

(가) 부 (나) 재물 (다) 존영 (라) 장수

7. 사울 왕을 기름 부어 왕으로 삼은 선지자는 누구인가요?

(가) 엘리야 (나) 사무엘 (다) 엘리 (라) 이사야

8. 블레셋은 법궤를 빼앗아 몇 개월 동안 보관하고 있었나요? (삼상 6장)

(가) 5개월 (나) 7개월 (다) 8개월 (라) 9개월

9. 유다의 며느리로서 예수님의 조상인 베레스를 낳은 여인은 누구인가요?

(가) 라합 (나) 룻 (다) 다말 (라) 마리아

10. 아브라함이 가나안 땅에 들어가 처음 머무른 곳은 어디인가요?

(가) 헤브론 (나) 요단 (다) 세겜 (라) 여리고

11. 마태복음에서 말세의 징조를 기록하고 있는 장은 몇 장인가요?

(가) 13 장 (나) 24 장 (다) 25 장 (라) 26 장

12. 잃어버린 아들(탕자)의 비유는 어느 복음서에 나오나요?

(가) 마태복음 (나) 마가복음 (다) 누가복음 (라) 요한복음

13. 마리아가 예수님께 드린 향유를 가룟 유다는 얼마에 팔아 가난한 자를 도울 수 있다고 하였나요? (요 12장)

(가) 100 데나리온 (나) 200 데나리온

(다) 300 데나리온 (라) 50 데나리온

14. 사도 바울이 "그는 사랑을 받는 형제요 신실한 일꾼이요 주 안에서 함께 종 된 자"라고 칭찬한 사람은 누구인가요? (골 4:7)

(가) 디모데 (나) 도마 (다) 두기고 (라) 오네시모

15. 마게도냐의 첫 성으로 로마의 식민지인 도시의 이름은 무엇인가요?

(가) 빌립보 (나) 골로새 (다) 데살로니가 (라) 고린도

16. 가나 혼인 잔치에서 포도주로 바뀐 돌 항아리는 몇 개였나요? (요 2장)

(가) 4 (나) 5 (다) 6 (라) 7

17. 너희 진주를 누구 앞에 던지지 말라고 하셨나요? (마 7장)

(가) 사람 (나) 개 (다) 돼지 (라) 이방인

18. 바리새인들은 일주일에 몇 번씩 금식한다고 하였나요? (눅 18장)

(가) 1 번 (나) 2 번 (다) 3 번 (라) 0 번

19. 예수님의 부모는 모세의 법에 의해 예수님을 낳은 지 40일 후에 결례를 행하려고 어디에 올라가셨나요? (눅 2:22)

(가) 예루살렘 (나) 시온산 (다) 감람산 (라) 갈릴리

20. 바울이 "그의 어머니는 곧 내 어머니"라고 한 그는 누구인가요? (롬 16:13)

(가) 마태 (나) 마가 요한 (다) 루포 (라) 디모데

〈제10회〉

1. 노아는 무슨 나무로 방주를 지었나요?

(가) 소나무 (나) 밤나무 (다) 잣나무 (라) 백향목

2. 이삭의 부인 리브가는 본래 어느 나라 사람이었나요?

(가) 애굽 (나) 아람 (다) 유다 (라) 이스라엘

3. 법궤를 메고 요단강을 건너게 한 이스라엘의 지도자는 누구인가요?

(가) 여호수아 (나) 아론 (다) 사울 (라) 모세

4. 요나는 큰 물고기의 뱃속에 며칠 동안 있었나요?

(가) 하루 (나) 이틀 (다) 사흘 (라) 나흘

5. 하나님께서는 노아 홍수 때 비를 며칠 동안 주야로 내리셨나요? (창 7장)

(가) 20 일 (나) 30 일 (다) 40 일 (라) 150 일

6. 요나단의 아들로 다윗으로부터 예우를 받은 사람은 누구인가요?

(가) 여로보암 (나) 르호보암 (다) 압살롬 (라) 므비보셋

7. "내가 이제 세상 모든 사람이 가는 길로 가게 되었노니 너는 힘써 대장부가 되고"는 누가 한 말인가요? (왕상 2장)

(가) 이스라엘 (나) 아브라함 (다) 다윗 (라) 야곱

8. 바알에게 무릎을 꿇지 않은 하나님의 사람 몇 명을 남겨 두었다고 하였나요?

(가) 50명 (나) 100명 (다) 200명 (라) 7,000명

9. 내 백성이 지식이 없어 망한다고 탄식한 선지자는 누구인가요?

(가) 호세아　(나) 이사야　(다) 예레미야　(라) 말라기

10. 히브리서에서 평생 하나님만 기쁘게 했다고 말한 사람은 누구인가요?

(가) 노아　(나) 아브라함　(다) 다윗　(라) 에녹

11. 예수님께서 맨 처음 행하신 이적은 어떤 것인가요?

(가) 소경을 고치심　(나) 문둥병자를 고치심

(다) 5,000명을 먹이심　(라) 물로 포도주를 만드심

12. 나사로는 죽은 지 며칠 만에 무덤에서 살아났나요?

(가) 하루　(나) 이틀　(다) 사흘　(라) 나흘

13. 예수님께서 이스라엘 중 이만한 믿음을 만나보지 못했다고 칭찬한 사람은 누구였나요?(마 8장)

(가) 백부장　(나) 가나안 여인　(다) 문둥병자　(라) 마리아

14. 경건하여 온 집안으로 더불어 하나님을 경외하는 이달리야대의 백부장은 누구인가요?(행 10장)

(가) 니고데모　(나) 고넬료　(다) 율리오　(라) 야이로

15. 바울은 처음 잡힌 후 로마로 가기 전 2년간 감옥살이를 하였다. 어느 지방에서 하였나요?(행 24장)

(가) 빌립보　(나) 에베소　(다) 가이사랴　(라) 고린도

16. 베드로의 형제인 예수님의 제자는 누구인가요?

(가) 안드레　(나) 요한　(다) 야고보　(라) 시몬

17. 때를 얻든지 못 얻든지 항상 무엇을 힘쓰라고 하셨나요?(딤후 4장)

(가) 기도　(나) 말씀 전파　(다) 찬송　(라) 교육

18. 초대교회에서 처음으로 선교사를 파송한 교회는 어느 교회인가요?

(가) 빌립보 교회　　(나) 골로새 교회
(다) 데살로니가 교회　　(라) 안디옥 교회

19. "너희는 마음에 근심하지 말라 하나님을 믿으니 또 나를 믿으라" 는 말씀은 어느 복음서에 나오는 말씀인가요?
(가) 마태복음　(나) 마가복음　(다) 누가복음　(라) 요한복음

20. 요한계시록에 나오는 새 하늘과 새 땅을 보이실 것을 예언한 구약의 선지자는 누구인가요?
(가) 이사야　(나) 다니엘　(다) 에스겔　(라) 예레미야

〈제11회〉

1. 사무엘의 어머니는 누구인가요?
(가) 엘가나　(나) 브닌나　(다) 한나　(라) 엘리사벳

2. 모리아 땅의 이름을 '여호와 이레' 라고 부른 사람은 누구인가요?
(가) 여호수아　(나) 아브라함　(다) 노아　(라) 모세

3. 모세의 형으로 이스라엘의 지도자가 된 사람은 누구인가요?
(가) 여호수아　(나) 아론　(다) 사울　(라) 사무엘

4. 모세가 십계명을 어느 산에서 받았나요?
(가) 느보산　(나) 시내산　(다) 갈멜산　(라) 감람산

5. 하나님께서는 몇째 날에 낮과 밤을 만드셨나요?
(가) 첫째 날　(나) 둘째 날　(다) 셋째 날　(라) 넷째 날

6. 이스라엘 나라는 어느 왕 때 두 나라로 나뉘었나요?
(가) 여로보암　(나) 르호보암　(다) 시드기야　(라) 므비보셋

7. 나아만 장군은 어느 강에서 목욕을 하고 깨끗하게 되었나요?
(가) 갈릴리　(나) 홍해　(다) 요단강　(라) 나일강

8. 어느 왕 때 3년 6개월 동안 비가 오지 않았나요?

(가) 아합　(나) 웃시야　(다) 사울　(라) 시드기야

9. 다윗 왕의 범죄를 책망한 선지자는 누구인가요?

(가) 나단　(나) 이사야　(다) 예레미야　(라) 말라기

10. 예수님께서 은 삼십에 팔릴 것을 예언한 선지자는 누구인가요?

(가) 호세아　(나) 요나　(다) 미가　(라) 스가랴

11. 마태복음의 씨 뿌리는 비유에서 몇 가지의 밭이 있다고 하였나요?

(가) 3　(나) 4　(다) 5　(라) 6

12. 부자와 거지 나사로의 비유는 어느 복음서에 나오나요?

(가) 마태복음　(나) 마가복음　(다) 누가복음　(라) 요한복음

13. 보리떡 다섯 개와 물고기 두 마리로 먹고 남은 광주리는 몇 광주리였나요?

(가) 3　(나) 7　(다) 10　(라) 12

14. 예수님의 12제자 중 제일 먼저 순교한 제자는 누구인가요?

(가) 베드로　(나) 요한　(다) 야고보　(라) 도마

15. "주 안에서 항상 기뻐하라 내가 다시 말하노니 기뻐하라"는 말씀은 어느 교회에게 한 말인가요?

(가) 빌립보　(나) 골로새　(다) 데살로니가　(라) 고린도

16. 수가성 여인은 남편이 몇 명 있었다고 하였나요?

(가) 1　(나) 2　(다) 3　(라) 5

17. 우리의 삶이 나그네와 행인 같다고 말한 사람은 누구인가요?

(가) 예수님　(나) 요한　(다) 바울　(라) 베드로

18. 자주 장사 루디아는 어느 성에 사는 여인인가요?

(가) 두아디라　(나) 골로새　(다) 데살로니가　(라) 고린도

19. "네 행위가 차지도 아니하고 더웁지도 아니하다"라고 책망받은 교회는 어느 교회인가요?

(가) 빌라델비아 (나) 라오디게아

(다) 에베소 (라) 두아디라

20. 바울과 바나바는 제1차 전도여행 후 누구 때문에 심히 다투었나요?

(가) 마태 (나) 마가 요한 (다) 실라 (라) 디모데

〈제12회〉

1. 구약성경의 제일 마지막 성경의 이름은 무엇인가요?

(가) 말라기 (나) 창세기 (다) 요한계시록 (라) 마태복음

2. 이삭의 둘째 아들의 이름은 무엇인가요?

(가) 에서 (나) 야곱 (다) 요셉 (라) 아벨

3. 모세를 이어 이스라엘의 지도자가 된 사람은 누구인가요?

(가) 여호수아 (나) 아론 (다) 사울 (라) 사무엘

4. 십계명은 몇 개의 돌판에 기록되었나요?

(가) 하나 (나) 둘 (다) 셋 (라) 넷

5. 하나님께서는 사람과 짐승을 몇째 날에 만드셨나요?

(가) 둘째 날 (나) 셋째 날 (다) 다섯째 날 (라) 여섯째 날

6. 솔로몬의 아들은 누구인가요?

(가) 여로보암 (나) 르호보암 (다) 압살롬 (라) 므비보셋

7. 나아만 장군은 어느 나라 장군이었나요?

(가) 이스라엘 (나) 아람 (다) 앗수르 (라) 블레셋

8. 나봇의 포도원을 빼앗은 임금은 누구인가요?

(가) 아합 (나) 웃시야 (다) 사울 (라) 시드기야

9. 십일조를 도적질한다고 책망한 선지자는 누구인가요?

(가) 호세아 (나) 이사야 (다) 예레미야 (라) 말라기

10. 베들레헴에서 예수님께서 탄생할 것을 예언한 선지자는 누구인가요?

(가) 호세아 (나) 요나 (다) 미가 (라) 스가랴

11. 씨 뿌리는 비유는 마태복음 몇 장에 나오나요?

(가) 10 장 (나) 11 장 (다) 12 장 (라) 13 장

12. 삭개오 이야기는 어느 복음서에 나오나요?

(가) 마태복음 (나) 마가복음 (다) 누가복음 (라) 요한복음

13. 등과 기름을 준비한 처녀는 몇 명이었나요?

(가) 3 명 (나) 5 명 (다) 7 명 (라) 10 명

14. 오순절 날에 모인 성도의 수는 몇 명이었나요?

(가) 10 명 (나) 50 명 (다) 70 명 (라) 120 명

15. "항상 기뻐하라, 쉬지 말고 기도하라, 범사에 감사하라"는 말씀은 어느 교회에게 한 말인가요?

(가) 빌립보 (나) 골로새 (다) 데살로니가 (라) 고린도

16. 베드로와 한 고향 친구로서 예수님의 제자가 된 사람은 누구인가요?

(가) 안드레 (나) 마가 (다) 빌립 (라) 도마

17. "너희의 허물과 죄로 죽었던 너희를 살리셨도다"라고 말한 사람은 누구인가요?

(가) 예수님 (나) 요한 (다) 바울 (라) 베드로

18. 밤중쯤에 기도하고 찬미함으로 옥문이 열린 감옥은 어디에 있는 감옥이었나요?

(가) 빌립보　(나) 골로새　(다) 데살로니가　(라) 고린도

19. 행함이 없는 믿음은 죽은 믿음이라고 말한 사람은 누구인가요?

(가) 요한의 형제 야고보　(나) 예수님의 동생 야고보

(다) 예수님의 제자 야고보　(라) 사도 바울

20. 바울과 제1차 전도여행에 동행한 사람은 누구인가요?

(가) 마태　(나) 바나바　(다) 실라　(라) 디모데

8. 성경 이해를 위한 자료

1. 성경의 기록

구약성경은 대부분이 히브리어로, 그리고 신약성경은 헬라어로 기록되었다. 그런데 헬라어에는 고전 헬라어와 일반 헬라어로 두 종류가 있었다. 일반 헬라어를 코이네(koine)라고 하는데 신약성경은 바로 이 코이네로 기록되었다.

마게도냐의 알렉산더 대왕이 세계를 정복하고 로마권 판도에 있을 당시 서민을 위한 세계어로 헬라어 코이네를 통용시켰는데 이것이 일반 헬라어이다. 그것은 당시 세계 공통어인 코이네를 보급시켜서 범세계적인 문화 교류와 정신적인 통일을 이루기 위해서였다.

〈70인역 성경〉

70인역 성경은 주전 3세기경(250~150년경)에 알렉산드리아에서 번역된 헬라어 번역 성경이다. 이 성경은 70인의 학자들이 번역을 했기 때문에 '70인역 성경'이라고 부른다. 헬라어는 당시의 세계 공용어였기 때문에 구약성경이 헬라어로 번역된 것은 큰 의미가 있는 일이었다. 왜냐하면 이로 인해서 헬라어를 사용하는 모든 나라 사람들이 구약성경을 읽을 수 있게 되었기 때문이다.

〈라틴어 역본 – 벌게이트역〉

주후 400년경에 70인역 성경을 기준으로 라틴어로 성경이 번역되었는데 이를 '불가타(Vulgate)역' 또는 '벌게이트역'이라고 부른다. 기독교가 로마의 국교로 되면서 로마의 공식 언어인 라틴어로 번역된 이 성경은 약 1,000년 동안 기독교계에서 공식적인 성경으로 인정받았다.

〈최초의 신약성경〉

예수님이 승천하신 후 거의 20년 동안은 주로 헬라어로 기록된 구약성경만이 유일한 성경이었다. 최초의 신약성경은 주후 51년에 기록된 것으로 추정되는 데살로니가전서이다. 요한계시록은 주후 95년경에 기록된 것으로 추정되며 가장 나중에 기록된 성경이다. 초대교회에서는 구약만을 성경으로 사용하였다. 베드로(행 2:14~36), 스데반(행 7:2~53), 빌립(행 8:32~35), 바울 모두가 구약성경을 인용하여 설교하였다. 신약의 모든 기록자들은 구약을 익히 알고 있었으며, 그들의 영감적 기록은 구약에서 영감을 받는 계시에 근거하였다.

〈최초 활자 인쇄 성경〉

주후 1456년에 구텐베르크 라틴어 성경이 최초로 활자로 인쇄되어 출간되었다.

〈루터 성경과 영국의 흠정역 성경〉

주후 1520~1530년에 원어를 가지고 번역한 루터 성경이 출간되었고, 1611년에는 영국에서 공인 번역본인 흠정역 성경(The King James Bible)이 출간되었다.

〈한글성경〉

우리 한글성경은 개역개정, 개역한글, 공동번역, 표준새번역, 쉬운성경, 우리말성경 등 여섯 가지가 있다. 본 책은 '개역 한글성경' 을 기준으로 하여 저작되었는데 이 개역 한글성경은 흠정역 영어성경과 한문성경을 바탕으로 번역된 성경이다.

2. 이스라엘의 자연적 특성

이스라엘의 기후를 살펴보면 예루살렘 동쪽은 광야성 기후, 그리고 서쪽은 지중해성 기후의 특성을 갖고 있다. 특히 성경에는 이른비와 늦은비 이야기가 많이 나온다. 이른비는 파종기인 10월 말부터 11월에 주로 내리는 비를 말하며, 늦은비는 결실기인 4~5월 사이에 오는 비를 말한다.

주된 곡식과 과일로는 밀, 보리, 포도, 무화과, 석류, 감람 그리고 꿀(견과류 – 대추야자) 등을 꼽을 수 있다(신 8:8).

3. 성경에서의 시간 계산

(1) 로마인들의 계산법

로마 사람들은 낮 시간인 오전 6시부터 오후 6시까지를 12등분하여 제삼시는 오전 9시, 제육시는 오전 12시, 제구시는 오후 3시를 말한다. 또 제십일시는 오후 5시를 말한다(마 20:5~9). 밤의 시간은 오후 6시부터 오전 6시까지를 계산하여 4등분한다.

일경 : 오후 6시부터 오후 9시

이경 : 오후 9시부터 오후 12시

삼경 : 오전 0시부터 오전 3시

사경 : 오전 3시부터 오전 6시(마 14:25; 막 6:48)

(2) 이스라엘 사람들의 계산법

이스라엘 사람들은 하루의 계산을 해 지는 저녁부터 다음 날 아침까지로 계산하며 보통 밤을 3등분한다. 일반적으로 구약성경에서는 이스라엘 사람들의 방법을, 신약성경에서는 로마 사람들의 계산법을 따랐다.

일경(초경) : 오후 6시부터 오후 10시(애 2:19)

이경 : 오후 10시부터 오전 2시(눅 12:38)

삼경 : 오전 2시부터 오전 6시(눅 12:38)

4. 성경에 나오는 주요 12국가들

성경에 나오는 주요 국가들로는 다음의 12 나라가 있다.

이스라엘(예루살렘), 이라크(메소포타미아, 갈대아 우르), 이집트(애굽, 고센 땅), 요르단(요단 동편, 에돔, 모압, 암몬), 시리아(앗수르, 다마스커스 – 다메섹), 레바논(페니키아), 티프리스 공화국(살라미스), 터키(길리기아 다소), 그리스 (마게도냐, 아가야), 이탈리아(로

마), 몰타(멜리데섬), 이란(수산성 — 에스더, 바사 — 페르시아)

5. 성경을 1독하는 데 얼마나 걸리나요?

신구약 성경은 총 1,189장으로 되어 있다. 집중적으로 읽으면 1독하는 데 약 66시간이 소요된다. 하루 13시간씩 읽으면 5일이면 1독을 할 수 있다. 그리고 평일에 3장, 주일에 5장을 읽으면 1년에 1독을 하게 된다.

6. 성경에 나오는 도량형

(1) 무게의 단위

(가) 세겔 : 은이나 금을 다는 중량단위로 통화로도 사용되었으며, 그 무게는 11.3g 에서 11.5g 정도이다.

(나) 게라(민 3:47) : 중량의 최소단위로 0.57g 정도이고, 세겔의 20분의 1에 해당된다.

(2) 부피

(가) 에바(레 5:11) : 밀가루, 보리, 볶은 곡식 등의 양을 재는 단위로 약 22리터에 해당된다.

(나) 오멜(출 16:17) : 용량단위로서 에바의 10분의 1로 약 2.2리터에 해당된다.

(3) 길이

(가) 규빗 : 가운데 손가락 끝에서 팔꿈치까지의 길이로 약 44.4cm에 해당된다.

(4) 화폐 단위

(가) 달란트(마 18:24) : 로마의 화폐 단위로 약 6,000데나리온에 해당된다.

(나) 데나리온 : 로마의 화폐 단위로 1데나리온은 장정 하루의 품삯에 해당된다.

(다) 고드란트(막 12:42) : 로마의 화폐 단위로 데나리온의 8분의 1정도이다.

(라) 앗사리온(마 10:29) : 로마의 화폐 단위로 데나리온의 16분의 1에 해당한다.

(마) 렙돈(막 12:42) : 이스라엘의 화폐 단위로 앗사리온과 가치가 거의 같다. 호리라고 번역된 곳도 있다(마 5:26; 눅 12:59).

(바) 드라크마(눅 15:8) : 헬라의 은전으로 로마의 데나리온에 해당된다.

7. 성경에 나오는 산들

(1) 갈멜산 : 엘리야와 바알 선지자의 대결 장소로 유명하다. 그 높이는 540m이며, 산 아래 기손강이 흐르고 있다.

(2) 감람산 : 겟세마네 동산이라고도 하며 성만찬 후 예수님께서 기도하러 가신 곳이며 승천하신 산이다. 예루살렘 동편에 위치하며 그 높이는 840m이다.

(3) 그리심산 : 사마리아인들의 예배 중심이 되던 산으로 모세가 축복한 산이다. 저주한 산 에발산과는 대칭에 있다. 수가성 여인이 조상들이 예배했다고 한 산이다.

(4) 느보산 : 높이는 805m이며, 모세가 죽기 전에 이 산에 올라가서

가나안을 내려다보았다(민 33:47; 신 32:49, 34:1~4). 비스가산은 이 산의 한 봉우리이다.

(5) 모리아산 : 아브라함이 이삭을 바친 산으로 유명하며 지금의 골고다 언덕이다.

(6) 비스가산 : 모세가 묻힌 산으로 느보산 줄기의 한 봉우리로 보인다.

(7) 세일산 : 이름의 뜻은 '험한 산'으로 아브라함 시대에 엘람 왕 그돌라오멜이 이 산에서 호리 족속을 정복하였고, 에서의 자손 에돔 족속은 이 호리 족속을 내어쫓고 거주지를 삼았다.

(8) 시내산 : 모세가 십계명을 받은 산이다(출 20:1). 또 엘리야가 이세벨을 피해 숨은 산이기도 하다(왕상 19:8). 시내산과 호렙산의 명확한 구분이 성경에 되어 있지 않은데 이 두 산은 동일한 산으로 호렙 또는 시내의 두 이름을 쓰게 된 것이라고 보는 의견이 지배적이다(출 3:1, 17:6; 신 1:2, 6).

(9) 에발산 : 그리심산과 대칭되는 산으로 그 뜻은 '벗은 산'으로 저주의 산이다.

(10) 헤르몬산 : 헐몬산이라고도(시 133:3) 하며 예수님이 변화하신 변화산으로 추측된다.

(11) 호렙산 : 모세가 불꽃 가운데서 여호와 하나님을 만난 곳이기도 하며 또 반석을 쳐 물을 낼 때 분을 참지 못하여 실수한 산이기도 하다. 시내산을 총칭하는 말이다.

8. 성경에 나오는 바다, 강 그리고 호수들

(1) 갈릴리 바다 : 팔레스타인 북쪽에 있는 갈릴리 지역의 호수다.

그 크기는 약 10만 평방 킬로미터로 이스라엘에서 두 번째로 큰 호수이며 그 면적이 커서 바다라고 불리기도 한다. 성경에서는 '긴네롯 바다' (수 12:3), '게네사렛 호수' (눅 5:1), '디베랴 바다' (요 6:1) 등의 이름으로 불렸다.

(2) 사해 : 이스라엘과 요르단을 경계로 하는 호수로 남북으로 약 80킬로미터, 동서로 약 17킬로미터의 크기이며 지중해의 해수면보다 무려 400미터나 아래에 위치해 있다. 일반 바닷물보다 7배나 높은 염분을 함유하고 있어 물고기가 살지 못하며 수영을 못해도 물에 뜰 수 있다. 요단강으로부터 물을 받기만 하고 내보지 않아 물이 썩어 간다. 성경에는 염해라고 번역되어 있다(민 34:12).

(3) 홍해 : 아프리카와 아라비아 반도 사이에 위치한 바다로 북쪽 끝은 두 줄기로 나뉘어져 동쪽은 아카바만, 서쪽은 수에즈만으로 되어 있다. 출애굽 직후 육지같이 건넌 사건은 너무 유명하다.

(4) 기손강 : 갈멜산 아래 흐르는 강으로 엘리야에게 진 바알 선지자들이 몰살당한 강이다.

(5) 나일강 : 애굽에 있는 강으로 모세가 이 강에 버려진 것을 바로의 공주가 목욕하러 나왔다가 발견하였다.

(6) 얍복강 : 그 뜻은 흐르는 강으로 갈릴리와 사해 사이의 요단 건너편 강으로 96킬로미터의 길이로 야르묵강 다음으로 가장 배수가 잘되는 지역을 내포하고 있다. 아모리 땅의 북편을 흐르며 국경선을 이루었고(민 21:24; 신 3:16), 이 나루에서 야곱이 천사로 더불어 씨름하였고 또 형 에서를 만났다(창 32:24, 33:3).

(7) 요단강 : 여호수아와 백성들이 건넌 강이며, 세례 요한이 세례를 베풀었던 강이다. 이스라엘의 중심을 흐르고 그 끝 지점은 사해와

연결되어 있다.

(8) 비손, 기혼, 힛데겔, 유브라데강 : 에덴동산에서 동서남북으로 흐르던 강이다.

9. 성경에 나오는 꽃과 나무들

(1) 고벨화 : 아시아산의 관목으로 가시가 있으며 흰꽃이 핀다(아 1:14)

(2) 백합화 : 다년초로 성경에서 백합화는 순결과 신부를 상징하는 꽃(아 2:1, 2, 16)으로 이스라엘의 회복에 대한 비유에서 사용되었다. 호세아는 "저가 백합화같이 피겠다"(호 14:5)라고 표현했고, 이사야는 사막이 백합화같이 즐거워할 것(사 35:1)이라고 말했다. 성경에서는 백합화를 들에 피는 붉은 아네모네(아 5:13), 물에서 피는 노란색 붓꽃(호 14:5), 그리고 솔로몬 성전 돌기둥의 수련화(왕상 7:19)라고 세 가지로 표현하고 있다.

(3) 수선화 : 다년생 화초로 온대지방의 물가에서 살고 지중해 연안이 원산지이다. 흰색이나 노란색의 꽃이 12월에서 3월에 걸쳐 피며, 잎 모양은 가늘고 길며 줄기에 무더기로 달려 있다. 수선화는 솔로몬 왕이 술람미 여인의 아름다움을 격찬한 꽃(아 2:1)으로 유명하다.

(4) 무화과나무 : 뽕나무과의 낙엽 관목이며, 대부분 지중해 국가에 자생하는 나무로 팔레스타인에는 일찍부터 이식되어 널리 재배되었다. 많이 자라면 12미터까지 자라며 경관도 좋다(민 13:23; 마 7:16). 넓적한 잎들은 넓은 그늘을 만들어 주는데 이스라엘 사람들은 이 나무 그늘 아래를 좋은 명상의 장소로 사용한다. 시장하신 예수님께서

열매 없는 무화과나무를 저주하신 사건은 너무 잘 알려졌다(마 21:19).

(5) 백향목 : 소나무과의 상록수로 보통 삼나무를 말하며 레바논나무라고도 한다(대하 9:16). 솔로몬이 이 나무를 사용하여 성전과 왕궁을 지었으며 두로 왕 히람과 나무 수입 계약을 할 때, 벌목인들을 한 번에 1만 명을 고용한 적도 있다(왕상 5:13~14).

(6) 뽕나무 : 여러 종류의 뽕나무가 있다. 삭개오가 올라간 뽕나무, 그리고 여호와께서 다윗을 통하여 블레셋을 물리칠 때 뽕나무(삼하 5:24)가 등장한다.

(7) 로뎀나무 : 엘리야가 이세벨의 칼을 피해 이 로뎀나무 그늘에 누워 쉬었다. 대싸리와 비슷해서 욥기 30장 4절에서는 대싸리라고 번역하기도 했다.

(8) 아카시아나무 : 조각목이라고도 하며 볼품은 없지만 단단하여 성막과 법궤를 만드는 데 주로 사용되었다. 오늘날에도 시나이 반도와 이스라엘 남쪽 사막지역에서 많이 발견되며 싯딤나무라고도 한다

(9) 에셀나무(삼상 21:6) : 팔레스타인에서 자라는 상록수로 관목에 지나지 않으나 간혹 9미터까지 가는 나무도 있다.

(10) 잣나무 : 소나무과의 교목으로 씨앗인 잣은 식용으로, 나무는 건축재나 가구재로 사용된다. 잣나무는 우수한 내구력과 아름다운 향기와 색상으로 인해 고대 지중해 연안에서는 백향목보다도 귀한 건축재료로 사용되었다. 노아는 이 잣나무로 방주를 만들었다.

(11) 종려나무 : 야자과의 상록수로 키는 3미터에서 10미터 정도로 자라고 그 열매는 맛이 매우 달콤하다. 뿌리가 100~200미터까지 깊이 뻗어내려 가기 때문에 사막성 기후에도 잘 자란다. 나무가 크고 잎이

무성한 종려나무는 이스라엘 사람들이 광야생활을 할 때 좋은 그늘을 제공해 주었다(출 15:27; 민 33:9).

(12) 그 외 감람나무, 가시나무, 밤나무, 상수리나무, 노송나무, 포도나무가 등장한다.

10. 성경에 나오는 천사, 사단 그리고 마귀들

(1) 미가엘

성경에 이름이 언급된 두 천사장(가브리엘과 미가엘) 가운데 하나이다. 구약에서는 다니엘서에서만 나타나고 있는데, "네 민족을 호위하는 대군 미가엘이 나타날 것이요"(단 12:1)라고 기록되었다. 여기서 미가엘은 다니엘에게 가려는 천사를 도와 그를 막는 바사국의 수호천사이다.

(2) 가브리엘

'하나님의 사람'이란 뜻을 가진 천사로 하나님의 사자, 하나님의 계시자로서의 역할을 수행한다(눅 1:19, 26).

(3) 범죄한 천사(벧후 2:4)와 자기 지위를 지키지 않은 천사(유 1:6)가 나타나는데 보통 이들이 마귀가 되었다고 한다.

(4) 사단

하나님께 대적하는 악마를 말하며 보통 마귀 대장을 말한다. 히브리어에서 이 단어가 관사 없이 쓰일 때는 일반적으로 '적대자, 대적, 원수' 등을 의미하였다(삼상 29:4; 삼하 19:22; 왕상 11:14; 시 38:20). 후에는 관사가 붙어서 하나님을 대적하는 존재, 곧 사단이라는 뜻의 고유명사로 사용되었다.

(5) 마귀

사단의 또 다른 이름으로(계 13:9) 성경에는 처음부터 범죄한 자로 나타난다(요일 3:8). 마귀의 성격에 대해서 예수님은 “진리가 그 속에 없으므로 진리에 서지 못하고 거짓을 말할 때마다 제 것으로 말하나니 이는 저가 거짓말장이요 거짓의 아비가 되었음이니라”(요 8:44)고 말씀하셨다. 구약에서는 마귀라는 말이 나오지 않고 사단이라는 단어만 나온다.

11. 십계명이 나오는 성경구절

십계명은 출애굽기 20장 3~17절과 신명기 5장 7~21절 두 곳에 나온다. 두 곳의 내용은 비슷하나 제4계명이 조금 다르다. 출애굽기 20장에서는 엿새 동안에 천지를 만드신 하나님이 안식일을 거룩하게 지키라고 하셨고, 신명기 5장에서는 애굽 땅에서 종이 되었던 너희를 인도하여 낸 하나님이 안식일을 거룩하게 지키라고 명하신다고 하였다.

12. 주기도문이 나오는 성경구절

주님께서 가르치신 기도문은 마태복음 6장 9~13절과 누가복음 11장 2~4절 두 곳에 나온다. 두 곳의 내용이 비슷하지만 누가복음 11장에는 마태복음에 있는 ‘하늘에 계신’과 ‘다만 악에서 구하옵소서 나라와 권세와 영광이 아버지께 영원히 있사옵나이다 아멘’이 생략되어 있다.

13. 12제자가 나오는 성경구절

예수님이 세우신 열두 제자의 이름은 마태복음 10장 2~4절, 마가복음 3장 18절, 누가복음 6장 14~17절, 사도행전 1장 13절 네 곳에 나오는데 그 이름이 조금씩 다른 사람이 있다.

(1) 바돌로매 : 요한복음 1장 49절의 나다나엘과 같은 사람으로 본다.

(2) 도마 : 디두모라는 도마(요 11:16), 쌍둥이 중 한 사람

(3) 마태 : 세리 마태, 알패오의 아들 레위(막 2:14)

(4) 가나안인 시몬 : 셀롯 시몬, 가룟인 아닌 시몬(요 14:22)

(5) 다대오 : 야고보의 아들 유다

(6) 가룟 유다 : 시몬의 아들 유다(요 13:26)

14. 신약성경에 두 번 나오는 유사 사건들의 비교

신약성경에는 두 번 나오는 유사한 사건들이 있다. 이들은 동일한 사건으로 보기보다는 각각의 사건으로 보는 것이 일반적이다.

(1) 물고기를 잡으라 명하심

가) 눅 5:4 : 공생애 초기 – 깊은 데로 가서 그물을 내려 고기를 잡으라 하셨으며 고기를 심히 많이 잡았다.

나) 요 21:6 : 부활하신 후 – 그물을 배 오른편에 던지라고 하셨고, 고기 153마리를 잡았다.

(2) 성전을 청결케 하심

가) 요 2:15 : 공생애 초기 – "내 아버지 집으로 장사하는 집을 만들지 말라" 하시며 장사하는 자들을 내어쫓으셨다.

나) 눅 19:45 : 공생애 말기 – "내 집은 기도하는 집이 되리라" 하시며 장사하는 자들을 내어쫓으셨다.

(3) 향유를 예수님께 부음

가) 마 26:6; 막 14:3 : 베다니 문둥이 시몬의 집에서 일어난 사건이다.

나) 요 12:3 : 마리아가 300데나리온의 가치가 있는 향유를 예수님께 부었다.

다) 눅 7:36 : 바리새인의 집에서 향유를 부은 사건이 있었다.

일반적으로 위의 가)와 나)는 동일한 사건으로 보고 있고, 다)는 다른 사건으로 보고 있다. 누가복음 7장 36절에서 향유를 부은 '그 동네의 죄인인 여자'는 막달라 마리아를 가리킨다고 보는 견해도 있다.

(4) 베드로의 3,000명 전도 : 사도행전 2장 41절에 베드로의 설교를 듣고 세례를 받은 제자의 수가 이날에 삼천 명이나 된다고 했고, 사도행전 4장 4절에는 남자의 수가 약 오천 명이나 되었다고 한다. 아마도 앞의 삼천은 당일 하루에, 그리고 뒤의 남자만 오천은 그 당시 믿은 사람들의 합계가 아닌가 생각된다.

(5) 예수님께 표적을 구함 : 마태복음에는 예수님께 표적을 구한 것이 두 번 나오는데, 마태복음 12장 38절에서는 서기관과 바리새인이, 마태복음 16장 1절에서는 바리새인과 사두개인들이 각각 표적을 구하였다. 예수님께서는 두 번 다 요나의 표적밖에 보여 줄 것이 없다고 하셨다.

15. 사복음서에 나오는 동일한 사건들의 비교

사복음서에는 동일한 사건들이 조금씩 다르게 기록된 부분들이 있다. 이는 기록이 잘못되었다고 보기보다는 오히려 그 사건이 조작이 아니라 여러 사람이 보았다는 것과 실제로 일어난 이야기임을 입증해 주는 것으로 보아야 한다.

(1) 산상수훈 중 9복의 말씀(마 5:3~12; 눅 6:20~23)

가) 심령이 가난한 자 : 천국이 저희 것임 / 가난한 자 : 하나님 나라가 저희 것임

나) 애통하는 자 : 위로를 받을 것임 / 우는 자 : 웃을 것임

다) 온유한 자 : 땅을 기업으로 받을 것임

라) 의에 주리고 목마른 자 : 배부를 것임 / 주린 자 : 배부름을 얻을 것임

마) 긍휼히 여기는 자 : 긍휼히 여김을 받음

바) 마음이 청결한 자 : 하나님을 볼 것임

사) 화평케 하는 자 : 하나님의 아들이라 일컬음을 받음

아) 의를 위하여 핍박을 받은 자 : 천국이 저희 것임

자) 모든 악한 말을 받는 자 : 하늘의 상이 큼 / 미워하고 욕할 때 : 하늘의 상이 큼

마태복음에서는 주로 영적인 면에서 복 있는 사람을 이야기하고 있는데 반해, 누가복음에서는 육체적인 면에서 이야기하고 있다. 예를 들면, 마태복음에서 심령이 가난한 자는 영적으로 하나님의 은총이 절대적으로 필요한 자를 말한다. 그러나 누가복음에서 가난한 자는 물질적으로 가난한 자를 말하고 있다.

(2) 오병이어의 기적(마 14:13~21; 막 6:30~44; 눅 9:10~17; 요 6:1~14)

가) 먹은 인원수 : (마) 여자와 아이 외에 오천 명
(막), (눅) 남자가 오천 명
(요) 오천 명

나) 오병이어를 가져온 사람 : (요) 한 아이

다) 아이를 예수님께 데리고 온 제자 : (요) 안드레

라) 음식 살 것을 돈으로 계산한 제자 : (요) 빌립 200데나리온

마) 장소 : (눅) 벳새다

(요) 디베랴 바다

(3) 한 부자 청년과의 대화(마 19:16~30; 막 10:17~31; 눅 18:18~30)

가) 물으러 나온 사람 : (마) 어떤 사람(청년)

(막) 한 사람

(눅) 어떤 관원

나) 물은 내용 : (마) 무슨 선한 일을 하여야 영생을 얻으리이까?

(막), (눅) 무엇을 하여야 영생을 얻으리이까?

(4) 서기관이 예수님께 물음 (마 22:35~40; 막 12:28~34)

가) 물으러 나온 사람 : (마) 율법사

(막) 서기관

나) 대답하신 내용 : (마) 마음, 목숨, 뜻을 다해

(막) 마음, 목숨, 뜻, 힘을 다해

예수님께서는 신명기 6장 5절을 인용하셨는데 거기에는 '마음, 성품, 힘을 다하여' 라고 되어 있다. 또 '네 이웃을 네 몸과 같이 사랑하라' 는 말씀은 레위기 19장 18절을 인용하여 말씀하셨다.

다) 두 계명의 지칭 : (마) 온 율법과 선지자의 강령

(막) 이에서 더 큰 계명이 없다

(5) 부활하신 예수님의 무덤을 찾아간 장면(마 28:1~10; 막 16:1~8; 눅 24:1~12; 요 20:11~18)

가) 만난 천사 : (마), (막) 한 천사, 한 청년

(눅), (요) 두 사람, 두 천사

나) 무덤에 간 사람 : (마) 막달라 마리아와 다른 마리아
(막) 막달라 마리아와 야고보의 어머니 마리아와 살로메
(눅) 막달라 마리아와 요안나와 야고보의 모친 마리아
(요) 막달라 마리아

16. 틀리게 표현하는 성경내용들

다음의 내용들은 성경 상에는 확실하지 않은데 확실한 것처럼 또는 틀리게 말하는 경우가 종종 있다.

(1) 아담과 하와는 양의 가죽으로 만든 옷을 입은 것이 아니라, 그냥 가죽옷으로 지은 옷을 입혀 주셨다(창 3:21).

(2) 노아가 방주를 지은 기간이 120년간이었는지 사실상 정확하지 않다. 창세기 6장 3절에서 "그들의 날은 120년이 되리라" 하신 말씀은 인간의 수명이 120년이 되리라는 말씀인지, 아니면 앞으로 120년 후에 모든 사람들이 멸망한다는 뜻인지 명확하지 않다. 그러나 보통 학자들은 후자 곧 앞으로 120년 후에 인간이 멸망할 것이라고 해석한다. 그렇게 해석한다고 해도 하나님께서는 그 후 얼마간의 시간이 흐른 뒤에 방주를 지으라고 명하셨기 때문에 사실 노아가 방주를 지은 기간을 정확히 알 수 없다. 보통 노아의 아들들이 방주 짓는 일을 도왔다고 말하는데 그렇다면 그 기간은 더욱 짧아진다. 노아는 500세 이후에 세 아들을 낳았고(창 5:32), 홍수는 노아가 600세 되던 해에 시작되었기 때문에 그 사이의 기간은 100년밖에 안 된다(창 7:6). 또한 방주에 들어간 짐승 모두가 암수 둘씩인지(창 7:15), 또는 정한 것은

일곱 쌍이고, 부정한 것은 두 쌍인지(창 7:2) 구분하기가 어렵다.

(3) 이스라엘 민족이 애굽에서 종살이한 기간이 사도행전 7장 6절에는 400년이라고 했고, 출애굽기 12장 40절에는 430년이라고 했으며, 갈라디아서 3장 17절에는 언약과 율법의 기간을 430년이라고 했다. 이 셋이 서로 모순되는 것같이 보인다. 그러나 이는 모순되는 것이 아니라 계산의 시점이 조금씩 다르기 때문으로 보아야 한다. 사도행전의 400년은 모세의 출생부터 출애굽까지로, 출애굽기의 430년은 요셉의 식구들이 애굽으로 간 때부터 출애굽까지로, 그리고 갈라디아서의 430년은 하나님께서 야곱에게 언약하신 때부터(창 28:13) 출애굽까지로 볼 수 있으므로 그 계산이 맞다.

(4) 이스라엘 사람들은 광야에서 40년간 만나를 먹었다. 메추라기는 얼마간 먹었는지 정확하게 기록되어 있지 않으나(민 11:20) 아주 짧은 기간만 보내 주신 것으로 보인다. 그 이유는 유목민인 이스라엘 사람들이 자주 이동하므로 곡식 재배는 어려웠기 때문에 만나를 계속적으로 주신 것이다. 그리고 그들이 유목하는 양은 잡아서 고기로 먹을 수 있었기 때문에 메추라기는 제한적으로 주시지 않았나 하는 생각이 든다.

(5) 애굽으로 이주해 온 요셉의 가족이 사도행전 7장 14절에서는 75인이라고 했고, 출애굽기 1장 5절에서는 70명이라고 하여 모순되는 것 같다. 그러나 이는 요셉의 손자와 증손 5명을 70명에 합하면 75명이 되어 그 계산이 맞게 된다.

(6) 애굽에서 나온 사람들 중 여호수아와 갈렙만 빼놓고 모두 광야에서 죽었다는 것은 틀린 말이다. 애굽에서 나온 자들 가운데 20세 이상 된 자들은 여호수아와 갈렙을 제외하고는 모두 가나안 땅에 못 들

어갔고 광야에서 죽었다.

(7) 룻을 나오미의 둘째 며느리라고 하는데 첫째(말론의 아내) 며느리가 맞다(룻 4:10).

(8) 에스더와 모르드개의 관계는 삼촌이 아니고 사촌이다(에 2:7).

(9) 사무엘상 31장 4절에 보면 사울 왕이 스스로 자결한 것으로 되어 있고, 사무엘하 1장 4절에 보면 한 소년이 죽인 것처럼 되어 있어 서로 다른 것같이 보인다. 그러나 정황으로 보아 이스라엘 소년이 자기의 공을 내세우려고 자신이 죽인 것처럼 거짓말한 것으로 보인다.

(10) 갈멜산에서 엘리야가 대적한 선지자는 바알 450명, 아세라 400명 합계 850명인지, 바알 선지자 450명뿐인지 분명하지 않다. 엘리야가 대적하러 나오라고 한 선지자는 바알과 아세라 850명인데 실제 나와 대적한 선지자들은 바알 선지자 450명뿐이고 그들만 기손강가에서 몰살된 것으로 보이기도 한다. 또는 실제 850명의 선지자들이 다 나왔는데 성경 기록에서 바알 선지자에 대해서만 기록했는지도 모른다.

(11) 요나는 고래 뱃속에 들어간 것이 아니고 큰 물고기 뱃속에 들어갔다(욘 1:17). 예수님께서도 요나의 이야기를 인용하실 때 큰 물고기라고 하셨다(마 12:40).

(12) 예수님은 말 구유에서 탄생하신 것이 아니라 구유에서 나셨다(눅 2:16).

(13) 십자가 상에서 구원받은 강도는 오른편 강도가 이니라 한편 강도이다(눅 23:40).

(14) 예수님께서 제자들의 발을 씻기실 때 베드로는 발뿐만 아니라 온 몸도 씻겨 달라고 한 것이 아니라, 발뿐 아니라 손과 머리를 씻

겨 달라고 했다(요 13:9).

(15) 최후의 만찬을 준비하기 위한 장소를 찾을 때 보통 물동이를 이고 가는 여인을 따라가서 그 집에서 준비하라고 하셨다고 말한다. 그런데 사실은 물동이를 이고 가는 여인이 아니고 물동이를 가지고 가는 사람으로 남자를 말한다. 이 당시 물동이를 가지고 물은 긷는 사람들은 대부분 여인네들이기 때문에 남자가 물을 긷는 것은 특이하여 사람들의 눈에 쉽게 띄어 제자들이 발견하는 데 어려움이 없었을 것이라고 한다. 성경학자들은 이 남자가 마가 요한이 아닌가 하고 해석하고 그렇다면 그 큰 다락방은 마가 요한의 다락방이라고 해석한다.

(16) 사도행전 1장의 성령받은 다락방이 마가 요한 어머니의 다락방인지 정확하지 않다(행 1:13). 그러나 사람들이 이 다락방을 마가 요한 어머니의 다락방이라고 보는 것은 사도행전 12장 12절에 베드로가 잡혔을 때 여러 사람들이 마가 요한의 어머니 마리아의 집에 모여 기도하고 있다는 구절을 인용하여 마가 요한의 어머니의 다락방으로 추측하고 있다.

(17) 사울은 예수님을 만난 후 이름을 사울에서 바울로 바꾼 것이 아니라, 그 전부터 두 이름을 썼다. 사울은 히브리말이고, 바울는 헬라어로 된 이름이다(행 13:9).

(18) 우리가 일반적으로 생각하는 것보다 조금 다르게 표현하고 있는 것도 있다. 예를 들면 디모데전서 2장 14절에 보면 아담이 꾀임을 받지 아니하고 여자가 꾀임을 받았다고 되어 있다. 디모데전서 2장 13절에서는 하와를 '이와' 라고 다르게 표현하고 있는데, 영어성경에서는 둘 다 'Eve' 로 표시하고 있다. 우리는 롯을 의롭다고 생각하지 않는데 베드로후서 2장 7절에서는 롯을 '고통하는 의로운 롯'

이라고 표현하고 있다.

(19) 다윗을 이새의 여덟째 아들이라고 한 곳(삼상 16:11)도 있고, 일곱째 아들이라고 한 곳(대상 2:15)도 있다. 어떤 학자는 다윗의 완전성을 나타내기 위하여 여덟째를 완전수인 일곱째 아들로 나타내고 있다고 말한다.

(20) 여호야긴이 왕이 된 때의 나이가 열왕기하 24장 8절에는 18세이나, 역대하 36장 9절에는 8세로 되어 있다. 또 바벨론 포로에서 귀환한 사람의 숫자가 에스라서 2장과 느헤미야서 7장이 다른데 정확한 이유를 알 수 없다.

17. 안식일과 주일

구약시대와 예수님 당시에는 안식일(지금의 토요일)을 지켰다. 그러나 예수님께서 안식 후 첫 날(마 28:1)에 부활하신 이후 제자들은 이 부활하신 날을 주의 날(계 1:10)이라 하여 지금의 일요일을 주일로 지키고 있었다. 안식교는 지금도 토요일을 지키고 있으며 주일을 지키는 교회들과 서로 이단이라고 비난하고 있다. 그러나 우리의 구원은 안식일에 달려 있지 않다고 보아야 할 것이다.

18. 노아의 방주, 성막, 솔로몬 성전, 그리고 솔로몬 궁전의 크기 비교

(단위: 규빗)

	길이	넓이	높이
노아 방주	300	50	30
성막	100	50	5

솔로몬 성전	60	20	30
솔로몬 궁전	100	50	30

19. 왜 인간의 수명이 노아 홍수 후에 급격히 짧아졌는가?

하나님께서 인간을 만든 직후에 인간은 무려 900세 이상이나 되는 삶을 살았다. 예를 들면, 아담은 930세, 에노스는 905세, 노아는 950세, 최고 장수한 므두셀라는 969세나 되는 삶을 살았다. 그러나 노아 이후로 셈은 600세, 아브라함은 175세, 이삭은 180세로 수명이 급격히 줄어 요셉에 이르러서는 110세로 오늘날과 별 차이가 없게 되었다. 그러면 노아 홍수 후 왜 인간의 수명이 급격히 줄어들었을까? 과학자들은 원래 지구 위에는 대기권과 성층권 외에 '물층'이 있었다고 주장하며 성경도 창세기 1장 7절에 "하나님께서 궁창을 만드사 궁창 아래의 물과 궁창 위의 물로 나뉘게 하시매 그대로 되니라"라고 하여 물층의 존재를 인정하고 있다. 이 물층이 적외선 등 생명을 단축시키는 우주의 해로운 광선으로부터 지구를 보호해 주었는데 노아 홍수 때 물층마저 땅에 비로 내릴 정도의 큰 홍수가 일어났다는 것이다. 창세기 7장 11절에 의하면, "그날에 큰 깊음의 샘들이 터지며 하늘의 창들이 열려"라고 기록되어 이 '물층'이 노아 때의 홍수로 파괴되었음을 분명히 보여 주고 있다. 이 물층의 파괴가 비타민의 파괴를 가져왔다고 주장하는 학자도 있다. 따라서 적외선의 노출과 비타민의 파괴로 인해 노아 홍수 이후 사람의 수명이 급격히 단축되었다고 성경학자들은 말하고 있다.

20. 교회는 어떻게 변천되어 왔는가?

(1) 광야교회 : 스데반은 이스라엘 사람들이 출애굽하여 광야에서 하나님을 섬긴 것을 광야교회라고 불렀다(행 7:38).

(2) 성막(Tabernacle)과 회막(Tent of Meeting)

하나님께서는 시내산에서 모세에게 성막을 만들라고 명령하신다. 성막과 회막이 따로 있는 것인지 아니면 같은 이름인지 명확하지 않으나 성경을 보면 두 명칭이 동시에 나오는 곳(출 40:22)도 있고, 따로따로 나오는 곳도 있다. 아마도 성막과 회막이 같은 것이나 보는 관점에 따라 예배를 중심으로 해서는 성막이라고 부르고, 백성들의 모임을 중심으로 성막의 일부분을 지칭할 때는 회막이라고 부른 것 같다.

(3) 솔로몬 성전(주전 900년) : 솔로몬 왕이 7년 동안 건설하였으며 바벨론 포로 당시에 파괴되었다.

(4) 스룹바벨 성전(주전 516년, 에스라 성전) : 바벨론 포로 이후 스룹바벨을 주축으로 하여 20여 년에 걸쳐 완성하였다.

(5) 에스겔 성전 - 에스겔이 환상 중에 본 성전으로 솔로몬 성전과 비슷하였으며 실제로는 존재하지 않은 성전이다(겔 40~43장).

(6) 헤롯 성전(주전 20년) : 헤롯이 유대인의 환심을 얻기 위해 건축한 성전으로 예수님 당시의 성전이며 주후 70년경 로마의 티투스 장군 침공 때 파괴되었다.

(7) 초대교회(행 2장)와 가정교회 : 예수님 승천 후 오순절 이후의 교회를 초대교회라고 부르며, 아굴라와 브리스길라의 집과 빌레몬의 집과 같이 개인 집에서도 모여 예배를 드렸는데 이를 보통 가정교회라고 부른다(고전 16:19; 몬 1:2).

21. 법궤 안에는 무엇이 있으며 언제 분실되었는가?

(1) 히브리서 9장 4절에 보면 법궤 안에는 만나를 담은 금항아리와 아론의 싹난 지팡이와 언약의 비석들이 있다고 되어 있다. 그러나 출애굽기 25장 21절에서는 증거판을 궤 속에 넣으라고 했고, 민수기 17장 10절에서는 아론의 지팡이를 증거궤 앞에 갖다 놓으라고 되어 있다. 또한 출애굽기 16장 33절에서는 아론에게 이르되 항아리를 가져다가 그 속에 만나 한 오멜을 담아 여호와 앞에 두어 너희 대대로 간수하라고 했다. 따라서 무엇이 법궤 안에 있었는지 명확하지 않다. 그러나 역대하 5장 10절과 열왕기상 8장 9절에서 궤 안에는 두 돌판 외에 아무것도 없다고 한 것으로 보아 처음에는 법궤 안에 두 돌판만 있었고 나중에 그 안에 만나 항아리와 아론의 지팡이가 들어간 것으로 보인다. 아니면 단지 구전되는 내용을 히브리 저자가 그대로 기록한 것 같기도 하다.

(2) 법궤는 지금 어디에 있는가?

법궤가 만들어진 모세시대에는 성막 안 지성소에 보관되어 있었다. 그 후 블레셋에게 궤를 빼앗겨(삼상 4:11) 7개월간 블레셋 사람들이 보관하였다가 다시 이스라엘로 돌아오는 중 벧세메스 사람들이 궤를 들여다본 고로 70명이 죽게 되었으며, 기럇 여아림 아비나답의 집에 20년간 있었다. 다윗이 하나님의 궤를 메어 오는 중(대상 13:6) 오벧에돔의 집에 3개월간 머물러 있다가 다시 다윗이 장막으로 옮겨 보관하다가 솔로몬 성전이 완공되었을 때 솔로몬 성전에 보관하게 된다(왕상 8:5). 그 후 요시야 왕 때 한 번 나온 후에는 행적이 묘연하다(대하 35:3). 아마도 바벨론 침략 시 분실된 것으로 보인다.

22. 솔로몬은 장수하였는가?

우리는 흔히 솔로몬은 지혜의 마음을 구하고, 부와 장수와 원수 생명 멸하기를 구하지 아니하여서(왕상 3:11) 지혜뿐만 아니라 부귀와 장수까지 받았다고 알고 있다. 하지만 솔로몬이 지혜와 부귀는 받았지만 장수하였다는 성경구절이 없고 계산상으로도 장수한 것 같지 않다. 왜냐하면 다윗이 헤브론에서 예루살렘으로 이거한 후에 솔로몬을 낳았으므로(대상 3:4) 30세에 왕이 되고 7년 6개월이 지난 후에 예루살렘으로 옮겼으니 아무리 빨리 낳았다 해도 다윗이 37세에 낳은 것이 된다. 다윗 왕이 예루살렘으로 천도 후 33년 동안 치리하고 죽었으니 솔로몬이 왕이 된 나이가 늦게 잡아도 33세이다. 그리고 40년을 치리하고 죽었으니 아무리 길게 잡아도 솔로몬은 73세에 죽은 것이 된다(왕상 11:42). 열왕기상 3장 14절에는 "다윗의 행함같이 내 길로 행하면 네 날을 길게 한다" 라고 하나님께서 말씀하셨는데 아마도 솔로몬이 끝까지 다윗의 길로 가지 못했기 때문에 장수의 복은 받지 못한 것 같다. 사도행전 13장의 사도 바울의 설교나 히브리서 11장에 나오는 믿음의 선진들에서 솔로몬이 빠진 것도 그 이유에서인 것 같다. 또한 솔로몬이 드린 '일천번제' 는 번제를 일천 번 드린 것이다. 혹자는 일천 마리의 번제물을 드린 것이라고 해석하기도 하나 우리는 둘 다 좋은 해석으로 보고 있다.

23. 성령은 어떻게 받고 어떻게 충만해지는가?

예수님께서는 성령을 다른 '보혜사' 라고 하셨는데(요 14:26) 그 의미는 스승, 위로자, 조력자 그리고 대언자라는 뜻이다. 성경은 성령을 다음과 같이 여러 가지로 표현하고 있다.

(1) 거룩한 영(눅 11:13)　　(2) 영(요 3:6)

(3) 주의 신(사 11:2)　　(4) 살아 계신 하나님의 영(고후 3:3)

(5) 하나님의 영, 그리스도의 영(롬 8:9)

(6) 예수의 영(행 16:7)　　(7) 소멸하는 영(사 4:4)

(8) 성결의 영(롬 1:4)　　(9) 약속의 영(엡 1:13)

(10) 진리의 영(요 14:17)　　(11) 생명의 영(롬 8:2)

(12) 은혜의 영(히 10:29)

성령은 세례와 함께 믿음의 초기에 받는 것이 보통이고(고넬료 가정 – 행 10:44), 성령 충만은 성령을 받은 자들이 열심으로 믿고 은혜에 젖어 있을 때 받는 성령의 뜨거운 체험(초대교회의 120문도 – 행 2:4, 일곱 집사 – 행 6:5)을 말한다고 볼 수 있다. 성령 강림은 일회적인 것인 반면에 성령 충만은 반복적인 것으로 보아야 한다. 예수를 주로 고백할 믿음이 있는 사람은 성령을 받은 사람이며(고전 12:3), 그렇지 못한 사람은 성령을 받지 못했다고 보아야 한다.

사도행전 2장에 성령 충만을 받은 상태를 보면 성령이 불의 혀같이 갈라지는 것이 저희에게 나타났다고 했는데 이 현상은 모인 사람들의 입이 열려 각 방언으로 말한 것으로 보인다. 성령 충만의 외적인 결과는 성령의 열매로 나타나며 성령 충만한 성도들의 모습은 다음과 같이 나타난다. 사도들의 가르침을 받고, 기도에 열심이었으며, 성만찬을 나누며 주님을 기억하기에 힘썼다. 또한 서로 교제하는 것을 게을리하지 않았으며, 물건을 통용하고, 재산을 팔아 필요한 사람들에게 나누어 주었고, 날마다 마음을 같이하여 성전에 모이기를 힘쓰는 생활을 하였다.

24. 우리는 의인인가, 죄인인가?

우리 인간은 모두가 죄인이다. 인간은 우리 조상 아담이 지은 원죄를 갖고 태어나며(롬 5:12), 태어나서도 스스로 죄를 짓게 되는데 이를 자범죄라고 부른다. 다윗은 시편 51장 5절에서 모친이 죄 중에 나를 잉태하였고 죄 중에 출생하였다고 하며 원죄를 인정하고 있다. 의인은 하나도 없다고 했고, 죄인은 하나님 나라에 갈 수 없다고 했는데, 그 관계는 어떻게 설명해야 하는가? 첫째, 우리는 죄인이다(롬 3:10). 둘째, 우리는 의인이다. 하나님을 믿음으로써 의롭게 되기 때문이다(롬 3:28). 다시 말하면 우리는 죄인이면서 또한 의인이다. 한국 사람이 미국에 와서 미국 시민권을 따면 미국 사람이다. 그러나 한국 사람이라고 말하는 것과 같다고 할 수 있다. 결론적으로 우리는 죄인이지만 믿음으로 의인이 되어 의인의 자격으로 하나님 나라에 들어가게 된다(갈 2:16).

25. 예수님의 공생애는 몇 년 동안이었을까?

예수께서 가르치심을 시작할 때 삼십 세쯤 되셨고(눅 3:23), 그 후 예수님은 공생애를 시작하신 후 3번에 걸쳐(3년간) 유월절을 지키시려고 예루살렘에 올라가신 후 십자가에 돌아가시게 된다(요 2:13, 7:14, 13:1). 이를 근거로 우리는 예수님의 공생애를 삼십 세부터 삼십삼 세까지 3년 반 또는 3년으로 계산한다.

26. 예수님과 베드로 중 누가 더 나이가 많았을까?

좀 재미있는 생각이지만 흔히 우리는 베드로가 예수님보다 훨씬 나이도 많고 수염도 길게 난 것으로 상상한다. 그러나 성경을 자세히 보면 예수님과 베드로는 비슷한 연배로 보인다. 그 이유로는 베드로가 주후 67년경에 베드로전후서를 쓰고 순교를 당하였으니 대략 70세 정도에 순교를 하였다고 보면 주후 70년경에 순교를 한 것이 되어 예수님과 나이가 비슷하다는 논리가 맞게 된다. 어느 미국 영화에서 잡혀가시는 예수님을 멀찍이 따라가는 베드로 배역에 젊은 청년이 나오는 것을 본 기억이 난다. 예수님의 사랑받는 제자 요한은 베드로보다 젊은 제자였던 것으로 보인다.

27. 이단은 어떻게 판별하는가?

(1) 성경에서는 이단을 여러 가지로 표현하고 있다.

(가) 적그리스도(요이 1:7)

(나) 거짓 선지자(마 7:15)

(다) 이단(벧후 2:1)

(라) 거짓 그리스도(눅 21:8)

(마) 거짓 교사(딤전 4:1; 벧후 2:1)

(바) 다른 복음을 전하는 자(고후 11:4; 골 2:8)

(2) 이단은 성경말씀에 무엇을 더하거나 감하는 자이다. 요한계시록 22장 18~19절에서는 말씀에 더하는 자는 재앙을 더하신다고 했고, 감하는 자는 생명나무와 거룩한 성에 참예함을 제하여 버린다고 하셨다. 마태복음 24장 26절에서는 그리스도가 광야에 있다, 혹은 골방에 있다 해도 믿지 말라고 하셨다.

(3) 이단의 가장 두드러진 특징은 성경의 기본 진리인 예수께서 그리스도이심을 부인하는 사람들이다. 성경의 핵심 주제는, 예수는 그

리스도이시라는 것인데 이를 부인하는 것은 결과적으로 성경 그 자체를 부인하는 것이 된다.

결론적으로 성경 해석이 분분한 경우에는 이단으로 볼 수 없고(예를 들면, 침례가 맞냐, 세례가 맞냐), 성경에서 분명하게 명시하고 있는데도 이에 더하거나 감하는 자들(예를 들면, 자신이 하나님의 또 다른 아들이다, 예수님의 재림의 날을 안다)은 모두 이단에 속한다고 보아야 한다.

28. 믿음과 행함은 어떤 관계가 있는가?

우리는 믿음으로 구원을 얻는다(엡 2:8). 그런데 야고보서에서는 행함이 없는 믿음은 죽은 믿음이라 하여 행함을 강조한다. 따라서 구원을 확실히 하기 위해서는 행함과 믿음의 관계를 분명히 해야 한다. 먼저 믿음에 대해서 살펴보면 "믿음은 바라는 것들의 실상이요 보지 못하는 것들의 증거니"라고 히브리서 11장 1절에서 정의하고 있으며, 믿음의 대상은 예수 그리스도라는 것과 신구약 성경에 기록된 약속을 믿는 것이다. 성경에서는 믿음을 산 믿음, 온전한 믿음(약 2:2), 강한 믿음, 굳센 믿음 등 여러 가지로 표현하고 있다. 로마서 3장 28절과 갈라디아서 2장 16절에서는 믿음을 강조하고 있는 반면에, 야고보서 2장 17절과 마태복음 7장 21절에서는 행위를 강조하고 있다. 여기에서 우리는 믿음이 중요하냐, 행위가 중요하냐 하면서 둘을 별개로 논할 것이 아니라 믿음과 행함을 불가분의 관계로 보아 믿음은 그 줄기와 열매로, 행함은 그 뿌리로 보아야 한다. 믿음이라고 번역된 히브리어는 '피스티스'로 그 어원은 믿음에 따른 행동까지도 포함한다. 즉 뿌리가 없이 열매를 맺을 수 없듯이 행함이 있는 사람은 믿음이 있는 것이고, 행함이 없는 사람은 믿음이 없는 사람이라는 말이다. 본회퍼는 믿음과 순종을 떨어질 수 없는 하나로 보았다. 그는 "믿는 자들만이 순종할 것이며 순종하는 자들만이 믿게 될 것이다"라고 말하였다.

29. 성례는 무엇무엇이며 누가 제정하였는가?

성례는 세례와 성만찬 두 가지를 말하며, 둘 다 주님께서 제정하셨다. 세례는 마태복음 28장 19절에서, 성찬은 누가복음 22장 19절에서 명하셨다. 세례는 죄를 씻고 그리스도와 연합하여 하나가 된다는 의식이다. 예수님께서도 세례를 받으셨다. 세례 예식을 행할 때 침례교에서는 온 몸을 담그고, 장로교에서는 물을 머리에 적신다. 세례에 해당하는 헬라어는 '밥티조'로 물속에 잠긴다는 뜻이 있고, 요한복음 3장 23절에 '물들이 많음이라'라는 표현이 있는 것을 보아 침례를 말하는 것처럼 보인다. 그러나 이는 구원에 영향을 주는 교리적인 문제는 아니다. 유아세례는 부모의 신앙에 따라 보통 2세 이하의 유아에게 베푸는 세례이다. 유아세례를 받은 사람이 독자적으로 신앙을 가질 수 있는 나이가 될 정도로 성장하면(보통 만 14세 이후) 다시 세례식을 하지 않고 입교 예식만을 하여 세례교인이 된다. 천주교에서 영세를 받고 개신교로 개종한 경우에도 입교 예식만을 하나 교회에 따라 다시 세례를 베푸는 교회도 있다.

성만찬은 예수님이 잡히시기 전날 밤에 저녁 식사 후 제자들에게 떡과 포도주를 주시며 '나를 기념하라'고 하신 데서 시작되었다. 떡은 예수님의 몸을, 포도주는 십자가에서 흘리신 예수님의 보혈을 상징한다.

30. 사람이 죽으면 바로 천국과 지옥으로 가는가?

이 문제는 난해한 문제이다. 죽은 바로 후에는 낙원과 음부로 가고(영과 혼과 몸이 분리됨, 갈 5:19~21), 주님 재림 시에 믿고 죽은 자가 부활하고, 믿고 살아 있는 자가 변화하여(살전 4:15~16) 공중에서 천 년 동안 왕 노릇 하게 된다. 그 후에 믿지 않고 죽은 자들이 부활하고, 믿지 않고 살아 있는 자들이 모두 함께 심판을 받아 믿은 자들은 천국으로, 믿지 않은 자들은 사망 곧 불못에 던지우게 된다(계 20:4~15).

31. 매년 부활절 일자가 다른데 부활절은 어떻게 결정하는가?

부활절은 춘분을 지나고 처음 오는 보름날을 지난 첫 주일로 정하게 된다. 다시 말하면 부활절을 결정하는 데 있어 음력이 적용되므로 양력인 날짜는 매년 다르게 된다.

9. 구약성경 문제 해답

〈구약성경의 개관〉

1. 오실 메시아(그리스도) 2. 히브리어

3. 약 27여 명 4. 1,500여 년

5. 율법서, 역사서, 시가서, 선지서

6. (1) 내 발에 등 (2) 내 길에 빛

7. (1) 하나님이 준비하심(창 22:14)
   (2) 여호와는 나의 깃발(출 17:15)
   (3) 여호와는 평강이시다(삿 6:24)
   (4) 여호와께서 거기 계시다(겔 48:35)

8. (1)남종, 여종(욜 2:29) (2)기근, 양식, 물, 여호와의 말씀(암 8:11) (3)여호와, 알자, 여호와, 알자(호 6:2)

9. 열왕기상 19장, 이사야 37장

10. (1) 주전 721년 앗수르 (2) 주전 586년 바벨론

11. 요셉, 모세, 사울, 다윗, 압살롬

12. 광야시대, 사사시대, 분열왕국시대, 포로귀환시대

(1) 창세기

1. 말씀

2. (1)(가) (2)(라) (3)(마) (4)(나) (5)(바) (6)(다)

3. 하나님의 형상대로 남자와 여자를 창조하셨다.

4. 7 번, 여섯째 날

5. (1)비손 (2)기혼 (3)힛데겔 (4)유브라데

6.생육하고, 번성하여, 땅에 충만하라. 정복하라, 다스리라

7. 선악을 알게 하는 나무

8. 예수님 - 막 10:7~8, 바울 - 엡 5:31

9. 뱀의 유혹으로 선악과를 먹음으로

10. 가죽

11. 변명했다

12. (가) 배로 다니고 종신토록 흙을 먹음

(나) 잉태하는 고통을 더하게 됨. 남편을 사모하고 남편의 다스림을 받음

(다) 종신토록 수고

13. 가죽옷

14. 생명나무의 실과를 따 먹고 영생할까봐

15. 가인, 아벨

16. 아벨

17. 가인은 땅의 소산, 아벨은 양의 첫 새끼와 기름

18. (1)(나) (2)(다) (3)(가)

19. 셋

20. 130 세

21. 에녹

22. 930세, 969세, 175세, 80세, 130세, 110세

23. 의인, 완전

24. (1) 셈, 함, 야벳 (2) 150 일 (3) 라멕 (4) 1년 10 일 (5) 950 세

25. 홍수 전 – 식물, 홍수 후 – 동물과 식물

26. 여호와를 위하여 단을 쌓음

27. 정결한 짐승, 새

28. 다시는 사람으로 인하여 땅을 저주하지 않겠다.

29. 무지개

30. 함

31. 교만

32. (1)갈대아 우르 (2)데라 (3)10대 (4)하란 (5)하란

33. 벧엘 동편, 아이

34. (1)아저씨와 조카 (2)가나안

35. (1)별 (2)의

36. 언약(할례)

37. 6번(50, 45, 40, 30, 20, 10)

38. 모압과 암몬

39. 아브라함 : (1)애굽 왕 바로 (2)그랄 왕 아비멜렉
이삭 : (1) 블레셋 왕 아비멜렉

40. 100세, 90세

41. 엘리에셀

42. 다음 날 아침 일찍 떠남

43. 번제나무

44. 가나안 땅 막벨라 밭 굴

45. 리브가, 라반

46. 에서, 야곱

47. 떡과 팥죽

48. (1)브엘세바 (2)이름

49. 르호봇

50. 벧엘(루스)

51. (1)라헬 (2)7년

52. (1)이스라엘 (2)얍복 시냇가(브니엘)

53. (1)레아 : 르우벤, 시므온, 레위, 유다, 잇사갈, 스불론

(2)라헬 : 요셉, 베냐민 (3)실바 : 단, 납달리 (4) 빌하 : 갓, 아셀

54. 에돔

55. 벼이삭 꿈

56. (1)보디발의 아내 (2)옥에 갇힘

57. 애굽 왕의 술 맡은 자와 떡 굽는 자의 꿈

58. 총리

59. 아스낫, 애굽

60. 므낫세, 에브라임

61. 흉년이 들어 곡식을 사려고

62. 44장

63. 야곱

64. (1)70명 (2)고센

65. 17년간

66. 유다, 요셉

67.요셉, 형들

(2) 출애굽기

1. 더욱 번식하고 창성하였음

2. 십브라, 부아

3. 종으로 부렸고 학대했다.

4. 아므람, 요게벳, 레위 지파

5. 물에서 건져내었다, 바로의 딸

6. 40년간

7. (1)미디안 (2)십보라

8. 뱀, 피, 개구리

9. 엘리세바

10. 피, 개, 이, 파, 악, 독, 우, 메, 흑, 장.

11. 예수 그리스도

12. 5 번

13. 구원

14. (다)

15. 모세와 이스라엘 자손

16. 만나와 메추라기

17. 아말렉

18. 40년간

19.(라)

20. 아론과 훌

21. 이드로

22. (1)시내산 (2)20장

23. 인사법

24. 23:8

25. 무교절, 맥추절, 수장절
26. 40주야
27. 아론과 훌
28. (1)성소 (2)지성소 문
29. 아론과 그 아들들
30. 29장
31. 브살렐, 오홀리압
32. 얼굴에 광채가 났다.
33. 603, 550명
34. 제사장
35. 여호와의 영광
36. (1)언약궤 (2)분향단 (3)진설병 (4)등대 (5)물두멍 (6)번제단 (7)단 사면 뜰 (8)출입문

(3) 레위기

1. 회막
2. 누룩
3. (1)소제물 (2)소금 (3)언약 (4)예물
4. 화목제, 속건제, 속죄제, 번제, 소제
5. (1)(라) (2)(다) (3)(나) (4)(가)
6. (1)수양 (2)7일
7. (1)나답 (2)아비후
8. 11:45
9. 제8일
10. 제사장
11. ○
12. 8절에 1번, 10절에 2번
13. 11절과 14절
14. 규례와 법도
15. 예수
16. ×
17. 제사장들
18. 소나 양이나 염소의 흠 없는 수컷
19. (1)(라) (2)(다) (3)(마) (4)(나) (5)(가) (6)(아) (7)(사) (8)(바)
20. 무교절, 칠칠절, 초막절
21. 등불
22. 50년
23. 희년

24. 7배

(4) 민수기

1. 에브라임, 므낫세
2. 레위
3. 603,550명
4. 각 지파의 진 배치
5. 나답, 아비후
6. (1)30 (2)50
7. 5:11~31
8. (가)
9. (1)(다) (2)(나) (3)(가)
10. 12개
11. (1)출애굽한 다음 해 (2)시내 광야
12. 헷, 가나안, 블레셋, 히위, 여부스, 브리스, 기르가스 족속
13. (1)제2년 2월 20일 (2)유다
14. 고기
15. 미리암
16. 12명, 40일
17. 여호수아, 갈렙
18. 진 밖으로 끌어 내어 돌로 쳐 죽였다.
19. 고라
20. 살구
21. 이스라엘의 십일조
22. 정결법
23. 총회 때, 호르산 꼭대기, 123세
24. (다)
25. ×
26. (1)나귀 (2)발람
27. ×
28. 모압 평지, 601,730명
29. 여호수아
30. 칠칠절
31. 서원에 관한 법
32. 33장
33. 두 지파 반, 갓, 르우벤, 므낫세 반 지파
34. 여섯 개

35. 잘못 살인한 자를 피하게 하기 위하여

(5) 신명기

1. 열하룻 길
2. 헤스본, 바산
3. 3:22
4. 호렙산
5. (1)마음 (2)성품 (3)힘 (4)사랑
6. (1)광야 (2)마귀
7. 40일
8. (나)
9. (1)(다) (2)(나) (3)(가) (4)(라)
10. 두세 사람
11. 부지 중 살인한 자를 보호하려고
12. 결혼한 자
13. 당일
14. (1)남자 (2)여자 (3)가증
15. 당일
16. 16절
17. 27:9~10.
18. 그리심산과 에발산
19. (1)복 (2)저주
20. ×
21. 언약궤
22. 32장
23. 여호수아
24. 모세
25. 3번

(6) 여호수아

1. (1) 광야 (2) 해지는 편 대해
2. 9절
3. (가)
4. (1)기생 (2)라합
5. 제사장들
6. (1)12개 (2)요단 (3)길갈
7. 할례, 유월절
8. 13번
9. 36명
10. (1)여호수아 (2)삼만 명
11. (1)여호와 (2)화친 (3)언약
12. 10:12

13. ×

14. 31명

15. 헤브론

16. 회막을 세운 곳

17. 부지 중 잘못 살인한 자

18. 48성읍

19. 23, 24장

20. 여호수아

21. 16절

22. (나)

23. (1)110세 (2)딤낫세라

(7) 사사기

1. 유다

2. 웃니엘

3. 여호와

4. (1)에훗 (2)80년

5. (1)(나) (2)(다) (3)(가) (4)(마) (5)(라)

6. 300백 명

7. 소년의 칼

8. (1)요담 (2)세겜 사람들 (3)그리심산 꼭대기

9. 7가지

10. 기생

11. (1)입다 (2)에브라임 사람들

12. 나실인

13. 아내

14. 삼손

15. 들릴라

16. 17:2

17. (1)단 자손 다섯 사람 (2)미가의 제사장(레위 소년)

18. 베냐민 지파

19. 3번

20. 야베스 길르앗 여인과 실로 여인

(8) 룻기

1. 베들레헴, 흉년 때문에

2. 오르바와 룻

3. 사사시대 , 모압

4. 마라, 쓰다

5. 가까운 친족부터

6. 보아스

7. 말론

8. 이웃 여인, 4:17

9. 람, 살몬, 오벳, 다윗

(9) 사무엘상

1. (1)엘리 제사장 (2)한나 (3)기도

2. (1)세 (2)두

3. 한나

4. 홉니, 비느하스

5. 여호와의 전

6. 40년

7. 법궤

8. 20년

9. (1)이방신 (2)아스다롯 (3)마음 (4)여호와

10. 미스바와 센 사이, 에벤에셀

11. 요엘, 아비야

12. 8:11~18

13. 사울

14. 백성의 뜻

15. (1)기도 (2)도 (3)12:23

16. 14:6

17. 라마

18. 15:22

19. 중심

20. (1)(라) (2)(다) (3)(가) (4)(마) (5)(나)

21. 요나단

22. (1)라마 (2)사무엘

23. (1)요나단 (2)작은 아이

24. 아기스

25. 십 황무지

26. 자신이 제사를 드림, 아각 왕과 양을 죽이지 않고 숨김

27. 2 번

28. (1)사울 (2)다윗

29. 나발과 아비가일

30. 벼룩

31. 사무엘

32. 블레셋

33. 전사

34. 길르앗 야베스 거민

(10) 사무엘하

1.(1)다윗 (2)요나단

2. (1)헤브론 (2)유다

3. 미갈

4. 다윗

5. (1)30세 (2)33년

6. 5:24

7. 압논, 길르압(다니엘), 압살롬, 아도니야, 스바댜, 이드르암

8. 하나님

9. (1)(나) (2)(라) (3)(가) (4)(다) (5)(마)

10. 므비보셋

11. (1)우리아의 아내 (2)7계명

12. 나단

13. 다말을 욕되게 하였으므로

14. 칭찬

15. 압살롬

16. 아히마하스와 요나단

17. (1)다윗 (2)압살롬

18. (1)시므이 (2)바르실래

19. 조카

20. 3

21. (1)반석 (2)요새 (3)바위 (4)방패

22. (가)

23. 사악한 자

24. 130만(이스라엘 80만, 유다 50만)

25. 인구 조사

26. 갓

27. 3일 동안 온역

(11) 열왕기상

1. (1)(나) (2)(다) (3)(마) (4)(바) (5)(사) (6)(가) (7)(라)

2. 40년

3. 요압

4. 다윗

5. 요압

6. 아무 말이 없었다.

7. (1)부 (2)영광

8. (1)잠언 삼천 (2)노래 일천 다섯

9. 히람

10. 7년

11. 13년

12. 22~53절

13. 호렙

14. (1)9:3 (2)여호와

15. 20

16. (1)스바 여왕 (2)솔로몬 왕

17. 아히야

18. (1)여로보암 (2)르호보암

19. ×

20. 14:30

21. 40

22. 시므리

23. 아합 왕의 아내

24. 그릿시냇가

25. 가루와 기름

26. 갈멜산

27. (1)(라) (2)(가) (3)(나) (4)(다) (5)(마)

28. 호렙산

29. (1)천사 (2)엘리야 (3)로뎀나무 아래

30. 아합

31. (1)아하시야 (2)2년

32. 여호사밧

33. 여호사밧

34. (1) 사렙다 과부를 먹이심 (2) 죽은 아들을 살리심 (3) 갈멜산에서 불을 내림 (4) 비를 내리심

(12) 열왕기하

1. 아하시야

2. 50인

3. 돌을 던졌다

4. (1)(다) (2)(가) (3)(라) (4)(나)

5. 엘리사

6. 은 한 달란트와 옷 두 벌

7. 불말과 불병거

8. 40마리

9. (1)(다) (2)(가) (3)(나) (4)(라)

10. 변소

11. (1)아달랴 (2)6년간

12. 여호야다

13. 13:23

14. 여로보암

15. 아사랴

16. (1)앗수르 (2)살만에셀

17. 앗수르

18. (1)히스기야 (2)19:19

19. 185,000명

20. 바벨론 왕의 사자

21. 이사야

22. 기도, 눈물

23. 15년

24. 앗수르가 쳐들어왔을 때, 히스기야가 병들었을 때

25. (1)므낫세 (2)55년

26. 요시야

27. 종교개혁

28. 9년 시월, 느부갓네살 왕, 바벨론

29. 그달리야

30. (1) 물을 고침 (2) 빈그릇에 기름을 채움 (3) 수넴 여인이 아들을 낳음 (4) 죽은 아이를 살림(왕하 4장) (5) 국을 해독시킴 (6) 보리떡 20개로 100명이 먹음 (7) 나아만 장군을 고침 (8) 게하시에게 문둥병이 걸리게 함 (9) 도끼를 건짐 (10) 아람 군대를 사마리아성으로 인도함

(13) 역대상

1. (1)노아 (2)아브라함 (3)에서와 야곱

2. 6명

3. (1)7년 6개월 (2)33

4. 야베스

5. 요셉

6. (1)다윗 (2)헤만
7. 에브라임
8. (1)기스 (2)요나단
9. 레위
10. 3명
11. (1)(라) (2)(나) (3)(가) (4)(다)
12. 에셀
13. 오벧에돔의 집
14. 뽕나무 수풀
15. 노래하는 사람들
16. 16:7~36
17. (1)17:12 (2)여호와 (3)솔로몬
18. ×
19. (1)암몬 (2)아람
20. 동생
21. 요압
22. 하나님 앞에서 땅에 피를 많이 흘렸으므로
23. 솔로몬
24. ×
25. 24반열
26. 26장
27. (1)마음 (2)뜻 (3)마음 (4)사상 (5)삼갈지어다 (6)힘써 행할지니라, 28:9~10
28. (1)부 (2)귀 (3)권세 (4)능력

(14) 역대하

1. (1)기브온 산당 (2)일천 번제
2. 여호와
3. (1)솔로몬이 왕위에 나아간 지 4년 이월 초이일 (2)오르난의 타작마당
4. 구름
5. 봉헌 기도
6. (1)겸비 (2)기도 (3)7:14
7. (1)20년 (2)40년
8. (1)르호보암 (2)여로보암과 모든 백성
9. 애굽 왕 시삭
10. 구스
11. 아세라 목상을 만들었으므로
12. 군사를 많이 양성함
13. 길르앗 라못

14. (1)충의　(2)성심　(3)여호사밧　(4)19:9

15. (1)권세　(2)능력　　16. (1)아달랴　(2)6년

17. (1)7세　(2)40년

18. 이스라엘 군대에게 이미 준 은 백 달란트 때문에

19. 성소에서 나가라고 했다.

20. 바알들의 우상을 부어 만들었다

21.(1)29:11　(2)30:9　(3)31:20~21　(4)32:7~8.

22. 십일조를 바쳤다　　23. 성전 수리 및 우상 타파

24. (1)제사장　(2)모세의 전한 여호와의 율법책

25. 예레미야　　26. (1)바벨론　(2)느부갓네살 왕

27. (1)시드기야　(2)70년

(15) 에스라

1. (1)1:3　(2)바사 왕 고레스

2. (1)이년 이월　(2)예수아, 스룹바벨

3. (1)에살핫돈　(2)고레스　　4. 다리오, 6년

5. (1)(나)　(2)(다)　(3)(라)　(4)(가)

6. 제사장

7. 이방 여인을 취하여 아내를 삼았으므로

8. (라)

(16) 느헤미야

1. 금식기도

2. (1)아닥사스다 왕　(2)느헤미야　(3)느헤미야　(4)도비야와 게셈

3. 예루살렘 성을 중건한 내용 4. 도비야

5. 총독 6. 52일

7. (1)느헤미야 (2)8:10 8. 초막절

9. 43절 10. 안식일

(17) 에스더

1. 왕의 명령을 복종치 않아서

2. 자기에게 꿇지도 절하지도 않아서

3. (1)모르드개 (2)에스더 4. 4촌(삼촌의 딸)

5. 하만

6. (1)에스더 (2)아하수에로 왕 (3)7:3

7. 부림절

(18) 욥기

1. 욥 2. 욥의 아내

3. 엘리바스 4. 욥

5. 하나님은 공의를 굽게 하시지 않는다.

6. 10:12 7. ×

8. (1)지혜 (2)권능 (3)모략 (4)명철

9. 간사한 자의 혀를 택한 죄 10. 번뇌케 하는 안위자

11. 악인은 반드시 망하고야 만다.

12. 그 가산이 패하여 흘러가는 것

13. 22:21 14. (1)명령 (2)음식

15. 빌닷 16. 욥

17. 30장

18. 33:29~30

19. 환난

20. 폭풍 가운데서

21. (1)○ (2)○ (3)○ (4)×

22. 내가 스스로 한하고 티끌과 재 가운데서 회개하나이다.

23. 욥의 첫째 딸

(19) 시편

1. (다)

2. 망함

3. (1)구원 (2)복 (3)3:8

4. 여호와

5. 아침

6. 8:1, 8:9

7. 환난

8. 정직한 자

9. 일곱 번 단련한 은

10. 12:8

11. 하나님이 없다 하는 자

12. 선을 행하는 자가 하나도 없었다

13. 13가지

14. 다른 신에게 예물을 드리는 자

15. 거짓되지 않은 입술

16. 다윗

17. 여호와

18. (1)하늘 (2)영광 (3)궁창 (4)일, 19:1

19. (1)(다) (2)(라) (3)(가) (4)(나)

20. 하나님의 이름을 자랑함

21. 21:1

22. 찬송 중에

23. 겸손한 자

24. (1)다윗 (2)여호와

25. 주께서 함께하심으로

26. 주의 지팡이와 막대기

27. (다)

28. 긍휼히 여기소서
29. 주의 계신 집
30. 생명의 능력이시므로
31. (1)구원 (2)산업 (3)목자, 28:9
32. 여호와의 소리
33. 허물, 죄
34. 찬송
35. 고난
36. 다윗
37. 주
38. (1)의인 (2)자손, 37:25
39. 사슴, 시냇물, 영혼
40. 낙망
41. 오빌의 금
42. 새벽
43. 야곱의 하나님
44. 죽을 때까지
45. 환난, 영화
46. 상한 심령
47. 날카로운 삭도
48. 하나님
49. (1)짐 (2)의인 (3)요동, 55:22
50. 두려워, 사람
51. 스스로 그중에 빠진다
52. (1)산성 (2)환난 (3)피난처
53. 목욕통
54. 높은 바위
55. 63:3
56. 정직한 자
57. 하나님께서 그의 백성들에게 베푸시는 풍성한 은혜를 찬양하는 것(하나님의 은혜에 대한 찬양)
58. (1)마음 (2)죄악, 66:18
59. 68:19
60. 아버지, 재판장
61. 다윗
62. ○
63. 악인
64. 교훈
65. 78:72
66. (1)구원 (2)영광 (3)죄, 79:9
67. (1)주 (2)지존자
68. (1)집 (2)힘 (3)의지
69. 부끄러워한다.
70. 수고와 슬픔
71. (1)사랑 (2)이름 (3)91:14

72. 나와 함께 거하게 하신다
73. 냉과리같이 탔다
74. 생명
75. (1)사랑 (2)대적 (3)기도 (4)109:4
76. 여호와를 경외함
77. 은혜를 베풀며 꾸이는 자
78. 사람의 수공물, 은, 금
79. 행위가 완전하여 여호와의 법에 행하는 자, 여호와의 증거를 지키고 전심으로 여호와를 구하는 자
80. 주의 말씀
81. (1)(다) (2)(가) (3)(라) (4)(나)
82. (1)환난 (2)영혼 (3)출입 (4)121:7~8
83. 형통할 것이다.
84. 126:5
85. 잠
86. 아내, 자식
87. 지붕의 풀
88. (1)형제 (2)동거 (3)133:1
89. 감사하라
90. 수금의 연주를 거부함
91. 멀리서도
92. 장부
93. 악담하는 자
94. 은혜
95. 다윗, (1)파수꾼 (2)문
96. 마른 땅
97. 딸들
98. 그림자
99. 그의 광대하심
100. 찬송함
101. 우리가 지음을 받았기 때문에
102. (1)백성 (2)구원
103. 여호와를 찬양하라
104. 72편, 127편
105. 90편

(20) 잠언

1. 1:7
2. 완전한 지혜
3. 방패
4. 인정하라

5. 진주
6. 모해하지 말라
7. 여호와를 품으면
8. 마음, 입, 눈, 발
9. 아내
10. 6:16~19
11. 7배, 4배
12. (1)입 (2)8:13
13. 살이 간을 뚫기까지
14. 여호와를 경외하는 것
15. 교훈
16. 책망, 책망
17. (1)구제 (2)풍족 (3)윤택 (4)11:25
18. (1)보전 (2)멸망 (3)13:3
19. 근실히 징계한다
20. 분노
21. 패망
22. 혀의 권세
23. 20:27
24. ×
25. 진리, 지혜, 훈계
26. 술
27. 의인
28. 25장부터 29장까지
29. 금사과
30. (1)다 (2)라 (3)나 (4)가 (5)마
31. 자랑
32. 형제
33. 악인, 도망, 의인, 사자
34. 사자, 곰
35. 궁핍하지 아니함
36. 즐거워함
37. 30장
38. 허탄한 거짓말을 멀리하옵소서, 필요한 양식을 주옵소서
39. (1)공중에 날아다니는 독수리의 자취

(2)반석 위로 기어다니는 뱀의 자취

(3)바다로 지나다니는 배의 자취

(4)남자가 여자와 함께한 자취
40. 개미, 사반, 메뚜기, 도마뱀
41. 여자들에게
42. 진주
43. 오직 여호와를 경외하는 여자

(21) 전도서

1. 솔로몬
2. (1)영원 (2)일 (3)3:11
3. 협력
4. 늙고 둔하여 간함을 받을 줄 모르는 왕
5. ×
6. 눈으로 보는 것
7. 서원하지 아니하는 것
8. 6:9
9. 그림자같이 보냄
10. 연락하는 집
11. (1)라 (2)다 (3)나 (4)가
12. 명철
13. 죽는 날
14. (1)손 (2)힘 (3)9:10
15. (1)다 (2)나 (3)가 (4)마 (5)바 (6)라
16. 여러 날 후에 다시 찾는다.
17. 만사를 성취하시는 일
18. 창조자
19. 손
20. (1)사람 (2)본분 (3)행위 (4)은밀한 일 (5)12:13-14
21. 찌르는 채찍같음
22. 모든 행위와 은밀한 일
23. 해 아래서

(22) 아가서

1. 솔로몬
2. 1, 6, 11, 12, 14, 15절
3. 1~5절
4. 여덟 가지
5. 아마나강
6. 게으름
7. (1)죽음 (2)음부 (3)기세 (4)8:6

(23) 이사야

1. (라)
2. 2:22, 코

3. 정수리
4. (1)이스라엘 (2)유다
5. 6:8
6. 스알야숩, 마헬살랄하스바스
7. 기묘자, 모사, 하나님, 아버지, 왕
8. 예수님
9. (1)(나) (2)(다) (3)(라) (4)(가)
10. 바벨론
11. 모압
12. 구원, 능력
13. 이사야
14. 엘리야김
15. 심지가 견고한 자
16. 28:17
17. 예루살렘
18. 은혜, 긍휼, 30:18
19. 32:17
20. (라)
21. ○
22. (나)
23. 15년
24. 40:8
25. (1)두려워 말라 (2)놀라지 말라 (3)도와주리라 (4)붙들리라
26. 42:3
27. 야곱
28. 고레스
29. 금, 은
30. 유익하도록
31. 구원자, 구속자
32. (4)(3)(1)(2)
33. 예수님
34. (1)나 (2)다 (3)라 (4)가 (5)아 (6)사 (7)마 (8)바
35. 56:7
36. 금식
37. 죄악
38. 60:1
39. 신랑과 신부
40. 예루살렘
41. ×
42. 진흙, 토기장이
43. 종
44. 새 하늘과 새 땅
45. 자손의 번창

(24) 예레미야

1. 힐기야
2. 살구나무 가지, 끓는 가마
3. 이스라엘 백성
4. 악, 구원
5. 한 사람
6. 7:16
7. 라
8. 교만
9. 바벨론
10. 므낫세
11. (라)
12. 안식일에 짐을 지고 성문으로 들어오면
13. 동풍
14. 오지병
15. 여호와께 간구
16. 21:8
17. 잡혀간 자
18. 23년
19. 바벨론
20. 전심으로 찾고 찾으면
21. 30:22, 백성, 하나님
22. 다윗
23. (다)
24. 시드기야
25. 느부사라단
26. 44:9
27. 여덟 번
28. 잃어버린 양떼
29. 권능, 지혜, 명철

(25) 예레미야애가

1. 위로
2. 3:40
3. 기다리는 자와 구하는 영혼
4. (라)
5. 범죄함을 인하여

(26) 에스겔

1. 사람, 사자, 소, 독수리
2. 꿀
3. (1)가 (2)나 (3)다 (4)라
4. 투기의 우상
5. ○
6. 허탄, 거짓
7. (1)나 (2)다 (3)가 (4)라
8. 재앙이 오므로
9. 오홀라 – 사마리아, 오홀리바 – 예루살렘
10. 두로
11. (1)나 (2)가 (3)라 (4)다
12. 다윗
13. 땅
14. 여호와의 말씀을 들으므로
15. 7년
16. ×
17. 7일
18. 45:21
19. 유월절, 칠칠절, 초막절
20. 발목, 무릎, 허리
21. 진펄과 개펄
22. 여호와 삼마

(27) 다니엘

1. (1)바벨론 (2)유다 왕 여호야김 3년 (3)느부갓네살
2. 다니엘, 하나냐, 미사엘, 아사랴
3. ×
4. 느부갓네살
5. 7배
6. 느부갓네살
7. 크도다, 능하도다, 느부갓네살
8. 진실, 의, 교만
9. (1)라 (2)가 (3)나 (4)다
10. (1)벨사살 (2)다리오
11. 다리오
12. 4
13. (1)벨사살 3년 (2)을래 강변 (3)두 뿔 가진 수양

14. (1)메대, 바사 왕들 (2)헬라 왕

15. 금식하며 기도했다.

16. 9:19

17. 지혜와 총명

18. 은총, 평안하라, 강건하라

19. 시종

20. 11:31

21. 11:32

22. 책에 기록된 모든 자

23. 지혜, 별

24. 가브리엘(8:16), 미가엘(10:21)

(28) 호세아

1. 라
2. 아골 골짜기
3. 고멜, ○
4. 4:6
5. (나)
6. 지계표
7. ×
8. 에브라임
9. 노아시대
10. 의
11. 여호와

(29) 요엘

1. 메뚜기 재앙과 가뭄 재앙
2. 마음
3. 재앙
4. 구원
5. 보습, 칼, 낫, 창
6. 여호와의 전

(30) 아모스

1. 목자
2. (1)나 (2)가 (3)라 (4)다 (5)바 (6)마 (7)아 (8)사
3. 앗수르가 쳐들어 오는 날
4. 5:6

5. 하나님 만나기

6. 쓸개

7. 황충, 불, 다림줄

8. 양식, 물, 말씀

(31) 오바댜

1. 끌어 내리심

2. (1)다 (2)가 (3)나

3. 에돔 멸망, 이스라엘 회복

(32) 요나

1. 다시스

2. 히브리

3. 3일

4. 기도

5. 육지

6. 삼일 길

7. 40

8. 인애, 뜻, 재앙

9. 박넝쿨

10. 벌레

11. 12만여 명

(33) 미가

1. (라)

2. 보스라 양떼, 초장의 양떼

3. 3:10

4. 뜻, 모략

5. ○

6. 6:8

7. 지팡이

(34) 나훔

1. 요나, 나훔

2. 죄인

3. 선, 산성, 의뢰

4. 앗수르

5. (나) 6. 다

7. 황충이 날아감과 같을 것임.

(35) 하박국

1. 갈대아 사람 2. 2:4

3. 성전, 잠잠 4. 부흥, 긍휼

5. (나) 6. 사슴

(36) 스바냐

1. 왕의 혈통 2. 라

3. 숨김을 얻게 됨 4. 3:17

(37) 학개

1. 다리오 왕 이년 유월 곧 그 달 초하루

2. 적음 3. 스룹바벨

4. 하나님의 것

5. 이전 영광 – 솔로몬 성전, 나중영광 – 참 성전이신 그리스도의 영광

(38) 스가랴

1. (라) 2. ×

3. 힘, 능, 신 4. 저주

5. 여호와의 전 6. 8:17

7. 진실, 화평 8. 메시아의 정권

9. 9:9 10. 유다 족속

11. 은총, 연락
12. 12:10
13. 3분의 1
14. 천하, 이름

(39) 말라기

1. ×
2. 악
3. 지식
4. 말(words)
5. 이혼, 학대
6. (나)
7. 세례 요한
8. 십일조와 헌물
9. 교만한 자와 악을 행하는 자
10. 4:2
11. 예수 그리스도

〈구약성경 종합문제〉

1. (나)	2. (라)	3. (가)	4. (라)
5. (나)	6. (라)	7. (라)	8. (가)
9. (나)	10. (라)	11. (4)	12. (가)
13. (나)	14. (다)	15. (나)	16. (라)
17. (다)	18. (라)	19. (라)	20. (다)
21. (나)	22. (가)	23. (다)	24. (라)
25. (다)	26. (가)	27. (라)	28. (나)
29. (라)	30. (가)		

31. 에녹, 엘리야
32. 시므온, 레위
33. 욥바
34. 룻, 에스더
35. 에스더
36. 아브라함
37. 웃시아(아사랴)
38. 스룹바벨

39. 노아, 야곱, 모세, 솔로몬, 엘리야

40. 바벨탑 사건, 출애굽사건, 여리고 정탐 가나안 점령, 바벨론 포로

41. 니므롯	42. (다)	43. (나)	44. (나)
45. (다)	46. (다)	47. (가)	48. (나)
49. (가)	50. (다)	51. 창 49:22	52. 신 8:4
53. 욥 42:5	54. 시 119:44	55. 잠 18:13	

56. (1)(다) (2)(가) (3)(라) (4)(나) (5)(마)

57. (라)	58. (가)	59. (나)	60. (가)
61. (나)	62. (라)	63. (라)	64. (라)
65. (가)	66. (다)	67. (라)	68. (다)
69. (가)	70. (라)	71. (나)	72. (다)
73. (나)	74. (다)	75. (가)	76. (다)
77. (가)	78. (다)	79. (다)	80. (라)
81. (라	82. (가)	83. (라)	84. (다)
85. (다)	86. (나)	87. (다)	88. (가)
89. (가)	90. (다)	91. (나)	

92. (1)(다) (2)(라) (3)(마) (4)(사) (5)(아) (6)(가) (7)(바) (8)(나)

93. (1)(다) (2)(바) (3)(차) (4)(사) (5)(나) (6)(라) (7)(아) (8)(가) (9)(카) (10)(자) (11)(마)

94. (1)(바) (2)(다) (3)(마) (4)(라) (5)(나) (6)(가)

95. (1)(다) (2)(나) (3)(가) (4)(마) (5)(라)

96. (1)리브가 (2) 아스낫 (3)십보라 (4)아히노암 (5)고멜 (6)이세벨

97. (1) 이삭 (2) 이스마엘 (3) 시므란, 욕산, 므단, 미디안, 이스박, 수아

98. (1) 나답, 아비후, 엘르아살, 이다말 (2) 홉니, 비느하스

(3) 요엘, 아비야

99. (1)(나)(라)　(2)가)(마)　(3)(다)(바)

100. 185,000명

101. 40세(수 14:7)

102. 6대손

103. 마라의 쓴물을 단물로 바꾸심

104. 약 한 달 후(출 16:1)

105. 욥

106. 요아스(대하 24:4), 히스기야(대하 29:15), 요시야(대하 34:8)

107. 히스기야

108. 여호수아

109. 기드온

110. 히스기야(왕하 18:4)

111. 욥

112. 여로보암(왕상 12:31)

113. (1)6+4+2=12　(2)40+2=42　(3)2+2=4　(4)5+3,000=3,005　(5)73+12=85

114. 골리앗

115. 삼손

116. 암논

117. 모세

118. 이사야

119. 하박국

120. 말라기

121. ○

122. ○

123. ×

124. ×

125. ○

10. 신약성경 문제 해답

〈신약성경의 개관〉

1. 예수는 그리스도(메시아)이시다.
2. 헬라어
3. 지혜와 계시
4. 하나님
5. 약 10여 명
6. 100여 년
7. 복음서, 역사서, 서신서, 계시록
8. 보는 시각이 같음, 마태복음, 마가복음, 누가복음
9. 13권(히브리서 포함 14권)
10. 하나님의 능력
11. 성령의 검
12. 살았고 운동력이 있음
13. 생명
14. 구원, 은혜
15. 진리, 구원
16. 믿음
17. 의
18. 구원에 이르는 지혜
19. (1)
20. (3)
21. (4)
22. (5)

23.(2)
24.(6)
25. 구원
26. 하나님의 말씀
27. 말씀
28. 의, 거룩, 지식
29. 12 제자를 택하실 때 (눅 6:12), 겟세마네 동산에서
30. 누가(누가복음과 사도행전), 베드로(베드로전후서)
31. 5권(오바댜, 빌레몬, 요한이서, 요한삼서, 유다서)
32. 시 78:2

(1) 마태복음

1. 다말, 라합, 룻, 밧세바, 마리아
2. 1:21
3. 성령과 불
4. 세례 요한과 예수님
5. (가)
6. 스불론, 납달리
7. (1)(사) (2)(마) (3)(나) (4)(가) (5)(라) (6)(다) (7)(바)
8. 율법, 다 이루리라
9. 마 6:9~13
10. 사랑 – 미움, 중히 여김 – 경히 여김, 하나님 – 재물
11. 천국
12. 백부장
13. 바람, 바다
14. 중풍병자
15. 목숨
16. 자비, 주인
17. 성령
18. (가)
19. 7가지
20. 하나님의 아들
21. 바리새인과 서기관들
22. 마가단
23. 교훈
24. 베드로, 16:16
25. (라)
26. 세례 요한
27. 한 겨자씨 만큼만
28. 반 세겔

29. 일흔 번씩 일곱 번
30. 결혼
31. 계명
32. 호산나, 호산나
33. 무화과나무
34. 22:14
35. (가)
36. 하나님, 이웃, 22:37~38
37. 서기관, 바리새인
38. 24장
39. 기름
40. 7달란트
41. 향유 한 옥합
42. 스가랴 11:12
43. 망할
44. 스스로 목매어서 죽음
45. 엘리 엘리 라마 사박다니, 하나님
46. 28:18~20

(2) 마가복음

1. 세례 요한
2. (1)회개 (2)복음
3. 예수님, 중풍병자
4. 안식일
5. 야고보, 요한
6. 3:29
7. 말씀, 마음
8. 바다와 바람
9. 혈루증
10. 일어나라
11. 더러운 귀신을 제어하는 권세
12. 이사야, 입술, 마음
13. 열리라
14. 8:31
15. 목숨, 8:35
16. (라)
17. 이해하지 못했다.
18. (가)
19. 9:50
20. 10:9
21. 10:45, 대속물
22. 소경
23. 대제사장, 서기관, 장로
24. 두 렙돈

25. 아버지
26. 4
27. ×
28. 예수님, 14:36
29. 버리고 도망갔다
30. (1) 대제사장 (2) 예수
31. 한 청년(마가요한)
32. 성전을 헐고 사흘에 짓는 자여
33. 백부장
34. (가)
35. 만민, 복음
36. 정죄
37. 5가지

(3) 누가복음

1. (1)사가랴 (2)엘리사벳 (3)요한
2. (1)갈릴리 나사렛 (2)마리아 (3)예수
3. 2:10
4. 시므온
5. 하나님, 사람
6. ○
7. 세례 요한
8. 귀신 들린 사람
9. 베드로
10. 중풍병자
11. 5:32
12. (1)(나) (2)(라) (3)(다) (4)(가)
13. 기도, 대접, 자비, 용서
14. 6:41
15. 백부장
16. 여자
17. 회당장
18. 22절
19. 영접
20. 추수
21. 사마리아인
22. 11:9
23. 바리새인, 율법사
24. 부자
25. 알지 못하고 맞을 행위를 한 자
26. 겨자씨, 누룩
27. 14:27
28. (다)

29. (나)
30. (다)
31. 바리새인과 서기관들
32. 불의의 재물
33. 음부
34. 한 명
35. (가)
36. 세리장
37. 15 므나
38. 기도, 강도
39. 사두개
40. 변명할 것
41. 재림
42. ×
43. 감람산
44. 23:34
45. 당시의 대제사장은 가야바이었으나 그 전임자인 장인 안나스도 도와 주고 있었음
46. 베드로와 요한(요 20:3)
47. 베다니 앞

(4) 요한복음

1. 말씀, 빛, 사랑
2. 1:12
3. 예수님, 빌립
4. 갈릴리 가나
5. 관원
6. 애논, 물이 많음
7. 사마리아 여자
8. 베데스다
9. (라)
10. 영생, 생명, 5:24
11. 말씀(38절), 하나님을 사랑하는 것(42절)
12. (1)디베랴 바다 건너편 (2)보리떡 5개, 물고기 2마리 (3)5천 명 (4)12광주리
13. 떡
14. 성령
15. 간음 중에 잡힌 여자
16. 스스로 자신을 증거하므로
17. 죽음, 영원
18. (라)

19. 절도, 강도
20. 수전절
21. 나흘
22. (1)마르다 (2)11:25~26
23. 크게 환영했다.
24. 12:24
25. 손과 머리
26. 발을 씻기는 일
27. 가룟 유다
28. 13:34
29. 마음, 하나님
30. 평안
31. 길, 진리, 생명, 14, 6
32. (1)(라) (2)(다) (3)(나) (4)(가) (5)(바) (6)(마) (7)(아) (8)(사) (9)(차) (10)(자)
33. 나를 믿지 아니함
34. 예수님께서 제자들에게
35. 예수 그리스도
36. 진리
37. 베드로
38. 빌라도
39. 골고다
40. (라)
41. 아리마대 요셉
42. 마리아
43. 도마
44. 7 명
45. ○

(5) 사도행전

1. 성령을 주시겠다고 한 것
2. 1:8
3. 감람산
4. 성령
5. 이름, 구원
6. 곧 나사렛 예수 그리스도의 이름으로 걸으라
7. 사십여 세
8. 구원
9. ×
10. 아나니아와 삽비라

11. 가말리엘
12. 7명
13. 스데반
14. 시몬
15. 이사야서
16. 다메섹 도상
17. 아나니아
18. 다비다
19. (라)
20. 바나바
21. 헤롯
22. 말씀, 영생
23. ×
24. 앉은뱅이
25. 마가
26. 루스드라, 이고니온
27. (1)바울 (2)간수 (3)16:31
28. 말씀, 성경
29. 아덴
30. 아볼로
31. 은 오만
32. (1)유두고 (2)3층 누 (3)졸다가
33. 20:24
34. 주는 것
35. 바울
36. ×
37. 백성
38. (1)(다) (2)(라) (3)(가) (4)(마) (5)(바) (6)(나)
39. 40여 명
40. 의인, 악인
41. 아그립바
42. 26:8
43. 베스도, 아그립바
44. 베스도
45. 유라굴로
46. (1)276명 (2)14일
47. 멜리데
48. 부친의 병
49. (1)이사야 (2)28:26
50. (1)(라) (2)(다) (3)(마) (4)(바) (5)(나) (6)(가)
51. 만 2년
52. (다)

(6) 로마서

1. 믿음
2. 1:29~31
3. 영광, 존귀, 평강
4. 당을 지어 진리를 좇지 아니하고 불의를 좇는 자
5. 마음
6. 죄
7. 죄, 의
8. ×
9. 범죄, 의롭다
10. (라)
11. 죄인, 사랑
12. (1)죄인 (2)의인
13. 지체
14. 영생
15. 악
16. 율법
17. 사망
18. 생명의 성령의 법
19. 예정 – 소명 – 칭의 –영화
20. 그리스도의 사랑
21. 호세아
22. 마음, 입
23. 10:13
24. 들음
25. 7천 명
26. 11:36
27. 몸, 영적 예배
28. (라)
29. ×
30. 평화
31. 사랑의 빚
32. 13:10
33. 주
34. (가)
35. 영광
36. 소망
37. (다)
38. 에배네도
39. 루포

(7) 고린도전서

1. (나)
2. (라)
3. 1:18
4. 그리스도를 전하는 것
5. 성령
6. (라)
7. 성전, 성령
8. 충성
9. 능력
10. 애굽의 죄악에서 벗어나라
11. 그리스도
12. 법정 소송
13. 성령의 전
14. 남편
15. 계명지키는 것
16. 고기를 먹지 않을 것임
17. 9:16
18. 그리스도에게 죄를 짓는 것
19. 신 25:4
20. 복음
21. ○
22. (다)
23. 선 줄로 생각하는 사람
24. 10:31
25. 떡, 잔
26. 주
27. 사랑이 없을 때
28. 사랑
29. ×
30. 부활장
31. 사도 바울
32. 갈라디아 교회들
33. 스데바나의 집

(8) 고린도후서

1. 위로
2. 1:22, 성령
3. 아멘
4. 그리스도의 향기
5. 편지
6. (가)
7. 3:17
8. 낙심
9. (다)
10. (1)겉 (2)속

11. 26:24

12. 5:17

13. 은혜, 구원

14. (나)

15. 7:10

16. (라)

17. 바울

18. 마음, 사랑

19. 넘치는 감사

20. (다)

21. ×

22. 12:10

23. 자고하지 않게 하기 위해

24. 자신

25. 진리

(9) 갈라디아서

1. 저주

2. 유대교

3. 수리아와 길리기아

4. 가난한 자들

5. 외식하므로

6. 바나바

7. 2:20

8. 어리석도다

9. 율법, 믿음

10. 율법

11. 영

12. 하나님이 아닌 자들

13. 자유

14. 사랑으로 서로 종 노릇 해야 한다.

15. 사랑, 희락, 화평, 오래 참음, 자비, 양선, 충성, 온유, 절제

16. 그리스도 예수의 사람들

17. 바로잡고, 자신을 돌아보라

18. 만홀

19. 심든지

20. 십자가, 자랑

(10) 에베소서

1. 4절

2. 지혜와 계시의 정신

3. 만물
4. 마귀와 그 두목 사단
5. 믿음, 선물
6. 자랑치 못하게 하기 위해
7. 십자가
8. (가)
9. 그리스도의 사랑
10. (라)
11. 4:22~24
12. 음행하는 자, 더러운 자, 탐하는 자
13. 착함, 의로움, 진실함
14. 성령
15. 5:25
16. 눈가림만 함
17. (1)(마) (2)(가) (3)(나) (4)(다) (5)(바) (6)(라)

(11) 빌립보서

1. 1:6
2. 예수 그리스도의 심장
3. 복음
4. 예수의 마음
5. 원망과 시비
6. 너희 사정을 알기 원하여
7. (라)
8. (다)
9. (라)
10. 3:13~14
11. 만물, 복종
12. 4:4
13. 가이사 집 사람 중 몇
14. 모든 것을 할 수 있느니라, 4, 13
15. 유오디아, 순두게
16. 형제, 군사, 사자로 쓸 것을 돕는 자

(12) 골로새서

1. (가)
2. 1:24
3. (다)
4. 부정, 악한 정욕, 분

5. 우상숭배
6. 지식
7. 사랑, 온전, 띠
8. 사랑, 사랑
9. 사랑, 율법, 완성
10. 3:18
11. 기도, 기도
12. 오네시모
13. 소금

(13) 데살로니가전서

1. 바울, 실루아노, 디모데
2. 실루아노
3. (다)
4. (가)
5. 말씀
6. 데살로니가 교인 (우리 성도)
7. (가)
8. 거룩함
9. 4:14
10. 믿음, 사랑, 구원
11. (라)
12. (다)
13. (1)(나) (2)(라) (3)(다) (4)(가)

(14) 데살로니가후서

1. 인내와 믿음
2. (가)
3. 배도
4. (나)
5. (다)
6. 종용히 일하여 자기 양식을 먹으라 하라
7. 선

(15) 디모데전서

1. 모친 – 유대인, 부친 – 헬라인

2. 외할머니 — 로이스, 어머니 — 유니게

3. 신화와 끝없는 족보

4. 훼방자, 핍박자, 포행자

5. 1:15

6. 후메내오, 알렉산더

7. 한 분

8. 일절 순종함으로

9. ×

10. 3:13

11. 경건

12. 사랑, 믿음, 정절

13. 5:8

14. 장로

15. 안수

16. 지족(자족)하는 마음

17. 딤전 6:7

18. 돈

19. 점도 없고 책망받을 것도 없이

(16) 디모데후서

1. 에베소 교회

2. (다)

3. 2:15

4. 4가지(금, 은, 나무, 질 그릇)

5. 자기를 깨끗하게 하면

6. 무식한 변론

7. (1)(다) (2)(마) (3)(가) (4)(나) (5)(라)

8. 핍박

9. (라)

10. 말씀

11. (가)

12. 의의 면류관

13. (가)

14. 구리 장색 알렉산더

(17) 디도서

1. 헬라인

2. 그레데

3. ○

4. 할례당

5. 하나님을 시인하나 행위로는 부인하는 자

6. 바른 교훈에 합한 것 7. (다)

8. 2:14

9. 중생의 씻음과 성령의 새롭게 하심(3:5)

10. 조심하여 선한 일에 힘쓰는 것

11. 한두 번 훈계한 후 멀리하라.

(18) 빌레몬서

1. 오네시모 2. 교회 3. 에바브라

(19) 히브리서

1. 예수 그리스도

2. 부리는 영, 구원 얻을 후사들을 섬기라고

3. 시 8:46 4. 형제

5. 우리가 시작할 때에 확실한 것을 끝까지 견고히 잡으면

6. 우리의 믿는 도리이며 사도이신 예수님

7. 혼, 영, 관절, 골수 8. 연약함, 시험, 죄

9. 영원한 구원 10. 예수 그리스도

11. 아브라함 12. 멜기세덱

13. (라) 14. 피

15. 9:27 16. 휘장

17. 그림자 18. 11:6

19. (가) 20. 25번

21. (다) 22. 12:2

23. 화평함, 거룩함
24. 13:8
25. 찬미의 제사
26. 선을 행함과 서로 나눠 주는 것
27. 능욕을 지고 영문 밖으로 그에게 나아감

(20) 야고보서

1. 온전히 기쁘게 여기라
2. 생명의 면류관
3. 죄
4. 2:17
5. 이웃 사랑하기를 네 몸과 같이 하는 것
6. 불
7. 편벽, 거짓
8. 하나님께 가까이하면
9. 안개
10. 죄
11. 믿음, 구원
12. 역사하는 힘
13. 3년 6개월

(21) 베드로전서

1. 1:7
2. 육체, 말씀
3. 영혼 구원
4. 각 사람의 행위
5. (다)
6. 죄, 의
7. 복을 빌라
8. 세례
9. 이방인
10. 불시험
11. 선한 청지기같이
12. 기도
13. 깨어라
14. 손, 겸손

(22) 베드로후서

1. 절제, 형제우애
2. 사사로이

3. 1:21 4. (가)

5. 고통하는 의로운 롯

6. 주의 강림하신다는 약속이 어디 있느뇨?

7. 날, 사모

8. 주께는 하루가 천 년 같고 천 년이 하루 같은 이 한 가지

9. 도적

(23) 요한일서

1. 1:9

2. 그(예수님)의 행하시는 대로 행해야 됨

3. (라) 4. 약속

5. 영원한 생명 6. 살인

7. 악한 자에게 속하였기 때문 8. 3:18

9. 사랑 10. 하나님께 속하였나

11. 4:20 12. 하나님께로서 난 자

13. 아들 14. 사망에 이르지 아니하는 죄

(24) 요한이서

1. 진리 2. 계명

3. 예수 그리스도께서 육체로 임하심을 부인하는 자

4. 집에 들이지도 말고 인사도 말라

(25) 요한삼서

1. 영혼, 범사, 강건 2. 진리 안에서 행한다는 말

3. 나그네 된 자들에게 행하는 것

4. 데메드리오

5. 디오드레베

(26) 유다서

1. 예수님의 동생

2. 가인, 발람, 고라

3. 칠세 손

4. 당을 짓는 자, 육에 속한 자, 성령이 없는 자

5. 지극히 거룩한 믿음 위에

(27) 요한계시록

1. 하나님의 말씀과 예수님의 증거

2. 1:8

3. (라)

4. 책망 없는 교회 – 서머나, 빌라델비아 교회
   칭찬 없는 교회 – 라오디게아 교회

5. 안디바

6. 빌라델비아 교회

7. 3:20

8. (1)(사) (2)(바) (3)(마) (4)(라) (5)(다) (6)(나) (7)(가)

9. (나)

10. 24장로들

11. 성도의 기도들

12. (라)

13. 어린양, 눈물

14. (나)

15. (가)

16. ○

17. (가)

18. 이만 만

19. 갈대

20. 우리 주와 그 그리스도의 나라

21. (라)

22. ○

23. 4:13
24. ○
25. 오른손과 이마, 666
26. 여자, 정절
27. 도적
28. 다섯째
29. 17:14
30. 죄, 재앙
31. (다)
32. 성도의 옳은 행실
33. 혼인 잔치
34. 20:6
35. (라)
36. 불못
37. (가)
38. 알파, 오메가
39. 21:23
40. 말씀
41. 아멘 주 예수여 어서 오시옵소서
42. 1:3, 14:13, 16:15, 19:9, 20:6, 22:7, 22:14

〈신약성경 종합문제〉

1. (나)	2. (다)	3. (가)	4. (라)
5. (라)	6. (가)	7. (라)	8. (나)
9. (다)	10. (나)	11. (다)	12. (다)
13. (가)	14. (라)	15. (라)	16. (다)
17. (가)	18. (나)	19. (가)	20. (다)
21. (다)	22. (나)	23. (라)	24. (나)
25. (나)	26. (라)	27. (라)	28. (가)
29. (나)	30. (나)	31. (다)	32. (나)
33. (다)	34. (라)	35. (라)	36. (라)
37. (다)	38. (라)	39. (라)	40. (나)
41. (나)	42. (라)	43. (다)	44. (다)

45. (나) 46. (라) 47. (가) 48. (다)

49. (가) 50. (라) 51. (1) (라) (2)(다) (3)(가) (4)(나)

52. (라) 53. (다) 54. (나) 55. (나)

56. (라) 57. (나) 58. (라) 59. (가)

60. (나) 61. (나) 62. (라) 63. (라)

64. (나) 65. (다) 66. (가) 67. (라)

68. (다) 69. (라) 70. (가) 71. (다)

72. (나) 73. (가) 74. (라) 75. (나)

76. (1)엘리사벳 (2)살로메 (3)마리아 (4)유니게

77. (가)쭉정이 – 3장 (나)나쁜 열매 – 7장 (다)모래 위에 세운 집 – 7장 (라)부인하다 – 10장 (마)곡식 – 13장

78. (1)(마) (2)(라) (3)(나) (4)(다) (5)(가)

79. (1)(사) (2)(바) (3)(다) (4)(마) (5)(라) (6)(가) (7)(나)

80. (1)(바) (2)(라) (3)(마) (4)(다) (5)(나) (6)(가)

81. (1)(라) (2)(가) (3)(마) (4)(다) (5)(나) (6)(바)

82. (1)(라) (2)(사) (3)(바) (4)(가) (5)(마) (6)(나) (7)(아) (8)(다)

83. 행 20:35

84. (1)가르치시며 (2)천국복음을 전파하시고 (3)모든 약한 것을 고치심

85. 히브리, 로마, 헬라 86. 니골라

87. 바울(빌 3:20) 88. 3번

89. 디모데, 디도, 오네시모(몬 1:10) 90. 모세, 엘리야, 예수님

91. 눅 4:40 92. 아버지와 어머니를 공경하라

93. 빌 4:4, 살전 5:16

94. 예수는 그리스도라는 것을 가르치는 것과 전도하는 것

95. 5병2어(요 6:8), 어린아이들에게 나타내심(마 11:25), 나사로의 죽음에 서(요 11:41), 성만찬 때(눅 22:19)

96. 야고보서, 유다서

97. 대접을 받고자 하는 대로 대접하라(마 7:12), 하나님 사랑과 이웃 사랑 (마 22:40)

98. 가버나움(마 4:13)

99. 우상의 제물, 피, 목매어 죽인 것, 음행

100. 빌립

101. 사도행전

102. (1)소녀야 일어나라 (2)열리라 (3)나를 버렸다 (4)반석

103. 38년 된 병자, 간음한 여인

104. 정과 욕심

105. (가)3+13=16 (나)190+2=192 (다)2+5=7
(라)7+4=11 (마)144,000+12=144,012

106. 롬 10:17

107. 고전 12:11

108. 빌 4:6

109. 딤전 5:6

110. 요일 4:11

111. 눅 11:23

112. 마 7:14

113. 고전 1:18

114. 고후 6:2

115. 화평

116. 근신

117. 소금

118. 겸손

119. 감사

120. 마침

11. 자가 진단 테스트 문제 해답

〈제1회〉

1. (나)	2. (다)	3. (나)	4. (라)
5. (나)	6. (다)	7. (나)	8. (나)
9. (가)	10. (다)	11. (다)	12.(가)
13. (나)	14. (다)	15. (나)	16. (라)
17. (라)	18. (라)	19. (나)	20. (라)

〈제2회〉

1. (다)	2. (나)	3. (가)	4. (가)
5. (나)	6. (가)	7. (다)	8. (나)
9. (라)	10. (가)	11. (가)	12. (가)
13. (나)	14. (가)	15. (나)	16. (나)
17. (가)	18. (가)	19. (나)	20. (다)

〈제3회〉

1. (라)	2. (나)	3. (다)	4. (다)
5. (나)	6. (가)	7. (가)	8. (라)
9. (가)	10. (나)	11. (라)	12. (다)
13. (다)	14. (라)	15. (나)	16. (라)
17. (라)	18. (나)	19 (다)	20. (라)

〈제4회〉

1. (나)	2. (다)	3. (다)	4. (가)
5. (나)	6. (나)	7. (나)	8. (라)
9. (가)	10. (라)	11.(가)	12. (다)
13. (라)	14. (가)	15. (다)	16. (라)
17. (라)	18. (다)	19. (다)	20. (라)

〈제5회〉

1. (가)	2. (다)	3. (다)	4. (라)
5. (나)	6. (나)	7. (나)	8. (가)
9. (다)	10. (다)	11.(가)	12. (가)
13. (다)	14. (나)	15. (라)	16. (다)
17. (다)	18. (다)	19. (나)	20. (라)

〈제6회〉

1. (나)	2. (나)	3. (나)	4. (나)
5. (나)	6. (나)	7. (다)	8. (가)

9. (가)	10. (다)	11. (다)	12. (라)
13. (가)	14. (다)	15. (라)	16. (다)
17. (다)	18. (가)	19. (다)	20. (나)

〈제7회〉

1. (가)	2. (라)	3. (가)	4. (라)
5. (다)	6. (가)	7. (라)	8. (라)
9. (나) 10. (나)	11.(가)	12. (라)	
13. (나)	14. (나)	15. (다)	16. (라)
17. (다)	18. (가)	19 (나)	20. (라)

〈제8회〉

1. (다)	2. (나)	3. (다)	4. (나)
5. (나)	6. (다)	7. (가)	8. (라)
9. (나)	10. (라)	11.(다)	12. (나)
13. (다)	14. (다)	15. (다)	16. (다)
17. (다)	18. (다)	19. (나)	20. (가)

〈제9회〉

1. (나)	2. (가)	3. (나)	4. (가)
5. (다)	6. (라)	7. (나)	8. (나)
9. (다)	10. (다)	11.(나)	12. (다)
13. (다)	14. (다)	15. (가)	16. (다)
17. (다)	18. (나)	19. (가)	20. (다)

〈제10회〉

1. (다)	2. (나)	3. (가)	4. (다)
5. (다)	6. (라)	7. (다)	8. (라)
9. (가)	10. (라)	11. (라)	12. (라)
13. (가)	14. (나)	15. (다)	16. (가)
17. (나)	18. (라)	19 (나)	20. (가)

〈제11회〉

1. (다)	2. (나)	3. (나)	4. (나)
5. (다)	6. (나)	7. (다)	8. (가)
9. (가)	10. (라)	11.(가)	12. (다)
13. (라)	14. (다)	15. (가)	16. (라)
17. (라)	18. (가)	19. (나)	20. (나)

〈제12회〉

1. (가)	2. (나)	3. (가)	4. (나)
5. (라)	6. (나)	7. (나)	8. (가)
9. (라)	10. (다)	11.(라)	12. (다)
13. (나)	14. (라)	15. (다)	16. (다)
17. (다)	18. (가)	19. (나)	20. (나)

판권
소유

알기 쉬운 신구약 성경공부

2008년 12월 20일 인쇄
2008년 12월 30일 발행

엮은이 | 우종태
발행인 | 이형규
발행처 | 쿰란출판사

주소 | 서울 종로구 이화동 184-3
TEL | 02-745-1007, 745-1301, 747-1212, 743-1300
영업부 | 02-747-1004, FAX / 02-745-8490
본사평생전화번호 | 0502-756-1004
홈페이지 | http://www.qumran.co.kr
E-mail | qumran@hitel.net
qumran@paran.com
한글인터넷주소 | 쿰란, 쿰란출판사

등록 | 제1-670호(1988.2.27)

책임교열 | 최진희 · 박신영

값 13,000원

ISBN 978-89-5922-662-7 93230